JN174311

STAR WARS FAQ

FAQ

『スター・ウォーズ』のすべて

マーク・クラーク 著
石橋朋子 鈴木淨 町田雪 訳

キネマ旬報社

マーク・A・ミラーに捧ぐ
作家、教師、音楽家、友人として
あなたは今なお愛されています

凡例

● 本書では映画『スター・ウォーズ』それぞれのトリロジーについて、
エピソード1～3を「新3部作」
エピソード4～6を「オリジナル3部作」
最新作以降を「新たなる3部作」
としています。

● 各作品のタイトルは
『スター・ウォーズ エピソード1／ファントム・メナス』
『スター・ウォーズ エピソード2／クローンの攻撃』
『スター・ウォーズ エピソード3／シスの復讐』
『スター・ウォーズ エピソード4／新たなる希望』
『スター・ウォーズ エピソード5／帝国の逆襲』
『スター・ウォーズ エピソード6／ジェダイの帰還』
『スター・ウォーズ／フォースの覚醒』
と認識しておりますが、内容の核となるのがオリジナル3部作の時代、特に1作目が公開される
1977年前後となっておりますので、同作を『スター・ウォーズ エピソード4／新たなる希望』と
表記せず、ただ『スター・ウォーズ』と記させていただきます。
なお、『スター・ウォーズ』シリーズ全般を指す場合も同様な表記を、マーチャンダイジング商
品など含めたものは"スター・ウォーズ"と表記しております。

● 雑誌、新聞は日本展開のあるものに関しましては日本で表記されている形で、展開
されてない雑誌は英文と日本語読みを章の初出のみ併記しております

● 映画、テレビ、書籍で日本未公開・発売のものは、原題のまま表記しています

目次

Foreword
本書に寄せて

"The Merchandising Rights Are Worth Nothing"
(And Other Mysterious Fables of Our Time)
"この映画のマーチャンダイジング権には価値がない"
(そしてそれ以外にも見られるこの時代の不可解な寓話について)

どこかの映画スタジオの誰かが、これから製作される『スター・ウォーズ』のマーチャンダイジングの権利と続編には、少なからず価値があると見込んで、その結果ジョージ・ルーカスはそれらの権利と引き換えに、事前に幾ばくかの金額を受け取った、と考えるむきもあるだろう。

しかしその想像は間違っている。

確かに、『スター・ウォーズ』が公開される以前に、すでにウォルト・ディズニーによって映画のマーチャンダイジング業界は一大産業となっていた。もしルーカスがマーチャンダイジング権を保有していなかったとしたら、今頃、世界はかなり違ったものになっていたに違いない。膨大な数の玩具が市場に出た……。膨大な数のペッツのディスペンサーも……。

しかしながら……そういう玩具やディスペンサーについてのちょっとしたうん蓄を知りたかったり、ペッツのディスペンサーとチューバッカの歯ブラシの関係（ここで挙げている二つの商品の関係性は、シスのような狡猾さを表している）について知りたい場合、一体どこを探せばいいのだろうか？　"スター・ウォーズ"についてよく知られていることや、ほとんどどこにも取り上げられていないような"スター・ウォーズ"のすべてについての情報は、どこから得られるのだ？　そう。もちろんインターネットから得られる情報もたくさんある。しかし手に取ることができない情報もある。インターネットの利点はたくさんあるが、インターネット上では写真や『スター・ウォーズ』シリーズの歴史について描かれている文章をページをめくるようには簡単に行き来できない。

それができる方法がある。つまり、この本だ。

私にとって最高の学術参考書であり同時に最も楽しめるものとは、これまで自分では思ってもみなかったようなことを掘り下げているものである。たとえばバナナの栽培

種の歴史を調べているとき、近所の安売りスーパーで手に入るのは単一種（ギャベンディッシュという種）のみだということを知ることにより、リサーチはもっと興味深く（もしくは憂鬱に）なるというものだ。

『スター・ウォーズ』に最も大きな影響を与えた映画のひとつが黒澤明監督『隠し砦の三悪人』であったと知るのは面白いし、そういった新たな発見について、その作品の写真が添えられているのも素晴らしい。バナナのリサーチのように、そのような驚くべき情報によって、もっと深く知りたいという欲求にかられるというものだ。何千というバナナの種類（そのうち我々の手に入るのはたった一種）が存在するという事実について。同様に、若い『スター・ウォーズ』ファンは、黒澤明が『スター・ウォーズ』以外の映画にも影響を与えたことを知らないかもしれない（『七人の侍』のアメリカリメイク版が『荒野の七人』であることを注記しておく）。つまりきちんと情報を与えられれば、読者は『スター・ウォーズ』から『隠し砦の三悪人』へ、そして『七人の侍』や『用心棒』などといった作品に辿り着けるのである。（もしくはバナナの場合、キャベンディッシュから、残念なことに手に入らないイボタイボタへと辿り着いたり）。

つまり私が言わんとしていることは、『スター・ウォーズ』には『スター・ウォーズ』だけではなくもっとたくさんの裏情報があるので、そのような情報を検索だけで見つけるのはかなり面倒だということだ。ところがありがたいことに、本書「STAR WARS FAQ／『スター・ウォーズ』のすべて」において、著者のマーク・クラークは読者のためにその仕事をしてくれている。探索できる情報は限りないばかりか、さらにそこから先の情報を調べるためのジャンプ台としても使える。

ハン・ソロ（そうだよ。ハリソン・フォードだよ）がメガネをかけて、どこから見ても大学院生のような（または、若い頃のインディ・ジョーンズと言うべきか?）写真をこんなにも素早く提供してくれるところがこの本以外にあるだろうか?　または偉大な漫画家でアーティストであるカール・バークス（私にも多大な影響を与えてくれた人物の一人）がジョージ・ルーカスだけでなく、スティーヴン・スピルバーグにも影響を与えたことについて知ることができるものがほかにあるだろうか?

膨大な量の情報がこの「STAR WARS FAQ／『スター・ウォーズ』のすべて」に綴じられているので、私としては読者のみなさんに、一気に読むのではなく、たとえばM&Mの入った器の中を探るように、少しずつ読んでいくことをお勧めしたい。一度に青い粒ばかりを探して取らないように。M&Mのほうにあなたを探させるといい。このような本の楽しみのひとつは、いろいろな章を行ったり来たりしながら、驚きと発見

を得ることを楽しむ、というものだ。テーマパークの地図は便利なときもあるが、必要なものではない。本書を読むことは、ロンドンの街をガイドブックなしで歩き回るのと少し似ている。ビッグベンがどこにあるかは誰でもわかるが、イギリスで最初にできた公共の水飲み場に偶然辿り着くほうが面白い。自分なりの地味な方法で行き着いたなら、喜びもひとしおだ。

　さあ、今すぐ掘り下げてみよう。マークのリサーチがあなたに打ち寄せるフォースとならんことを。最後のページまで、そして神秘的な情報の最後の欠片まで、あなたがフォースとともにあらんことを確約しよう。本書から得られる貴重な情報を、次回のファンの集いやパーティで友だちに話せば、彼らはあなたに畏怖の念すら抱くことだろう。または孫たちから、そんな遠い昔ではない、そんなにはるか彼方でもない素晴らしい場所について聞かれたときに、この本から得た情報の話をすれば、尊敬されるにちがいない。

アラン・ディーン・フォスター

アリゾナ州プレスコット

2014年6月

「本書に寄せて」著者プロフィール
アラン・ディーン・フォスター

SF・ファンタジー小説家。"Humanx Commonwealth and Pip and Flinx"シリーズなど、100冊を超える SF 小説やファンタジー小説、短編集を執筆し、批評家たちから高い評価を得ている。『スター・ウォーズ』ファンからは、最初に書かれた『スター・ウォーズ』フィクション「侵略の惑星」の著者として最も知られている。その後、2作目のオリジナル『スター・ウォーズ』小説、「スター・ウォーズ 崩壊の序曲」を発表している。ニューヨーク生まれ、ロサンゼルス育ち。UCLA で映画を専攻し修士号を取得。小説以外にも、映画のノベライズ版を多数上梓。ベストセラーとなった最初の『スター・ウォーズ』のノベライズにもゴーストライターとして参加している。最新作『スター・ウォーズ／フォースの覚醒』のノベライズにも参加している。

Acknowledgments

謝意

　私は、本書の開発にご協力くださった皆様に、心から感謝します。

　特に私の心強い読者である無頼漢の中隊のブライアン・セン、ジュリー・フィッシャー師、新入社員のロバート・ジェイムズとペリー・オルセンからの校正、質問、提案によって本書は素晴しいものとなった。

　第23章を手伝ってくれた映画音楽について高い見識を持つヨーダことスティーヴ・ヴァートリーブ。

　第13章を手伝ってくれたユーロトラッシュの映画コレクター、ジャバ・ザ・ハットことデイヴィッド・ズゼロ。

　第28章に協力してくれた科学の教師、ハン・ソロことスティーヴン・アシュクラフト。

　この本に『スター・ウォーズ』コレクションの写真を寄せてくれたボバ・フェットことプレストン・ヒューウィス。

　FAQシリーズの発行人で本書に着手しない言い訳を与えなかったオビ＝ワン・ケノービことジョン・セルーロ。

　編集者のチューバッカことマリベス・キーティング（大きくて毛深いなどという意味では無論なく、彼女が忠実な仲間で心強い味方だという意味で）。彼らのサポートと友情によって、3冊のFAQシリーズを書きあげることが喜びとなった。

　アプローズ・ブックスのアート部門とプロモーションスタッフ。あなたたちの素晴しい仕事なしでは、本書はゴミ圧縮機の前に積み上げられていただろう。

　このプロジェクトに取り組んでいる間、私をサポートしてくれた酒場をいっぱいにするほどの仲間、特にロン＆マーガレット・ボースト、キップ・コールグローブ牧師、フィリス・ハーバーとリンダ・マイヤー・マコーネル、ケン・ハーディン、デイヴィッド・ハルナック、ジョー＆ジェニファー・ハンス、グレゴリー・ハリス、デイヴィッド・ホーガン、リン・ナーロン、マクリケット・パーク牧師、カレン・ブリドー、テッド・オクダ、マージ・ラザフォードとニック・シュレーゲル。

　そして、いつもながら妻ヴァネッサ。彼女のサポートと励ましなしにはなにも成し遂げられなかっただろう。

　あなたがたすべてがフォースとともにあらんことを。

Introduction

序文

Star Wars and Me
『スター・ウォーズ』と私

　11 歳のときの私は鼻持ちならない嫌な奴だった。

　早熟で貪欲な読書家だった。憧れのマーティ叔父さんが、その 2 年も前に自分が好きな著者の本を読むことを勧めてくれていたので、レイ・ブラッドベリの「ウは宇宙船のウ」や「スは宇宙（スペース）のス」といった短編集あたりから読み始め、すぐにアイザック・アシモフやアーサー・C・クラーク、ロバート・A・ハインラインなど、SF の巨匠たちの小説を読み漁った。それ以前にも、マーティ叔父さんと私はよく一緒に夜更かしをして、『地球の静止する日』(51) や『禁断の惑星』(56) といった SF クラシック映画をテレビで見ていた。自分で見つけた『2001 年宇宙の旅』(68) はその頃の私のお気に入りの映画だった。ただ、1977 年 5 月に『スター・ウォーズ』が公開されたときは、世間でセンセーションが巻き起こっていたというのに、特に見たいとは思わなかった。"宇宙ファンタジー"ものだと聞いていたのだが、私は"本物の"SF のファンだったからだ。つまり、大衆は『スター・ウォーズ』を楽しめばいい、私はスタンリー・キューブリックと「ファウンデーション」3 部作を楽しむ、と。

　その後、夏が終わりに近づいて新学期がもうすぐ始まるという頃に、結婚して州外に引っ越していたマーティ叔父さんを家族みんなで訪ねた。まだ『スター・ウォーズ』を見ていないと叔父さんに話したら（すでに封切りから 3 カ月経っていたが）、叔父さんは僕の頭に角でも生えてきたかのような顔をして、「『スター・ウォーズ』は絶対、見なきゃだめだ」と主張した。翌日、叔父さんは僕を地元の映画館に引っ張って行った。マーティ叔父さんはいつだって正しい。控えめに言っても。私は、レイア姫の船を追ってスター・デストロイヤーが画面上を横切るという、今となっては有名なあのオープニングシーンから、目の前で繰り広げられるスペクタクルに 2 時間ずっと唖然としていた。たぶん叔父さんは、2 回目の『スター・ウォーズ』の鑑賞と同じくらい、私の反応を横で見るのを楽しんだと思う。映画館を出る頃には、『2001 年宇宙の旅』は私の 2 番手になっていた。

その頃の私は『スター・ウォーズ』マニアとしてハマる絶好の年頃だった。最初の公開期間に5回見たというのはファンとしては比較的少ないほうだが、ノベライズ版やコミックブック、サウンドトラック、「スター・ウォーズ・ストーリー」のレコード、ポスター各種、フィギュアや玩具類を購入した。『スター・ウォーズ』の公式ファンクラブの会員にもなった（ほかにファンクラブに入ったことははない）。ところが、『スター・ウォーズ』との個人的な関係はメモラビリアの収集よりずっと深いところへ進んで行った。その秋、私は中学校に入学した。『スター・ウォーズ』のおかげで私のファンタジー漬けの生活が潤っていたため、難しい十代の時期を比較的、楽に生きることができた。『スター・ウォーズ』が大好きだったので、あの映画にインスピレーションを与えたという日本の映画を見る必要があると思った。黒澤明監督の作品を探し、外国のアート作品を知り、心がすっかり開かれ、もう一つの別な情熱を生んだ。何年もの間、私は脚本家になることを思い描いていたが、『スター・ウォーズ』に触発され、実際に物語を書き始めた。——その時書いた作品は、レイ・ブラッドベリよりもジョージ・ルーカスの影響が濃い、カラフルで未熟なスペース・オペラだ。『スター・ウォーズ』は私が本来持っていたスピリチュアルなものへの好奇心をも再燃させた。それは、祖父母に連れて行かれた、"天罰"の教えを主張する南部バプティスト教会で感じた違和感により、これまでほぼ消え去っていたものだった。私のスピリチュアルな体験は長く、曲がりくねった道のりであったが、最終的に信仰は私の人生の核となった。私の妻は米国聖公会の牧師をしている。こんなに深く私の人生の軌道を変えた映画はほかにない。

世の中には、様々な理由で『スター・ウォーズ』と深いかかわりを感じている人々がごまんといる。この本を購入してくれた人は、そういう体験をしている一人なのではないか。だからこそ、『スター・ウォーズ』は全映画史のなかでも最も議論され、書籍にもなっている。40年近くほとんど途切れることなく賞賛され、中傷され、批判され、分析され、調べられてきた。書籍やエッセイ、ウェブサイト、ドキュメンタリーなどが、この映画の創造性と伝説をあらゆる角度から掘り下げている。著者たちはこの映画の暗示について調べるのだ。神話、技術、心理学、政治、経済、倫理、そして宗教（キリスト教、ユダヤ教、イスラム教、仏教、ヒンドゥー教）といった分野から。とにかく様々な本があり、とうとう『スター・ウォーズ』の本を書くためのハウツー本まで出版された。もし本書の出来があまり良くなかったら、それはハウツー本を読まなかったからに違いない。申し訳ないことだ。

すでにこんなにもたくさんの『スター・ウォーズ』関連本があるというのに、なぜ「STAR

WARS FAQ／『スター・ウォーズ』のすべて」が必要とされるのか？　それはつまり、こんなにたくさんあるからこそ、である。あなたが手にしている（またはタブレットにダウンロードしている）その本は、ほかの書物をほんの少し抽出したものにすぎない。『スター・ウォーズ』をこよなく愛する人のために書かれているが、そのテーマですでに出版されている山のような本やそのほかの関連作品を片っ端から掘り起こす時間も意思もないのだ。しかしながら、超空間からこぼれてくる『スター・ウォーズ』関連本をすべて購入している献身的なファンの方にも、本書は満足していただけると自負している。ほとんど語られない物語を探すのにほぼ丸２年間を費やし、ほかの本では重要ではないと切り捨てられる部分に光を当てた。また、本書は、ルーカスフィルムをはじめ、ディズニーやそのほかの会社からも承諾を得ていない非公認本であるため、これまで、さっと流されたか、あるいは完全に無視されてきた部分に深く切り込むことができた。たとえば大失敗作だった“The Star Wars Holiday Special”や『スター・ウォーズ』の成り立ちとその後のシリーズにおけるオリジナル作品の重要性、さらに1970年代後半から80年代前半にかけて映画館やテレビにあふれた『スター・ウォーズ』の類似作品やパロディ作品などについても言及している。また、自分なりの『スター・ウォーズ』映画の分析についても書き、——シリーズ作品の優劣や、テーマに込められたメッセージ、今も続く影響、文化的遺産などだ——「スター・ウォーズ／イウォーク物語」というテレビ映画や『スター・ウォーズ』のテレビアニメ版など、副次的なプロジェクトの評価も含めている。かなり率直に述べているので、読者にとっての有用性は様々だと思う。

　リサーチ範囲が広がりすぎないように、本書では初期の作品にのみ焦点を当てている。それらは、歴史的正確さを保つため、『スター・ウォーズ』『スター・ウォーズ／帝国の逆襲』『スター・ウォーズ／ジェダイの帰還』というオリジナルのタイトルで紹介している。１作目の成り立ちから始まり、1997年のオリジナル３部作の特別篇の公開までを網羅する。主にこれらの作品の脚本と製作、そして批判や人気についてまとめている。ただし、『スター・ウォーズ』シリーズの神話の詳細に関心を持っているものではない。宇宙船ミレニアム・ファルコン号の制作や模型について知りたいのであれば、ほかの本を探したほうがいい。それならスティーヴン・J・サンスウィートとパブロ・ヒダルゴ著の「スター・ウォーズ・エンサイクロペディア」をお勧めする（わかったよ。これだけだよ。ミレニアム・ファルコンはコレリアン・エンジニアリング社が製造したYT-1300級輸送機を改造したものだ）。

「STAR WARS FAQ ／『スター・ウォーズ』のすべて」の執筆で一番大変だったことは、真実とある種の神話とを区別することだ。ある種の神話とは、修正主義者による歴史や多くの誤解、またあるときは完全なでっち上げだったりするもので、何十年もの間に『スター・ウォーズ』シリーズ製作の過程で一人歩きしてしまった。私は現在の時点でできる限り正確に物語を紹介するために、入手可能なごく初期のインタビューと歴史的な書類を頼りにした。幸運なことに、話題として取り上げた内容のほとんどは複数の補完的情報源で見つけることができた。直接引用やその他のユニークな情報は引用文献として紹介している。場合によっては、相反する記述の両方を提示し、読者が各自で結論を導き出せるようにした。

　本書では、トピックの範囲が限られていることとフォーマットが簡潔であるため、残念ながら魅力的で楽しくてときには単にいかれている脇筋や逸話のすべてを盛り込むことはできなかった。一冊の本にすべてを盛り込むなんてそもそも無理だ。こういった要素をなるべくたくさん詰め込もうとしたが、なかには、単純にはまらないものもあった(第27章参照)。ここにもう一つ、こっそりと情報を入れておこう。ワシントン D.C. にあるワシントン国立カテドラルの北西の塔のガーゴイルのひとつがダース・ベイダーの形をしていることを知っているか？　本当の話だ。Google で検索してみるといい。

　本書は "STAR WARS FAQ" という題ではあるが、"よくある質問"（Frequently Asked Questions）集ではないことをお伝えしておく。この題は、ハル・レオナルド社が音楽や映画、ポップカルチャーなどの話題を同様のフォーマットでシリーズ化して出版していることからきている。このシリーズで私が出版する本は3冊目となる（先に出版された2冊は『スター・トレック』について書いたもの）。このシリーズのことを知らない批評家や読者たちは、しばしば、この題は誤解を招くと文句を言うので、こうして警告しておくのはフェアだと思ってもらいたい。また、本文に進む前にもう一つ言っておきたいことは、本書は読者が自分の意思でどこからでも出入りできるように書かれている（だから、"The Star Wars Holiday Special" についての章を飛ばしたいと思ったらそうしていい）。ただし、映画の製作に関する章と、この作品が人々にどのように受け入れられたかについて書かれた章（第3-11章、第14-18章、第20-21章）は、その順序で読んだほうがいい。または少なくとも内容が続いている部分は飛ばさないで読むほうがいい。

　本書には『スター・ウォーズ』現象のすべての側面——ルーカスがこのシリーズを想像のなかで作り上げる過程でインスピレーションをもらった本や映画の話から、撮

影されなかった初期の脚本の草稿、映画の成功の鍵となった多くの功労者たちの短い紹介、オリジナル3部作の DVD 発売に至るまでの経緯（ある意味、狂ったとも言える）まで――を盛り込む努力をした。そのほか、歴史やポップカルチャー的な部分も含めた。なぜなら、そうしなければ『スター・ウォーズ』がどんなに革命的だったかということを真に評価することが難しいからだ。「STAR WARS FAQ ／『スター・ウォーズ』のすべて」の包括的なテーマは広く、『スター・ウォーズ』シリーズが映画産業やポップカルチャー、製作にかかわった人々、特にジョージ・ルーカスの人生に与えたインパクトなどにも触れている。本書には、『スター・ウォーズ』の映画そのものと同じくらいスリリングで、アクションがたくさん詰まっている。勇敢な登場人物たちが全く勝ち目のない困難に直面したり、狂信的な追跡に遭ったり、危機一髪で逃げ延びたり、果敢に戦って勝ったり、逆に悲劇的な敗北を味わったり、ギャラクシー（というか少なくともハリウッド）の方向性が変わってしまうほどの思いもよらない勝利が大惨事を引き起こしたり。それではみなさん、シートベルトをお締めください。まもなく、光速にジャンプします。

マーク・クラーク
オハイオ州メンター・オン・ザ・レイク
2015 年

マーク・クラーク

クラシック映画やテレビ番組を扱う作家、映画史家。本書「STAR WARS FAQ『スター・ウォーズ』のすべて」が5作目。これまでに FAQ シリーズの "Star Trek FAQ : Everything Left to Know About the First Voyages of the Starship Enterprise" や "Star Trek FAQ 2.0 : Everything Left to Know About the Next Generation, the Movies, and Beyond" などを手がけている。ルイビル大学卒、"Louisville Courier-Journal" で映画批評を行っていた。オハイオ州メンター・オン・ザ・レイクで家族と暮らす。

第 1 章

This Will Be a Day Long Remembered
今日という日は長く記憶に
残る日となるだろう

How Star Wars Changed the Movies
"スター・ウォーズ"がいかに映画を変えたか

　イギリスの"Sight & Sound（サイト＆サウンド）"誌は10年毎に世界中の映画評論家や映画監督から映画史上ベスト10を投票してもらうという企画を行っている。2012年に発表された最新の投票では、アルフレッド・ヒッチコック監督の『めまい』(58)が第1位に選ばれた。それまでの50年間はずっとオーソン・ウェルズ監督の『市民ケーン』(41)が1位だったが、初めて『めまい』がトップの座を奪った。そのほか、ベスト10によく登場する作品はジャン・ルノワール監督の『ゲームの規則』(39)、フェデリコ・フェリーニ監督の『8 1/2』(63)、セルゲイ・エイゼンシュテイン監督の『戦艦ポチョムキン』(25)などだ。『スター・ウォーズ』(77)『スター・ウォーズ エピソード5／帝国の逆襲』(80)『スター・ウォーズ エピソード6／ジェダイの帰還』(83)は"Sight & Sound"誌のベスト10に選ばれたことはなく、おそらくこれからも選ばれることはないだろう。こういった"ベスト10"を扱うリストには同じような作品ばかりが並ぶ。ただし、ファンの投票を受け付けている"IMDb（インターネット・ムービー・データベース）"やアメリカン・フィルム・インスティチュートの投票を除いては。

　ジョージ・ルーカスの『スター・ウォーズ』オリジナル3部作の映画的価値には賛否両論あるが、その歴史的重要性については議論の余地はない。オリジナル3部作——特に1作目——は映画史上最も重要な作品の数本に入ることは間違いない。『スター・ウォーズ』は、チャーリー・チャップリンの喜劇やD・W・グリフィスの歴史ドラマが10代半ばの若者を映画好きにさせて以来、観客数を広げた作品である。また、『ジャズ・シンガー』(27)がハリウッド映画のトーキーへの移行に拍車をかけて以来となる、偉大なる技術革新の波を業界にもたらした。『スター・ウォーズ』が本当にどれほど画期的だったかということを完全に評価するためには、1977年当時、映画産業がどういう状態で、どのようにこの作品が生まれたかを鑑みる必要がある。

黄金時代

　ハリウッドは第一次世界大戦に勝利した。大戦以前は、フランスやドイツ、スウェーデンほかのヨーロッパ諸国の活気に満ちた映画産業と対等に近い立場で、世界中の劇場に作品を供給し、競っていた。しかし第一次世界大戦によってヨーロッパの映画スタジオが衰退し、ハリウッドが地球上の映画の都となる方法を残した。1920 年代後半のトーキーの出現により、アメリカの映画スタジオは国内の市場を事実上独占するようになった。アメリカの観客は（海外の観客と比べ）一般的に字幕のついた映画を拒否する傾向にあり、吹き替え技術が完ぺきになるまでには何年もかかった。この時代、ハリウッドのメジャー・スタジオはいわゆる"垂直統合"を始めた。——映画を製作するだけでなく、大手映画館チェーンや配給の拠点をすべて買い占めたのだ。MGM、ワーナー・ブラザース、20 世紀フォックス、パラマウント、RKO らが映画館チェーンに飛びつき、コロンビア、ユニバーサル、ユナイテッド・アーティスツは取り残された。

　こうしてハリウッドの黄金時代が到来した。見方によっては、この時代（無声映画時代の後期に始まり、第二次世界大戦の間ずっと続く）は、"旧共和国"の全盛期や"悪の帝国"による暗黒の時代のどちらか——あるいはもしかすると両方——に相当した。ハリウッドは『市民ケーン』や『カサブランカ』(42)、『風と共に去りぬ』『オズの魔法使』（ともに 39）といった伝説的作品を作った。ヒッチコックやジョン・フォード、ビリー・ワイルダーといった監督を雇い、ハンフリー・ボガートやケイリー・グラント、ベティ・デイヴィスといった俳優たちを起用した。入場料は安かった（10 セントくらい）ので、世界大恐慌の間も、第二次世界大戦中の物質不足の配給の時代にも、多くの人々がちょっとした贅沢のひとつとして夜に映画を見に行くことができた。スタジオは映画を製作し、自ら配給し、上映することで儲けることができたので、映画界の食物連鎖としてこれら 3 点から現金が流れ込んだ。一方で、俳優や製作関係者らは、ときにひどい扱いを受けた。スタジオは工場と化し、ソーセージのように映画を濫造した。さらに、独立系映画館は数本の作品をまとめて上映する、ブロックブッキングを強要された。大物俳優が出演する評判の高い作品に加え、興行収入がそれほど見込めない B 級作品を一緒に引き取らなければならなかった。

　ハリウッドが無敵と思われた 1948 年、米国最高裁判所は、"アメリカ合衆国対パラマウント"訴訟と呼ばれる、メジャー・スタジオへの集団訴訟の判決において、業界に強烈な一打を浴びせた。メジャー・スタジオ 8 社が連邦政府の定める独占禁止法を

犯しているというものだ。全米映画製作配給業者協会（MPPDA）を通して、映画メジャー・スタジオ8社（パラマウント、MGM、20世紀フォックス、ワーナー・ブラザース、RKO、ユニバーサル、コロンビア、ユナイテッド・アーティスツ）が、映画業界の道徳的指針となる"プロダクション・コード"を強要しただけでなく（映画の内容を管理した）、市場に新しい競合相手が参入するのを妨ぐために共謀したという。裁判所はこの8社に対し、映画館チェーンの売却やブロックブッキングの廃止、およびその他の独占的運営を停止することを命じた一方、配給事業だけは継続することを許可した。

　しかし主要な収入源を失ったスタジオは、資金力が衰えた。映画界の権力者らは現金を失っただけでなく、影響力も同時に失った。独立系プロデューサーらにとっては映画の配給がずいぶん楽になり、多くのスター俳優がスタジオとの独占契約の更新よりもフリーランスとなることを選んだ。そこでエージェントが力を持ち始め、フリーランスのタレント（監督や俳優）と映画企画をセットにし、競売によって、より高値を出す会社へとプロジェクトごとパッケージで売却した。こういった移行がすべて完了するまでには10年近い歳月がかかったが、この判決がハリウッドのスタジオ・システムの終わりを告げる弔鐘となった。かくて、黄金時代は幕を閉じた。

新生ハリウッド

　こういった苦難で揺らいだハリウッドは、さらに別の脅威に直面することになる——テレビの台頭だ。全国にテレビ局が開局し、家庭用テレビの売り上げは急増。テレビはものすごい勢いで映画館から観客を吸い取っていった。たとえば、テレビの西部劇の人気は、低予算で製作される西部劇映画の観客を激減させた。低予算の西部劇映画は、無声映画の初期の頃から、ハリウッドにとっては生計を支える主要作品だったのだ。ハリウッドはこれに対抗して、シネラマやワイドスクリーン上映、カラー作品、3D作品などの仕掛けを用意したり、"ロードショー"のスペクタクル上映（評判の良い作品は上映前のショーや生演奏といったアトラクションを付けてチケットを高く販売）を復活させたりと思考をこらした。白黒の小さな画面のライバルと差を付けられる方法はなんでも試した。テレビへの対抗としてそのほかに登場したのは、アート系映画館とドライブイン・シアターだ。両方ともテレビ画面を通した視聴よりも魅惑的な体験ができることを売りにした。

　メジャー・スタジオ8社に対する判決の予期しない結果が、MPPDAを弱体化させ、スタジオによるプロダクション・コードの実施をより困難にした。その後、1952年に米

国最高裁判所は"ジョセフ・バースティン社対ウィルソン"訴訟において、そもそもコードが作られる動機となった政府の検閲の脅威を取り除き、映画は連邦法第1条によって保護されるとの判決を下した。60年代の終わりまでにはコードは過去のものとなり、アメリカ映画の主流は露骨な性描写と生々しいバイオレンス描写を取り込むようになった。

　ハリウッドは物語を紡ぐ方法を再考している一方で、ビジネスの方法の改革も余儀なくされた。メジャー・スタジオは、かつて史上最も成功した個人オーナーのビジネスだったが、60年代半ばまでには急速に財政難に陥り、資金不足の経営者は会社を巨大企業に売却せざるを得なくなった。ガルフ＆ウエスタン社が66年に不安定なパラマウント・ピクチャーズを買収したことにより、ハリウッドの企業買収が始まった。翌年、複合企業のセブン・アーツが、ハリウッドの象徴だが財政的にはひっ迫していたワーナー・ブラザースを買収、一方でトランスアメリカ社が衰弱したユナイテッド・アーティスツを買収した。これらのスタジオ買収を承認した企業の重役たちは映画製作について何も知識を持っていなかった（たとえばトランスアメリカは生命保険会社で、それまでの投資はバジェット・レンタカー社などであった）が、スタジオは長期的には価値を取り戻すことができる不採算資産であると見ていた。

　その直後、小さな独立系製作会社の数本の作品の興行的成功が——特にデニス・ホッパー監督の『イージー・ライダー』（69）の成功は著しい——新しい経営体制下のスタジオを、才能のある若い新鮮な顔ぶれを取り入れる波へと導くきっかけとなった。当時の若いフィルムメイカー——フランシス・フォード・コッ

1969年の『イージー・ライダー』の衝撃的成功は、ジョージ・ルーカスをはじめとする若いフィルメイカーにとって、それまで鍵がかかっていたハリウッドの門を勢いよく開けるきっかけとなった

ポラ、マーティン・スコセッシ、ロバート・アルトマン、ウィリアム・フリードキン、スティーヴン・スピルバーグ、そしてジョージ・ルーカスなど——は、より個人的で実験的で、製作費は低く、ときに大きな利益をもたらすような作品を作っていた。『イージー・ライダー』は 36 万ドルで製作され、全世界で 6000 万ドル近い興行収入をあげた。そのほかの新しいハリウッドのヒット作には、アルトマンの『M★A★S★Hマッシュ』（70）や、フリードキンの『フレンチ・コネクション』（71）と『エクソシスト』（73）、コッポラの『ゴッドファーザー』シリーズの最初の 2 作（72 と 74）、ルーカスの『アメリカン・グラフィティ』（73）などがある。

　ハリウッドはさらに 1971 年に通過した新しい税法案により、重要な景気浮揚の恩恵を受けた。この法案は映画業界を再活性化するために施行されたもので、ハリウッドのスタジオが国内で製作した作品の製作費を 1960 年代に遡って、税控除の申請をできるようにするものだった。さらに、アメリカの映画製作に投資する個人投資家にも税控除を認めるというタックス・シェルターを設けた。この法律は 80 年代はじめに廃止となるが、その間に、メジャー・スタジオは何億ドルも回収し、一方でタックス・シェルターのおかげで、ミロス・フォアマンの『カッコーの巣の上で』（75）やスコセッシの『タクシードライバー』（76）といった映画の資金が集まった。どちらの作品も、タックス・シェルターが適応された時代以外では作られることはなかっただろう。

　新生ハリウッドの波は 70 年代半ばに絶頂期を迎えた。だがスタジオの重役たちは若いフィルムメイカーの流入に臆病なままだった。これらの作品は興行収入に大きな差があったからだ。ホッパーの『イージー・ライダー』の次の作品『ラストムービー』（71）も明らかな失敗だったことを考えると、それもわからなくもない。このムーブメントで新しく出てきた映像作家たちは、クリエイティブ面での重要な決定について、ハリウッドの重役たちが快く引き渡すことを要求していた。こういう神童のような監督たちが最も称賛されていたときでさえ、——アルトマンの『ビッグ・アメリカン』（76）やスコセッシの『ニューヨーク・ニューヨーク』、フリードキンの『恐怖の報酬』（ともに 77）——低迷が始まっていたので、スタジオによるこういったスタイルの映画製作への関与は崩壊していった。そんなときに、『スター・ウォーズ』が到来し、すべてを変えたのだ。ジョージ・ルーカスは無意識に新生ハリウッドの多くの若者たちと一緒にスタジオの門をくぐり、彼の後ろでドアがピシャリと閉まる音を聞いた。

ブロックバスターの時代

『スター・ウォーズ』は 1970 年代最初のブロックバスター作品ではない。『大空港』や『ある愛の詩』（ともに 70）、『ゴッドファーザー』（72）、『アメリカン・グラフィティ』『スティング』『エクソシスト』（すべて 73）、そして『タワーリング・インフェルノ』（74）といった幅広い作品がすべて、米国内だけで 1 億ドル（インフレ調整なし）以上の興行収入をあげている。フリードキンの『エクソシスト』は全世界で 4 億 200 万ドルの興行収入を得たし、スピルバーグの『ジョーズ』は翌年 4 億 7000 万ドルという記録を叩き出した。77 年のブロックバスター作品は『スター・ウォーズ』だけでなく、スピルバーグの『未知との遭遇』は全世界で 3 億 3700 万ドル、ジョン・バダムの『サタデー・ナイト・フィーバー』が同じく 2 億 8200 万ドル、ハル・ニーダムの『トランザム 7000』は国内で 1 億 2600 万ドルをあげ、4 作品とも多額の利益を生み出した。ただ、『スター・ウォーズ』の全世界での興行収入はおよそ 8 億ドルとほかを圧倒し、さらに T シャツやポスター、玩具、書籍、サウンドトラック・アルバムなど想像し得る限りの副次的収入が何億ドルもある。インフレ調整した額で見ると、映画の興行収入は 30 億ドルを超え、前例を見ないマーチャンダイジングの嵐からはさらに最低でも十億ドル以上の売り上げがあったと言われる。

『スター・ウォーズ』の興行収入が『ジョーズ』（近代最初の夏興行ブロックバスター作品）を超えて史上最高を記録したとき、スティーヴン・スピルバーグ監督は彼の"友人"であるジョージ・ルーカスへの祝辞として、この広告を出した

米オンラインニュース"MSN ムービーズ"のジム・エマーソンは、「全世界を震撼させたのは作品そのものではなく、作品に対する人気と、その人々の反応に対する映画産業の反応だ」と書いている。

『スター・ウォーズ』はハリウッドに将来のビジョンを与え、1948 年の"パラマウント訴訟"以来ずっと模索していた新しいビジネスモデルを見せつけた。才能はあるが気難しいフィルムメイカーたちによる、小規模で私的な作品はすべて忘れ去られた。ブロックバスターの時代が到来したのだ。まるで新しい時

代の"カリフォルニア・ゴールド・ラッシュ"のように、スタジオはマーチャンダイジングの金脈に続く可能性を秘めた特撮だらけのスペクタクル作品を探し始めた。こういった作品は製作費も高く、リスクの大きな賭けとなるが、潜在的なリターンは天文学的数字だ。

「ジョージが悪いとは言わないが、彼とスティーヴン・スピルバーグが投資とリターンに対するスタジオの考え方を変えたんだ」と、脚本家であり監督でもあるローレンス・カスダンは 1997 年発行の「プレイボーイ」誌のインタビューで話している。「その考え方が、映画ビジネスの節度のある期待値を壊し、今やすべてのスタジオ作品がブロックバスターを狙って作られている」。

ルーカスはこの意見に異議を唱えた。96 年にデイヴィッド・トンプソンが「エスクァイア」誌に寄稿したエッセイ「映画を殺したのは誰だ?」に対して、99 年の記者会見で怒りを込めてこう発言している。"The Los Angeles Times(ロサンゼルス・タイムズ)"紙の引用によると、ルーカスは「映画ビジネスにはエコシステムがある」との見解を示した。「スティーヴンと私が映画ビジネスに与えた効果は独立系アート作品の製作を助けるものだった」。ルーカスの考えでは、彼とスピルバーグの作品が何億ドルもの興行収入を稼いだことにより、映画館経営者も潤い、その資金でさらに新しい映画館がオープンし、スクリーン数が増え、独立系作品にも上映の機会をもたらすことになった、というものだ。ルーカスフィルムの調査によると、70 年代半ばから 90 年代後半の間に米国のスクリーン数は 2 倍になったという。

スクリーン数についてはルーカスの言い分は正しい。しかし最近のブロックバスター作品はほとんどの場合、シネマコンプレックスのスクリーンの四つ、もしくはそれ以上を一度に埋めている。また、独立系アート作品に最も理解を示している単館、または少数スクリーンの独立系映画館は、複合映画館の出現によって、絶滅の崖っぷちに追いやられている。その上、カスダンのようなフィルムメイカーや、トンプソン(そして私)のような映画評論家がここで指摘している点は、メジャー・スタジオの作品についてであって、独立系作品についてではない。小規模で私的な作品は今でも作られているが、メジャー・スタジオが製作しているわけではない。メジャー・スタジオはそういった作品が公開されるだけでなく、認知されるように仕掛けるマーケティングの力を持っている。

80 年代の初め、急成長していたホームビデオとビデオゲームの技術、そしてそれらがもたらす新しい利益の機会は、ハリウッドのブロックバスター狙いというビジネス

モデルへの執念に拍車をかけた。今から振り返ってみると、『スター・ウォーズ』はまるでこの市場を見越して作られたかのようだ。「フォーブス」誌のレポートによると、2012 年の後半には『スター・ウォーズ』シリーズの DVD 売り上げは 37 億ドルを超え、ビデオゲームの売り上げは 29 億ドルだった。しかも、『スター・ウォーズ』が公開されたとき、ホームビデオもゲーム業界もまだ初期段階であった。ホームビデオの普及を何年も遅らせた VHS とベータマックス間のフォーマット標準化の争いが起こりつつあった頃だ。『スター・ウォーズ』のホームビデオデビューは 82 年、それもレーザーディスクでの発売だった（『スター・ウォーズ』の家庭での鑑賞の複雑な歴史は第 34 章を参照）。その年、『スター・ウォーズ』のビデオゲームのカセットが初めて公式にライセンス販売された。また、『帝国の逆襲』をベースにしたゲームが Atari 2600 用に作られた。（『スター・ウォーズ』のゲームについては第 31 章を参照）。

　今日、ハリウッドのブロックバスターを燃料としたポスト『スター・ウォーズ』のビジネスモデルは、黄金時代の夢工場のシステム以上に続いており、今後すぐに終わる気配も見えない（ただし、ビデオストリーミングやその他のメディアが発生することによって、ハリウッドは再び手法を改革しなければならなくなる日が来ないともかぎらない）。

スクリーン上で……

　ところで、『スター・ウォーズ』は映画ビジネスを変えただけでなく、映画そのものを変えた。

　こういったことは量で証明するのが正直なところ難しいのだが、ハリウッドで『スター・ウォーズ』の後に続いたブロックバスターやブロックバスターを狙った作品は、『スター・ウォーズ』の飽きさせない歯切れのよい編集を少なくともある程度真似たものだった。また、スタジオが資金を投じた企画の多くは『エイリアン』や『スター・トレック』『ターミネーター』『プレデター』といった SF スリラーか、もしくは『スーパーマン』や『バットマン』のようなヒーローものだった。一方で、かつて長い間、利益を見込めていた西部劇やミュージカルといったジャンルは崩壊し、1980 年代以降アメリカの映画市場を独占した、視覚効果を多用したアクション・スペクタクル作品とは競争にならなくなった。『スター・ウォーズ』の影響はすぐに表れ、その上、今も衰えていない。J・J・エイブラムスが監督した 2009 年と 2013 年の『スター・トレック』はどちらも『スター・ウォーズ』のスタイルとペースを模倣しているだけでなく、『スター・ウォーズ』と『スター・ウォー

ズ エピソード 5 ／帝国の逆襲』（80）からいくつかのシーンをコピーしていた。しかしながら、多くの部分において『スター・ウォーズ』がアクション映画のスタイルを変えたのは、後のフィルムメイカーたちがジョージ・ルーカスを真似することを狙ったからではなく、『スター・ウォーズ』が観客の期待を変えたからだ。

『帝国の逆襲』と『スター・ウォーズ エピソード 6 ／ジェダイの帰還』（83）も、その影響力の大きさを証明している。たとえその理由が、この 2 作品が 1 作目の成功を立証し、観客の期待を変化させ続けたから、ということだけだとしても。もはや映画ファンたちはぴんぼけ風の穏やかな物語を許容できなくなっていき、SF やホラーやファンタジー作品でさえかなり作り込んだものを要求するようになっていった。こういったジャンルの作品は以前ならスタジオの B チームか、勝負好きの独立系製作会社が作っていたものだ。たとえばイギリスのハマー・フィルムズやアミカス・プロダクションズといった会社は控えめな製作費ながらよく作られた利益率の良いホラーや SF 映画を 30 年以上も製作していたが、『スター・ウォーズ』の到来により両社とも諦めた。ハマーが閉鎖する前の 1979 年に公開した最後の作品は、ヒッチコック作品『バルカン超特急』のリメイク版だ。アミカスはその直前までエドガー・ライス・バロウズ原作のヒットシリーズ——『恐竜の島』（74）、『地底王国』（76）、『続・恐竜の島』（77）——を持っていたが、『スター・ウォーズ』の後、すぐに閉鎖した。アミカスの共同創立者であるミルトン・サボツキーは会社を閉鎖した理由について、『スター・ウォーズ』以降の映画市場で低予算映画は太刀打ちできないと気がついたからだと言う。

『スター・ウォーズ』のオリジナル 3 部作は映画業界の様々な状況を変えたが、なかでも最も明らかで議論の余地のないものは、視覚効果のハードルを上げたことだ。スタンリー・キューブリックの『2001 年宇宙の旅』（68）は特撮技術において大躍進を見せたが、『スター・ウォーズ』が観客の視点を変えたのとはわけが違う。たとえ『2001 年宇宙の旅』を見た後でも、観客は比較的粗い視覚効果の SF やファンタジー作品を見ることについて躊躇しなかった。それを『スター・ウォーズ』が終わらせた。『スター・ウォーズ』は画期的な鋭さと技巧と洗練を見せつけた。視覚的にはどちらの作品もそれ以前の作品より印象的だ。ルーカスが設立した会社——伝説的視覚効果工房のインダストリアル・ライト・アンド・マジック（ILM）や音響編集と音響効果のスプロケット・システムズ（現スカイウォーカー・サウンド）を含む——は『スター・ウォーズ』の製作にかかわり、すぐに映画業界の金字塔的存在となった。80 年代初めまでに、視覚効果が ILM レベルに到達していないすべての SF およびアクション映画は、笑い者にさ

れるようになった。それから 35 年間近く、ILM とスカイウォーカー・サウンドは、良かれ悪しかれ、映画の着想から製作までの方法を根本的に変化させたコンピューター・グラフィックというものを含む、最新技術の先端を担い続けている。その結果のひとつとして、J・R・R・トールキンの小説やマーベル・コミックスの様々なスーパーヒーローのアドベンチャー作品など、かつて映画化は不可能だとされた多くの作品が映画化されたことには、ときにワクワクさせられる。

　「『スター・ウォーズ』は映画が実際にできることの可能性を、力づくで開けた」と『ロード・オブ・ザ・リング』のピーター・ジャクソン監督は、『スター・ウォーズ』のオリジナル 3 部作の DVD コレクションのインタビューのなかでコメントしている。「映画館での体験における劇的なシフトだった」。

そして複合映画館で

　『スター・ウォーズ』は映画ファンにとっての映画館での体験をも変えた。『ジェダイの帰還』の綿密に設計された音響や感動的な交響音楽を観客がちゃんと耳で体験できるように、ルーカスは THX 音響音質保障システム(第 27 章参照)を作った。『スター・ウォーズ』オリジナル 3 部作の 2 作目において、ルーカスはデジタル映画製作と上映への業界の移行を推進していたのだ。

　おそらくこれは最も重要なことだが、『スター・ウォーズ』は映画の観客を変えた。1 作目の最初の公開のときに記録的な数のチケットを買っていたファンたちの多くは若く、この映画を見るために何度も何度も通った。若者が何度も映画館に足を運ぶ一方で、それ以外の世代の人々も 1 回以上は見に行った。ハリウッドはこんなに若くて貪欲で何度も通ってくる観客をそれまで見たことがなかった。その後何年間も、SF、ファンタジー、アクションといったブロックバスター作品の観客は 20 代前半かそれ以下の年齢層が中心となった。これはもしかしたら『スター・ウォーズ』が新しいファン層に訴求し映画館に通うファンを拡大したからかもしれないし、または、ハリウッドが同作品に似たスタイルの映画を製作し、このファン層を積極的に誘惑したからかもしれない。いずれにしろ卵が先か鶏が先かの問題になる。だが、その影響はいずれにしろ現実だ。

　アメリカの国民の平均年齢が上昇しているにもかかわらず、映画館に通う観客の平均年齢は何年間も下がり続けた。2012 年に MPAA が発表した統計によると、2011年にアメリカ合衆国とカナダで映画館に行った観客の 37% は 24 歳以下だった。この層は全人口の 32% であるにもかかわらずだ。2010 年の 25 歳以下の観客数と比較する

と 3 ％増となっている。1970 年半ば以降、25 歳以下の観客数は（間欠的に、徐々に）増加しており、一方で 40 歳以上の観客数は減少している。また、77 年に『スター・ウォーズ』を何度も見た若いファンたちのほとんどが男性だった。今日のハリウッドのブロックバスター作品の多くは、コミックブックのスーパーヒーローを主人公にした作品などで、若い男性層をターゲットにしている。

　ハリウッドはほかにも影響力のある映画シリーズを製作している。たとえばジェームズ・ボンド作品などだ。そして、英映画誌 "Sight & Sound" の投票結果がどんなことを示していても、やはりハリウッドは批評家が高く評価するような作品や監督たちから尊敬させるような作品もたくさん製作してきた。しかし、『スター・ウォーズ』ほど映画業界の多くの面に変化を与えた映画シリーズはほかにない。要するに、今日我々が知っているハリウッドはおよそ 40 年前、はるか彼方の銀河系で生まれたのだ。

第 2 章

The Force Is Strong with This One
こいつはフォースが強い

　"スター・ウォーズ"を創作する前に、ジョージ・ルーカスは自分を創作した。いずれもハリウッドの伝説となった。

1944 年 5 月 14 日

　ジョージ・ウォルトン・ルーカス Jr. は 1944 年 5 月 14 日、カリフォルニア州の静かな町モデストに住むジョージ＆ドロシー・ルーカス夫妻のもとに生まれた。ジョージは体が小さく、顎がないわりに耳が尖っていて、人付き合いが苦手な少年だった。小学校に入学してからは、姉のアンとケイティがいじめから守ってくれた。そんな幼少時代だったからか、ルーカスはモデストが好きになれず、長年、故郷と呼ぶことをためらっていた。南カリフォルニア大学 (USC) では、学生仲間にどこの出身か聞かれると、ルーカスは曖昧に「北カリフォルニア」と答えていた。後にルーカスは、若いルーク・スカイウォーカーがタトゥイーンを離れることに憧れている様子を描きながら、自分もモデストから離れた遠い場所へ逃亡することを熱望していたと話している。

　ルーカスはボーイスカウトに参加し、リトルリーグで野球もした。だが少年時代のほとんどの時間はテレビで放映される古い映画を見たり、コミックブックを読んで過ごした。彼は近所の少年と一緒に、子どもによる子どものための新聞の発行を始めた。「デイリー・バグル」という名前のその新聞は、一週間ももたなかった。そこで今度は別の友達と、自宅のガレージを改造してハロウィン用の精巧なおばけ屋敷を作った。

　ルーカスの父親は文房具屋を営んでいて、店の経営は上手くいっていた。地元のほかの店や事務所にビジネス用の事務用品を卸していた。まだステイプルズやホーム・デポといった量販店チェーンが出現するずっと前のことだ。父親は息子に店を継いで欲しいと思っていたが、ジョージ Jr. はまったく興味がなかった。高校に入学するまでに、ルーカスはロックンロールと改造車に傾倒していた。父親にとってはそんな息子の

趣味は時間の無駄と映り、ルーカスがすでに 失いかけていた写真への興味を取り戻させようとしていた。15 歳のとき、一家はそれまで住んでいたモデストの中心地ラモナ・アベニュー 530 番地にあった家から、13 エーカーの森がある郊外の家に引っ越し、ルーカス青年はすっかり陰気になり、殻に閉じこもってしまった。

　ルーカスがティーンエイジャーの頃に持っていたもので、最もかけがえのなのない宝物はフィアット・ビアンキーナに間違いない。小さなイタリア車で、二気筒エンジンのクーペだ。父にこの車を買ってもらってまもなく、ルーカスはぶつけて横転させてしまった。そこでぐちゃぐちゃになった屋根を取り外し、ロールバーと低いフロントグラスを取り付け、"絶対にはずれない" という特別のレース用シートベルトを床にボルトで取り付けた。見た目はおかしな乗り物だったが、レースには向いていた。エンジンは小さいが、とても軽くて機敏だったからだ。ハン・ソロがルーク・スカイウォーカーに、ミレニアム・ファルコンは「見た目はそうでもないが、頼りになるぜ」という台詞は、ルーカス自身が愛車ビアンキーナのことを語ったものだったのかもしれない。

　モデストのダウニー高校の卒業が近づいてきた頃、ルーカスの成績は平均 D+ だった。髪を伸ばし、ワセリンで後ろに撫でつけていた。車を改造しドライブやレースをしていたガラの悪い少年たちとつるみ始めた。そんな息子の姿を見て、父は息子が非行に走りはじめたと心配した。だがその後、そのすべてが変わった。

1962 年 6 月 12 日

　本来なら、ルーカスは 1962 年 6 月 12 日に死んでいるはずだった。一家が所有する牧場の近くにあるクルミの木に、彼のビアンキーナを激しくぶつけたのだ。ルーカスは最後の期末試験の勉強をするために図書館へ行っていた。小さなフィアットで帰宅中——もちろんいつも通りスピードを出しながら——道を曲がった際に正面に対向車のシボレーのインパラ見ると、ハンドルを切って道から大きく飛ばされ、4、5 度回転した後、クルミの木に叩きつけられた。あまりの衝撃に、その成木が根から持ち上がり、60 センチ近く動いたほどだ。奇跡的に、彼の "頑丈な" シートベルトが壊れたため、ルーカスは転がる車から脱出することができ、命拾いした。ルーカスは（当時 1 メートル 68 センチ、45 キロあるかないか）肩甲骨骨折と内出血で重体に陥った。肺に血が急激に流れ込んでいた。インパラを運転していたのはルーカスのクラスメイトで、彼が救急車を呼んでくれた。

　ルーカスは 2 週間入院した。高校の職員は怪我をした少年を憐れに思い、成績の悪

さや期末試験の未受験などに目をつぶって卒業させてくれ、卒業証書が病院のベッドに配達された。ルーカスはインタビューでよく、この事故が自分の人生の転機になったと指摘している。「まっすぐに進もう、良い学生になろう、自分自身で何かを成し遂げてみようと心に決めた」と、ルーカスは伝記作者のデール・ポロックに語った。そういうわけで、ルーカスの自伝的要素のある『アメリカン・グラフィティ』（73）は 1962 年が舞台になっていて、高校を卒業したばかりの若者の集団が描かれ、激しい自動車事故で終わるのだ。

　ルーカスは自分自身を改革し始めた。プロのカーレーサーになるという夢を捨て、モデストの短大に入学し、成績を上げて 4 年制大学に編入し、学位を取得することを目的にした。学業に向かい合ったのはこれが初めてで、成績は A、B、C に上がった。人類学と社会学に興味を持ち、コミックブックではない本を日常的に読むようになった。写真への興味を再燃させ、父親に買ってもらった 8 ミリの映画撮影用カメラで自動車レースを撮影し始めた。

　ルーカスは高校時代からの友人であったレースカー・ドライバーのアラン・グラントとの友情を続けた。グラントはルーカスより 4 歳上で、兄のような存在だった。ルーカスはグラントのレースカーの整備を手伝い、彼が出場するレースもよく撮影した。グラントを通して、ルーカスはハリウッドのカメラマン、ハスケル・ウェクスラーと知り合った。ウェクスラーもレースファンで、その頃、北カリフォルニアでドキュメンタリー映画を撮影していた。ルーカスはその作品 "The Bus"（65）の撮影現場でプロダクション・アシスタントとしてボランティア奉仕し、ウェクスラーを感心させた。ウェクスラーはその後、映画史に残る『バージニア・ウルフなんかこわくない』（66）や『夜の大捜査線』（67）、『カッコーの巣の上で』（75）を撮影してアカデミー賞を 2 度受賞。カルト映画として人気の『アメリカを斬る』（69）では監督も務めた。いくつかの資料によると、ウェクスラーはルーカスが USC の映画学科に入学するために裏で手を回したという。それはともかく、実際ウェクスラーは若いルーカスの映画への興味を掻き立て、映画への道を進むことを奨励したのだ。

1964 年 6 月 9 日

　ルーカスは 1964 年 6 月 9 日にモデスト短期大学を卒業し、すぐに USC の映画学科に入学した。この決断は父を激怒させた。父はまだ息子に事務用品店を継いで欲しいと思っていたのだ。父はルーカスにもし大学生活を無駄にするようなことがあったら、

"ディズニーランドでモギリ"の仕事をすることになるぞと警告した。ルーカスは USC に行って 30 歳になるまでにミリオネアになると宣言した。

　ルーカスは絶妙なタイミングで USC に入学した。ハリウッドの旧体制が崩壊し、それまでの何十年間とはうって変わって（第 1 章参照）、新しいフィルムメイカーにより多くの機会が開けていた。ルーカスは、1966 年から 68 年にかけて USC に入学した若く才能の著しいフィルムメイカーのうちの一人だった。ほかにはのちに監督として成功するジョン・カーペンター、ロバート・ゼメキス、ジョン・ミリアス、ランダル・クライサー、ドン・グルート、のちにアカデミー賞音響編集賞を受賞するウォルター・マーチ、アカデミー賞脚本賞を受賞するデイヴィッド・S・ワードらがいた。スティーヴン・スピルバーグは近隣のカリフォルニア州立大学ロングビーチ校の生徒だったが、よく USC に通う友人らとともに試写会に参加していた。ただし、これほどの才能ある若者が集まったなかでも、ルーカスは抜きん出ていた。

　最初のうちは、大人しいルーカスは鳴りを潜め、有名大学の講義のレベルが高いのではないかと怯え、やがて USC のヒッピーに優しい文化（男子学生はみな長髪でヒゲを生やし、よく裸足で歩いていた。ここはモデストとは全然違う！）に馴染み、初めて見る外国映画やアヴァンギャルド作品に感激した。特にジャン＝リュック・ゴダールのようなヌーヴェルヴァーグの監督や、日本の巨匠・黒澤明、また、スタン・ブラッケージやジャン＝クロード・ラブレクといった実験的フィルムメイカーたちのストーリー性のない短編映画に感動した。1966 年にゴダールは USC を訪れ、映画学科の学生たちに講演を行っている。

　ルーカスは素晴らしい学生映画を次々と制作し、ほかの学生たちと一線を画した。"LIFE（ライフ）"誌からのクリップのモンタージュに音楽と音響効果を施した"Look at Life"（65）や、走っている車のツヤのあるボディに町の灯が反射している映像をつなぎ、ハービー・ハンコックのジャズに乗せた 3 分の短編"Herbie"（65）といった彼の初期の作品は、リズム感に溢れる編集への生来の感性や音響デザインの才能を示している。ルーカスは父親から学んだ勤労の姿勢を取り入れ、USC でできるだけ多くの作品を作った。しばしばほかの学生たちの作品に協力することもあった。彼のプロジェクトは常に高い評価を得て、あらゆるコンテストで入賞していた。学士過程の時代に制作した作品のなかでも最も印象的なものは"The Emperor"（66）だ。大袈裟な口調で有名なロサンゼルスのディスクジョッキー、ボブ・ハドソンを描いた、巧妙で娯楽性のある 25 分のドキュメンタリー映画だ。

ルーカスは 1966 年 8 月 6 日に USC を卒業した。その直後に徴兵されたが、4-F と
いうカテゴリー（糖尿病と診断された）に分類され、兵役を課せられることはなかった。
ベトナムに送られる可能性がなくなったため、ルーカスは美術学修士号を取得するた
め、USC の大学院に再入学した。結果的に修士過程は終了しなかったのだが、ここ
で彼の学生時代の作品のなかで最も賞賛されている『電子的迷宮／THX 1138 4EB』
(67) を、海兵隊で映画を学んでいる学生たちの協力を得て制作した。パリ市街で SF
のパロディ『アルファビル』(65) を撮影したゴダールからヒントを得て、ルーカスは、
非人間的地下組織の生活から逃亡しようとする男を描いた近未来の物語を現代のロサ
ンゼルスのあちこちで撮影した。洗練されていて大胆、そして目を見張るビジュアルと
革新的な音響デザインで、『THX』は全米の学生映画コンテストで優勝した。さらに、
念願だったワーナー・ブラザース・ピクチャーズでの研修も実現し、そこでルーカスは
彼のキャリアにとって重要なコネを作っていくのだった。

1967 年 6 月 3 日

　ルーカスは 1967 年 6 月 3 日にワーナー・ブラザースでの研修を始めた。当初はバッ
クス・バニーやダフィー・ダックなどハリウッドのアニメ史のなかでも偉大な作品を生
み出したワーナー・ブラザースのアニメーション部門で働くことを希望していた。だが
残念なことに、1960 年代半ばまでにこの部門は閉鎖されてしまっていた。その頃ワー
ナーの撮影所で製作中だったのはフレッド・アステアの『フィニアンの虹』(68) とい
うミュージカル作品だけだった。監督していたのは、もう一人の映画学科出身の奇才、
フランシス・フォード・コッポラだ。ルーカスとコッポラはすぐに仲良くなった——な
ぜなら、撮影スタッフのなかで 40 歳以下だったのは彼らだけだったからだ。コッポラ
はルーカスのことを理解できるし、信用できると思った。ルーカスの半年間の研修期
間が終わると、コッポラは彼に残ってもらうために事務のアシスタントとして雇い、次
回作『雨のなかの女』(69) の製作が始まったら必ず撮影スタッフとして雇うことを約
束した。

　ジェームズ・カーン、ロバート・デュヴァル、シャーリー・ナイトらが出演している
この風変わりなロードムービーは少人数のスタッフで撮影され（ルーカスは音を録音
し、セットを作り、撮影監督とプロダクション・マネージャーのアシスタントも兼ねた）、
ニューヨークやペンシルヴァニア、ウエスト・ヴァージニア、ヴァージニア、テネシー、
コロラド、ネブラスカといったいろんな州で撮影された。ルーカスは、コッポラが『雨

のなかの女』のプロモーション費のなかから工面した予算で、"Filmmaker: A Diary"
(69)という、撮影の裏側を 32 分にまとめたドキュメンタリー映画を製作した。一方でコッ
ポラはワーナー・ブラザースを説得し、ルーカスの学生映画『電子的迷宮／THX
1138 4EB』を長編映画化する権利のオプションを取得した。ルーカスへのオプション
料の 3000 ドルは、『雨のなかの女』の給与の一部となった。複数の役割をこなしなが
らドキュメンタリーを撮影するという状況に加え、ルーカスは『THX』の脚本を書か
なければならなかった。派手なコッポラと控えめなルーカスの性格は正反対で、時間
と移動距離を重ねるにつれ、『雨のなかの女』の現場が、ときどき彼らの友情を試すこ
とになった。

　この頃、ルーカスにはもう一つ気になることがあった。米政府の依頼で製作したリ
ンドン・ベインズ・ジョンソン大統領が行ったばかりの東南アジア視察について描い
たドキュメンタリー映画 "Journey to the Pacific"（68）の編集作業で出会った、才

このロビーカードはフランシス・フォード・コッポラ監督の『雨のなかの女』の撮影にかかわった出演者とスタッフが全員写った
集合写真である。ジョージ・ルーカス（後ろでカメラを持って RV の上に立っている）とコッポラ（中央右の脚立の上）もいる

能ある編集者マルシア・グリフィンと恋に落ちてしまったのだ。彼女はルーカスの"Filmmaker: A Diary"の編集を手伝い、のちに『アメリカン・グラフィティ』や『スター・ウォーズ』の編集を手伝ったほか、マーティン・スコセッシの『アリスの恋』(74)や『タクシードライバー』(76)にもかかわっている。ルーカスとグリフィンは1969年、カリフォルニア州モントレーの南にある教会で結婚式を挙げた。ハネムーンにはビッグサーにドライブし、短い滞在の後、倍速で仕事に戻った。"Journey to the Pacific"は勤勉なルーカスが1960年代後半にかかわったいくつかのサイドプロジェクトの一つだ。このほかにJ・リー・トンプソン監督が1969年に撮影した西部劇『マッケンナの黄金』のメイキングを記録した型破りなドキュメンタリー(トンプソンは"6.18.67"というタイトルのこの短編を気に入らなかったと言われている)を製作したり、ローリング・ストーンズがカリフォルニア州オルタモントで開催された音楽祭で不運なパフォーマンスを見せた様子を描いた、アルバート&デイヴィッド・メイズルス兄弟の監督によるドキュメンタリー『ローリング・ストーンズ・イン・ギミー・シェルター』(70)でカメラマンを務めたりした。

その後、『雨のなかの女』でのゲリラ撮影のダイナミックさに取り憑かれたコッポラとルーカスは、自分たちの製作会社を設立することを決めた。彼らは、ほかの才能ある若いディレクターたちが、ハリウッドのスタジオは製作に二の足を踏むような、冒険心にあふれた私的な作品を製作するのを助けるため、反体制文化の映画製作を共同で行うという夢を描いた。"アメリカン・ゾエトロープ"と名付けられたその会社(コッポラは、ルーカスが提案した"トランスアメリカン・スプロケット・ワークス"という名前を却下した)は、1969年11月14日に設立された。設立資金のほとんどを出したコッポラは、同社の社長に就任した。ルーカスが副社長となった。ルーカスは田園のなかの美しい民家で会社を運営したいと考えたが(この夢は、のちに彼がスカイウォーカー・ランチを創立したときに叶えられた)、適当な場所が見つからず、アメリカン・ゾエトロープはサンフランシスコのダウンタウンにある倉庫から始まった。

まだ事務所に何の機材もないときに、コッポラはワーナー・ブラザースと350万ドルの契約金で5作品を開発するという契約を結んだ。ワーナーは、デニス・ホッパーのみすぼらしいオートバイ映画『イージー・ライダー』でコロンビアが受け取った興行収入に驚いている頃だった。この契約のなかに含まれた作品は、コッポラの変質者を描いた『カンバセーション…盗聴…』(74)、ルーカスと彼のUSC時代のクラスメート、ジョン・ミリアスが共同で脚本を書いていたベトナム戦争を描いた映画『地獄の黙示録』(79)

などだ。だが、この駆け出しの製作会社の作品として最初に公開されることになったのは、ルーカスの長編版『THX 1138』(71) だった。

1971 年 3 月 11 日

『THX 1138』は 1971 年 3 月 11 日に公開された。ルーカスにとって製作過程は困難で、ポストプロダクションもフラストレーションが溜まるものだった。アメリカン・ゾエトロープはまだその方向性を模索しているところだったが、『THX 1138』の製作は急がされた。「まるで、クリスマスの朝に、子どもたちがあと 1 時間で起きてくるというなかで必死に自転車を組み立てているようだった——すべてを急いでまとめなくてはならないなかで、いろんなことがうまくいかず、説明書もない」とルーカスはポロックに語っている。ルーカスはこの作品の、脚本、監督、編集で 1 万 5000 ドルという控えめな報酬を受け取った。作品の製作費は 77 万 7777 ドルという低予算で(この数字はコッポラがラッキーナンバーとして決めたもの)、学生映画として制作した 15 分の短編を撮影したのとほぼ同じ、10 週間という短い撮影期間しかなかった。コッポラはルーカスがどうせ予算など関係なく、必要な金を使うだろうと踏んでいた(それがいつものコッポラのやり方だったからだ)が、ルーカスは重役たちに、自分が作品を期限内に予算内で完成させられることを証明したかった。

ルーカスは暗黒街を描くため、前回と同じく現代的な場所でミニマリストのセットを採用した。主役には『雨のなかの女』にも出演していたロバート・デュヴァルが、そしてサンフランシスコの舞台女優マギー・マコーミーとイギリス訛りの強いドナルド・プレザンスが重要な役に配役された。また、脚本を完成させるのを手伝った USC の卒業生ウォルター・マーチに、革新的な電子音のサウンドトラックのデザインを依頼した。ところが、本当の問題は、ルーカスが映画を完成させ、ワーナー・ブラザースに納品したときに始まったのだ。スタジオは作品を気に入らず、自分たちで編集をし直すと言い出し、ルーカスは怒り狂った。結果的に、ワーナーは 86 分の作品のなかから慎重に選んだ 4 分のみをカットしたが、ルーカスの怒りは収まらず、ワーナーでは二度と作品を公開しないと決めた。10 年後、『レイダース／失われたアーク《聖櫃》』についてワーナーが頭を下げたときでさえダメだった。

しかし、『THX 1138』へのスタジオの悲観的な評価は興行収入で裏付けされるところとなった。批評家も観客も作品を理解できず、イライラしたワーナーの重役はすぐに、アメリカン・ゾエトロープが開発中だった残りの企画をすべてキャンセルした。『THX

俳優たちに演技指導をしないことで有名なジョージ・ルーカスが、この『THX 1138』の宣伝用写真ではデュヴァルに指導をしている
Photo courtesy of Ronald V. Borst/Hollywood Movie Posters

1138』の最初の公開での興行収入は 94 万 5000 ドルだった。ワーナーは『スター・ウォーズ』のヒットに便乗してこの作品を再公開したが、そのときでさえ興行収入は振るわなかった。2004 年にルーカスは視覚効果などに手を加えたディレクターズ・カットを公開した。観客を取り込むために 3 度挑戦したが、『THX 1138』の累計興行収入は 240 万ドルに終わっている。

　ところどころ頭から離れないイメージや観客の心を掴むシーンがあるものの、『THX 1138』は冷たい、近寄りがたい映画だ。未来が舞台で、薬漬けにされ感情を持たない人類がコンピューターによって支配されている。THX 1138 と呼ばれる男（デュヴァル）は薬を飲むのを止め、ルームメイトの LUH3417（マコーミー）と恋に落ちる。しかしLUH の上司 SEN3214（プレザンス）もまた THX を自分のものにしようと嫉妬し、3 人は「薬物拒否」と「性的逸脱行為」（同性愛についてではなく、愛を追及することに対して）の罪を問われ、逮捕ののち有罪の判決を受ける。THX は地下都市から地上の世界へと逃亡することを決意。ルーカスのオリジナルの学生映画のなかで描写されていたものと同じ結末に至る。長編版の鍵となる長所は短編版と同じで、興味深いビジュアル（特にクロームの顔のロボットのような警官）や、不気味で落ち着かないサウ

ンドスケープが特徴だ。主役級の俳優たちは上手く演じていたが、登場人物の性格は
ぼんやりと描かれているだけなので、『THX 1138』は観客の感情に訴える衝撃がほと
んどない。この作品にインスピレーションを与えたゴダールの『アルファビル』は、心
ではなく頭に訴えることを狙っていた。ルーカスはその後二度とこういう作品に挑戦す
ることはなかった。

1972 年 6 月 26 日

　1972 年 6 月 26 日に 2 作目の製作を始めるまでに、ルーカスは『THX 1138』で犯し
たすべての過ちを避けることを決めていた。『アメリカン・グラフィティ』と題された新
作は、気軽で懐古的な物語で、感情移入できる人物や状況にあふれていた。1 作目に
比べたらずいぶん身近な題材だ。ただし、たとえそういう作品であっても、『アメリカン・
グラフィティ』の製作費の調達は大変だった。

　ルーカスは製作会社を見つけるのにほぼ 1 年かかった。その理由のひとつは、彼が
『THX 1138』を製作した直後であったこと、またほかの理由としては、スタジオの重
役たちはルーカスが友人のグロリア・カッツとウィラード・ハイクとともに書いた脚本
を理解できなかったことにある。ユナイテッド・アーティスツは最初の開発費を出した
が、脚本を読んだ後に手を引いた。この作品には主人公がいない。物語は 4 人の視点
を行ったり来たりして語られる。また、ルーカスは『アメリカン・グラフィティ』を一
種のミュージカルとして売り込んでいたのだ。終始オールディーズが流れているという
構想だった。重役たちにとっては、音楽の権利だけで数十万ドルかかることが脅威で
あった。あらすじがぼんやりとした、アンサンブルキャストの映画でロックがサウンド
トラックとなっている作品は今日ではよくあるが、『アメリカン・グラフィティ』はこういっ
た手法を取り入れた最初のハリウッド映画だった。だから重役たちは警戒していた。

　『アメリカン・グラフィティ』がまだ暗礁に乗り上げている間に、ルーカスは低予算
の犯罪映画『ダイヤモンド・コネクション』(73) の監督の機会を持ちかけられた。ほ
ぼ全編フロリダ・ロケで、ドナルド・サザーランド、ジェニファー・オニール、ロバート・デュ
ヴァルが出演している。ルーカスはかなり金には困窮していたが、この申し出を断った。
後にルーカスは、『ダイヤモンド・コネクション』の監督の仕事を受けなかったことは、
自分の人生で最良の決断だったと語っている。作品は大失敗に終わり、代わりに監督
したトム・グライスのキャリアを台無しにした。もしルーカスが『THX 1138』の次に『ダ
イヤモンド・コネクション』を監督していたら、彼は二度とその後の作品を作ることは

できなかっただろう。

　結局、ワーナー、ユナイテッド・アーティスツ、コロンビア、そしてその他のスタジオに断わられた後、ユニバーサルのネッド・タネンが、ルーカスが有名プロデューサーと組むことを条件に『アメリカン・グラフィティ』に賭けてみることに同意した。コッポラは（『ゴッドファーザー』を作った直後で突然大物になっていた）『アメリカン・グラフィティ』の製作には実際にはかかわらなかったが、彼の名前を作品に貸すことに同意した（実際にプロデューサーの役割を果たしたのはゲイリー・カーツだった）。『THX 1138』の製作費（たった77万5000ドルだった）よりさらに少ない予算であったため、ルーカスは無名の俳優たちを起用せざるを得なかった。しかし、キャスティング・ディレクターのフレッド・ルースのおかげで、ルーカスは（後から思えば）顎が外れそうな俳優たちを起用することができた。出演したのは、ロン・ハワード（彼はこの作品が製作された当時、このキャストのなかで最も人気俳優だった）、リチャード・ドレイファス、シンディ・ウィリアムズ、ハリソン・フォード、ボー・ホプキンス、マッケンジー・フィリップス、チャールズ・マーティン・スミス、スザンヌ・ソマーズ、そしてポール・ル・マットらだ。ルーカスの素晴らしいキャスティング手腕は、それまで絶対に顔を出さないことで知られていたウルフマン・ジャックこと、伝説的なロサンゼルスのディスクジョッキー、ロバート・ウェストン・スミスの出演をも実現させた。また、映画の音楽の権利料にも友好的な契約を結ぶことができた。残念ながら高額の音楽（エルヴィス・プレスリーの全ナンバーを含む）の使用は諦めざるを得なかったが、オールディーズ41曲の使用に対し、総額9万ドルという契約だった。

　『アメリカン・グラフィティ』は4人の友人たちの、ある特別な夜を描く。大学進学を目指す気の良い青年スティーヴ（ハワード）はガールフレンド（ウィリアムズ）に、遠距離になったらお互いに別の人とデートするべきだと告げ、思いもよらない反応をされる。また、スティーヴは自分の宝物であるシボレーのインパラをオタクの友人テリー（スミス）に貸すが、これが悲惨な結果となる。一方、スティーヴの頭の良い友人カート（ドレイファス）は、通り過ぎる車から自分に色目を使ってきた美しいブロンド女性（ソマーズ）を追いかけるうち、頭をグリースで固めたギャンググループとのトラブルに巻き込まれる羽目になる。そして改造車の愛好家ジョン（ル・マット）はよその町からきたドラッグレーサー（フォード）に腕前を見せつけようとしているが、その前に小さい妹キャロル（フィリップス）のベビーシッターをしなければならない。この映画は大衆ウケするものだった。暖かく、惹きつける魅力があり、面白く、親しみやすさにあふれる、

上手く形成された登場人物ばかりだ。つまり、すべてが『THX 1138』とは正反対なのだ。ルーカスは想像力をかきたてるロックのサウンドトラックを使い、この時代へのノスタルジーを呼び起こすと同時に、その時代の出来事について（しばしば皮肉を込めて）描いていった。サウンドトラックを収録したアルバムも大ヒットとなった。

　しかしながら、『アメリカン・グラフィティ』は『THX 1138』よりずっと撮影が困難だった。問題は撮影開始から 2 日目の晩が終わったところから早くも始まった。撮影を行っていたカリフォルニア州サンラファエル市が、映画の撮影が営業妨害になるとバーの所有者からの苦情を受け（物語が一晩の話なので、撮影は夜 9 時から朝 5 時までオールロケで行われる予定だった）、撮影許可を取り下げたのだ。撮影は急遽、近隣のカリフォルニア州ペタルマ市に移された。だが苦難はこれだけではなく、火事や、スタッフの大麻所持による逮捕、あらゆる技術的な不調、その他の頭痛の種に悩まされた。ルーカスは旧友であるハスケル・ウェクスラーを呼び、作品にはクレジットは載らないものの、照明の問題を解決してもらった。撮影終了後になっても問題は続いた。ルーカスとマルシア・グリフィン、そして編集者のヴァーナ・フィールズは 3 時間分もある手に負えないほどのラフ・カットを、条件である 112 分にカットしなければならなかった。さらに、試写で観客が『アメリカン・グラフィティ』を気に入っていたにもかかわらず、ユニバーサル・スタジオのトップであるネッド・タネンは全く気に入らなかった。タネンとコッポラが 1973 年 1 月 28 日にサンフランシスコのスニーク・プレビュー試写会の後、ロビーで怒鳴りあいを繰り広げたのは有名な話だ。タネンはこの作品を理解できなかった。彼は再編集を望み、公開すら躊躇した。コッポラは後に、この作品を買い取り自分で公開することを申し出たと話しているが、これについてはタネンは否定している。いずれにせよ、ユニバーサルはこの作品の公開を何カ月も遅らせた。

1973 年 8 月 20 日

　そんななか、ルーカスは次のプロジェクトに取り掛からざるを得ない状況だった。1973 年春、彼は二つの作品を進めていた。一つは彼が USC の元クラスメート、ジョン・ミリアスと一緒に書いていたベトナム戦争の幻覚映画『地獄の黙示録』だ。コッポラは変質者を描いたスリラー『カンバセーション…盗聴…』の製作準備をしていたため、ルーカスにアメリカン・ゾエトロープを通して『地獄の黙示録』を監督するようにと力説した。しかしルーカスはコッポラが提案した条件が気に入らなかった（コッポラが利益の 25％を受け取り、ルーカスとミリアスが 25％を分けるというもの）。ルーカスとコッ

ポラの友情は常に揺れていたが、『地獄の黙示録』の交渉によって緊張が走った。そして数カ月後、『アメリカン・グラフィティ』の利益の分配に関して苦い言い争いとなり、いよいよ決裂寸前となった。コッポラは結局、『地獄の黙示録』を自分で監督し、かなり書き換えたため、ルーカスはクレジットさえもらえなかった。撮影は拷問と化し、何年もスケジュールを超過し、1979年にようやく公開に至った。

　ルーカスのもう一つの企画は"Flash Gordon"のようなスタイルの昔懐かしいスペースオペラを作るというものだった。この段階では彼のコンセプトはまだぼんやりしていたが、すでに簡単なアウトラインはできていて、脚本開発の契約を結ぼうとしていた。彼は"ザ・スター・ウォーズ"と名付けられたこの企画を、契約上、最初にユニバーサルに持ち込む義務があったが、ユニバーサルはパスした。1973年8月20日、『アメリカン・グラフィティ』を見てとても印象深く思っていた20世紀フォックスの新進気鋭の重役、アラン・ラッド・Jr.が、"ザ・スター・ウォーズ"の開発について、ルーカスフィルムLtd.とささやかな契約を交わした。ルーカスフィルムは開発費として1万5000ドルを受け取り、ルーカスは脚本の完成時に5万ドル、監督としてのギャラが10万ドルというものだ。作品の当初の製作費は300万ドルとされた。『猿の惑星』シリーズで大儲けしていたフォックスは、ほかのハリウッドのスタジオよりもSFに対して寛大だった。もしもう少し時間をかけて交渉していれば、もっと良い条件を得られただろうが、1973年の夏当時、ルーカスは多くの借金を抱えていて、新しい企画に着手することを案じていた。

　ユニバーサルは1973年8月11日、ようやく市場に『アメリカン・グラフィティ』を前宣伝もほとんどなく放出した。このときはまだ誰も、この映画が、史上最も利益率の高い作品のひとつとなることを知らなかった。『アメリカン・グラフィティ』の成功はスリーパーヒット（遅咲きの成功）の典型のようなもので、最初のロングラン公開の間、口コミとリピーターの熱意のおかげで、着実に興行収入を上げ続けた。100万ドル以下で製作された『アメリカン・グラフィティ』の興行収入は1億1500万ドル（インフレ調整後なら6億500万ドル）となった。ルーカス個人は700万ドルを稼いだ。彼はこのとき28歳だった。宣言どおり彼は、30歳になるまでにミリオネアになったのだ。作品は、アカデミー賞作品賞（『スティング』によって受賞は逃した）、監督賞、脚本賞、編集賞の4部門にノミネートされた。ゴールデングローブ賞では作品賞（ミュージカル・コメディ部門）を受賞した。この映画の構成や作風はのちの多くの作品に模倣され、この成功によって懐古的な映画やテレビ番組のラッシュが起こった。たとえばハワード

が出演した「ハッピーデイズ」（74-84）、そのスピンオフである、ウィリアムズが出演す
る「ラバーン＆シャーリー」（76-83）などだ。ルーカスにとって最も重要なことは、『ア
メリカン・グラフィティ』——そしてその成功からルーカスが受け取った金——のおか
げで、彼はスタジオへの影響力と、もし必要なら次のプロジェクトに自ら出資すること
もできる経済的な柔軟性も得ることができた、ということだ。この両方が、"ザ・スター・
ウォーズ"を曲がりくねった道へと送り出す、大きな助けとなったのである。

『アメリカン・グラフィティ』は静かに観客を増やし、多くの都市で何週間も公開を続け、
1970 年代の最大の"スリーパー"ヒット作のひとつとなった。上の業界向け広告は、シンシナティ
からシアトルまでの映画館で（このときもまだ続いていた）ロングランを祝うもの

第 **3** 章

Here's Where the Fun Begins
面白くなってきたぞ

The Origins of Star Wars
『スター・ウォーズ』の起源

　『スター・ウォーズ』はスター・デストロイヤーがハイパースペースから現れるように真空から出現したわけではない。いくつかの脚本草案を経てゆっくりと形になり（次章参照）、ジョージ・ルーカスが子どもの頃から持っていたアイデアや、USC 時代に考えたもの、そして当時発見したことなど、長年にわたって吸収してきた多くの要素を併せて作られた。一般的には、『スター・ウォーズ』に最も広範囲にわたる影響を与えたのはルーカスが子どもの頃テレビで見たり、後に映画学科で学んだ数知れぬ古い映画だったと言われている。最終的な形では、『スター・ウォーズ』はこれらの作品の多くにオマージュを捧げている（第9章参照）。しかしもっと具体的に言うと、同作の開発には、数冊の本と映画が強力な影響を与えている。

"Flash Gordon"

　ルーカスが子どもの頃好きだったテレビ番組のひとつに、「アドベンチャー・シアター」というものがある。月曜から金曜までサンフランシスコの KRON-TV で夕方6時から放送されていた。この番組ではハリウッドの古い連続活劇を放送していた。主にリパブリック・ピクチャーズのビンテージシリーズである、"ハリウッド・テレビジョン・サービス"のライブラリー作品の放映であった。このなかに含まれた "The Fighting Devil Dogs"（38）や "Zorro's Fighting Legion"（39）はそれぞれ『スター・ウォーズ』シリーズや『インディ・ジョーンズ』シリーズに影響を与えたと言われている（"The Fighting Devil Dogs" に出てくるヘルメットを被った超悪人 "ライトニング" は驚くほどダース・ベイダーに似ている）。「アドベンチャー・シアター」は、特にルーカスのお気に入りだった『フラッシュ・ゴードン／謎の惑星モンゴ』（40）など、すでにパブリック・ドメインとなっていた連続活劇も放送した。

　漫画家アレックス・レイモンドの独創的なスペース・オペラ "Flash Gordon" は、

SF 映画史のなかでも最も愛され、影響力のある作品のひとつとされている。実際、宇宙をテーマにした SF アドベンチャーはすべてレイモンドの作品にヒントを得ている。"Flash Gordon" は元々、新聞紙面の連載として始まり、素晴らしい連続活劇映画となり、その後、ラジオ番組、コミックブック、小説、テレビ番組、そして長編映画にもなった。新聞紙面での連載開始は 1934 年 1 月 7 日。その 5 年前に世に出ていた、ディック・カルキンスというイラストレーターの未来的作品 "Buck Rogers" に対抗して、レイモンドは "Flash Gordon" を創作した。レイモンドの幅広い想像性にあふれるシナリオと美しく描写された絵のおかげで、"Flash Gordon" は部数とファンの人気度から最終的には "Buck Rogers" の影を薄くした。ただし、あまり詳しくないファンはこの二つのキャラクターを混同することもある。

ユニバーサル・ピクチャーズが製作した、13 話からなる連続活劇 "Flash Gordon"（36）は、主役に元オリンピック水泳選手のチャールズ・"バスター"・クラブを起用し、レイモンドの原作にそこそこ忠実なものだった。この連続活劇は大きな成功を収め、『フラッシュ・ゴードンの火星旅行』（38）と『フラッシュ・ゴードン／謎の惑星モンゴ』という二つの続編を生み出した。両作品ともクラブが主演した。低予算作品ならではの質の悪いセットや古臭い衣装と視覚効果にもかかわらず、"Flash Gordon" シリーズは、煙の出るロケット船やスパークする光線銃など、すべての SF 映画に登場するようになった象徴的アイテムが紹介されている。

ルーカスは『THX 1138』の冒頭で皮肉な効果を狙い、"Buck Rogers"（39）

『スター・ウォーズ』への最大の影響を一つ挙げるなら、それは『フラッシュ・ゴードン／謎の惑星モンゴ』だ。ユニバーサルが三つ目にして最後の連続活劇として、惑星を飛び回るヒーローにバスター・クラブを起用して製作した。ジョージ・ルーカスは、月曜から金曜までサンフランシスコの SRON-TV で夕方 6 時から放送されていた「アドベンチャー・シアター」のおかげで、この連続活劇やそのほかの作品をたくさん見た
Image courtesy of Ronald V. Borst/Hollywood Movie Posters

の予告編を 1 分間抜粋して見せたことで、自身の古い SF シリーズへの愛を暴露した。そもそもルーカスは "Flash Gordon" をハリウッドのメジャー作品としてリメイクしたいと考え、1970 年代初めにリメイク権をキング・フィーチャーズ・シンジケートから購入しようと試みた。残念なことに映画の権利はすでにイタリア人プロデューサー、ディノ・デ・ラウレンティスに売却されており、キャラクターを変えて監督してほしいとフェデリコ・フェリーニに話が持ち込まれていた。

そこでルーカスはアレックス・レイモンドの新聞紙面連載コミックや古い連続活劇のスタイルで独自のスペース・オペラの製作を計画した。『スター・ウォーズ』の脚本執筆中と製作中のインタビューを見ると、ルーカスは彼の新作を必ず "Flash Gordon" と比較している。たとえば 1974 年には、インタビュアーであるラリー・スターハーンに、新作は「"Flash Gordon" のジャンルの SF 作品」と説明している。

しかし、それが正確には何を意味しているのかは今でも定義されていない。ルーカスはその頃、コンセプトを描いてはいたが、あらすじは書いていなかった。または、『スター・ウォーズ』の特典として付いていたプログラムのなかのインタビューでは、この企画は「物語をサーチしている際に出た良いアイデアというようなもの」と話している。初期の草案では、ルーカスはいくつかの作品から借りてきた要素をひとつの物語にまとめ直していた。

『隠し砦の三悪人』

ルーカスは、『スター・ウォーズ』のインスピレーションは、黒澤明の侍映画で、特に 1958 年の『隠し砦の三悪人』だとしばしば語っている。ルーカスが黒澤の作品を知ったのは USC のときで、「完全にハマった」と 2001 年のクライテリオン・コレクションのインタビューで告白している。映画界の巨匠の一人として全世界で広く認められている黒澤は西洋で賞賛された初めての日本人映画監督だ。『羅生門』(51) は日本映画として初めてアカデミー賞を受賞した。黒澤はノワール・スリラーや医療ドラマ、社会問題を扱った作品、そのほかにもあらゆるタイプの映画を作っているが、日本では "時代劇" と呼ばれる侍映画で最も知られている（ルーカスの "ジェダイ" はこの言葉へのトリビュートが少し隠されている）。黒澤の『羅生門』『七人の侍』(54)、『用心棒』(61) はどれも西部劇としてリメイクされている。もっとも、黒澤が『幌馬車』(39) などのクラシックな西部劇で知られるアメリカ人監督ジョン・フォードに深く影響を受けていることを考えると、これは当然にも思える。『スター・ウォーズ』がしばしば宇宙を

舞台にした西部劇と表現されるのも偶然ではない。

　『隠し砦の三悪人』は黒澤の作品のなかで最も有名なものではないが、日本の 16 世紀の戦国時代を舞台にした、観客を楽しませる、真面目で滑稽な冒険活劇だ。物語は、侍（三船敏郎）と姫（上原美佐）と二人の小作人（千秋実と藤原釜足）が敵の陣地を通って金を持ち出すというもの。仲の悪い二人の小作人、又七と太平の視点で語られる。「脚本を書き始めたときに『隠し砦の三悪人』を思い出した」とルーカスはクライテリオンのインタビューに語る。「私が『隠し砦の三悪人』で本当に感動して好奇心をそそられたのは、物語が最も位の低い二人の登場人物の視点で語られていることだ。『スター・ウォーズ』の物語を語るには良い方法だと思い、黒澤と同じように、最も位の低い二人の登場人物を選んで彼らの視点から物語を語ることを決めた。『スター・ウォーズ』では、それは 2 体のドロイドだった。それが最も強く影響を受けた部分だね」。

　しかし、それは決して唯一の影響ではなかった。ほかにも多くの共通点が指摘される。又七と太平が C-3PO と R2-D2 のモデルだとしたら、戦に疲れた真壁大将と鼻っ柱の強い現実的な雪姫はオビ＝ワン・ケノービとレイア姫だ。『スター・ウォーズ』の冒頭と最後のシーンは『隠し砦の三悪人』に似ている。黒澤は映画の冒頭を又七と太平の紹介から始めている。この口喧嘩の耐えない二人（一人が背が高く、もう一人は低い）は冒頭では引き離されているが、それぞれ敵のパトロールに捕まったことからまた行動をともにするようになる。『スター・ウォーズ』では 2 体のドロイドが紹介され、タトゥイーンに着いたときにいったんは離れ離れになるが、ジャワに捕らえられ、再会している。両作品とも、最後はヒーローたちが一堂に会し、姫が褒美を与えるシーンだ。ほかにも多くの類似点がある。

　さらには、『隠し砦の三悪人』の影響は『スター・ウォーズ』のみならずオリジナル 3 部作すべてと、それ以降の作品にも広がっている。黒澤の作品のなかでは、真壁が、旧友で今は敵となっている田所に、一緒に残忍な領主・山名と戦うよう説得したため、ヒーローたちは勝利する。『スター・ウォーズ エピソード 6 ／ジェダイの帰還』では、ルーク・スカイウォーカーがダース・ベイダーに、ダークサイドに背き、彼のマスターを倒そうと説得したため、悪の皇帝を倒すことができた。また、『隠し砦の三悪人』には、真壁が二人の敵侍を追いかけ、馬に乗りながら林に囲まれた山道を駆け抜けるシーンがあるが、これは『ジェダイの帰還』のなかのスピーダーバイクでのチェイスシーンにそっくりだ。ほかにも、真壁と雪姫、小姓たちが参加する火祭りは、イウォークの儀式とも重なる。さらに、雪姫は正体を隠すために影武者を用い、自分はお付きの者にな

りすます。この策略は『スター・ウォーズ エピソード１／ファントム・メナス』のなかでクイーン・アミダラ／パドメが取った行動と酷似している。そもそも『隠し砦の三悪人』の欲を否定するテーマそのものが、ルーカスが『スター・ウォーズ』シリーズで明言しているテーマにも並ぶ（第29章参照）。共通点のいくつかは影響とは関係がないかもしれないが、ルーカスがもともと『隠し砦の三悪人』に魅かれた要素やテーマを単に特定するだけで、関連性がおのずと彼の作品に浮かび上がってくるのだ。『隠し砦の三悪人』はルーカスにとって、深く、長く続いたインスピレーションの源だったようだ。

「デューン／砂の惑星」

　『スター・ウォーズ』の脚本執筆中に、ルーカスは多くのSF小説やコミックブックを読み漁った。そのうちの一つがフランク・ハーバートによる1965年出版の傑作「デューン／砂の惑星」であった。小説の舞台は砂漠の惑星で、主人公の若者はある古代カルト宗教に導かれたことにより、超能力を手に入れる。やがて若者は邪悪な巨大帝国を崩壊させることになる。「デューン／砂の惑星」にはアリア姫や砂漠を走る“デュー・コレクター”と呼ばれる乗り物（“水分凝結機”に似ている）や、砂虫に乗った先住民の“フレーメン”（“サンドピープル”に似ている）、剣を持って戦い、気の弱い者たちをマインドコントロールする宗教結社（女性に支配された学校ベネ・ゲセリット）などが登場する。おそらく最も顕著なことは、悪役が主人公の祖父だったということだろう。そのほかにもこの2作品にはいくつかの驚くべき類似点がある。

　これらすべてのおかげで、批評家たちは「デューン／砂の惑星」が『スター・ウォーズ』の主なモデルであったと主張するのだが、それは言い過ぎのようだ。ルーカスはこの章で挙げたほかのインスピレーション源のすべてを何度も認めているものの、インスピレーションの源として「デューン／砂の惑星」を挙げたことは一度もない。もっと言うと、「デューン／砂の惑星」と『スター・ウォーズ』には多くの重要な相違点もある。ルーク・スカイウォーカーは貧しい農民の少年で、何者でもなかった。「デューン／砂の惑星」の主人公パウル・アトレイデスは特権階級の若者であった。彼の父親はアラキス星の公爵である。僻地であるタトゥイーンとは違い、アラキスは銀河系のなかで最も重要な惑星で、メランジと呼ばれる長寿、超能力、宇宙空間移動ができる能力などを人間に与える“香料”が唯一収穫される場所として有名だ。これは人類が知る限り最も貴重な資源である。『スター・ウォーズ』とは違い、「デューン／砂の惑星」の物語は複雑な政治や宗教的陰謀を巻き込んでいる。さらに重要なことに、この作品のトーンは、

全くもって『スター・ウォーズ』のような、はしゃいだ、冒険心にあふれる雰囲気ではない。「デューン／砂の惑星」は真面目で小難しい小説だ（冒頭には、ハーバートがこの小説のために考案した言語の辞書が 18 ページもある）。アレックス・レイモンドの新聞紙面連載漫画というよりは、フョードル・ドフトエフスキーや古代ギリシャ神話をモデルに書かれている。ただし、『スター・ウォーズ』の初期の草稿は「デューン／砂の惑星」のような要素を含んでいて（たとえば、レイア姫が特別な“香料”を護っている、というバージョンもある）、そのなかのいくつかは明らかに最終的な脚本にも残った。

「銀河パトロール隊」

　この頃、ほかにルーカスが読んでいた SF 小説に、E・E・“ドック”・スミスの「銀河パトロール隊」(50) というものがある。

また、おそらく彼はスミスのレンズマン・シリーズのほかの作品も読んでいたかもしれない。これらは 1970 年代初めにピラミッド・ブックスが再版したペーパーバックである。7 部から成るレンズマンのサーガは、1948 年から 60 年の間に出版され、昔の SF パルプ小説家エドワード・エルマー・スミス博士の代表作とされている。作家としての活動は 1920 年代に出版された「アメージング・ストーリーズ」からで、ここに初期の小説が集められている。スミスは多作だった。レンズマン小説に加え、4 部のスカイラーク・シリーズ（本が出版されたのは 1946 年から 66 年だが、最初は 20 年代後半の連載から始まっている）も執筆している。人類が遠い宇宙を探索する様子を描く小説のはしりだった。“ドック”というあだ名で呼ばれる彼は化学博士である。1966 年にヒューゴー賞で一度きりの史上最優秀シ

E・E・“ドック”・スミスが著した小説「銀河パトロール隊」に登場するレンズマンは、ジェダイの騎士のモデルといえる。
Photography by Preston Hewis/East Bank Images

リーズ賞という特別賞が授与されたとき、スミスのレンズマン小説はアイザック・アシモフの「ファウンデーション・シリーズ」の次点だった。

「銀河パトロール隊」はレンズマンとして知られる、超能力を持つパトロール隊を描いた物語だ。彼らは宇宙海賊や星間ギャング、その他の悪から銀河系を護ってくれている。レンズマンは"全宇宙"にフォーカスできるレンズを持っており、他人の心を読むといった超能力を使うことができる。これはほぼ確実にルーカスの作品のなかのジェダイの騎士のモデルであろう。『スター・ウォーズ』の初期の草稿にはフォースの力を集めるのを助けてくれる"カイバー・クリスタル"という、スミスのレンズの一つにそっくりなものが登場していた。「銀河パトロール隊」シリーズ3作目では、レンズマンとなったばかりのキムボール・キニソンが"ボスコニアン"海賊によって作られた新兵器に対抗するための計画を企てる（避難用ポッドで海賊たちを巻いた後のことだ）。やがてキニソンは爆破シールドを下ろしたヘルメットを被って戦うことにより超能力を得て、盗まれた計画から収集した情報を利用し、敵陣を破壊するために1人で戦闘機に乗り、出撃する。

ルーカスはスミスのレンズマン・シリーズから影響を受けたという話をほとんど口にしないものの、マイケル・カミンスキーは、『ファントム・メナス』のウェブ・ドキュメンタリーに映るルーカスの本棚に「銀河パトロール隊」の本があることに気がついている（彼の素晴らしい著書"The Secret History of Star Wars"のなかでそう書いている）。

「千の顔をもつ英雄」

第2稿を書き終わったとき、ルーカスの机の上（と脚本）はたくさんのアイデアで散らかっていた。場面も登場人物も彼らの生い立ちも、ゆうに映画2、3本分、もしかしたらそれ以上の量があった。しかし、人を惹きつけて止まない魅力と、まとまりのある構造に欠けていた。この支離滅裂な要素を組み立てるのに苦労していたところ、ルーカスはジョーゼフ・キャンベルが1949年に出版した「千の顔をもつ英雄」という本を発見した。ルーカスはこの本が『スター・ウォーズ』の誕生に与えた深い影響について喜んで語る。『スター・ウォーズ』が初上映された後、ルーカスはキャンベルと個人的な交友関係を築いた。

学者であるキャンベルの学識ある著書の数々には、神話学や比較宗教学、フロイト派心理学といった研究が織り交ぜられている。「千の顔をもつ英雄」でキャンベルは、世界中の様々な文化の古代神話や伝説に共通して見られるプロットのポイント、及び

物語の構造について詳しく説明しており、これらに共通する物語の根幹は、人間の基本的な心理欲求を満たすものだと述べている。キャンベルはこの広大で一貫した物語を“英雄の旅”と呼んでおり、まず“冒険への召命”から始まって、“助け”となる人物と出会い、試練（キャンベルは9個の共通バリエーションを挙げる）を乗り越え、戦い（逃亡や追跡もあり）があり、最後には彼または彼女の民を救う“特効薬”を発見、または手に入れる、という内容だという。そのほか、キャンベルによると、よく使われる物語の要素というのはドラゴンやその他の架空の生き物との戦い（おそらく狂獣ランコールなどもこれに含まれるだろう）、体の部位の切断（腕をなくす、など）、そして“父の償い”である。

　ルーカスの『スター・ウォーズ』の脚本最終稿は、キャンベルの“英雄の旅”の構造に忠実に従っている。物語全般の設定の部分でも、多くの具体的な部分でも、である。たとえばキャンベルは「“英雄の旅”で最初に出会うのは保護者的な存在となる者（小さな老婆や老爺などであることが多い）で、主人公が後に出会うドラゴンと戦うためのお守りを授ける」と書いている。この2つの描写は、オビ＝ワン・ケノービがルーク・スカイウォーカーにライトセーバーを与えるシーンを見事に説明している。さらに“試練の道”では、神話のなかで直面する試練において、主人公は「以前に出会った超自然的存在からもらったアドバイスやお守り、またはシークレット・エージェントによってひそかに支えられている……もしくは、主人公の超人的旅程のあらゆるところで善意の力が働き、彼は助けられていた。本人はここで初めてそのことに気がつくだろう」と書いている。このどちらの条件も『スター・ウォーズ』に当てはまる。ルークは物語を通してオビ＝ワンに導かれている（たとえこのジェダイ・マスターが死んだ後でも）、と同時にフォースが働いていることに気がつく。

　ルーカスはキャンベルからの影響について何度も率直に認めている。1999年にPBSで放送されたビル・モイヤーズによるインタビューでも、「『スター・ウォーズ』を作る際、意識的に神話や古い神話からのモチーフを再現することから着手した」とルーカルは話す。「ほとんどの文化に共通すると思われるアイデアを盛り込もうとした。なぜなら私自身もそれらに魅せられており、ジョー・キャンベルからそのことを学んだからだ。私がやっているのは古い神話を新しい方法で伝えること。　神話の核をローカライズしているんだ。どこか特定の場所というよりは、世紀末に向けたローカライズだ」。

　キャンベルの“英雄の旅”の図式を着実に守ったのは『スター・ウォーズ』だけでなく、オリジナル3部作全体がそうだった。また、ルーカスの『インディ・ジョーンズ』シリー

ズもキャンベルの原型的コンセプトの多くを取り入れている。2008年に再版された「千の顔をもつ英雄」のカバーには、「『千の顔をもつ英雄』を発見してからの30年間、この本はずっと私を惹きつけ、インスピレーションを与えてくれている」というルーカスによる推薦文が添えられている。

「力の物語」

ルーカスは自分が作り上げた近代の神話に道徳と宗教の核を与えたいと考えた。全体のコンセプトにかかわる中心部だ（第29章参照）。しかし、ルーカスの個人的宗教観は漠然としたままだった。彼は自分の信仰は"仏教メソジスト"だと表現したことがあり、『スター・ウォーズ』のなかにも禅の含みがある。だが、地球上のどの宗教も、遠い昔、はるか銀河の彼方という背景にはそぐわない。そこでルーカスより先に活躍したフランク・ハーバートやアーシュラ・K・ル＝グウィンといったSFファンタジー作家たちがしたように、ルーカスも自分で宗教を作り上げることに着手した。──それが"フォース"である。「若い人たちにある種のスピリチュアリティを呼び起こさせるために、作品のなかに"フォース"を盛り込んだ。──何か特定の宗教制度を信じるというよりは、神を信じる、というものだ」とルーカスはビル・モイヤーズのインタビューに答えている。"フォース"は『スター・ウォーズ』の度重なる脚本書き直し作業を通して発展し、『スター・ウォーズ エピソード5／帝国の逆襲』と『ジェダイの帰還』では大きく拡大。そして新3部作のなかでは著しく変貌をとげた。しかしながら、大いに敬意を表して言うと、特に初期の形において"フォース"は、"TIME（タイム）"誌が「ニューエイジのゴッドファーザー」と呼んだカルロス・カスタネダの著書を思い起こさせる。ルーカスは『スター・ウォーズ』の脚本執筆中にカスタネダの「力の話」(74) を読んだことを認めている。

カリフォルニア大学ロサンゼルス校（UCLA）で文化人類学を学んだカスタネダは、彼がドン・ファンとあだ名を付けた人前に姿を見せないメキシコ人"魔術師"との共同学習の体験をまとめたシリーズ本を執筆している。ドン・ファンとの視覚誘導や会話の数々を通して、ときにはペヨーテを吸ったりしながら、カスタネダは神秘的な力の秘密を知る。カスタネダの4冊目の著書である「力の話」で、ドン・ファンとの師弟関係は終了している。この本は、この時代特有のものだ。読者が器いっぱいのペヨーテを吸いながら彼の本を読めば、より理解できるだろう。とはいえ、ドン・ファンがカスタネダに明かした多くの"真実"は"フォース"との興味深い類似性を示している。「今、

この瞬間、自分が永遠に取り囲まれていることに気づいているか？　そして自分が望めば、その永遠を使うことができることにも気づいているかね？」とドン・ファンは「力の話」のなかで問いかける。この文脈において“永遠”と表現されているものは、この魔術師が力の源として取り入れることができる結合的な命の力のことだ。のちに彼は、善意の魔術師は永遠の力を間違った目的のために使う“黒魔術師”らと対立していることを明かす。これは明らかにフォースとジェダイの騎士、そしてシス卿とも似ている。ルーカスによる第3草稿のための手書きメモにはこう書かれている。「年配の男（ケノービ）は魔法が使え、心を読むことができ、ドン・ファンのように話すことができる」。

　カスタネダの影響は、『帝国の逆襲』のなかで、小さい、緑の、ドン・ファンのようなヨーダが登場するあたりからより明らかになる。ドン・ファンは「我々は聡明な生き物だ」と説明し、ヨーダも『帝国の逆襲』で、「わしらは光の存在なのだ。粗野な肉の塊の話ではないぞ」と言う。ドン・ファンは、永遠というものの隠れた性質を掴むためには、世界がどのように作用しているかということについて、これまで自分が持っていた考えをいったん横に置いておかなければならない、と話す。一方ヨーダはルーク・スカイウォーカーに「学んだことを学ばなかったことにしなければならない」と指導する。そのほかにも多くの点でカスタネダの著書と結びつけることができる。

　1960年代後半から70年代はじめにかけて、カスタネダの著書は高い評価を受け、販売部数が伸び、著者はUCLA卒業を前にしてカウンターカルチャーの著名人となった。彼の崇拝者のなかには、ドアーズのヴォーカル、ジム・モリスンや、ビート・ジェネレーションの作家ウィリアム・S・バロウズなどがいた。カスタネダは自分の著書が真実であり、ドン・ファンの教えは古代トルテック族のシャーマンから受け継いだ秘密の教えに由来すると主張し続けた。しかし1970年代後半になって、ヤキ族（トルテック族の子孫）の文化を専門とする文化人類学者らがドン・ファンの教えにはヤキ族の言語や言い回しが欠けていることや、多くの不正確性と時代遅れといった点があることを指摘し、カスタネダの主張が虚偽であることを暴いた。だがこういった懐疑論者は、カスタネダの著書に哲学書またはフィクション作品としての価値を認めた。カスタネダ当人は、この議論が巻き起こる前に世間から身を隠していた。三人の女性の侍祭とともにロサンゼルスの大邸宅に引っ越し、世捨て人となったが、1998年に亡くなるまでにさらに7冊の著書を出版し、ドン・ファンから教わったという学びに基づいた“テンセグリティ”と呼ぶ教義を広めるため、クリアグリーン社を設立した。クリアグリーンは現在も運営を続けており、カスタネダの本が廃版となったことは一度もない。

「スクルージおじさん」

　かつてディズニーのアニメーターであったカール・バークスは、1942年から30年以上、魅力的で想像力にあふれる「ドナルド・ダック」や「スクルージおじさん」のコミックブックをウエスタン・パブリッシング社から出版した。同社でディズニーのコミックを制作したほかのアニメーターたち同様、バークスは匿名で描き続けていた。契約によって、すべての作品はウォルト・ディズニー社のみのクレジットとなっていた。しかしバークスが描く表情豊かなイラストと独創的な物語は特徴的で、読者が彼のことを「グッド・ダック・アーティスト」と呼び始めた。1960年代はじめにバークスが作者であることが明らかにされたが、このニックネームはその後もずっと彼の呼び名となっていた。バークスはほかに、ドナルド・ダックと同じスタイルでユーモアにあふれる短編（1〜10ページ）も制作したが、むしろ長め（24〜32ページ）の冒険もののほうで、より知られるようになった。これらの物語では、スクルージやドナルド、ヒューイ・デューイ・ルーイたちが、カナダのクロンダイクや、東洋、アフリカ、南アメリカ、はたまた海中に沈んだアトランティス大陸や、宇宙にまでも、スリルいっぱいの宝探しの旅に出かける。また、スクルージに対抗するキャラクターとして、バークスは、極悪なビーグル・ボーイズや、たちの悪い魔女マジカ・デ・スペル、スクルージのライバルのビリオネア、フリントハート・グロムゴールドなどをはじめとする多くのキャラクターを作り出した。これらの物語は、たまたま擬人化されたアヒルを主人公とした、陽気な冒険叙事詩だ。

　ジョージ・ルーカスは幼少期、コミックブックを読むことに多くの時間を費やした。バークスのディズニー・コミックは特に彼のお気に入りだった。ルーカスは、"Walt Disney's Comics and Stories" を定期購読し、地元の売店で「スクルージおじさん」を購入した。「物語がとても映画的だった」と、ファンタグラフィックス・ブックス社の2012年コレクション "Walt Disney's Uncle Scrooge: Only a Poor Old Man" の紹介文でルーカスは述べている。「ほかの新聞紙連載コミックやコミック本と違い、序盤・中盤・終盤が明確にあり、場面での進行が組み立てられていた。バークスの物語はコマごとに動くのではなく、ときに何ページも続くシーケンスで流れていて、さらにそれが次のシーケンスに繋がっていた」。バークスによる、流れるようなダイナミックなストーリーテリングの影響は、『スター・ウォーズ』と、『インディ・ジョーンズ』シリーズの両方に見ることができるが、『インディ・ジョーンズ』のほうがより顕著である。1982年の "TIME" 誌でのインタビューで、ルーカスとスティーヴン・スピルバーグ

はともに、『レイダース／失われたアーク《聖櫃》』(81) はバークスの影響を受けていると認めている。インディが巨大な岩から逃れる有名なシーンは、1954 年の「アンクル・スクルージ」の冒険 "The Seven Cities of Cibola" から盗んだ、と彼らは告白した。もしかするとルーカスはバークスのアヒル（ダック）を好きなあまりに、マーベル・コミックスの原作を基にしたスティーヴ・ガーバー監督の大失敗映画『ハワード・ザ・ダック／暗黒魔王の陰謀』(86) の製作総指揮を担当するという決断をしたのかもしれない。

ルーカスがバークスから受けた影響は、もっと微かだがより深いところにも見られる。「スクルージおじさん」はいつも金儲けの方法ばかりを考えていたが、甥やその息子たちと過ごす時間や冒険のスリルは、お金よりも大切であることに気がつくのだ。「カール・バークスの世界観は、すべての人が持っている物資主義の傾向をからかいながらも、彼らの社交性や家族愛をより称賛している」とルーカスは "Walt Disney's Uncle Scrooge: Only a Poor Old Man" の紹介文に書いている。ルーカス自身もしばしば同様の視点を取り入れ（ときに自身のスクルージのような巨額の富を "痛み" と呼んでいる）、彼の作品のなかにこのテーマが繰り返し登場する。『スター・ウォーズ』では、ハン・ソロのキャラクターのなかに具体化されている。ソロは「金のためにやっているんだ」と口では言っているが、クライマックスでルークを助けた。またダース・ベイダーも反乱者たちのために自分の命を危険に晒した。レイア姫は「あなたが金のためにやっていたわけではないことはわかっていたわ」とソロに言う。

これらのほかにも『スター・ウォーズ』に影響を与えた作家たちがいると言われている。それには、1970 年代はじめのジャック・カービー作のコミックブック "New Gods" や（この物語の主人公オリオンは銀河系の君主ダークサイドの息子だ）、J・R・R・トールキンの「指輪物語」（オビ＝ワン・ケノービがガンダルフと同等の存在とみなされる）などが含まれる。しかし、『スター・ウォーズ』の開発の途中でこれらの作品や、より類似性が多い「デューン」からの直接的影響が仮にもしあったとしても、どれくらいあったかはわからない。ルーカスはこれらの作品からインスピレーションを受けたと公には話したことはなく、これらの作品と『スター・ウォーズ』とのつながりとして挙げられていることには、事実上、キャンベルが言うところの典型的な "英雄の旅" の原型に（意識的にしろ、そうでないにしろ）共通している。

いずれにしろ、ルーカスは様々なインスピレーションを拾い集め、まとまりのある独創的な形態にするために、小さなカケラを組み立てなければならなかったということだ。そしてその作業は極めて難しいことが証明された。

第 4 章

From the Adventures of Luke Starkiller
ルーク・スターキラーの冒険から

Draft Screenplays
脚本の執筆

1973 年 1 月、ジョージ・ルーカスは一冊のノートと鉛筆を目の前にして、スペース・オペラの脚本を書き始めた。初期の出来は、あまり希望が持てるものではなかった。

最初に取り掛かったのは "Journal of the Whills" と題された 2 ページのあらすじだ。その出だしはこうだった「これはメイス・ウィンディの物語である。彼は崇拝されているオプーチ族のジェダイ＝ベンドゥだ。この有名なジェダイからパダワンを学んでいる C・J・ソープが、我々に物語を語る」。友人たちからはチューイーと呼ばれているソープは、ジェダイの騎士を志願する 16 歳。彼の師は、政敵によって捏造された罪により独立星系同盟の防衛軍から追放されたリーダー、メイス・ウィンディである。チューイーは師への忠誠心を捨てることなく、メイスとともに旅立つ。4 年後、ジャングルの惑星ヤヴィンに配達される貴重な物質の運搬の護衛をしているとき、メイスとチューイーは同盟のリーダーから緊急招集を受ける。

あらすじはここで終わっている。未完だ。ルーカスが最終的に作り出す世界を熟知している人なら、このシナリオをある程度は理解できるかもしれない。しかし、1973 年に "Journal of the Whills" を読んだ人は誰もさっぱり理解できなかった。20 世紀フォックスのアラン・ラッド・Jr. が最終的にルーカスに開発契約を申し出たのは、このルーカスのあらすじが良かったからではなく、当時まだ公開されていなかった『アメリカン・グラフィティ』を見て、ルーカスの才能を信じたからだ。

ルーカス自身も、やがて『スター・ウォーズ』となるこの企画がどこに向かっているのかわからなかった。――彼の言葉によると、「物語を模索中の良いアイデア」の段階だった――さらに、彼は脚本を書く自分の能力についてかなり不安だったのだ。英語の成績は常に悪かったし、最初の 2 作品の脚本はほかの脚本家に任せていた。結局彼は『スター・ウォーズ』の台詞を仕上げるために、『アメリカン・グラフィティ』の共同脚本家であるグロリア・カッツとウィラード・ハイクを雇った。しかし、脚本の大部分を代

理で書くことは全くもって無理なことで、ルーカスの『スター・ウォーズ』のビジョン
を理解できる人は一人もいなかった。ルーカス本人ですら、まだ完全には理解してい
なかった。彼は3年間にわたり、脚本の草稿を5回、トリートメント（物語の要旨を抽
出したもの）を1回、あらすじを数回、そのほかの資料などを継続して書き、書き直し
ていくことによって次第にわかってきたのだ。初期の草稿は、前出の"Journal of the
Whills"に現れているように、我々が知っている『スター・ウォーズ』の物語とはほ
とんど共通点がない。

草稿と最初の脚本

　ルーカスは"Journal of the Whills"を捨て、最初からやり直した。事実上、いち
から書き直したのである。その後2年間に亘り、彼は多くの要素を開発した。あらすじ
の要点、登場人物、設定、登場人物それぞれの語られない過去──しかし、これらの
要素をまとまりのある形に組み立てることが大変困難だった。一般的に知られている見
解──これはルーカス本人が広めたのだが──は、彼は物語のサーガ全体の概要を作
り、それから最初の『スター・ウォーズ』として撮影する部分を切り取ったというもの
だが、これは正確ではない。実際の過程はジグソーパズルを繋げるのに似ていた。ルー
カスがパズルを完成させたとき、いくつか興味深いピースが残った。そのうちのいくつ
か──たとえば、雲のなかに浮かんでいる町や小惑星帯を通る逃亡など──は、続編
に持ち込まれたが、当初、基本計画にはなかった。

　ルーカスが書いた最初のトリートメントは「ザ・スター・ウォーズ」という題で、
1974年5月にラッドに届けられた脚本草稿のための寸描としての役割を果たした。こ
のトリートメントと初期の脚本はいくつか我々も知っている要素を含んでいる。物語
の背景や過去の出来事をまとめたオープニングロールで始まり、デス・スターの紹介、
そして喧嘩をするR2-D2とC-3POが登場するところが最も顕著な部分だ。R2-D2と
C-3POは実質的にはこの時点から変わっていない。この脚本には我々が知っている登
場人物の名前もたくさん含まれている。ただ、ほとんどは名前が同じだけで、性格はあ
まり似ているところはない。

　このバージョンでは、銀河帝国のガーディアンであったジェダイ＝ベンドゥは以前、
心優しい老皇帝を追放し、悪の新帝国を作り上げた敵、シスの黒騎士たちによって追
いつめられ、消滅の危機にある社会の戦士だった。物語の主人公は18歳のアナキン・
スターキラー。彼の父親ケインはジェダイで、一家は遠いケシル星系に潜んでいる

が、シスの暗殺者がやってきたことからスターキラー一家はアクションを起こさざるを得なくなる。命が狙われていたのはケインだが、アナキンの10歳の弟ディークが殺される。生き残ったスターキラー家のものは惑星アキレにある家に戻り、アナキンはそこで、有名な戦士ルーク・スカイウォーカー将軍からパダワンを習う。スカイウォーカーは60代の男性だ。しかし、すぐにアキレも帝国の新しい宇宙要塞デス・スターによって攻撃され、皇帝は殺される。スカイウォーカーとアナキンは、アキレの正統な王位継承者である14歳のレイア姫の逃亡を助ける任務を課せられる。彼らにはR2-D2とC-3POという2体のロボットが同行し、まもなくケインの旧友で、『遊星よりの物体X』を思い出させる外見のエイリアン、ハン・ソロも加わる。

　宇宙での大乱闘と大胆な逃亡が続き、酒場でのレーザーソードでの戦いや小惑星帯を通過する勇敢な旅なども紹介されている。主人公たちの冒険はウーキー（"大きな灰色の毛むくじゃらの獣"）が住むジャングルの惑星ヤヴィンへと彼らを連れて行っ

黒澤明の『隠し砦の三悪人』は『スター・ウォーズ』の初期の草稿に大きな影響を与えた。ジョージ・ルーカスは『隠し砦の三悪人』のリメイク権を買い取ることも考えたという。上記の写真は（左から）雪姫役の上原美佐、真壁役の三船敏郎、太平役の千秋実、そして又七役の藤原釜足。これらの登場人物がレイア姫とオビ＝ワン・ケノービ、R2-D2、C-3PO の原型であった

た。そこでレイア姫はウーキー狩りをしていた"トラッパー"らに捕らえられ、賞金を得るために帝国に引き渡された。レイア姫はデス・スターに連れ去られてしまう。スカイウォーカー、アナキン、そしてロボットたちは文化人類学者のオーウェンとベルー・ラーズの協力を得てウーキーたちと仲良くなった。最終章では、ルーク、ハン、そしてウーキー（ルークが戦闘機の操縦方法を指導）はデス・スターを攻撃。一方でアナキンは姫を救出するために宇宙ステーションに潜入する。アナキンの任務はヴァローラム将軍が出現するまで絶望的に見えたが、ヴァローラム将軍はルークやアナキン、レイア姫を追跡していた帝国の指揮官のひとりだったにもかかわらず身を翻し、反乱軍に加わった。彼らは力を合わせて間一髪で逃げ切った。アナキンとレイア姫は恋に落ち、デス・スターが粉々に吹き飛ぶ様子を見ながらキスをする。この脚本はレイア姫がヴァローラムを含む英雄たちを表彰するシーンで終わる。

　この時点で『スター・ウォーズ』は黒澤明の『隠し砦の三悪人』（前章参照）の SF 版であることが透けて見えた。ルーカスは一時、東宝から『隠し砦の三悪人』のリメイク権を購入することを考え、ルーク・スカイウォーカーに三船敏郎を起用する構想も膨らませていた。このバージョンではダース・ベイダーは二番手の悪役で、帝国の統治者ホダークに仕えるチンピラといった設定だった。ベイダーはデス・スターが爆破したときに死んでいる。主要な敵として登場するのはヴァローラム将軍だ。ジェダイとシスは単に腕の立つ戦士である。彼らの使命には宗教的または神秘的な面は一切なく、フォースもまだ登場していない。ルーカスは脚本の第 1 稿を 1974 年 7 月に完成させたが、このバージョンには重要な変更が含まれていた。多くの登場人物の名前が変更された。——ケイン・スターキラーはアキラ・ヴェイラーとなり、アナキン・スターキラーがジャスティン・ヴァイラーに、ヴァローラム王子はドドナ将軍、ジェダイ＝ベンドゥがディア・ノガ、シスはレトウ軍団、そしてウーキーはジャワスと変更された。プロットは独創性に欠け、混乱した状態、そして台詞は大げさで垢抜けなかった。またルーカスはこの初期のバージョンは自分とジョン・ミリアスが執筆中だった『地獄の黙示録』の脚本に似すぎていると考えるようになった。どちらもテーマは原始的先住民（ウーキー、ジャワス、ベトコン）が、進んだテクノロジーを持つ非道徳的な帝国主義者の侵略を打ち負かすというもの。そうこうしているうちに脚本は 200 シーンにまで膨らんだ。あまりに長すぎたため、このバージョンはまだまだかなり作業が必要であったが、大きな変更は第 2 稿で行われることになる。

第2稿

　未だ進むべき方向性が見いだせずにもがいていたルーカスは、『スター・ウォーズ』の脚本の第1稿を数人の友人たちに見せた。ジョン・ミリアス、フランシス・フォード・コッポラ、ハスケル・ウェクスラー、そしてグロリア・カッツとウィラード・ハイクらだ。だが、誰も大した助けにはならないことがわかった。「最初の『スター・ウォーズ』の脚本を読んだ人たちは、これが一体何なのかさっぱりわからなかった。本当に」と、ハイクは"The Making of Star Wars"の著者J・W・リンズラーに話している。「あの脚本からは誰も理解できないような世界が広がっていた」。

　もちろん20世紀フォックスの重役たちも同じだった。ルーカスの第1稿に満足できなかった彼らは『スター・ウォーズ』の（最初の脚本開発契約の次の段階となる）製作契約を遅らせた。また、この野心的なプロジェクトが、当初の見積もりだった製作費300万ドルを超えるのではないかと（当然ながら）懸念した。ルーカスと彼の弁護士は契約が遅れたことを優位に利用し、フォックスに対して二つの重要な特権を交渉した。それはこの時点（1974年秋）で、ルーカスがすべての続編の権利と共同マーチャンダイジング権を持つことができるという交渉だった。フォックスはついにこの条件に同意した。なぜならラッド以外の重役たちはこの作品に期待していなかったからだ。まだ製作可能な脚本を見ていない重役たちにとっては、続編とマーチャンダイジングの権利は無意味に思えた。

　ルーカスは脚本の執筆に精を出し、1975年1月に第2稿を提出した。このバージョンは"Adventures of the Starkiller, Episode I: The Star Wars"と題され、第1稿と比べると大きな変化が見られた。物語は『隠し砦の三悪人』から遠ざかっていた。いくつかの特徴は第1稿のままだった。たとえば幕開けに流れる文章や2体のロボットの登場といった部分だ。だが、多くの重要な要素が新しく追加された。それは主要な悪役としてのダース・ベイダー卿の出現（"シスの右腕"と説明されていた）や、フォースが"フォース・オブ・アザーズ"という初期バージョンで追加されているといったものだ。アシュラ（善を表す）とボーガン（悪を表す）という2つの面を持ったミステリアスなエネルギー源が、魔法の物質を使って操られる存在として登場している。この稿で初めて、善意の失脚した政府が"共和国"と呼ばれ、腐敗した政府を"帝国"とした。帝国の鎧を着た兵士たちは"ストームトルーパーズ"と呼ばれた。

　冒頭、スクリーン上にスクロールされる解説によって、我々はジェダイ＝ベンドゥ

が非道なシスの黒騎士によってほぼ全滅させられていることを知る。しかしスターキラーとして知られる強いジェダイが現れ、寄せ集めの反乱軍を率いて、帝国に対して強い衝撃を与えた。これによって帝国はなんとしても彼を殺し反乱軍を破滅させようとしている。冒頭のシーンで、帝国のスター・デストロイヤー4機が、反乱軍の伝説的指導者の息子であるディーク・スターキラーが指揮する反乱軍の小さな船を占拠する。ディークはベイダーに捕獲されるが、その前にR2-D2とC-3POを近隣の砂漠の惑星ウタプに送っていた。ウタプには彼の弟ルークが住んでいた。惑星に着いたものの、ロボットたちは口論し、別々に行動するようになるが、ジャワスに捕まったことで再会する（ここでは完成版と同じくジャワスは1パイントくらいの大きさの廃品回収業者である。ウーキーのような巨体ではない）。ルークは10代の青年で、ウタプで叔父のオーウェンと叔母のベルー・ラーズの許で、"フォース・オブ・アザーズ"の教えを受けながら暮らしていた。ルークにはビッグスとウィンディという二人の弟がいる。この第2稿でレイアはオーウェンとベルーの16歳の娘で、ルークの従姉妹として端役で登場する。R2-D2はディークからのホログラムのメッセージをルークに見せる。それは秘伝のカイバー・クリスタルをオルガナ・メジャーに持って行くようにという指示だった。オルガナ・メジャーにはザ・スターキラーとして知られるスターキラー家の長老が隠れ住んでいた。カイバー・クリスタルはフォース・オブ・アザーズの力を何倍にもすることができる。何としてもシスからそれを守らねばならない。

　ルークはスペース・ポートの酒場へ行き、そこでレーザーソードを使って戦い、宇宙海賊のハン・ソロと彼の副操縦士でウーキーのチューバッカと出会う。ハンはルークをオルガナ・メジャーに連れて行くことに同意する。ハンは自分の船を持っていなかったため、海賊仲間のジャバ・ザ・ハットから盗む。ルークとハン、チューイー、そしてロボットらはオルガナ・メジャーに到着するが、惑星はすでに破壊されていた。そこで彼らは行き先を変え、ディークを救い出すために帝国の首都惑星であるオルデランに向かう。ルークとハンはストームトルーパーに変装し（チューバッカを捕虜に見立て）、ディークを牢から救い出す。ディークは拷問にかけられ、瀕死だったが、カイバー・クリスタルの力で元気になる。帝国の迷宮から逃げる途中、彼らはゴミ処理場に閉じ込められるが、ロボットたちに助けられる。帝国の兵士らとの戦いの後、彼らは全員オルデランから脱出し、ヤヴィンの月にあるジャングルのなかの秘密基地に逃げる。ルークの父親はテレパシーを使って彼と交信し、秘密基地の場所を伝えた。

　反乱軍は帝国の巨大な宇宙要塞デス・スターに追われる。反乱軍の基地ではルーク

の父親がオルガナ・メジャー破壊の際に逃げ出したものの、ひどい怪我を負っていたことがわかった。ルークはカイバー・クリスタルを使って父親の傷を治し、スターキラーはデス・スターとのクライマックスの戦いにおいて反乱軍を率いる。一方の帝国防衛軍はダース・ベイダーによって指揮されている。ハンが反乱軍に参加することを拒んだため、ルークは（カイバー・クリスタルをポケットに忍ばせ）、盗んだ宇宙船を操縦し、一方でアンティラスという砲手がデス・スターの排気口に向けてロケット弾を発射し、宇宙要塞を破壊した。ベイダーはこの戦いで命を落とす。エンドロールに流れる文章によって、観客は次のことを知らされる。「スターキラーは再びシスの騎士に恐怖心を与えることになるが、その前に彼の息子たちは多くの試練に直面することになる。最も大胆なものは、ラーズ一家の誘拐とオンドスの姫の危険な捜索である」。

第3稿

　第2稿に書かれている多くの状況や登場人物はまた破棄されることになり、完成版にある多くの重要な特徴はここではまだ見られないものの、『スター・ウォーズ』の物語の広い意味での原型は第2稿で形を成してきている。しかしこの脚本の構造はまだごちゃごちゃしていて、まとまりがなく、ルーカスはまだほかの人たちに自分が何をしようとしているのか理解してもらえずにいた。そこで第3稿に取り掛かり、今度は神話学者ジョーゼフ・キャンベルの仕事を参考に（前章参照）、物語を削って形成していった。「第3稿を書く頃、『千の顔をもつ英雄』を読んでいて、無意識のうちにこの法則に従っていたことに気がついた」というルーカスの言葉がローラン・ブーゼロー著 "Star War: The Annotated Screenplays" に引用されている。「それで、もっと古典の型にはめようと考えた」。この時点でルーカスはイラストレーターのラルフ・マッカリーを雇って、この作品のコンセプト画を描いてもらっている。マッカリーの絵は、まだ重い腰を上げていなかったフォックスの重役たちを説得し、ようやく製作契約を結ぶのに役立っただけでなく、ルーカス自身のアイデアを具体化するのにも役立った（マッカリーと彼の貢献については第22章を参照）。

　第2稿の時点でのもう一つの問題は、この作品には重要な女性キャラクターがいないことだった。この問題を修正するために、ルーカスはルーク・スカイキラーの性を変えることを考えた。マッカリーは律儀に女性版ルーク・スカイキラーの絵を描いている。しかし約1カ月後、第3稿を執筆中、ルーカスはまた気が変わってルークを男性に戻し、レイア姫を主要な登場人物の一人として蘇らせた。──レイア姫は基本的に第2稿の

ディーク・スターキラーに取って代わった。さらにルーカスは新しい登場人物も加えた。それはベン・ケノービという年配の男だ。ジェダイの元将軍で神秘的な力を持つ。これは、カルロス・カスタネダの著書のなかのドン・ファンがモデルとなっている（前章参照）。ルークはモス・アイズリー（元のゴードン）として知られるスペース・ポートの町に向かって旅をしている途中でケノービと出会う。これらの変更点の多くは、第2稿と第3稿の間にルーカスがフォックスの重役たちのために書いたあらすじで登場したものだ。このあらすじでは、デス・スターを破壊するのはルークだとされている。

　ルーカスは、脚本執筆作業と同時に主要なスタッフ集めも行っていた。作曲家のジョン・ウィリアムズの起用を決め、インダストリアル・ライト・アンド・マジック（ILM）を設立する一方、ほかにも多くの小さな契約を交わしていった。そして 1975 年8月、第3稿を提出した。"The Star Wars: From the Adventures of Luke Starkiller" と題されたこのバージョンは、それまでの脚本を簡素化しているが、いくつかの登場人物を削除した。なかでも最も重要なのは、ルークの父親がすでに亡くなっているという設定に代わったことだ。また、ここで初めて製作費を現実的に抑えるための配慮が見えている。たとえば、冒頭で反乱軍から乗っ取ったスター・デストロイヤーは、以前は4機だったが、ここでは1機となった。また急襲で捕虜となるのは 16 歳のレイア・オルガナとなり、彼女がドロイドたち（もう"ロボット"とは呼んでいない）をウタプへと送る。また、このバージョンではオーウェンおじさんは非情な工事現場監督で、自分の甥を事実上、奴隷として囲っている。彼は 18 歳のルークが一生かけて貯めてきた金を盗み——ルークは宇宙アカデミーに入学するために貯金をしていた——その金でR2-D2 と C-3PO を買うのだった。ここではビッグスとウィンディはルークの兄弟ではなく友達である。R2-D2 はプリンセスからの秘密のメッセージを持っていることがわかる。このドロイドは反乱の動機となる不可欠な情報を持っており、それは即刻オルガナ・メジャーに渡されなければならない。

　ルークとドロイドたちはモス・アイズリーへと向かうが、途中、タスケン・レイダースらに待ち伏せ攻撃される。死んだように見えたルークは道端に置き去りにされ、年配の男によって助けられる。この男は"クローン戦争でホワイト・リージョンズを指揮した"ベン・ケノービだ。ルークは自分が、ケノービの元同志アナキン・スターキラーの息子であると告げる。ケノービの小屋に戻ると、彼はルークにフォースの話をする。フォースとは「カイバー・クリスタルを使うことで集め、送ることができるもの。そしてそれが自分の中のフォースを増幅させる唯一の方法」だという。もちろん、ケノービ

はカイバー・クリスタルを持っている。ルークとベンはモス・アイズリーへと向かい、そこでケノービは（ルークではない）レーザーソードを使って酒場で起きる喧嘩をおさめる――初めてこの剣が"ライトセーバー"という名前で登場する。二人はここでチューバッカとハンに出会う。ハンはこのとき、自分の船を所有していたが、船は建設費を立て替えたジャバ・ザ・ハットに取り押さえられてしまっていた。

　第2稿では、彼らはオルガナ・メジャーが破壊されてしまっているのを知り、帝国の首都オルデランに向かうことを決めるのだが、第3稿では姫を救助しなくてはならない。ここで、ケノービは敵に対してベイダーのような念動力で窒息させる技を使う（ケノービが手をかざすと帝国軍の兵士たちが"咳をし始め、首を抑える。そのうち息ができなくなり、床に倒れる"）。ハンとルークとチューイーは姫を救助するためにここでも捕虜になりすます手口を使い、やはりゴミ圧縮機に巻き込まれる。その一方でケノービはダース・ベイダーと対決している。ケノービは負傷するが、ルークが助けに来て彼らはオルデランから脱出し、ヤヴィンへと向かう。その後をデス・スターが追う。ケノービはカイバー・クリスタルを使って自分の怪我を治し、そのクリスタルをルークに与える。ルークはカイバー・クリスタルを持って単独で戦闘機に乗り込み、クライマックスとなる戦いへと向かう。帝国の防衛軍を指揮するベイダーは、ルークがクリスタルを持っていることを感じ取り攻撃するが、反乱軍に参加することに抵抗していたハンが土壇場で駆けつけ、ルークが危うくベイダーに殺されるところを阻止する。ルークはデス・スターを破壊するが、ベイダーは生き延びる。映画はレイアが彼らにメダルを授与するところで終わるが、それ以上の説明の文章は出てこない。

　元々は、ルーカスは別のクライマックスを考えていた。第2稿と第3稿の間に作成されたあらすじでは、ルークはデス・スターに着陸し、爆弾を仕掛けるためにハッチを宇宙ステーションに投げると書かれている。しかし、船に戻る途中でダース・ベイダーに遭遇する。二人がライトセーバーで決闘する間、頭上では戦闘機による宇宙バトルが激しく繰り広げられる。だがルーカスはこのアイデアを破棄した。というのは、同時進行する決闘と宇宙バトルを切り返していくうちに、クライマックスでスピードアップするべきところが逆にアクションを減速させてしまうことを懸念したからだ。彼はこのアイデアを『スター・ウォーズ』では採用しなかったが、『ジェダイの帰還』では、ルークがベイダーや皇帝と決闘する一方で、ハンとレイアが偏向シールド発生装置を破壊し第2デス・スターを攻撃するシーンと行き来する、という形で使っている。

　ともかく、第3稿は大きな一方を踏み出した。しかし、ルーカスが1976年1月1日

このストームトルーパーがライトセーバーを振り回しているラルフ・マッカリーのイラストからわかるように、最初期の草稿においてライトセーバーは、ジェダイの騎士とシス卿のためだけのものではなかった

付けで脚本の第4稿を完成させるまでに、いくつかの最終的な変更点が加えられることになる。

決定稿

　撮影台本となった第4稿は、残っている改訂部分のほぼすべてが組み込まれた。このバージョンの脚本の題は、なんと"The Adventures of Luke Starkiller as Taken from the "Journal of the Whills"(Saga 1) : Star Wars"という長いもの。例の名言、「遠い昔、はるか彼方の銀河系で……素晴らしい冒険が繰り広げられる」から映画が始まる。オーウェン叔父さんはこのバージョンではより同情的な役柄となるが、彼とベルー叔母さん(そして多くのジャワたち)はストームトルーパーたちに殺されてしまう。劇的な緊張感を盛り上げるために、物語の第1幕にドロイドを捜索している帝国のトルーパーたちの存在が追加された。カイバー・クリスタルが削除され、フォースの働きは簡易化された。このバージョンではケノービがルークに、ダース・ベイダーは裏切り者で、彼の父親を殺したと告げる。また、前稿まではダース・ベイダーは完全に人間だったが、このバージョンでは初めて、半分が機械でできているとされている。ハン・ソロはここでは自分の船を所有しているが、ジャバに失った貨物の分の借金をしている。

65

ルークとベン、ハン、チューイーが向かっている惑星はオルデランと改名され、帝国の首都に向かうのではなく、そこで捕まってデス・スターに連行される。デス・スターでは、ルーク、ハン、チューイーが姫を救出する間に、ベンは宇宙ステーションのトラクター・ビームを作動停止させ、ダース・ベイダーと対決する。ルークとレイアがデス・スターを脱出する途中に見せる崖っぷちからのスウィングはここで初めて登場する。脱出後、反乱軍はヤヴィンの4番目の月にある秘密基地に向かう。反乱軍のパイロット、ウェッジ・アンティリーズをはじめとする何人かの脇役がこのバージョンで初登場する。グランドモフのターキン——第2稿と3稿では反乱軍のリーダーの名前であった——は帝国の支配者となっている。また、反乱軍の戦闘機はここで初めて X ウイングと Y ウイングとして紹介されている。

　しかし、これらの変更点のなかでも最も重要なのは、ベン・ケノービのさらなる発展だ。ここでは、この物語の中心人物となっている。レイアはケノービ将軍を探し出し、彼の助けを得るために R2-D2 をタトゥイーンと改名された砂漠の惑星に送る。ケノービはルークとベイダーを繋ぎ、レイアとドロイドたちも繋いでいく。彼はルークをハンとチューバッカに紹介し、フォースの働きや物語の歴史についても説明する。マイケル・カミンスキーがこれを著書 "The Secret History of Star Wars" で指摘する。「ベン・ケノービによって『スター・ウォーズ』の物語は新しいダイナミックさを得ることができた。ルーカスはそれまでの苦労をした草稿より、ケノービを物語の中心に置いた。ケノービは物語をひとつにまとめている。彼がいなければ、ばらばらになってしまうだろう」。さらに、最終的にはこの登場人物のおかげで、ルーカスは名優サー・アレック・ギネスを雇うことができた。彼がキャストに加わったことで、この作品の注目度が上がり、消極的だったスタジオの重役たちを安心させることができた。

　しかしそうは言っても、これはまだ実際に公開された『スター・ウォーズ』の映画の内容とは異なる。第4稿に改訂が加えられ、決定稿が1976年3月15日に提出された。ハンの船がミレニアム・ファルコンと名付けられ、ハンがモス・アイズリーの酒場で賞金稼ぎを撃つ場面が加えられた。第4稿の最初のバージョンではハンとルークはデス・スターのトラクター・ビームに捕らえられる前に帝国の TIE ファイターと戦う。このシーンは映画のペース配分を改善するために、物語の後半に移動された。ルーカスは撮影が開始してからも変更を加えていた。おそらく最も重要な変更は、ケノービが第4稿の改訂バージョンでは生き延びるという設定を変えたことだろう。ルーカスは撮影が進んでからやっと、ベイダーとの対決でケノービは死ぬべきだと決心した。ジェダイ・マ

スターは、ルークに特別な指示をするためだけに霊体となって表れるのだ。また、撮影が始まって 1 カ月経った頃、ルーカスはようやくスターキラーという姓を捨てた。あまりにも残虐な響きがあるためだ。そして姓をスカイウォーカーに変えた。ルーカスは、チュニジアでの撮影からロンドンの EMI スタジオに移って撮影が進行している間に、ようやく最終版の脚本を完成させた。グロリア・カッツとウィラード・ハイクはロンドンへ行き、最終的な推敲を手伝った。しかしルーカスはそれまでに、山ほどの新たな問題に直面していたのだった。

第 5 章

Light and Magic

ライト・アンド・マジック

視覚効果帝国の創立

『スター・ウォーズ』の脚本は1975年春まで完成されなかった（撮影半ばまで脚本は完成されなかった）が、ジョージ・ルーカスにはこの物語が宇宙船の空中戦やレーザーソードでの対決、モンスターであふれる酒場、そのほかこれまで映画では見たことがない——もしくは誰も試みたことがない——精巧な要素を含んでいることはわかっていた。多くの部分で、ルーカスが思い描いていたことを実現する道具や技術はまだ世のなかに存在していなかった。つまり、自分たちで発明しなければならなかったのだ。また、『スター・ウォーズ』は映画3本分にもおよぶ視覚効果を必要としていた。財政難のスタジオは人件費を削減しなければならず、20世紀フォックスはすでに写真効果の部署を閉鎖しており、これほどのプロジェクトを扱えるノウハウやキャパを持つ工房はどこにもなかった。ルーカスにはたった一つの解決法しか残されていなかった。それは自分で会社を作るというものだ。

この決断は、新しい挑戦を意味する。自分が必要とする才能のある人間をどこで見つけるのか、誰がこの会社を運営するのか？

インダストリアル・ライト・アンド・マジック（ILM）と命名されたこの会社の責任者としてルーカスが最初に目をつけたのは、ダグラス・トランブルであった。彼は『2001年宇宙の旅』（68）で視覚効果の芸術と科学の面で飛躍的進歩を示していた。ルーカスは、『スター・ウォーズ』には同様の大前進が必要だということがわかっていた。しかしトランブルは環境問題を取り上げたSF映画『サイレント・ランニング』(72)を製作・監督し、次の監督作を見つける自由が欲しかったため、ルーカスの申し出に躊躇した。それ以外にも、彼はすでにスティーヴン・スピルバーグの『未知との遭遇』（77）の視覚効果を担当することで同意していた。その後のことを言うと、結局トランブルは、もう1作品を監督したのみだった。そのもうひとつの監督作であるSF映画『ブレインストーム』(83)にはナタリー・ウッドが主演していたが、撮影中にウッドが亡くなるとい

う不幸に見舞われた。作品は完成したものの、映画は失敗に終わった。ともかく、トランブルはルーカスの申し出に対し、自分の代わりに、『サイレント・ランニング』でアシスタントを務めた新人のジョン・ダイクストラを推薦した。

ジョン・ダイクストラ

　ダイクストラは 1947 年 6 月 3 日、カリフォルニア州ロングビーチで、機械技師の息子として生まれ、9 歳の頃には 8 ミリカメラでホームムービーを作り始めていた。カリフォルニア州立大学ロングビーチ校で工業デザインを学ぶ一方で、16 ミリカメラで実験的映画を撮り続けていた。卒業後、トランブルの指導の下、『サイレント・ランニング』の特殊効果を作る仕事に就いた。まだ 23 歳だった。映画の興行は残念な結果に終わり、完成した作品を見てダイクストラは多くのショットが自分が思ったようにできていなかったことに気がついた。特に宇宙船の重々しく堅い動きにがっかりして、これらのショットを達成するための全く新しい方法を思い描いていた。ダイクストラは、動きのイリュージョンを作り出すためには、制止したカメラの前を宇宙船の模型が通り過ぎるように動かすのではなく、固定された模型をカメラのパンの動きで撮影するべきだということに気がついた。もしそのカメラの動きをコンピューターでコントロールできるなら、揺れたり焦点を外したりすることなく精巧な操作を実行することが可能だろう。また、そういったプログラムを作ることができたら、カメラの動きは簡単に再現することができ、変更を加えることも可能だ。これは革命的なアイデアだったが、このシステムを開発し、証明するためには資金が必要だった（このシステムは、のちにダイクストラフレックスと名付けられる）。

　ルーカスとプロデューサーのゲイリー・カーツがダイクストラに会ったとき、彼らはダイクストラの提案する技術を持ってすれば（もしうまくいけば）、ルーカスが思い描いているものの、どうやって撮影したらいいのか確信が持てなかった宇宙における戦闘機の空中戦のショットを作れることがわかった。ルーカスらは ILM の運営責任者には想像力に富むエネルギッシュな気質の人物が必要だと感じていたが、そういった印象でダイクストラは彼らを感心させた。ILM は 1975 年 5 月に正式に創立され、ダイクストラは全体の運営責任者として雇用された。

　元々、ルーカスは ILM を北カリフォルニアに設置したかった。北カリフォルニアの方が景色が美しく、フォックスの干渉からも離れていられるからだ。しかし残念ながら適当な既存の物件は見つからず、ルーカスは（まだ）一から建設する資金も持ってい

なかった。ダイクストラはロサンゼルスの北部に位置するカリフォルニア州ヴァンナイズに貸し倉庫の空きを見つけた。物件は理想的とは言えなかったが――特に、冷暖房がないというのが欠点だった――必要なインフラはすべて揃っていたし、何より、ハリウッドのフィルム処理ラボが集まっている地域に近く、とても便利なところにあった。ILM は『スター・ウォーズ』の製作の間、このヴァルジーン通り 6842 番地という場所で作業をした。

　『スター・ウォーズ』の成功により、ルーカスは会社の施設をカリフォルニア州サン

ジョージ・ルーカスは設立したばかりのインダストリアル・ライト・アンド・マジック社の責任者にジョン・ダイクストラを選んだ。この写真は、ダイクストラが ILM スタジオを辞めた後に設立したアポジー・プロダクションズが 1970 年代末に手がけたコティ・インターナショナル社の "Space" の撮影中に、スーパーモデルのクリスティ・ターリントンと撮ったもの
Photo courtesy of Ronald V. Borst/Hollywood Movie Posters

ラファエルに移転するために必要な資金を得ることができた。ダイクストラは ILM で働く間にルーカスとの関係が悪化し（第 7 章と 8 章参照）、退職した。そして ILM の元社員 6 人とともに自身のスタジオ、アポジーを設立した。同社は視覚効果工房として称賛を集めるようになった。設立直後、アポジーは『スター・ウォーズ』の模倣作であるテレビシリーズ「宇宙空母ギャラクチカ」（78-79）の視覚効果を担当する契約を獲得した。ダイクストラはこのシリーズのプロデューサーとしてもクレジットされている。ルーカスと 20 世紀フォックスは「宇宙空母ギャラクチカ」の製作会社であるユニバーサル・ピクチャーズを盗作で訴え、ルーカスとダイクストラのとげとげした関係は急激に悪化した。アポジーは『スター・トレック』(79) や『ファイヤーフォックス』(82) といった作品に画期的な視覚効果を提供していたが、1992 年にダイクストラは工房を閉鎖し、エガーズ・フィルムズに入社した。ダイクストラはその後も素晴らしい視覚効果を作り続けている。彼はこれまでのキャリアのなかで 5 回アカデミー賞にノミネートされ、そのうち 2 回受賞（『スター・ウォーズ』と『スパイダーマン 2』）しているほか、エミー賞（「宇宙空母ギャラクチカ」）やそのほか多くの賞を受賞している。しかし、彼は未だにルーカスへの怒りを持ったままだ。「ジョージが私の仕事に失望したことはわかっているが、私は彼が失望したことに失望している」と、ドキュメンタリー「夢の帝国　スター・ウォーズ・トリロジーの歴史」のなかで語っている。「彼がもっと喜んでくれていれば良かったのだが、結局のところ、仕事はちゃんとうまくいったのだと私は思っている」。

反乱者たち

　"American Cinematographer（アメリカン・シネマトグラファー）"誌の記事で、ダイクストラは ILM で自分が生意気にも統括した最優先案件は社員の雇用だったと回想している。「このプロジェクトには、特別な条件の仕事を実行することができる人材が必要で、まず私はその人材を探しました」。彼の ILM 在職期間の初期に、ダイクストラは志を同じくする新進の視覚効果アーティストたちのチームを編成した。ほとんどが業界での大した経験はなかった。メジャー映画で仕事をしたことがない者も何人かいた。にもかかわらず、ダイクストラが編成したスタッフは、彼とともにアカデミー賞受賞の栄誉を分かち合った五人を含み、そのほかにも電子工学の天才や将来業界で伝説となる二人などがいた。

　アルヴァ・ミラーとジェリー・ジェフレスは、ダイクストラとともに、ダイクストラフレッ

クスのカメラシステムをデザインし作成する作業にかかわった。二人は「複数の露出
の視覚効果動画撮影を同時に行うことが可能な"電子動作制御システム"の工学」が
評価され、1978年の第50回アカデミー賞で特別科学技術賞を受賞した。ダイクスト
ラがILMを退職してアポジーを設立したとき、ミラーはダイクストラに付いて行った。
ミラーがそのほかにかかわった作品は『未知との遭遇』「宇宙空母ギャラクチカ」『スター・
トレック』などだ。彼はその後3回アカデミー賞を受賞している。一方、ジェフレスは
ILMに残り、『スター・ウォーズ エピソード5／帝国の逆襲』『スター・ウォーズ エピソー
ド6／ジェダイの帰還』『レイダース／失われたアーク《聖櫃》』『E.T.』などにかかわ
り、のちに2回アカデミー賞を受賞している。その後引退して、オーストラリア北部に引っ
越した。

　カメラオペレーターのリチャード・エドランドは、アカデミー賞を受賞した『スター・
ウォーズ』の視覚効果のほとんどを撮影した。1940年にノース・ダコタ州ファーゴに
生まれたエドランドは、海軍に在籍したのち、USCの映画学科に入学して実験映画を
何本も制作した。学生映画の質が良かったのでダイクストラは彼をILMで視覚効果
の場面を撮影するカメラオペレーターとして雇った。エドランドはダイクストラがアポ
ジーを設立したときに引っ張ったメンバーの一人だったが、ルーカスが『帝国の逆襲』
での仕事を依頼した際、ILMに戻った。彼は1983年までILMで働いたが、自身の会
社ボス・フィルムズを設立するために退職し、1997年に閉鎖するまで、『ゴーストバスター
ズ』(84)や『ダイ・ハード』(88)といった作品にかかわった。ILM出身のスタッフ
のなかでも際立っているエドランドは、今でも現役で活動し、『スター・ウォーズ』以
来、40本もの映画、テレビシリーズを手掛けている。彼は『スター・ウォーズ』『ジェ
ダイの帰還』でアカデミー賞を受賞し、『ポルターガイスト』ではノミネートされてい
る。彼はアカデミー協会の視覚効果部門の会長を務め、科学技術賞選考委員会も8年
間、指揮している。また、全米撮影監督協会（ASC）や視覚効果協会の理事も務める。
2008年にはASCの会長賞を受賞した。

　1975年、グラント・マッキューンはカリフォルニア州立大学ノースリッジ校の卒業
生で34歳だった。スピルバーグの『ジョーズ』(75)の撮影現場で、ブルースと呼ば
れていた機械仕掛けのサメの制作にクレジットなしでかかわっていた。ダイクストラは
彼をILMの模型制作の責任者として雇った。彼はR2-D2（プロダクション・アーティ
スト、ラルフ・マッカリーの絵を基にしている）を作るなど、多くのクレジットが残っ
ている。また、帝国の兵士の一人として、クレジットなしのカメオ出演もしている。彼

はミラーやエドランドと同じく、ダイクストラのアポジーのチームに加わり、『スター・トレック』でアカデミー賞にノミネートされた。アポジーを退職した後、現在も存続するマッキューン・デザインを立ち上げ、35 本の映画のビジュアルを手掛けたが、2010 年、67 歳で、妻と息子、娘を残して膵臓癌で亡くなった。

　ロバート・ブララックは初めての仕事でオスカーを受賞した。『スター・ウォーズ』の視覚ショットを合成した功績だ。ブララックは 1948 年 12 月 9 日、パナマ運河地帯で生まれた。ロンドンの聖ポール学校を卒業し、1970 年にポモナ大学（カリフォルニア州）で英語の学士号を取得、1973 年にカリフォルニア芸術大学で映画の修士号を取得した。『スター・ウォーズ』の後、『フライング ハイ』『アルタード・ステーツ／未知への挑戦』（ともに 80）、『ロボコップ』（87）など 18 本の映画、テレビシリーズにかかわった。1984 年には身の毛のよだつ世界滅亡を描いたテレビ映画「ザ・デイ・アフター」の視覚効果で、エミー賞の個人功労賞を受賞している。2003 年より、ブララックはパリのプラクシス・フィルム・ワークス社に勤めている。

　ジョン・スティアーズは『スター・ウォーズ』にかかわった数少ない視覚効果経験者の一人であった。彼はダイクストラに雇われたわけではなく、出身地のイギリスで働いていた。1934 年、ミドルセックスのアクスブリッジで生まれ、ハロウ芸術大学とサウスオール技術学校で学んだ後、王立防衛省で製図技師として働いた。映画業界に入る前は建築会社でも働いていた。スティアーズは『007 ／ゴールドフィンガー』（64）でアストン・マーティン DB5 の仕掛けを手掛けるなど、“ジェームズ・ボンド”シリーズの車やガジェットのデザインで直ちに注目された。『007 ／サンダーボール作戦』（65）でアカデミー賞を受賞したが、『007 ／黄金銃を持つ男』（74）を最後にシリーズから手を引いた。ボンド映画の熱狂的なファンであるルーカスは、彼に『スター・ウォーズ』での仕事を依頼した。スティアーズはこれを受け、C-3PO（マッカリーの絵を基にしている）やライトセーバー、ルーク・スカイウォーカーのランドスピーダーをはじめとする象徴的なアイテムを作った。彼はダイクストラ、エドランド、マッキューン、ブララックらとともに『スター・ウォーズ』でアカデミー賞視覚効果賞を受賞している。スティアーズは 35 年間のキャリアで 33 本の映画とテレビシリーズにかかわったが、1999 年に脳卒中を起こした後、他界した。遺族は妻と二人の娘。

　ローン・ペターソンは『スター・ウォーズ』ではアカデミー賞を受賞していないが、彼の ILM の模型制作責任者としての努力がなければ、この作品が視覚効果でオスカーを受賞することは不可能だった。カナダのブリティッシュ・コロンビア州で生まれたペ

ターソンは、カリフォルニア州立大学ロングビーチ校でアートの学士号を取得した直後、雇用された。ブラック同様、『スター・ウォーズ』はペターソンがかかわる初めての映画だった。その後、ペターソンは ILM に残り、『スター・ウォーズ』シリーズ全5作にかかわり、ボバ・フェットの宇宙船スレーヴ1のデザインを共同で手掛けた。そのほか、『E.T.』『ジュラシック・パーク』(93)、『インディ・ジョーンズ』シリーズなどを手掛け、1984 年に『インディ・ジョーンズ／魔宮の伝説』でアカデミー賞を受賞した。2006 年には"Sculpting a Galaxy: Inside the Star Wars Model Shop"を出版。また、『スター・ウォーズ』には、ヤヴィン4の反乱軍の秘密基地を紹介するショットで、塔の上からジャングルを見張る役でカメオ出演している。

デニス・ミューレン

　『スター・ウォーズ』の製作中に起きた ILM を巻き込んでの権力争いは、勝者と敗者を生み出した。解雇された者はなく、辞めたのは二人だけだったが、何人かの貢献者は名声を失い、ほかの者が尊敬を勝ち取った。勝者の一人はデニス・ミューレンだ。デッドラインへの強烈なプレッシャーの下、何百ものショットを終わらせなければならないというこの会社の奮闘のなかで、革新的な問題解決ができる人物かつ生まれつきのリーダーとして頭角を現した。

　ミューレンは 1946 年 11 月 1 日、カリフォルニア州グレンデール生まれ。子どもの頃からファンタジー映画や SF 映画に魅せられていた。高校時代に8ミリ映画を制作しはじめ、アマチュアながら恐竜や怪物のクレイメーション作品を撮ったりもした。パサデナ市立短期大学の学生だったとき、仲間たち（このなかには、その後テレビ俳優となるフランク・ボナーとエド・ベグリー・Jr. が交じっていた）と一緒に"Equinox"という題の、出来は良くないが想像力に富んだホラー映画の脚本を書き、撮影した。自己調達した製作費わずか 6500 ドルのこの作品は、ミューレンが作成したストップモーション・アニメーションの生き物や、そのほかの野心的な視覚効果を盛り込んでいた。彼と仲間たちはこの作品をプロデューサー兼監督のジャック・H・ハリスに売却し、ハリスはいくつかのシーンを追加で撮影して 1970 年に "Equinox" を劇場公開した。当時の評価と興行成績は高低混じったものであったが、カルト映画として熱狂的なファンが付き、その後、クライテリオン・コレクションより DVD も発売された。結局のところ、悪いスタートではなかった。

　残念ながら、明らかに才能があるにもかかわらず、ミューレンは卒業後、ハリウッド

のどの主要スタジオの特撮部門でも雇っ
てもらえなかった。彼は継続して仕事を
見つけることに苦労したが、その主な理
由は、単に 1970 年代初頭のこの時代、
彼の能力に合ったプロジェクトがそれほ
どたくさんなかった、ということだ。ミュー
レンは 1972 年、"Flash Gordon" のパ
ロディであるソフトコア・ポルノ『フレッ
シュ・ゴードン／ SPACE WARS』に
クレジットなしでかかわった。ダイクス
トラが創立したばかりの ILM での仕事
をオファーしたとき、ミューレンはこの
チャンスに飛び上がった。

　『スター・ウォーズ』後、ミューレンは
ダイクストラに付いてアポジーに移った
が、すぐに ILM に戻り、今でも同社で
働いている。現在は視覚効果上級スー
パーバイザーという役職だ。同社が『ター

『ジュラシック・パーク』(92) の恐竜の模型のひとつを手にす
るデニス・ミューレン。彼はどんどん昇進し、やがて ILM の
責任者となった
courtesy of Ronald V. Borst/Hollywood Movie Posters

ミネーター 2』(90) や『ジュラシック・パーク』の頃、旧来の機械を使った視覚効果
からコンピュータグラフィックに移行した際に、ミューレンがこれを指揮した。『スター・
ウォーズ』ではアカデミー賞視覚効果賞受賞者の名前には記載されていないものの、『帝
国の逆襲』と『ジェダイの帰還』ではオスカー受賞者として名前が挙がった。(これま
での) キャリアにおいて、アカデミー賞受賞は、生存者のなかでは最多の 9 回。1999
年にはハリウッドのウォーク・オブ・フェームに視覚効果アーティストとしては初めて
星を獲得している。

リック・ベイカー

　リック・ベイカーは補足的なスタッフとして雇われた。ルーカスは最初に撮影した酒
場のシーンが気に入らず、モス・アイズリーのバーを元々自分が思い描いていた風変
わりで魅力的な生き物たちで埋めようと、再撮のための追加資金を集めた。ベイカー
が入ったことによって、彼の特異な才能が酒場のシーンを視覚的傑作に変えることと

なった。

　1950年12月8日にニューヨーク州ビンガムトンで生まれたベイカーは、ミューレン同様、高校時代に8ミリ映画（フランケンシュタイン作品を含む）を作り始めた、生来のSF・ホラー映画ファンであった。初めてゴリラの着ぐるみを作ったのも高校時代だった。ティーンエイジャーではあったが、クローキー・プロダクション（テレビシリーズ「GUMBY　ガンビー」や"Davey and Goliath"の制作会社）でパペットをデザインする仕事に就いたり、特殊メイクの天才ディック・スミスにアプローチした。スミスは若いベイカーを自分の庇護下に置いた。1970年代初め、メジャー・スタジオに職を得られなかったベイカーは『吸盤男オクトマン』（71）や『Mr. オセロマン／2つの顔を持つ男』"Bone"（ともに72）といった低予算映画でクレジットなしで働き始めた。1973年、彼は友人でありよく一緒に仕事をしていたジョン・ランディスの『シュロック』の仕事で初めてクレジットをもらった。また、『エクソシスト』でもスミスのアシスタントを務めた。翌年、ベイカーはラリー・コーエンのB級ホラー『悪魔の赤ちゃん』（74）

自身が制作した有名なモンスターのマスクとともに写る若き日のリック・ベイカー。彼はモス・アイズリーの酒場の記憶に残る生き物たちのほとんどを作成した。その後も特殊メイクのアートに革命をもたらし続けている
Photo courtesy of Ronald V. Borst/Hollywood Movie Posters

でモンスターのような赤ちゃんをデザインし、さらに特殊メイク・アーティストのスタン・ウィンストンと、110 歳まで生きる女性を描いたテレビ映画 "The Autobiography of Miss Jane Pittman" でコラボし、初めて大ブレイクする。この作品のメイクアップはエミー賞を受賞した。次に彼はディノ・デ・ラウレンティスの 1976 年リメイク版『キングコング』で題名にもなっているゴリラの着ぐるみを作った。

　この時期、ベイカーはミューレンと友だちになった。ルーカスに、酒場のシーンを補強するために才能あるこの友人を雇うよう勧めたのはミューレンだった。ベイカーは——その頃また低予算のホラー映画（『溶解人間』(77)）の仕事をしていた——ジョン・バーグとフィル・ティペットをアシスタントとして、酒場のシーンのために 30 種類のエイリアンのメイクアップをデザインし、作成する契約を結んだ。彼らは、酒場の楽隊や、"ハンマーヘッド" "蜘蛛男" "ガイコツ頭" など、記憶に残るエイリアンたちのほとんどすべてをデザインした。『スター・ウォーズ』後、ミューレン同様、ベイカーは彼の専門分野で前例のない高評価を得る。『狼男アメリカン』(81) では史上初のメイクアップとヘアスタイリング部門でのアカデミー賞を受賞。最終的に（ここまでのところ）7 回のオスカー受賞と 10 回のノミネーションを果たしている。この受賞回数とノミネーション回数はいずれも同部門での最多である。

　ルーカスは ILM を設立する際、自分の視覚効果工房を持つことで完全なクリエイティブの権限を掌握し、費用をコントロールすることが可能になると思い込んでいた。しかし、そんなふうにはいかなかった。実際には、彼が必要とする映像を作成するにはかなり困難をきたし、予算オーバーとスタッフ間の摩擦を引き起こした（第 7 章と 8 章参照）。フォックスは製作スケジュールが遅れをとったとき、ILM に干渉した。完ぺき主義のプロデューサー兼監督は ILM の仕事に完全には満足していなかった。1997 年の『スター・ウォーズ 特別篇』でルーカスは多くの視覚効果をやり直している。

　そんな状態にもかかわらず、『スター・ウォーズ』はかかわったすべての人たちにとって偉業として浮かび上がった。ILM にとっては、この映画がハリウッドの業界史上、最も素晴らしいオーディション・リールとなった。設立したばかりのこの会社がただちに業界の視覚効果の金字塔を打ち立て、技術革新の最先端で、新生ルーカスフィルム帝国の収入源となった。その後 37 年間にわたって（ルーカスは 2012 年に ILM とルーカスフィルムの残りをウォルト・ディズニー社に売却した）、同社は 300 本近い映画にかかわり、15 回アカデミー賞を受賞し、多くの革命的技術を開拓し（CG イメージに

おけるさらなるブレークスルーを含む）、興行収入の史上ベスト 15 作品のうちの 10 作品とトップ 50 作品のうちの半分の視覚効果を手掛けた。ルーカスフィルムが製作する作品に加え、ILM は『E.T.』や『ロジャー・ラビット』(88)『アビス』(89)『ジュラシック・パーク』(93)『アバター』(09) をはじめとする多くの作品に画期的なビジュアルを提供した。ルーカスにとってほぼ間違いなく、インダストリアル・ライト・アンド・マジック（ILM）社を設立したことは"スター・ウォーズ"シリーズを作り上げたのと同じくらい素晴らしい遺産となるはずだ。「彼ら(ILM)は我々の想像力を解放した」とスティーヴン・スピルバーグは「スター・ウォーズ オリジナル・トリロジー DVD-BOX」に含まれるインタビューのなかで話している。「彼らは我々に夢を見ることを許し、我々の夢がスクリーン上で実現されることを約束した」。

第 6 章

Your Destiny Lies with Me
お前の運命は私とともにある

Casting Call
キャスティング募集

　ジョージ・ルーカスは『スター・ウォーズ』の脚本を完成させる前から、未だどんどん進化している登場人物たちを演じる俳優たちを見つけなければならなかった。オーディションはまだルーカスが第4稿を執筆中の1975年8月に始まった。脚本を書く作業ほどには苦しまなかったものの（第4章参照）、キャスティングはすぐに、ルーカスにとっても、主要な役どころへの起用が検討されていた俳優たちにとっても、長引く試練となった。

　ルーカスは『アメリカン・グラフィティ』のときのように、主要な登場人物には若い無名の俳優たちを起用したかった。これは、費用を抑える戦略でもあったが、むしろ『スター・ウォーズ』のファンタジーという背景においては、ほかのキャラクターの色が付いていない俳優のほうがより効果的だと確信していたからだ。観客にウーキーやライトセーバーやフォースといったものを受け入れてもらうこととは別に、ルーク・スカイウォーカーというキャラクターとして、たとえばロン・ハワードを受け入れてもらわなければならない、ということである。適した俳優を探すため、ルーカスは『アメリカン・グラフィティ』で見事な仕事をしたキャスティング・ディレクターのフレッド・ルースに再び頼ることにした。最初のうち、ルーカスとルースと数人のアシスタントたちは1日250人ほどの俳優たちと会い、12時間労働の日々が続いた。激務の3週間が過ぎた頃、ルーカスは時間と金を節約するため、もう一人の若手監督、ブライアン・デ・パルマと力を併せることにした。デ・パルマはその頃、『キャリー』(76)に起用するための無名の若い俳優たちを探していた。ルーカスとデ・パルマは合同オーディションを開催するという珍しい方法を取った。さらに数百人の俳優たちが両方の作品のためにオーディションを受けた。ルーカスはこの仕事のときはとても目立たず、オーディションに参加した俳優たちのなかには、彼をデ・パルマのアシスタントと勘違いした者もいたという。

　とはいえ、ルーカスは主要な俳優らの間に良い化学反応を起こすために、自分が何

を求めているかという明確な考えを持っていた。2段階目のオーディション（デ・パルマはなし）では、レイアとルーカスとハン役候補の様々な俳優が互いにどう作用するかを見るために、組み合わせを作ってスクリーンテストを行った。初期の頃、ルーカスはベン・ケノービ役に伝説的日本人俳優、三船敏郎を起用したかったが、三船は断った。「もし三船が受けてくれていたら、日本人の姫を起用し、おそらくハン・ソロには黒人俳優を起用していただろう」と、ルーカスはJ・W・リンズラー著「メイキング・オブ・スター・ウォーズ　映画誕生の知られざる舞台裏」のなかで語っている。主要3役の争いのなかにいた組み合わせのひとつは、ルークに新人のウィル・セルツァー、レイアに「PENTHOUSE」誌でセンターフォールド飾ったことがあるテリ・ナン、そしてハンには若い頃のクリストファー・ウォーケンというものだった。

　レイア姫の役にジョディ・フォスターの起用が真剣に検討されていたこともあった。スクリーンテストを受けたが、当時彼女はまだ13歳で、未成年を配役すると撮影スケジュールに規制がかかるため、雇われることはなかった（デ・パルマも同じ理由から彼女を『キャリー』に起用するのを止めた）。そのほか、主要な役の候補として上がっていた俳優たちは、ジョン・トラヴォルタ、エイミー・アーヴィング（2人とも『キャリー』のほうに雇われることになった）、そしてハン・ソロ役の候補にニック・ノルティ、トミー・リー・ジョーンズ、ローレンス・ヒルトン＝ジェイコブス(のちにテレビシリーズ"Welcome Back, Kotter"の フレディ"ブーン・ブーン"ワシントン役で知られる）など。最終的に、もちろんルーカスはマーク・ハミル、ハリソン・フォード、キャリー・フィッシャーを主役3人に起用、イギリス人有名俳優二人を重要な脇役に、そして特殊な才能（と体型）を持つ俳優4人を主要な登場人物に起用した。

　これにより、この全俳優たちの人生が大きく変わった。

マーク・ハミル

　マーク・ハミルは1951年9月25日、カリフォルニア州オークランドで米海軍大佐の息子として生まれた。米西海岸と東海岸、そして日本の海軍基地内、またその近辺で育った。七人兄弟の一人で、日本とヴァージニア州の高校に通う間に演技の勉強を始め、ロサンゼルス市立短期大学では演劇を専攻した。同校に在学中、テレビ番組へのゲスト出演や、声優として仕事をするようになった。『スター・ウォーズ』のオーディションを受けるまでに、ハミルは「人気家族パートリッジ」(71)、「四次元への招待」(72)、「黒人教師ディックス」(73)、声優として "The New Scooby Doo Movies"(73)、世

徹底したオーディションの後、清潔感のあるマーク・ハミルがルーク・スカイウォーカー役に
選ばれた（上はごく初期の宣伝用写真）

界滅亡後を描いたアニメ・ファンタジー作品「ラルフ・バクシのウィザーズ」（77）な
ど、30 近いクレジットがあった。ほかにもハンナ＝バーベラ・プロダクションズの制作
で土曜の朝に放送されていたテレビアニメシリーズ"Jeannie"（73）に主演し、短期
で放送が終了した連続ホームコメディで、ジャック・イーラムやゲイリー・ビジーらも
出演していた"The Texas Wheelers"（74-75）では主要な脇役を演じていた。

　ハミルの友人であるロバート・イングランド（のちにフレディ・クルーガー役で知ら
れる）は、自分はオーディションに落ちてしまったが、ルーク・スターキラーとして知

られていた宇宙の"農場の少年"役のオーディションを受けるよう、ハミルに勧めた。ハミルは当初"キャトル（畜牛）・コール"と呼ばれる集団オーディションに参加することを躊躇したが、"The Texas Wheelers"が終了したため、仕事が欲しかった。ルーカスは砂のような髪色をしたハミルのアメリカ人らしい外見を気に入ったが、最初はウィル・セルツァーのほうをより気に入っていた。最終的にハミルを選んだのは、ハミル＝フォード＝フィッシャーの組み合わせがセルツァー＝ウォーケン＝ナンの 3 人組より良い化学変化を起こすと考えたからだ。

　1976 年 2 月、ハミルはようやく『スター・ウォーズ』の主役を正式にオファーされた。それまでに彼はテレビシリーズ"Eight is Enough"のパイロット版にデイヴィッド・ブラッドフォード役で出演していた。この番組が ABC で放送されることが決まったとき、ハミルはこのテレビシリーズへの出演を続けることもできた。しかし、彼はその代わりに映画界への進出に期待し、『スター・ウォーズ』の仕事を取ることを選んだ。ハミルの出演料は週 1000 ドルだった。より重要なことは、ルーカスは後に主役三人にわずかな利益分配を報償として与えたことだ。（純利の 0.25%——つまり、最初のギャラは 32 万ドルだったことになる）。出演作はかなり多かったが、マーク・ハミルは 1976 年初めにはほとんどの観客に知られていなかった。18 カ月後、彼は地球上で最も知られている人々のうちの一人となるのだった。

ハリソン・フォード

　ハリソン・フォードは 1942 年 7 月 13 日、シカゴのアイリッシュ系カトリック教徒とロシア系ユダヤ教徒の混合の家系に生まれた。自ら"遅咲き"と言うフォードは、ウィスコンシン州のリポン大学在学中に演劇の授業を履修し、夏期公演に出演していた。間もなく彼は演技にはまってしまい、学校にさえ行かなくなってしまった。4 年生のときに落第した後、俳優の仕事をするためロサンゼルスに移り、1964 年にコロンビア・ピクチャーズと契約を結ぶ。彼はコロンビアの新人タレント・プログラムのなかに入った。スタジオ・システムの下で演技を学ぶという旧体制にいた最後の俳優たちの一人だったのである。何作品かでエキストラや端役として出演し、クレジットはもらえなかった。最初にクレジットを得たのは、グレン・フォード主演で南北戦争を描いた西部劇『大いなる砲火』（67）での小さな役だった。コロンビアとの契約が満了したとき、フォードはテレビ界に流れ、『スター・ウォーズ』に出演するまでには、"The Virginian"（67）から"Love, American Style"（69）まで、あらゆるタイプのテレビ映画やテレビシリー

ズにたくさんゲスト出演していた。これらの仕事は生活していくには十分ではなかったため、フォードは大工としても働き始めた。『アメリカン・グラフィティ』では改造車をぶっとばす短気なボブ・ファルファ役で印象的な演技を見せたが、映画の成功は必ずしもすぐにほかの仕事の獲得にはつながらなかった。フォードは生活のために戸棚の取り付けなどの雑用を続けざるを得なかった。

フォードは『スター・ウォーズ』の役が欲しくて仕方がなかった。しかし、ルーカスは自分の新作に『アメリカン・グラフィティ』の出演者を入れたくないということにこだわっていた。何カ月もの間、同じく『アメリカン・グラフィティ』に出演していたシンディ・ウィリアムズがレイア姫の役を考慮してくれと無駄なアピールを繰り返していた。しかしフレッド・ルースがルーカスに、ハン・ソロ役にはフォードを考慮したほうが良いと推し、ハミルやほかの俳優たちとオーディションを受けるようにフォードを引っ張ってきた。おそらくこの作品で役にありつける機会があるとは思っていなかったため、フォードは脚本草稿のダサい、テクノバブルにあふれた台詞について、「ジョージ、こんなクソ台詞は台本には書けても、しゃべるのは無理だ」という有名なコメントを吐いた。ルーカスはフォードの横柄な性格が役に合っていると考え、フォードとハミルとフィッシャーとの化学変化も気に入った。ルース以外の皆を驚かすことになったが、ルーカスは結局フォードを起用した。フォードの同作での出演料は週 850 ドルだった。わずかな利益分配によって、彼は改装工事の仕事をしなくてもよくなった。

キャリー・フィッシャー

ルースはレイア姫役にキャリー・フィッシャーを考慮するように提案した。1956年 10 月 21 日、ビバリーヒルズで生まれたフィッシャーは、自身もハリウッドの"王族"の出身だ——彼女は歌手のエディ・フィッシャーと女優のデビー・レイノルズの娘である。両親はフィッシャーが 2 歳のときに離婚した（エディはエリザベス・テイラーと再婚するためにデビーと別れた）。フィッシャーは母親の宣伝用短編 "A Visit with Debbie Reynolds"（59）やテレビ映画 "Debbie Reynolds and the Sound of Children"（69）などで、母親と共演している。12 歳のときに母親が出演していたラスベガスのショーに出演したのが最初で、16 歳のときには母親と一緒にブロードウェイのミュージカル "Irene"（72）にも出演している。『スター・ウォーズ』の前にフィッシャーが出演した映画はわずか 1 作品であったが、それは忘れることができないものだった。ハル・アシュビー監督のセックスコメディ『シャンプー』（75）で、ウォーレン・

初期の写真撮影でふざけて遊んでいるマーク・ハミル（後ろを向いている）、キャリー・フィッシャー、ハリソン・フォード

ベイティとベッドをともにする（母親がそうする直前に）早熟なティーンエイジャー、ローナ役を演じていた。ルーカスはフィッシャーが姉御肌で威圧的なキャラクターでありながら、温かみがあり人に好かれる役柄を真実味を持って演じることができるところが気に入った。体重が気になるところではあったが、ルーカスは彼女をレイア役に起用した。ギャラは週 750 ドル。『スター・ウォーズ』のおかげでフィッシャーはようやく母親の影から足を踏み出すことができた。

サー・アレック・ギネス

　三船がベン・ケノービ役のオファーを断る前から、ルーカスは代替案を考えていた。彼の次の選択はイギリスの名優サー・アレック・ギネスであった。ルーカスは彼ならこの役に重厚さと信ぴょう性をもたらし、作品全体の注目度を上げることができるとわかっていた。フォースのような現象は、ギネスが発することで、よりもっともらしく見えるものだ。問題は、SF映画に出演したことがないギネスがこの役を受け入れてくれるか、ということだ。

　アレック・ギネス・ド・カフは1914年4月2日、ロンドンで未婚の母のもとに生まれた。父親が誰かは知らされなかったが、ギネスは自分の教育費を支払ってくれたスコットランド人銀行家のアンドリュー・ゲッデスではないかと考えていた。フェイ・コンプトン演劇芸術スタジオで学んだギネスは20歳のときにプロとして劇場デビューを果たした。彼の才能は当初から顕著で、2年後の1936年、彼はロンドンのランベス地区にある一流劇場オールド・ヴィック・シアターと契約した。その後10年間、彼は多くのシェイクスピア劇をはじめ、ローレンス・オリヴィエやジョン・ギールグッドといった俳優たちとともに古典作品に出演した。1938年に主演した「ハムレット」で評判を上げ、翌年にはチャールズ・ディケンズの「大いなる遺産」にハーバート・ポケット役で出演したが、第2次世界大戦中は王室海軍に参加したため演劇のキャリアは保留となり、シチリアやエルバの侵略の間、上陸用舟艇を指揮した。戦後、さらに2年間オールド・ヴィックに戻り、「ハムレット」の再演などに出演した。

　ギネスの初めてのメジャー映画出演は、「大いなる遺産」を見たデイヴィッド・リーン監督が1946年に同作の映画版の撮影を決めたことから訪れた。監督はギネスにポケット役で出演してくれないかと依頼した。その後の20年間、ギネスはリーン監督とのコラボレーションで知られることになる。ギネスは6本のリーン監督作に出演し、『戦場にかける橋』（57）のニコルソン大佐役でオスカーを受賞した。彼はまた、ロンドンのイーリング・スタジオでの出演作でも知られる。イーリングでは、いたずらっぽさが面白い喜劇のシリーズに出演した。"The Lavender Hill Mob"、"The Man in the White Suite"（ともに51）、より有名な作品としては、女性役一つを含む一人8役を演じた"Kind Hearts and Coronets"（49）がある。俳優人生の間ずっと、ギネスは劇場と映画（主に皮肉の利いた喜劇や歴史大作で知られる）を行き来して出演してきた。アメリカでは大スターにはならなかったものの、絶頂期には、イギリスで彼が出演する

作品の興行収入はトップとなり、最も優れた、多彩な映画俳優のひとりと見られていた。彼は 1959 年にナイトの称号を授けられている。

　ルーカスにとって幸運だったのは、ギネスは 1975 年夏、ニール・サイモンの演劇を基にしたミステリー喜劇『名探偵登場』（76）の撮影のためハリウッドに滞在していたことだ。ルースは『スター・ウォーズ』の脚本をギネスの楽屋に配達した。脚本には懸念事項があったものの、ギネスは『アメリカン・グラフィティ』を見て称賛していたため、『スター・ウォーズ』への出演を承諾した。彼へのギャラは週 1000 ドルで、さらに作品の利益からプロデューサーが受け取る 40％のシェアのうち、気前よく 2.5％ の分配を保証された。これにより、彼はまもなくイギリスで最も裕福な俳優のひとりとなる。しかしながら、この報償にもかかわらず、ギネスは“スター・ウォーズ”の重い遺産に取り憑かれることになる（第 11 章と 36 章参照）。

ピーター・カッシング

　残りの登場人物のキャスティングは、作品の大半が撮影されたイギリスで行われた。恐ろしいモフ・ターキンを演じる俳優として、ルーカスはイギリスのブギーマン、ピーター・カッシングを起用した。その頃彼はイギリスのハマー・フィルムが制作していた長寿ホラーテレビ番組シリーズのフランケンシュタイン博士として最も知られていた。カッシングは卓越したプロで、主に恐怖映画などの奇妙な作品で活躍していた技巧派俳優であった。ルーカスは彼が出演者に加わったことをとても喜んだ。

　1913 年 5 月 26 日、サリー州で生まれたカッシングは、ストアハム大学を卒業後、少しの間、測量技師として働いていたが、すぐにロンドンのギルドホール音楽学校に入学した。1939 年にギルドホールを卒業すると、ハリウッドに渡って“The Man in the Iron Mask”（39）やローレル＆ハーディの喜劇“A Chump at Oxford”（40）をはじめとする数作品に出演した。しかし、アメリカでは安定した仕事を得ることができず、イギリスに戻った。オリヴィエの『ハムレット』（48）などで小さな役にありついたが、知名度が上がってきたのは、ジョージ・オーウェルの背筋がゾクゾクするような小説を原作とした「一九八四年」のテレビドラマなど、評判の良い BBC のテレビ番組に出演してからだった。設立まもないハマー・フィルムはすぐに世界レベルのホラー映画の製作会社としての地位を確立した。カッシングを『フランケンシュタインの逆襲』（57）のフランケンシュタイン博士や『吸血鬼ドラキュラ』（58）のヴァン・ヘルシング博士といった役に起用した。両作品とも画期的なホラー作品だった。カッシングはハマー

が製作した 22 作品に出演する一方で、そのほか数十本のホラーや SF 映画にも出演した。友人のクリストファー・リー（のちのドゥークー伯爵）ともしばしば共演した。また、ハマーが製作した『バスカヴィル家の犬』（59）で初めて印象深いシャーロック・ホームズ役を演じ、その後 1968 年からは役名そのものが題名となった BBC のテレビシリーズで主演した。

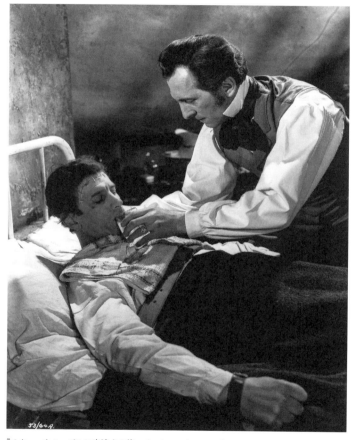

『スター・ウォーズ』に出演する前、ピーター・カッシングはイギリスのハマー・フィルムが制作していた長寿ホラーテレビ番組シリーズのフランケンシュタイン博士の役でファンに知られていた。『フランケンシュタインの復讐』の場面より、カッシング（右）が新しい"モンスター"カール（マイケル・グウィン）を介抱する

　1970 年代半ばまでにカッシングの生計を支えていたゴシックホラーの役は急激に消えて行った。カッシングは『スター・ウォーズ』のギャラで利益分配をオファーされたが、これを断り、日当 2000 ポンドの給与を選んだ（彼はたった 1 週間しか撮影に参加していない）。カッシングにとっては、『スター・ウォーズ』はただの低予算の SF 映画であった。——彼はこの頃もう一つ、海底からナチのゾンビが襲うという『ゲシュタポ卍（ナチ）死霊軍団／カリブゾンビ』（77）にも出演しており、両作品が同等のものだと思っていたのだ。彼は『スター・ウォーズ』の利益分配を断るという決断をしたことを後悔しているだろう。

デイヴィッド・プラウズとジェームズ・アール・ジョーンズ

　ダース・ベイダーの役には、ルーカスは堂々とした体格の俳優を必要とした。6 フィート 6 インチ（198.12 センチメートル）の長身で元ボディ・ビルダーのデイヴィッド・プラウズ以上に堂々とした体格の男はイギリスにはいなかった。1935 年 7 月 1 日、ブリストルに生まれたプラウズは、1965 年と 70 年にイギリス最強の男というタイトルを得ている。60 年代後半になって俳優として仕事を始め、『スター・ウォーズ』以前に映画とテレビを併せて 40 本以上に出演していた。「じゃじゃ馬億万長者」(68)やスタンリー・キューブリックの『時計じかけのオレンジ』(71) などに出演していたが、脇役ばかりだった。フランケンシュタインの役は 3 度演じている。最初は（クレジットなしで）『007／カジノ・ロワイヤル』（67）に、その後、ハマーの "The Horror of Frankenstein"（70）、そしてカッシングと共演した「フランケンシュタインと地獄の怪物(モンスター)」(74)だ。またプラウズは、イギリスの全国道路安全委員会が子どもたちの安全な道路横断を促すために考案したスーパーヒーローのキャラクター、グリーン・クロス・コード・マンとしても知られている。彼はこれを 1975 年から 90 年まで続け、大英帝国勲章を授与され、その貢献を讃えられた。本人のウェブサイトによると、プラウズはダース・ベイダーかチューバッカのどちらかということでオファーされたが、ベイダーを選んだという。プラウズは撮影中にベイダーの台詞を覚えて話したが、最終的には自分の声が使われないということは知らなかったという。しかしルーカスは最初から、プラウズの驚くほど優しく、西国訛り（イギリスの田舎の訛りで、キャリー・フィッシャーはプラウズに "ダース・ファーマー" とあだ名を付けた）のある声を吹き替えるつもりでいた。監督はもっと低く強い声を求めていたので、ポストプロダクションの途中で、アメリカ人のジェームズ・アール・ジョーンズをベイダーの台詞のアフレコに雇った。

『スター・ウォーズ』のセットで、ヘルメットを取っているデイヴィッド・プラウズとサー・アレック・ギネスが一緒に写る貴重な写真。ルーカスフィルムはプラウズの顔が表に出ている写真を差し止めしようと試みた

　　1931年1月17日、ミシシッピー州アーカブトラに生まれたジョーンズは、1950年代初めに舞台での仕事を始めた。それ以降、舞台、映画、テレビと、安定した仕事をしており、『スター・ウォーズ』の前には、映画とテレビを併せて25作品以上の出演があった。1970年、彼は『ボクサー』のジャック・ジョンソン役でアカデミー賞にノミネートされた。ブロードウェイ版にも彼自身が出演している。ジョーンズは黒人男優としてはシドニー・ポワティエに次いで2番目のアカデミー賞主演男優賞ノミネートを果たした。『スター・ウォーズ』の公開と同じ1977年、ジョーンズはセンセーションを巻き起こしたテレビミニシリーズ「ROOTS／ルーツ」で主人公の作家アレックス・ヘイリー役を演じた。ジョーンズは1日でベイダーの台詞を録音し、クレジットは断った。プラウズのそびえ立つダイナミックな体格と、ジョーンズの朗々としたバスの声を併せ、ダース・ベイダーは史上最も傑出した悪役の一人となった。

アンソニー・ダニエルズ

　1975 年 12 月初め、『スター・ウォーズ』に契約を結んだ出演者のうち、アンソニー・ダニエルズは最初のほうで決まった俳優だった。C-3PO の衣装は俳優に併せてカスタムで作らなければなかったため、初期段階で雇われたのだ。

　ダニエルズは、1946 年 2 月 21 日、裕福なプラスチック製造会社の重役の息子としてイギリスのソールズベリーで生まれた。最初は法律関係の仕事に就くことを目指していたが、2 年で大学を中退し、演技の勉強を始めた。ダニエルズはパントマイムの技術を学び、声優としても優秀で、1974 年には BBC のラジオドラマに出演していたが、ロンドンのランベス地区にあるヤング・ヴィック劇場に出演するため、ラジオドラマを辞めた。ヤング・ヴィック制作の、脚本家トム・ストッパードによる舞台劇「ローゼンクランツとギルデンスターンは死んだ」への出演でツアーをしていたとき、『スター・ウォーズ』のオーディションに参加するよう声をかけられた（ほかの 100 人ほどのイギリス人パントマイムと一緒だった）。ダニエルズは SF が嫌いで、機械のキャラクターを演じることを躊躇していたため、彼のエージェントはオーディションへの参加を強制しなければならなかった。のちにダニエルズは『ジェダイの帰還』のパブリシストに「あのときは少し侮辱されたと感じていたことを覚えている。人間役でキャリアはうまくいっていたからね」と話している。しかし、ラルフ・マッカリーが描いた、美しい金色のアールデコ調 C-3PO のコンセプト画をルーカスに見せてもらい、少し気持ちがほぐれた。ルーカスはほとんどの出演者たちに大した演技指導はしなかったが、ダニエルズとは、声の出し方や足取り、そのほかの奇行について細部にわたって話し合った。おそらくその結果、ダニエルズはほかのどの俳優よりも多くの"スター・ウォーズ"関連作品に出演することになった（第 36 章参照）。『スター・ウォーズ』以前に、彼が唯一出演した映画・テレビ作品は、BBC のテレビシリーズ"Centre Play"（76）へのゲスト出演であった。

ケニー・ベイカー

　ダニエルズのドロイドのパートナー——ローレルにとってのハーディのようなもの——は 3 フィート 7 インチ（109 センチメートル）のケニー・ベイカーだった。1934 年 8 月 24 日、バーミンガムに生まれたベイカーは、1950 年に舞台やサーカスに出演し始めた。バートン・レスターの"Midgets"に出演し、ビリー・スマートのサーカス

ではピエロを演じた。その後アイススケートのショーに出演したり、ナイトクラブで"Mini-Tones"というミュージカル・コメディを作るなどもしていた。『スター・ウォーズ』の前には、"Circus of Horrors"（60）やイギリスのテレビシリーズ"Man of the World"（62）などに出演した。ルーカスはイギリスのおもちゃ作家、トニー・ダイソンがデザインしたR2-D2の着ぐるみに合う小さな俳優を探していて、ベイカーはイギリスの男性のなかでは最小の一人だった。機械のR2-D2が使われているシーンもあるのだが、わめいたり、瞬きしたり、よたよたと進んだり、首を回したりといったショットには人間の俳優が必要だった。——言い換えると、そういった瞬間こそが、この勇敢なドロイドに個性を与えるのだ。『スター・ウォーズ』の初期の広告では、R2-D2とC-3POが人間のキャラクターより目立つようにメインとなっていた。物語が主に彼らの視点で展開するため、『スター・ウォーズ』はルーク・スカイウォーカーの話であるのと同じくらい、彼らの話として見ることもできる（物語にとってのベイダーの重要性は『帝国の逆襲』や、むしろ『ジェダイの帰還』まで明らかにはならない）。ダニエルズとベイカーはこのシリーズの成功に計り知れないほど貢献した。

ピーター・メイヒュー

デイヴィッド・プラウズをダース・ベイダーに起用したことによって不都合な点が生じた。チューバッカはベイダーより少なくとも頭一つ分は大きくなければならないにもかかわらず、イギリスで最も長身の俳優がベイダーを演じるのだ。イギリスにはプラウズより背の高い俳優はいない。ほかの場所から俳優を連れてくることは選択肢にはない。というのは、ルーカスはすでにイギリスの映画委員会にアメリカ人３人が出演する映画をイギリスで撮影するという許可を得ていたからだ。３人以外はイギリス人でなければならないのだ。残された選択肢は、俳優以外を起用するということだった。

　7フィート2インチ（218センチメートル）のピーター・メイヒューは、レイ・ハリーハウゼンのファンタジー作品『シンドバッドの虎の目大冒険』（77）にほんの少し出演した（ミノタウロス役だった）が、『スター・ウォーズ』の役の面接に呼ばれたときは、病院で雑役係として働いていた。メイヒューはチューバッカの声は担当していない。声は音響デザイナーのベン・バートが様々な動物の鳴き声を併せてチューイーの"台詞"として作り上げた。ベイカー同様、メイヒューは体格のおかげで起用されたのだが、彼はキャラクターに独特のものをもたらした。彼の表情や青い目は、このウーキーにはっきりとした個性を与え、ユーモアのセンスや短気な性格を完成させた。チューバッカは

すぐにこのシリーズの永遠の人気キャラクターとなった。C-3PO、R2-D2、チューバッカ、ダニエルズ、ベイカー、メイヒューらはこうして金の鉱脈を掘り当てた。彼らは残りの俳優人生もずっとこの鉱脈を掘り続けていくことになる。

第 7 章

Far, Far Away

遠い、はるかかなたの

Production of Star Wars
『スター・ウォーズ』撮影

『スター・ウォーズ』は、控えめに言っても、並外れて野心的で複雑な製作過程を要した。ほぼすべての面で、可能性の限界を押し広げた。ジョージ・ルーカスが目指した非常に高い志を満たす作品を、スケジュール通りに完成させ、予算内で収めるためには、急速な技術開発と、質の高い視覚効果の期日通りの納品、スタッフの長時間勤務、20世紀フォックスからの確固とした支援、そして従来通り幸運が必要だった。

しかし、これらのどれも思い通りにはいかなかった。

『スター・ウォーズ』の製作中、計画通りに行ったことはほぼひとつもない。失敗、不運、人と人との衝突、そのほかの苦難が撮影中とポストプロダクション中を通してこの作品を悩ませた。こういった問題が長引くにつれ、ルーカスのこの作品への期待は確実に減少していった。しばらくの間、彼は壮大な失敗作を生み出していると確信していた。

センチュリー・シティ

問題はそもそもカメラが回る前から始まっていた。1975年10月——ルーカスとプロデューサーのゲイリー・カーツがセットのデザインや建て込み、衣装、小道具などをロンドンで指示し、カリフォルニア州ヴァンナイズではジョン・ダイクストラとアル・ミラー、ジェリー・ジェフレスらが革命的なダイクストラフレックスというカメラシステムを作ろうと試みていた頃——フォックスは『スター・ウォーズ』の製作にブレーキをかけた。停止している期間もスタッフの給与は支払われるのだが、作業は事実上、中断に追いやられた。フォックスは同社の理事たちが12月13日、カリフォルニア州センチュリー・シティにある本社で非公開の会議をするまで、一切の追加資金投入を拒んだ。

重役たちはプロデューサー兼監督であるスタンリー・ドーネンがランナウェイ・プロダクションで仕上げた（米国のコストや規制を逃れるために他国で製作した）作品『ラッキー・レディ』（75）の二の舞になるのではないかという危機感を持っていた。『ラッ

キー・レディ』の製作費を出したのはフォックスだが、独立系製作会社が使った費用は 1300 万ドルに上り、スタジオはとうとう介入してコントロールするようになった。だが興行成績は残念な結果に終わった。重役たちは『スター・ウォーズ』が——同じくフォックスが資金提供している独立製作の作品であるため——同じ軌道に乗っていることを心配した。もともと仮に設定された製作費は 300 万ドルだったにもかかわらず、すでに 820 万ドルに達し、さらに膨らんでいた。少なくとも脚本上では『ラッキー・レディ』のほうがルーカスの変わった宇宙ファンタジーよりも盛りだくさんだった。監督はオスカー受賞経験者で、出演者たちも利益をもたらし得るメンバー（ジーン・ハックマン、ライザ・ミネリ、バート・レイノルズ）だった。賭けのリスクを避けるため、フォックスの重役たちは『スター・ウォーズ』の製作費が 750 万ドルを超えないことを希望したが、ルーカスは（50 万ドル近くの自費を同作品に出資していた）、それは不可能だと主張した。

　当初から同作品を擁護していたプロデューサーのアラン・ラッド・Jr. は 12 月 13 日の理事会で説得し、しぶしぶ支援することを合意させたが、そうは言っても 6 週間の遅れとその結果引き起こされた予算の引き締めが大きな痛手を負わせた。直ちにプロダクション・デザイナーのジョン・バリーの予算は 10% カットされた。『2001 年宇宙の旅』(68) の撮影も手がけたオスカー受賞経験のある撮影監督ジェフリー・アンワースはうんざりして去って行った。そこで撮影開始間近になって『博士の異常な愛情 または私は如何にして心配するのを止めて水爆を愛するようになったか』(64) の撮影監督ギルバート・テイラーに交代した。テイラーは才能があり、1955 年には『スター・ウォーズ』にも大きな影響を与えた（第 9 章参照）戦争映画『暁の出撃』を撮影しているが、ルーカスとは衝突した。製作費は微調整され、ポストプロダクションに入ってからも下げる交渉が続いた。またルーカスとスタジオは、ルーカスフィルムとフォックス間の製作契約の最終的な詳細を解決しようとしていたが、結局 1976 年 8 月末まで決着がつかなかった（撮影中に契約が決着することはよくあることだった）。最終の契約では、続編の権利をルーカスが所有すること、マーチャンダイジングの利益はフォックスとルーカスフィルムがフィフティフィフティで分けること、という具体的な内容が合意された。

　フォックスによる 6 週間の停止期間の余波は、撮影中もポストプロダクションに入ってからも影響を与えた。

チュニジア

　停止期間が与えた経済的な影響とクリエイティブ面での副産物はすぐに現れた。多くのショットに使用された機械の R2-D2 を含む、衣装、小道具、機材などがギリギリで完成され、チュニジアまで（トラックで運ばれる代わりに）空輸されたため、コストは 1 万 7000 ドルの超過となった。しかしこれは、撮影中にロボットたちの機械の不具合やその他の問題のために失われた時間に比べれば小銭のようなロスだった。撮影は 1976 年 3 月 22 日、月曜日にチュニジアのネフタにある塩の平原で開始された。撮影リストの最初のほうに記載されていたショットは、タトゥイーンにあるラーズの敷地の外観だ。オーウェン叔父さんとルークが C-3PO と R2-D2 をジャワから購入するシーンも含まれている。機械の R2-D2 も、R5-D4（"赤いほう"）のロボットもうまく機能せず、交換が難しい電池が予想以上に早く切れてしまうのだった。

ジョージ・ルーカス（左から 2 人目）とクルーはチュニジアでの撮影中、あらゆる種類の問題に見舞われた——ゴーグルを着用しなければならないほどの突然の砂嵐も襲った

「フォックスが手遅れになるまで金を出し渋ったことが純粋な原因だ」とルーカスはJ・W・リンズラーの「メイキング・オブ・スター・ウォーズ　映画誕生の知られざる舞台裏」のなかで話している。「毎日1、2時間はロボットのために無駄になった。もしあの6週間があれば、ロボットの試験をして撮影開始までに動くようにできていたのだから、この時間を無駄にすることもなかった。一方で、最初は特殊効果のスタッフは五、六人しかいなかったのに、いったんロケを始めたら150人がかかわった。給与額も相当増えたよ」。

　悲劇が起こったのは、ロボットたちを保管していたトラックが火事に見舞われたときだ。これによって2体がダメージを受けた。ランドスピーダーの小道具もうまく動かなかった。何日分もの仕事（ランドスピーダーのシーンはほぼすべて）が破棄されるか、ポストプロダクションの間にアメリカで追加ショットとして再度スケジュールが組まれた。雨で2日分の撮影が流れ、3月26日、金曜日には豪雨によってセットの多くが吹き飛ばされた。巨大なサンドクローラーもなくなった。残った物は泥と土で覆われた。

　この惨めな状況で、『スター・ウォーズ』はあっという間にスケジュールに遅れをとった。タトゥイーンの二つの夕日を見つめるルークのショットは初日に撮影されるはずがようやく8日目に撮影された。ロスタイムを取り戻すために撮影隊は二つか三つのチームに分かれ、天気や幸運が出演者とクルーに微笑んでくれているときには同時進行で撮影が進められた。ロボットたちは足手まといのままだった。一度は、制御が効かなくなったR2-D2が、その頃、同じくチュニジアで撮影していたフランコ・ゼフィレッリ監督の『ナザレのイエス』（77）のセットに迷い込んでしまったこともある。そのほかにも問題はあった。出演者とクルーの生活環境は決して理想に近いものではなかった。ライバルのゼフィレッリの撮影隊が空きのあるホテルのうちで最も良い宿泊施設（トズル近辺）を先におさえてしまったことも理由のひとつだ。アンソニー・ダニエルズはC-3POの衣装で肌が挟まれたり切れたり、チュニジアの熱気のなかで着用していることが拷問のようだったので、この衣装を嫌っていた。

　こんな混沌のなか、ルーカスは脚本を完成させようとしていた。この時点で彼は、デス・スターでの対決の際にオビ＝ワン・ケノービがベイダーによって殺されることを決めた。もともとケノービは怪我をして生き残る設定だったが、このジェダイ・マスターはその後の物語でそれほどの出番がなかった。ルーカスは、ベイダーに倒された後、ケノービが幽霊のように声でルークを導くほうがよりパワフルだということに気がついた。チュニジアでのある夜、ルーカスはギネスを呼び出し、脚本の変更を告げた。この名優は

双眼鏡を持つマーク・ハミルと C-3PO ことアンソニー・ダニエルズ。彼らは、チュニジアに旅した四人の主要キャストのうちの二人。あとの二人はケニー・ベイカーとアレック・ギネス

ショックを受けた。残りのシーンから削除されたことだけでなく、死ぬ場面を演じることも許されないからだ。彼は残りの滞在期間を北アフリカで静かに過ごした。

　チュニジアでの撮影は 1976 年 4 月 4 日、日曜日に完了した。残念なことにルーカスは（彼の計算では）予定の 3 分の 2 しか撮影を終えられず、そのうちのいくつかのショットの出来栄えにもかなりがっかりしていた。スタジオでの撮影に移行したら物事が改善されることを祈るしかなかった。

　しかし、それも起こらなかった。

ボーハムウッド

　撮影はイギリスのボーハムウッド（ロンドン郊外）の EMI エルストリー・スタジオで 1976 年 4 月 7 日、水曜日に開始した。このイギリスのスタジオが『スター・ウォーズ』に必要な巨大なサウンドステージを持っていることから、ルーカスはイギリスでの撮影を決めた。また、ハリウッドで撮影するよりは安かったことも理由となった。そのほかにも、フォックスから海を隔てているほうが、干渉されることもない――と彼は思った。

　主要キャストのうち、マーク・ハミル、アンソニー・ダニエルズ、ケニー・ベイカー、そしてアレック・ギネスのみがチュニジアでの撮影に参加した。ほかのキャストたちはここから撮影が始まる。北アフリカでの撮影が混沌だったというなら、イギリスでの撮影は正反対だった。——過度に厳しく、柔軟性に欠ける組合の規則の遂行のために、イギリス人クルーたちのスケジュールを管理しなければならなかった。撮影日は朝 8:30 に開始し、昼食は 1 時間、休憩は午前 11:00 と午後 4:00 で、午後 5:30 きっかりに終了。建前的にはクルーは残業するかどうか投票で決められるのだが、それはその日の仕事をはじめる前には同意されていなければならず、クルーは、イギリスの映画業界の長く（そして安定して）続く伝統を破らなければならない。さらに悪いことに、クルーは——ほとんどはルーカスとゲイリー・カーツより年上で——このだらしない外見の新人アメリカ人監督とプロデューサーにほとんど尊敬の念を抱いていなかった。自分たちがかかわっている作品を理解しているクルーはほとんどいなかった。ドキュメンタリー「夢の帝国　スター・ウォーズ・トリロジーの歴史」のなかで、ケニー・ベイカーは多くの出演者とクルーは、彼自身も含めて、最初はこの作品が“駄作”だと思っていたと告白している。

　結局のところ、毎日午後 5:30 には、たとえシーンの撮影の途中だったとしても、クルーはセットから出て行き、タイムカードを押す、ということだ。30 分の残業で終えられるはずのシーンが翌日まで完了されない。スタジオの巨大なサウンドステージのセット場面の変更も（通常は夜の間に行われるが）、日中に作業しなければならないので、出演者とクルーは何もしないで座っているだけで給料をもらえる。——それも、1 回の変更につき何時間もかかった。ルーカスにとっては、これまで彼が『アメリカン・グラフィティ』や『THX 1138』、フランシス・フォード・コッポラの『雨のなかの女』といった作品で経験してきたゲリラ撮影の方法からは想像もできないほどかけ離れていた。彼は融通の利かないクルーを腹立たしく思ったが、『スター・ウォーズ』のスケジュールがまたさらに遅れていくのを術もなく見ているしかなかった。

　ルーカスは未来の宇宙が“使い古し”で生活感のあるイメージであることを主張したため、衣装デザイナーのジョン・モロやプロダクション・デザイナーのジョン・バリーからは嫌われた。「映画のなかのものはすべてかなり使い込まれた、くたびれたものに見えるようにしたかった」とルーカスは 1983 年にパブリシストのジョン・フィリップ・ピーチャーに話している。ルーカスが新しく作られた衣装や小道具をすぐに壊し、ボロボロにするか、土や砂にこすりつけたりしたときは、モロとバリーは憤慨したとは言わない

までも当惑した。二人はパリっとした帝国軍の制服やデス・スターの輝く内装がうれしかった。

そこでギネスの問題発生だ。イギリスでの撮影が始まった数日後、オビ＝ワン・ケノービの運命を聞かされ何週間もくよくよしていた彼は、とうとうルーカスのところに行って、映画から降板したいと告げた。もしギネスがいなくなったら、このプロジェクトは壊滅的な打撃を受けることになる。彼のケノービとしての存在が人物像に重厚感を与え、作品の評判を上げていただけでなく、彼はまだデス・スターやミレニアム・ファルコンのシーンを撮り終えていなかった。もしギネスがここで降板したら、急遽キャスティングをし直さなければならず、チュニジアでの苦労の末の映像を廃棄し、カリフォルニアで再撮しなければならない（北アフリカに戻って再撮することは不可能だった）。さもなければ、物語を劇的に書き直さなければならない（おそらくタトゥイーンから脱出する際にケノービが死んだことにするとか）。どちらの選択肢もルーカスにとっては好ましいものではなかった。彼はギネスを昼食に誘って長い時間をかけてフォースについての考えを説明し、ケノービが怪我を負ったまま役に立たずに過ごすよりは、仲間を助けるために自分を犠牲にしたほうが良いということをギネスに説得しようとした。ギネスは再考し、撮影を続けることを不承不承ながら承諾した。

そんなルーカスの問題は、無愛想な照明クルーや憤慨する俳優に限られたものではなかった。ミレニアム・ファルコンは撮影の直前にデザインを変更しなければならなかった。オリジナルのデザインは新しいテレビ番組「スペース1999」に登場する宇宙船に酷似しているとみなされたからだ。そしてメイクアップのスーパーバイザー、スチュアート・フリーボーンが病気になり、入院しなければならなくなった。その結果、彼は怪物のマスクを完成させることができず、またモス・アイズリーの酒場のシーンに必要なほかの特殊メイクも完成させることができなくなった。このシーンの撮影は上手くいったが（1976年4月20日）、ルーカスが思い描いていたよりも、エイリアンの数が少なく、印象も薄かった。ルーカスはひどくがっかりした。

ルーカスは、編集のジョン・ジンプソンや撮影監督のギルバート・テイラーとも衝突した。ジンプソンがチュニジアの映像をまとめた粗編を見たとき、ルーカスは狼狽した。テイクの選択とテンポに不満だった。ジンプソンはそのお返しに、クルー仲間にルーカスへの文句を言いふらした。また、ルーカスの明白な指示に反して、クルー向けにラッシュ（未編集の映像）の試写を行った。テイラーとルーカスは、映像のスタイルについて激しく衝突した。ルーカスは古いハリウッドの冒険活劇にあるような、ソフトで紗

ジョージ・ルーカスがイギリスのロンドン郊外にあるボーハムウッドの EMI スタジオでピーター・メイヒュー（チューバッカ役）とハリソン・フォードに演出を施す。ルーカスは撮影がスタジオに移ったら遅れを取り戻せることを期待していたが、それどころかさらに遅れていった

のかかった映像を望んでいたが、テイラーは、フォックスの重役がラッシュを見て彼の映像に文句を言ったため、ソフトフォーカス・レンズを使うのを止めた。ルーカスは（スタジオ側が気に入ろうが気に入るまいが気にしなかった）、テイラーがレンズを変えたことに気がつき、裏切られたと感じて撮影監督をクビにすることを考えた。しかし、その代わりに彼の権力を見せつけるため、自分で照明を変え始めた。これによってテイラーの怒りが爆発し、ジンプソンと同様に、彼は仲間にルーカスの悪口を言い始めた。

　こんな状態でも、すべてが悪い方向に向かっていたわけではない。ルークとレイアがデス・スター内の断崖絶壁でスウィングするシーンは1回のテイクで撮ることができた。出演者——特にハミル、ハリソン・フォード、そしてキャリー・フィッシャー——

はすでに陽気な関係を築いており、撮影がどんな状況に見舞われようとも、うまくかわして行っているようだった。彼らの唯一の深刻な不満は、ルーカスの依然として未完成の脚本のダサい台詞についてだった。あと、フィッシャーにはもう一つ不満があった。ルーカスは彼女がレイア姫の衣装を身につけているとき、ブラを着用することを許さなかった。彼女の胸は照明スタッフのガムテームでおさえられていた。

　ピーター・カッシングの穏やかな存在は、わずか一週間の出演期間中、セットの雰囲気を明るくしてくれた。この親しみやすいベテラン俳優は、とても優しく魅力的だったので、フィッシャーはグランド・モフ・ターキンに軽蔑の念を抱いている演技をすることに苦労した。ハミルはカッシングにサインをもらい、ローレル＆ハーディとの共演（"A Chump at Oxford"（40））についての質問などをした。カッシングの靴のサイズは 12 インチ（約 30.5 センチメートル）にもかかわらず、モフ・ターキンの衣装として用意してあった靴が小さすぎたが、仕事自体はとても楽しんでいた。多くのショットでカッシングはスリッパを履いていたので、ターキンのショットは膝から上しか映っていないものがほとんどだ。

　そんな楽しい日々もあったが、撮影のスケジュールはどんどん遅れていった。5 月 10 日には丸一週間の遅れであった。6 月のはじめには 9 日の遅れとなり、6 月後半には 15 日遅れていた。フォックスはルーカスに、再びクルーを複数に分け、可能な限り同時進行で撮影をするように主張した。ここまででルーカスはありとあらゆる新しい頭痛のタネを抱えていたが、今度は地球の反対側でも問題が起こることになる。

ヴァンナイズ

　ルーカスとカーツとダイクストラは、撮影とポストプロダクションの両方で時間と金を節約するための、賢いプランを持っていた。そのプランとは、イギリスで実写撮影を進めるのと同時進行で、ILM で視覚効果（たとえばミレニアム・ファルコンと TIE ファイターらの空中戦や最後のデス・スターとの戦いのシーンなど）のショットを作る作業を進める、というものだ。その視覚効果の映像をボーハムウッドに送り、出演者たちが前方のスクリーンに映し出された視覚効果のショットに合わせて演技することで、ポストプロダクションの段階で合成する（実写と視覚効果映像を統合する）必要がなくなるはずだった。

　だがこのアイデアもうまく行かなかった。

　ルーカスは、リアルタイムで視覚効果の動きと俳優たちの台詞回しをシンクロするの

はほぼ不可能であることを知った。セットの照明と視覚効果で使った照明を合わせることも難しかった。また、ルーカスは映像のいくつかを、質が良くないという理由で却下した。そしてもう一つ、もっと基本的な問題があった。ほとんどの視覚効果のショットができていないということだ。

　ILM は残りの撮影以上にスケジュールが遅れていた。その理由は、人によって言うことが違っている。ダイクストラはダイクストラフレックスのシステム開発に予想以上に時間がかかったためと主張する。ルーカスはダイクストラのマネージメントが生ぬるかったせいにしている。フォックスはすべてルーカスの責任だと責める。いずれにしろ ILM の作業環境は普通ではなかった。ときに気温が摂氏 48 度を超えるにもかかわらず、冷房のない建物で働くスタッフの気持ちを和らげるため、施設内にはプールとウォータースライダーが設置された。スタッフはほかでもストレス発散をしていた。ある日の午後、ILM を訪ねたアラン・ラッド・Jr. とフォックスの重役たちは、目の前の光景に度肝を抜かれた。ダイクストラがフォークリフトを操縦し、壊れた冷蔵庫を高く空中に持ち上げ、スタッフが歓声を上げるなか地面に落としたのだ。冷蔵庫が壊れたため、ダイクストラが大々的な送別会を行ったのだという。つまるところ、ILM は 1 日 3 万ドルの費用を費やしていたにもかかわらず、ほんの少しのショットしか完成していなかったということだ。

　たとえ前方スクリーンを使うアイデアがうまくいっていたとしても、ILM はイギリスでの撮影が終了したずっと後になるまで、必要な映像を用意することはできなかった。ルーカスはこれらのシーンを従来のやり方（ブルースクリーンの前で撮影し、後で効果を合成する）で撮影せざるを得なかった。しかし、ブルースクリーンでの撮影にはより多くの照明と人員が必要となるが、そのための予算を組んでいなかった。

　ブルースクリーンへの変更によって、製作費はさらに高くなり、1000 万ドルを超えることになった。すでに敏感になっていたフォックスの重役たちは激怒し、ルーカスが使う予算を 1 セント単位まで監視し始めた。それでもなおルーカスは作品に必要だと信じるものは求め続けた。たとえばオープニングで、レイア姫の船にダース・ベイダーとストームトルーパーたちが乗り込んでくるシーンでは、新しいセットを作った。もともとこのシーンはミレニアム・ファルコンの貨物庫を改装して撮影するはずだった。しかし貨物庫は狭苦しく、説得力がなかった。フォックスは当初は費用について（数千ドルが追加となる）難色を示したが、最終的には追加のセットを作ることを承認した。

　しかし結局のところフォックスは頑なな態度を示し、7 月半ばまでに撮影を終了する

ことを求めた。撮影は 1976 年 7 月 16 日、金曜日に 84 日間（20 日オーバー）で終了した。終了時のパーティで、クルーは彼らのアメリカ人のリーダーへの敬意を表し、ゲイリー・カーツにヒトラーの髭をプレゼントした。主要な撮影は完了したが、多くの作業が残っていた。視覚効果と音響効果のほとんどが終わっていなかったし、大量の物撮りやインサート撮影をカリフォルニアで行い、さらにチュニジアとボーハムウッドで苦労して断念した部分を埋めるために、そのほかの場所でも撮影をしなければならなかった。編集と作曲の作業もある。また、『スター・ウォーズ』はルーカスの健康をも奪っていた。彼は鬱になり、身体的な病気も患っていた。妻のマルシアと一緒に借りていたハンプステッド近郊の家は強盗に入られ、マルシアは流感で少しの間入院した。

　ここまで、撮影中に起こった不幸を並べあげたため、悪いことはすべて起こり尽くしたように見える。大数の法則からすれば、カリフォルニアに移ってからは良い方向に向かうばかりだと思うだろう。

　それもまた間違いなのだ。

すでに予算オーバーの撮影が遅れていたが、ジョージ・ルーカスは映画のオープニングシーン用の"白い通路"を作るために数千ドルをかけることを譲らなかった。もともとこのシーンはミレニアム・ファルコンの貨物庫を使い、予算削減バージョンで撮ることになっていた

第 8 章

I Am Here to Put You Back on Schedule

わしがここに来たのは
スケジュールを軌道に戻すためだ

Postproduction of Star Wars
『スター・ウォーズ』のポストプロダクション

　チュニジアとイギリスでの撮影の間に、終わりがないかのような挫折に次ぐ挫折に見舞われ、アザだらけになり、意気消沈した状態のまま、『スター・ウォーズ』の一行は1976年7月後半、カリフォルニアのホームグラウンドに弱々しく戻って来た。スケジュールの遅れ、予算オーバー、そして精神的重圧を抱えていた。作品の公開は8カ月後に決まっていたが、とてつもない量の作業が未完成のまま残っていた。膨大なインサート撮影と再撮——それも当初の計画よりもずっと多い——が待っている。これらのショットを抜きにしても、600時間分の映像をふるいにかけて、理路整然とした形に編集しなければならない。音響効果と作曲も必要だった。完成したら、映画館をブッキングするために、懐疑心いっぱいの映画館オーナーたちを説得するためのマーケティング・キャンペーン計画を立てなければならない。しかし作品を完成させるための重要な工程は、インダストリアル・ライト・アンド・マジック（ILM）が担当する。この物語が必要とする革命的なイメージを作るためにジョージ・ルーカスが託したのだ。当初の計画では、特殊効果のほとんどは映画がロンドンで撮影されている間に終わっているはずだった。しかし実際は（予算の半分を使っていたにもかかわらず）発注された360ショットのうち、ルーカスが満足するレベルでILMが完成させたショットは、わずかであった。ルーカスがカリフォルニアに戻って来たとき、イギリスにいる間に始まった空咳がひどくなっていて、胸の痛みさえ感じるようになっていたのも無理はない。彼は高血圧と極度の疲労と診断され、少しの間入院した。

ILM

　最終的には、もちろんILMは軌道に戻る（でなければこの本は第7章で終わっている）。では方向を転換させた功績は誰にあるのかとなると、それは誰のバージョンの話

を信じるかによる。ダイクストラは、ルーカスがアメリカに戻って来た時期が、自分の
チームがダイクストラフレックスのカメラシステムの最後のバグを解決した時期と偶然
重なったと主張している。ルーカスはのちに『スター・ウォーズ エピソード 5 ／帝国の
逆襲』のパブリシスト、アラン・アーノルドに、ダイクストラは自分の名前を付けたカ
メラ技術の開発に「取り憑かれていた」と話している。つまり、使用可能な視覚効果
の映像を作ることが後回しになったようだ。ルーカスは ILM が方向性を見つけたのは、
自分が、より製作本位のスケジュールの再構築と厳しい品質管理を行い、管理者とし
てかなりの統制を強いたからだと主張している。この再構築を進めるべく、ルーカスは
ベテランのジョージ・メイザーを ILM のプロダクション・スーパーバイザーとして雇っ
た。メイザーの経験はフォックスの重役たちの不安を和らげたが、一方でダイクストラ
を苦しめた。

　ILM の社風は直ちに変わった。ルーカスがいなかったときは ILM のスタッフは全
員、毎朝集まって前日の作業映像を見ていた。それが今はこのデイリーを見るのは数
人のスタッフのみ。ほかのスタッフは自分が提出する分の作業を続けなければならな
い。ILM はほぼ 24 時間体制となった。リチャード・エドランドとデニス・ミューレンは、
朝 8 時から夕方 6 時までと午後 3 時から午前 0 時まで働く二つのシフトのチームそれぞ
れのリーダーに選ばれた。両シフトともしばしば残業となった。グラント・マッキュー
ンとスティーヴ・ゴウリーは同様のスケジュールで模型チームを運営した。ルーカスは
ILM のあるヴァンナイズと、編集が行われているルーカスフィルムの本社のあるサン
アンセルモとに、自分の時間を分けるようになった。——通常、月曜から水曜は南カリ
フォルニア（ヴァンナイズ）で働き、木曜から日曜は北カリフォルニア（サンアンセル
モ）で働いた。視覚効果の全ショットはルーカス本人の承認・署名を受け取らなけれ
ばならなかった。10 月半ばまでにプロデューサーのゲイリー・カーツは約 18％の視覚
効果が完成していると見積もった。これでも少ないが、3 カ月前の状況から比べると大
きな改善だ。作業の進捗ペースと仕事の質は組織の変更によって安定した改善を続け
た。しかしルーカスとフォックスが行使した圧力は ILM のスタッフに大きな犠牲を出
し、ダイクストラとルーカスの関係に確執が生まれ、不信でいっぱいになった。ダイク
ストラはメイザーを解雇したかったが、ルーカスはそれを阻止した。

　20 世紀フォックスは情け深く『スター・ウォーズ』の公開を 1 カ月延期した。ILM
はまだ映像を撮影中だったため、スタジオにはほとんど選択肢がなかったのだ。ハリソ
ン・エレンショーによる美しいマット・ペイント（タトゥイーンの軌道の絵やデス・スター

の内部の様々な絵）が撮影され、1977年2月と3月に合成作業が行われた。ミレニアム・ファルコンのハイパースペースへの移動やデス・スターの爆発などを含むILMでの最後の視覚効果は、映画の延期後の新公開日、1977年5月25日のわずか3週間前に撮影された。

　宇宙の細部まで完成させたとき、ILMは250万ドルを使っていた。——つまり当初の予算を25%オーバーしていた（全部門のなかでも最も大きな超過だった）。別の見方では、ルーカスの伝記を執筆したデール・ポロックによると、『スター・ウォーズ』の視覚効果は1フレームごとに約150ドルかかったという（インフレ調整後の金額は589ドルとなる）。完成した作品は世界中の観客をアッと言わせたが、ルーカスはILMの結果に完全には満足しておらず、1997年の『スター・ウォーズ 特別篇』では多くの視覚効果をやり直している。ルーカスの感情を表すひとつのエピソードは——ルーカスは出演者たちやクルーには感謝の印として利益分配を行っていたが——ILMのスタッフには誰にも利益分配をしていないということだ。ただし、数人のスタッフは現金のボーナスをもらっている。

ジョージ・ルーカスは"スター・ウォーズ"シリーズのすべての視覚効果のショットに自分で承認の署名をした

編集

　完成版のために映像を組み立てることは、視覚効果を終わらせることと同じくらい気が遠くなるような作業だった。約 34 万フィートのフィルムがチュニジアとイギリスで撮影され、新しい映像が毎日 ILM やそのほかのところから届いた。ルーカスはイギリス人編集者ジョン・ジンプソンの仕事に（前章参照）落胆していたので、ほぼ完成しているはずのタトゥイーンのシーンでさえ、再編集しなければならなかった。その後の 9 カ月間にわたってさらに四人の編集者——ルーカス本人も含む——が映画を完成版の形にするために事実上ノンストップで作業をした。リチャード・チュウとルーカスの妻マルシアは、ほとんどの視覚効果と音響効果が入っていないラフ・カットを 1976 年 11 月の感謝祭までに組み立てた。

　『スター・ウォーズ』のラフ・カットの尺は 117 分であった。完成版（劇場公開されたオリジナル）よりたった 4 分短いだけだ。しかし、このバージョンには多くの視覚効果のシーンが抜けていたし、物撮りやオープニングでスクロールされる物語解説の文章や最後のクレジットも入っていなかった。ぜい肉はそぎ落とされなければならず、多くのシーンに視覚効果がかかわるため、そのシーケンスが外されるべき、または短縮されるべきという決断を可能な限り直ちに行なわなければならない。これは致命的な問題だった。今のうちにどのシーンをカットするかを決めれば、すでに大量の作業に埋没している ILM のスタッフたちは、もはや必要のないショットに時間を割かなくてもいいことになる。ルーカスはタトゥイーンのシーケンスの二つを削除することを決めた。一つは、ルークがトッシュ・ステーションで友人のビッグス・ダークライターに反乱軍に参加したい意思を伝える会話で、もう一つはドッキング・ベイでハンとジャバ・ザ・ハットがもめるシーンだ。ルークとビッグスのシーンは（のちの、クライマックスのデス・スターの戦いへの出撃前にヤヴィンで交わされるこの二人の会話とともに）、映画のテンポを速めるためだけでなく、ルーカスがビッグス役のギャロック・ヘイゴンの演技を気に入らなかったという理由で削除された。ドッキング・ベイのシーンでは、ジャバ・ザ・ハットはデクラン・マルホランドが演じていたが、ルーカスはこのスコットランド人俳優をストップモーションのアニメのキャラクター（巨大なナメクジを思い描いていた）と交代させようと考えた。だが ILM がこれほどスケジュールに遅れをとっているのに、ストップモーションは時間がかかりすぎるため問題外だということにルーカスは気がついた。どうしてもマルホランドのシーンを使いたくなかったため、ルーカスはこのシーンをす

イギリスでの撮影が終わる頃、ILM は危険なほどにスケジュールに遅れをとっていた。ILM はわずかなショットしか完成させておらず、ほとんどはジョージ・ルーカスにとっては使えないものだった

べてカットせざるを得なかった。

　マルシア・グリフィン・ルーカスはラフ・カットを手伝ったあと、マーティン・スコセッシの『ニューヨーク・ニューヨーク』(77) の仕事のため『スター・ウォーズ』を去った。友人のブライアン・デ・パルマの提案を受けて、ルーカスは『スター・ウォーズ』のシーン削除を続けるため、編集者のポール・ハーシュを連れてきた。ミレニアム・ファルコンと TIE ファイターの空中戦の最終バージョンはルーカス本人が編集した。1976 年末から公開まで、改訂は絶え間なく続けられた。新しい暫定バージョンが 2 週間毎にまとめられたが、フォックスの重役たちが毎回試写に参加し、ルーカスをさらに苛立たせることになった。

再撮とインサートカット撮影

　1977 年の初め、セカンド・ユニットとサード・ユニットは、チュニジアでの悪天候をはじめとする諸問題で撮影ができなかったショットを取り戻すため、撮影を行っていた。

イギリスで満足がいかなかったシーンを改善する目的もあった。1月と2月にほとんどすべてのランドスピーダーのシーンが撮影された。デス・ヴァレーの景色がチュニジアの塩原の代役となった。不運なことに、マーク・ハミルも参加が必要とされた。1月半ばの金曜日の夜、ハミルは急いでロケに向かっていて、新車のBMWのコントロールを失い、車ごと横転した。7時間におよぶ緊急手術が必要で、顔を復元するために3度の整形手術を受けなければならなかった。ランドスピーダーのシーンとともにサンドクローラーの追加シーンやバンサ（象に、巨大な角が付いた毛むくじゃら衣装を着せた）のシーンもデス・ヴァレーで撮影された。

　モス・アイズリーの酒場のシーンは、メイクアップ・アーティストのスチュアート・フリーボーンが入院したことから妥協して撮影しなければならなかったため、ルーカスは満足していなかった。当初のショットは数も少なく、ほとんどがパッとしないエイリアンばかりだった。ルーカスは──またもやフォックスの重役たちの激しい抗議に背いて──メイクアップの魔法使いリック・ベイカーを雇い、新しく作成したエイリアンのインサートを撮影するために1万ドルを追加で投資した。作品中に登場するエイリアンのなかで、記憶に残っているもののほぼすべてが、このときに追加されたものだ。（ベイカーと彼の貢献については第5章を参照）。ベイカーはまた、新しい、より説得力のあるバージョンのグリードを作った。グリードは緑色の肌をしたバウンティ・ハンターで、酒場でハン・ソロに撃たれるので、ハリソン・フォードはこの酒場のシーケンスを再撮するために撮影に呼ばれた（再撮の際、ジャワのシーンで削除された会話のいくつかが、ハンとグリードの会話として使われた）。ルーカスがこのシーケンスをやり直したいと固執した結果、モス・アイズリーの酒場はこの映画のなかでも最も人気があり、象徴的な場面の一つとなった。そのこだわりが報われたのだ。

　ルーカスはまた、セカンド・ユニットが最後に取り掛かっていた仕事にも妥協を拒んだ。それはジャングルに覆われたヤヴィン第4衛星のエスタブリッシング・ショットで、グアテマラで撮影されたものだ。セカンド・ユニットがグアテマラのティカルにあるマヤの遺跡に行くことは最初から予算に組み込まれていたのだが、フォックスは代わりにメキシコの安い場所で撮影するよう説得しようとした。しかしルーカスはあくまでも執着し、結局、息を飲むような映像を手にした。

音響と音楽

　ルーカスは彼のキャリアを通して、いや、むしろ USC で制作した初期の学生映画の

再撮の際、モス・アイズリーの酒場のシーケンスのインサートがいくつか撮影された。リック・ベイカーの創造性に富んだエイリアンの衣装とメイクアップが使われた

頃から、映画の鍵となる二つの分野で本能的とも言える把握力を見せていた。そのひとつは編集だ。そしてもうひとつは音響デザインと、音楽と映像の合体である。これらの部分が『THX 1138』でも『アメリカン・グラフィティ』でも強みとなっていて、それは『スター・ウォーズ』でも同じだった。

　ルーカスはこの部分を確実にするために、USC の元クラスメートであり、大変な才能の持ち主であるベン・バートを音響デザイナーとして雇った。音響編集者のサム・ショーと一緒に、バートは宇宙船の轟やライトセーバーがブンブンと唸る音など、想像上の音をすべて生活のなかから集め、新しい、特徴のあるものへと操っていく、概観的サウンドスケープを作り上げた。バートにとって最も難しい仕事は R2-D2 とチューバッカの"台詞"を作ることだった。R2-D2 には、電子的なビープ音と笛の音を組み合わせ、電子音の"言語"を作るために、区別可能な単語とフレーズを文法的に説明できるようにした。R2-D2 には脚本に書かれた台詞はなかったが、バートはもしこのドロイドが英語を話せたら何と言っているのかを想像し、それを自分が開発した、さえず

りとクークーという音でできた語彙を使って、この言語に"翻訳"した。ルーカスは、ドロイドの語彙と抑揚を作るためにバートと一緒に作業を行った。監督は常に具体的な提案をできたわけではなかったが、もし R2-D2 の声が違うと思ったら、バートをミキサーに追い返した。この過程には時間がかかった。いったんバートとルーカスがドロイドの声がどういうものであるべきかわかった後はスピードが速くなったものの、映画の冒頭 10 分間のシーンでの R2-D2 の台詞を終えるのに 6 週間かかった。バートはチューバッカの台詞も同様の工程をとった。このウーキーの声は、熊の唸り声とライオンの雄叫び、犬の鳴き声、セイウチのうめき声を混ぜ合わせ電子的に加工して作られた。

　ルーカスは C-3PO とダース・ベイダーの台詞も吹き替えるつもりだった。もともとは C-3PO にはニューヨーク訛りを話させようと考えていた。——バッド・アボット（二人組のコメディアン、アボット＆コステロの一人）のような感じだ。しかし編集が長引くにつれ、ルーカスはアンソニー・ダニエルズが C-3PO の役にもたらしたものを称賛するようになっていった。結局、この俳優が描いた、神経質で臆病なイギリス人執事のようなドロイドという構想をそのままにすることを選んだ。しかしそれはデイヴィッド・プラウズにはあてはまらなかった。"ダース・ファーマー"と呼ばれるゆえんのソフトな声はベイダーには全くふさわしくなかった。ルーカスはベイダーの声のアフレコをするために、トニー賞受賞とアカデミー賞ノミネート経験のある古典的な訓練を受けた俳優、ジェームズ・アール・ジョーンズを起用した。ジョーンズの声は、さらにバートによって音響効果で強調された。ジョーンズはクレジットを受け取ることは辞退し、1 日の仕事で 7500 ドルのギャラをもらった。彼は 1977 年 3 月 1 日、すべてのベイダーの台詞を 1 回のセッションで終え、3 時間もかからなかった。

　その 4 日後、イギリスのデンハムにあるアンヴィル・スタジオで、ジョン・ウィリアムズがロンドン交響楽団を指揮し、『スター・ウォーズ』の音楽の録音を始めた。ルーカスはウィリアムズがオスカーを受賞した『ジョーズ』（95）の音楽を称賛しており、最初から彼に作曲を頼むつもりでいた。ルーカスは 1977 年の初期段階からウィリアムズと会い、『スター・ウォーズ』の音楽へのアイデアを話した。ルーカスはシンセサイザーなど"SF チック"になるものは頑なに拒んだ。その代わりに、古臭く大胆でロマンティックな音を望んだ——ハリウッドの伝説的な作曲家マックス・スタイナーやエリック・ウルフギャング・コーンゴールドらのような伝統的な音楽だ。ウィリアムズは初期のバージョンの作品を見たあと、ルーカスの考えが正しいやり方だと同意し、この仕事に取り掛かった。結果、映画史上最も知られた音楽の一つができ上がる（ウィリアムズと彼

ルーカスは元々のバージョンのグリード（上記の写真で監督とともに映る）に満足していなかった。ポストプロダクションの間に、彼はリック・ベイカーがデザインした改良版グリードを使ってこのシーンを再撮した

のこのシリーズへの貢献については第23章を参照）。『スター・ウォーズ』の音楽は7日間にわたり、3時間のセッションを14回かけて録音された。映画の編集の過程で、ルーカスはイゴーリ・ストラヴィンスキーやアントニン・ドヴォルザーク、アントン・ブルックナーらの音楽からセレクトして映像につけていた。映画がほぼ完成に近づいた今、ウィリアムズの音楽は『スター・ウォーズ』に全く新しい次元を付け加えた。ルーカスはのちにウィリアムズの音楽について、『スター・ウォーズ』のなかで唯一、彼の期待を上回る出来栄えの仕事だったと語っている。

『スター・ウォーズ』の音響にかなりの時間と気を取られている間に、ルーカスはもう一つ物議をかもす決断をした。映画をドルビー・ステレオで公開するということだ。シューシューという音を軽減するこのオーディオ・システムは、当時はまだ初期段階だったが、観客がバートやショー、ウィリアムズの素晴らしい仕事をしっかりと耳にすることができると保証するものだった。しかし、ここでもまたルーカスはスタジオの抵抗に遭った。多くのアメリカの映画館（そして多くの外国の映画館）はまだドルビーシステムを導入していなかった。この時点ではそれほど多くの映画がステレオで公開されていなかったので、それも当然のことだった。『スター・ウォーズ』をドルビーで公開することは、ステレオとモノの音響編集を別々に作ることを意味していたため、製作費とプリントの費用がさらに上がる。またもやスタジオはルーカスの強硬姿勢に直面し、白旗を揚げるのだった。

『スター・ウォーズ』の売り込み

もちろんのこと、ようやくルーカスは『スター・ウォーズ』をほかの人たちに見ても

らわなくてはいけなくなる。最初はあまりうまく行かなかった。アーヴィン・カーシュナー（ルーカスの USC での元教授で、のちに『帝国の逆襲』の監督となる）は 2009 年のインタビューで、彼は 1976 年 12 月 31 日、フランシス・フォード・コッポラ主催の大晦日のパーティで初めて『スター・ウォーズ』のシーンを見たと話す。「ジョージは後ろのドアのところに立っていたが、私たちは彼のほうを向きたくなかった」とカーシュナーは回想する。「それは我々が今までに見た最悪の映画だった……我々は心から彼のことを心配した」。1977 年 2 月半ば、ルーカスは初めて、その時点での最新の作業プリント全体を試写上映した。スティーヴン・スピルバーグ、ブライアン・デ・パルマ、脚本家のウィラード＆グロリア・ハイク（この作品の台詞の研磨作業を手伝った）、ハル・バーウッド、ジェイ・コックスら、非常に限られた友人や関係者が招待された。しかし、撃沈したのだ。ルーカスの友人のほとんどは、それほど熱狂的になれなかったことに失礼のない態度を取るか、どうすれば改善できるかについて提案を申し出ようとした。デ・パルマははっきりと否定的な態度を取り、ルーカスに面と向かって作品をバカにした。スピルバーグのみが作品の魅力を見抜き、当時自分が製作していた『未知との遭遇』(77)よりも人気が出るのではないかと予想した。

　この悲惨な上映会の後、さらなる変更が加えられた。レイア姫がデス・スターで尋問されるシーンは、観客がドロイドとルークに感情移入できるように、映画の後半に移された。酒場のシーケンスやそのほかの旅の通過点のシーンは短くされた。そして、ダサく冗長な冒頭の文章も変更された。人もあろうに、文言の書き直しを手伝ったのはデ・パルマだった。

　直後、ルーカスはアラン・ラッド・Jr. とその他のフォックスの重役たちに対して上映会を行った。このグループでは、賛否両論の反応だった。ラッドはこの映画のことはさっぱり理解できなかったが、彼の同僚のギャレス・ウィガンはまさに嬉し泣きし、『スター・ウォーズ』はこれまで見たなかで最高の映画だとルーカスに告げた。ルーカスはラッドの反応は気にしなかったが、逆にウィガンの熱狂に困惑した。ルーカスはこの映画が商業的に成功するのかどうか、疑い続けた。

　もちろんフォックスの重役たちもそれを心配していた。2 分のティーザー予告（この映画を「反逆とロマンスを描く壮大な宇宙サーガ」「時代の何光年も先を行くスペクタクル」「『アメリカン・グラフィティ』のジョージ・ルーカスが贈る」といったうたい文句をつけて紹介した）が 1976 年末に公開されたが、観客の反応が悪かったため、引き上げられた。この予告は未完成の視覚効果を使い、ウィリアムズの音楽もなかった

バージョンで、興味をかき立てるものではあったが、作品の主旨を取り込めてはいなかった。フォックスのマーケティング部門は、"スター・ウォーズ"というタイトルの訴求調査結果が良くなかったことから、ルーカスに題名を変更するよう説得しようとした。女性は題名に"ウォー（戦争）"という言葉が入っている映画には全く興味を示さなかった、とスタジオは言う。さらなる問題としては、映画館経営者たちがこの題名の作品を公開したがらないため、劇場セールスのチームが困っている、ということだった。

　1977年夏は期待作が多く公開される予定だった。リチャード・アッテンボロー監督の評判の高い第2次世界大戦作品『遠すぎた橋』、興行収入が史上最高レベルに達したヒット作品の続編であるジョン・ブアマン監督の『エクソシスト2』、ウィリアム・フリードキン監督の『エクソシスト』以来の新作『恐怖の報酬』、ジェームズ・ボンド・シリーズ『007／私を愛したスパイ』、『ジョーズ』の原作の著者ピーター・ベンチリーの小説の映画化であるピーター・イエーツ監督の『ザ・ディープ』、ヒットメーカー、ジャック・スマイト監督による終末的SFスリラーでフォックス公開の『世界が燃えつきる日』（この作品は最終的には10月に公開が延期された）などだ。これほどの大物競争相手のなかで、ルーカスの奇抜で小さな宇宙映画はどうすれば太刀打ちできるのか？　『スター・ウォーズ』がほんの少しのけん引力も持たなかったため、フォックスは強硬手段に出ることにした。映画館経営者たちに、この夏のもうひとつの期待作——シドニー・シェルダン原作のベストセラー小説を映画化したメロドラマ『真夜中の向こう側』——を上映したければ、『スター・ウォーズ』の上映もするように、という条件を付けたのだ。この手法はブロック・ブッキングと呼ばれるものだが、1948年に最高裁判所が出したパラマウント・ピクチャーズ訴訟の判決以来、違法となっていた。作戦は失敗しただけでなく、フォックスは2万5000ドルの罰金をくらった。

　フォックスのマーケティング部門は、4月半ばの社内での上映の後、『スター・ウォーズ』に新鮮な熱狂を感じることができた。作品はほぼ完成に近い状態で、ウィリアムズの音楽も付き、かなり熱狂的な反応を生み出した。それでもフォックスはこの作品のデビューには、ほんのわずかのスクリーンしか確保できなかった。作品はわずか全米32館での公開。『恐怖の報酬』の延期により、ようやくハリウッドの一つの映画館（名だたるチャイニーズ・シアターである）の枠を得ることができた。最初に一般の人が作品を見たのは、5月1日にサンフランシスコのノースポイント・シアターで行われたスニーク・プレビューだった。これは勝利となった。オープニングのシーンから観客が歓声を上げたのだ。しかし、その後のフォックスの理事向けの試写会はそれほど成功し

なかった。映画を楽しんだのはほんの数人の理事のみで、ほとんどは当惑した。

　5 月 1 日のプレビュー以来、ラッドは米国映画協会の映画分類基準審査委員会に対し、作品のレーティングを G から PG に変えるよう働きかけた。これは稀な動きである。通常、映画スタジオはレーティングの強化（引き上げ）ではなく軟化（引き下げ）を訴えるものだ。しかしルーカスはこの作品のシーンのいくつか——たとえばケノービが酒場で男の腕を切り落とすシーンなど——は、小さな子どもには適していないと思っていた。一方、フォックスの視点はマーケティングへの心配だった。G レーティングの作品は『スター・ウォーズ』を事実上、子ども向け作品とみなすことになり、観客を限定してしまう。

　1977 年 5 月 25 日、水曜日、とうとう映画が公開された。121 分で PG レーティングだった。ハリウッドは——そして全世界は——この日を境に変わった。

第 9 章

Echo Base

エコー基地へ

Homages in Star Wars
『スター・ウォーズ』のなかのオマージュ

アイザック・アシモフは、「アシモフズ・サイエンス・フィクション」誌の 1986 年 4 月号に初めて登場した、"Originality" と見出しがつけられたコラムのなかで、「完全なる独創性（オリジナリティ）というものは、ほぼ不可能である」と認めている。彼はこれに続くコラムでこの点について詳しく説明しており、物語はたとえ多くの構成要素がそれ以前のものから借りてこられているとしても、これらの要素が新しく独創的に構成されている限りは、オリジナルだと見なされ得ると述べる。この点を証明するため、アシモフはジョージ・ルーカスの模倣だらけの冒険シリーズ『レイダース／失われたアーク《聖櫃》』(81) を引き合いに出している。アシモフがもし例として『スター・ウォーズ』を取り上げていたとしても、この議論は正しかったはずだ。

本書の第 3 章にジョージ・ルーカスが『スター・ウォーズ』を作るにあたってインスピレーションを受けた最も重要な本や映画をまとめた。"Flash Gordon" と『隠し砦の三悪人』の 2 作品がこの作品の明らかな原型である一方、ほかにも多くの映画からの影響が見られる。ルーカスが子どもの頃にハマっていたクラシックの西部劇や戦争映画、連続活劇、メロドラマ、そして USC 時代に出会ったアート系映画などだ。

多くの場合、類似性は純粋にビジュアル面に見られる。ダース・ベイダーの外見はリパブリック・ピクチャーズの連続活劇 "Fighting Devil Dogs" (38) の悪役ライトニングと驚くほど似ている。C-3PO はフリッツ・ラングの傑作『メトロポリス』(27) の女性ロボット、マリアの兄弟でもあり得る。R2-D2 はブルース・ダーンと一緒に『サイレント・ランニング』(72) に出演していた可愛い、ずんぐりしたロボットたちにいくらか借りがある。『捜索者』(56)、『アラビアのロレンス』(62)、『2001 年宇宙の旅』(68) といった映画はルーカスの絵画的手法を形成した。ルーカスはタトゥイーンのシーケンス、特にこの乾いた惑星の様々な場所のエスタブリッシング・ショットは、デイヴィッド・リーン監督がアラビアの砂漠を撮影したのと同じ方法——人物を小さく見せ、砂が

果てしなく広がっているようなショットを使って、まるで砂漠が海のパノラマに見えるように撮った。スタンリー・キューブリックの『2001 年宇宙の旅』も同様にルーカスが宇宙のシーンを撮る際の見本となった。ジョン・カーペンター監督の『ダーク・スター』(74) も──殺風景ではあるが、未来の宇宙での居住を描いた最初の映画だ──ルーカスのビジュアル・スタイルに影響を与えたかもしれない。

そんななかでも『スター・ウォーズ』は、いくつかのクラシック映画にかなり似ている。クラシック映画の実質的な知識を持っている観客なら、『スター・ウォーズ』を見て、「ねえ、あの（ショット／台詞）って（映画の題名がここに入る）からそのままだよね」と指摘することができるだろう。ルーカスはこういった部分のいくつかを、自分がインスピレーションを受けた映画への "オマージュ" として認めている。それ以外の場合は、ルーカスが過去の映画から無意識に引用したかもしれない。好きなショットを考えているうち、あるアイデアが子どもの頃の記憶の混沌のなかから表面に浮かび上がってきたのかもしれない。また、類似点のなかには純粋に偶然もあるだろう。しかしいずれにせよこの作品には、それ以前に製作された作品のシーンとの類似点が多く、しかもしばしば顕著なのである。

タンティヴ IV

ルーカスのオマージュはかなり冒頭から始まる。まだ登場人物が一人も現れていないところからだ。『スター・ウォーズ』シリーズのオープニングロールに登場する物語の紹介文（1981 年に副題『エピソード 4 ／新たなる希望』が付与されたときは特に）は、ルーカスが最も公にしているトリビュートのひとつだ。これはルーカスの主要なインスピレーションのひとつであるユニバーサル・ピクチャーズの冒険活劇『フラッシュ・ゴードン／謎の惑星モンゴ』(40) の第 2 章から第 12 章までに使われているオープニングの前回のあらすじとほぼ全く同じだ。

オープニングロールのすぐ後、帝国のスター・デストロイヤーがレイア姫の船を追いかけており、響き渡る轟音とともにスクリーンを横切る。このびっくり仰天ショットは船の巨大なエンジンのクロースアップで終わる。そして次にレイアの船タンティヴ IV に砲撃をするデストロイヤーの正面のほうにカメラ・アングルが移る。この驚くべきショットはのちに多くの──だがこれほど素晴らしくはない──SF 映画に模倣された（第 13 章参照）。しかし、このショットがほかの作品に影響力があったのと同じくらい、これ自体が『2001 年宇宙の旅』からの借り物、または少なくとも引用であったのだろう。

『2001年宇宙の旅』の約54分あたり、"木星探査"のシーケンスの始めに、巨大な宇宙船ディスカバリー・ワンがスクリーン上を横切って滑るショットがある。この船は下からのアングルで撮られていて、ディスカバリー・ワンの巨大なエンジンの映像で終わる。キューブリックはそこからすぐに宇宙船の正面を見せる反対側のアングルに切り替えている。ショットのアングルと船の動きのペースは『スター・ウォーズ』とは違うものの、カメラの前を数秒間かけて通り過ぎる様子を見せることで、大きな船のサイズ感を示す基本的なアイデアは同じだ。どちらも際立って効果的である。このオープニング・シーケンスの終わりの部分に、『スター・ウォーズ』は二つ目の『2001年宇宙の旅』からの引用を行っている。タトゥイーンに向かってライフポッドが転がっていく様子は、"木星探査"のシーケンスよりもう少し前の"TMA-1"のシーケンスで、月面に向かってパンナムという月面着陸機が落ちていくショットと韻を踏んでいる。『2001年宇宙の旅』の37分あたりを見てみるといい。

ラーズ農場

　『スター・ウォーズ』のなかでも最も力強い瞬間のひとつは、C-3POとR2-D2の捜索中にジャワを殺した帝国のストームトルーパーが、叔父さんと叔母さんも襲ったのではないかということにルーク・スカイウォーカーが気がつくところだ。ルークはランドスピーダーに飛び乗り急いで家に帰るが、ラーズ農場は煙を上げる廃墟となっており、オーウェン叔父さんとベルー叔母さんの焼け焦げた骸骨を見つける。ルーカスはこのシーケンスを構成するとき、ジョン・フォード監督の『捜索者』から引用したことを素直に認めた。このクラシックの西部劇のなかで、イーサン・エドワーズ（ジョン・ウェイン）が盗まれた牛を探すテキサス・レンジャーたちのグループに加わる場面だ。牛が皆殺しされていたことを知ったとき、エドワーズは、牛がいなくなったのはレンジャーたちを遠ざけるための牽制で、インディアンによる攻撃の舞台のためのお膳立てであったことに気がつく。彼は馬に飛び乗って家に帰るが、弟の農場は煙を上げる廃墟となっていた。作品の約21分あたりで、イーサンは弟と弟の家族のほとんどがコマンチ族の急襲によって全滅させられたことを知る。ラーズ農場と同じく、エドワーズ一家の燃える家は砂漠の丘に掘られたものだった。エドワーズが愛する義妹マーサの遺体を見つける一方で、黒い煙が廃墟となった家から立ち上る。どちらのシーケンスも感情に強く訴えるもので、物語に大きな推進力を与える。このことによってヒーロー（ルーク／イーサン）は、冒険の旅へと向かわざるをえない状況となり、残りの物語を構成するのだ。

焼かれたスカイウォーカー農場で家族を殺されたことを知るルークの場面は、ジョン・フォードの西部劇の傑作『捜索者』のなかの有名なシーケンスへのオマージュであった。出演はジェフリー・ハンター（前列左）とジョン・ウェイン（同右）

モス・アイズリー・カンティーナ

　モス・アイズリー・カンティーナは特に、『スター・ウォーズ』より以前に製作された作品のなかに遡ることができる要素が表出しているシーケンスだ。一般論としては、ルーカスは酒場のシーンをマイケル・カーティス監督作『カサブランカ』（42）のリックのカフェと同じように撮ったと言われている。——煙った、薄暗い場所で、ここに集まる客たちは皆、目の端で部屋の隅々まで観察しているような怪しげな者たちばかりだ。

『カサブランカ』が舞台を提供したとすると、黒澤明の『用心棒』(61) やセルジオ・レオーネの『続・夕陽のガンマン／地獄の決斗』(66) がアクション部分を提供したということだろう。

　酒場でルークは、12 の星で死刑が決まっていると自慢する酔っ払いのお尋ね者に挑発される。ベン・ケノービは仲裁に入るが、結局はスカイウォーカーの代わりに戦う羽目になり、このお尋ね者の腕を切り落としてしまう。この旅のシーケンスは、この悪党の、銃を握ったまま切り落とされた腕のショットで終わる。『用心棒』の約 18 分あたりでは、三船敏郎演じる浪人が、恥知らずで口ばかり達者な三人の侍を相手に対決し、刀の腕前を見せつけるシーンがある。この三人のうちの一人が「俺はお尋ね者だ。もし捕まったらはりつけになるんだ」と自慢している。この後の対決で、三船演じる浪人が悪党のうちの一人の腕を切り落とす。このシーケンスも、刀を持ったまま切り落とされた腕のショットで終わる。

　その後、ジャバの子分であるグリードがテーブル越しにハンに絡んでくるシーンがある。グリードはソロに、ジャバに借りている金を返すよう要求する。ハンが、利益が見込める新しいことがいろいろあると彼に話したため、グリードはソロから金を巻き上げようとするのだ。結局はハンはテーブルの下に隠し持っていた銃をグリードに向けて発砲する（今のところ、誰が先に撃ったかというややこしい話は横に置いておく）。『続・夕陽のガンマン／地獄の決斗』では（約 10 分のところ）、役は逆だが似たようなアクションが起こる。夕食のテーブルを挟み、エンジェル・アイズ（リー・ヴァン・クリーフ）が殺すように雇われた男が、自分を自由の身にするようこのバウンティ・ハンターを買収しようとするが、エンジェル・アイズはテーブルの下に隠し持っていた銃で男を撃つ。念のために言っておくと、エンジェル・アイズが先に撃つ。彼は原題のなかに含まれる "the Bad"（悪）の象徴だ。酒場のシーケンスは、ハンがバーテンダーに店をめちゃくちゃにしたことを謝り、バーにコインを投げて立ち去るところで終わる。クラシックの西部劇『荒野の七人』(60)（黒澤明の『七人の侍』のハリウッド・リメイク版）では、大スターのユル・ブリンナーがバーテンダーに同様に謝罪し、バーにコインを放り投げるところで酒場の争いは終わる（約 39 分あたり）。

デス・スター

　黒澤やほかの監督たちへのトリビュートはルーク、ハン、ケノービ、そしてドロイドたちがデス・スターに連行されるシーンでも続く。ストームトルーパーたちがミレニアム・

ファルコンのなかを調べているが、誰ひとりとして見つからないという、深く記憶に刻まれるシーンがある。彼らが立ち去ると、カメラは船のデッキのほうにパン・ダウンし、床板が横に開いてヒーローたちが秘密の部屋に隠れていたことがわかる。彼らは床下から頭を出す。このシーンは、黒澤の『椿三十郎』（62）（『用心棒』の続編である）とほぼ全く同じだ。三船扮する浪人は、追っ手から逃れるために反乱を企てる侍たちの一行をかくまう。追っ手がいなくなると（約12分あたり）、カメラがパン・ダウンし、家の床板が開いてその下に陰謀家たちが隠れているのがわかる。彼らの頭が下からニョキニョキと出てくる。

　ケノービはデス・スターのトラクター・ビームを破壊した際、地底をわたる金属の狭いキャットウォークを歩く。このシーンは『禁断の惑星』（56）のなかで、モービウス博士（ウォルター・ピジョン）がアダムス司令官（リーアム・ニーソン）とオストロウ

ルークとレイアがデス・スターの断崖絶壁を渡る、息を呑むようなスウィングは、クラシックのファンタジー映画『シンバッド七回目の航海』（58）のシーケンスと似ている。この作品は（クライマックスのドラゴンと一つ目の巨人との戦いも含め）伝説的なレイ・ハリーハウゼンによるストップ・モーション・アニメーションで作られている

博士（ウォレン・スティーヴンス）を先導し、惑星アルテア4で絶滅したクレル族が残した巨大な地下施設を案内するというシーンを強く思い出させる。デス・スターの電力ターミナルは、この映画の約60分あたりに登場するクレルの地底深くにある通風孔のシャフトと酷似している。

　ルークとレイアのデス・スターでの冒険のなかで、おそらく最も象徴的なシーンは、このヒーローたちがストームトルーパーらに追われ、空洞になった部屋の崖っぷちでロープを使ってスウィングし、向こう側へ渡るところだろう。これは『シンバッド七回目の航海』（58）の忘れられないシーケンスから派生しているのかもしれない。クライマックス近く（約80分あたり）で、悪い魔術師ソクラ（トリン・サッチャー）の洞窟から逃げる際、シンバッド（カーウィン・マシューズ）とパリサ姫（キャサリン・グラント）は壊れた石橋に行く手を阻まれた。二人は崖に立ち、谷底には溶岩が流れている。そこで親切なランプの精（リチャード・エヤー）の助けを借り、魔法のロープを出してもらって、シンバッドと姫はならくの底をスウィングして向こう側へ逃げるのだ。

宇宙での戦闘シーン

　ルーカスがほかの映画からもらったインスピレーションは『スター・ウォーズ』の宇宙での戦闘シーンの部分で最も顕著に見られる。彼はXウィングやTIEファイターをはじめとする戦闘機の動きの参考として、古い戦争映画からの映像をインダストリアル・ライト・アンド・マジック（ILM）のスタッフに見せた。『スター・ウォーズ』の粗編では、未完成の視覚効果映像の代わりに、これらの古い戦争映画からの映像を使用した。多くのインタビューのなかで、ルーカスはこれらのシーンが映画全体に多くの刺激を与えてくれていると語っている。実際、ミレニアム・ファルコンとTIEファイターたちの戦闘シーンを自身で編集したことは、監督がこのシーンをいかに重要に思っていたかを表す。このシーケンスは明らかにハワード・ホークス監督のクラシック映画で第2次世界大戦を描いた『空軍／エア・フォース』（43）のなかの同様のシーケンスをモデルにしている。このシーケンスでは、アメリカのB-17"フライング・フォートレス"の砲塔射撃手が日本のA6M"零戦"戦闘機による攻撃をかわす。心拍数が上がるこのシーンは同作品の80分あたりから始まるが、『スター・ウォーズ』を見たことがある人なら、不思議なほど似ていることに気がつくだろう。

　クライマックスでのデス・スターへの攻撃には、ルーカスはほかの多くの古い第2次世界大戦映画からのショットを割り当てた。ドドンナ将軍が宇宙ステーションへの攻撃

『スター・ウォーズ』のスリル溢れる宇宙での戦闘シーンはイギリスの第 2 次世界大戦映画『暁の出撃』のクライマックスから形成された

の巧妙な計画を説明する戦闘前のミーティングは、ドイツの V-2 ロケット燃料精製所を空爆する様子を描いたイギリス映画『633 爆撃隊』(64) の似たようなシーンを思い起こさせる。デス・スターの巨大なレーザーを監視する帝国のトルーパーたちのショットは、『ナバロンの要塞』(61) のなかでナチスが有名無実の武器を監視している様子に似ている。戦闘そのものも、『633 爆撃隊』や『トコリの橋』(54)、『空軍大戦略』(69) で描写されている空中戦と同じような形式で撮影されている。特にナチスに水力発電を供給していたドイツの三つのダムを破壊するという実際の任務を基にした 1955 年の

イギリス映画『暁の出撃』(54) とは明らかに似ているショットがある。『暁の出撃』との類似点はルーカスがためらいなく認めているひとつだ。認めないわけにはいかないはずだ。個々のショットがこの戦争映画とそっくりに作られているだけでなく、攻撃全体の計画や、重兵器によって守られた狭い溝に沿って戦闘機が低く飛ぶ様子などもそっくりだ。両作品とも、標的を破壊する際に最初の攻撃は失敗し、2回目を実行しなければならない。操縦士間のいくつかの会話もほぼ一致している。そしてどちらもクライマックスは大爆発である。

メダル授与式

ルーカスが必ず否定しているものの、オマージュの可能性がある——いくつかの明白な理由からそう推定される——のは、レニ・リーフェンシュタール監督による悪名高いナチスのための宣伝映画『意志の勝利』(35) である。『スター・ウォーズ』の最後を飾る晴れ晴れしいメダル授与式のシーンは、演出と撮影の方法が、リーフェンシュタールが1934年にニュルンベルクの集会で撮影したこのシーンに不気味なほどに似ている。ルーカスはこの類似は偶然だと主張し続けている。彼の論点は、基本的に、このような式を撮影する方法がどれだけあるというのだ？ ということだ。しかし、コンセプト・アーティスト、ラルフ・マッカリーは著書 "Star Wars: The Art of Ralph McQuarrie" のなかで、ルーカスが彼に「ナチスの集会に何百人もの兵隊が列をなし、大きな幕を掲げている様子に似たもの」と指示したことを回想している。いずれにしろ、ルーク、ハン、チューイーが兵士の列の間を抜けてステージのほうへ歩くシーンと、ヒトラーが声援を送る突撃隊員たちの間を演説台に向かって歩いて行くシーン（『意志の勝利』の約90分あたり）とを並べてみると、あまりにも似ているために身もだえを引き起こすほどだ。

「模倣を嫌う者は、何も生み出さない」——サルバドール・ダリ

ダリ（またはアシモフ）が言うように、これらの類似点のいずれも、『スター・ウォーズ』が独創的でないということを意味するものではない。たとえもし "Flash Gordon"『2001年宇宙の旅』『カサブランカ』『空軍／エア・フォース』『暁の出撃』や、そのほかルーカスが『スター・ウォーズ』の製作に借りてきたすべての映画のクリップをつなげたとしても、ほかの人には『スター・ウォーズ』は作れないのである（試している例

はある。YouTube を見てみるといい)。ルーカスの古い戦争映画や西部劇、連続活劇、その他のクラシック映画への愛が『スター・ウォーズ』に想像性への推進力を与える燃料となったのだ。彼にとってはこれらの映画に敬意を表するのはごく自然なことだった。さらにもっと重要なことに、個々のブロックのいくつかは過去の映画から抽出して組み立てられたとしても、ルーカスはそれらのピースをアレンジし直し、観客がそれまで見たこともない全く別のものを構築した。――カウボーイ、海賊、姫、魔術師、ナチスなどを複合して銀河いっぱいに広がるキャンバスに撒き散らしたのだ。観客にわかるようなこれらの構成要素は、観客がこれまでに体験したいかなるものとも違う台本を作るための役割として使われただけだ。この台本は、いくらか奇妙で、なぜか自分との共通性を見出すことができ、癒しにさえ感じる。ルーカスは最初の SF 進出作品『THX 1138』では全く違うコースを歩んだ。この作品は、アメリカ文化の現状に物申すという意図があったものの、観客は風刺的なディストピアを拒否した。『THX 1138』は冷たく超然としている。一方『スター・ウォーズ』では、ルーカスは新鮮かつ慣れ親しんだ感覚、または革新的でありながら近づきやすい、という逆説的なものを共存させることに成功した。

第**10**章

New Hope

新たなる希望

Assessing Episode IV（1977）
『エピソード4』の評価（1977年）

『スター・ウォーズ』ほど、神聖化されている──または批判されている──映画は
それほど多くはない。支持者たちは非日常映画の見本として、また古代神話の陽気で
インスピレーションに溢れる再構成として崇めている。批評家のコリン・フレミングは
2011年の"Atlantic（アトランティック）"誌の記事のなかで『スター・ウォーズ』を「銀
河系の金字塔」であり「『捜索者』『フランケンシュタインの花嫁』『オズの魔法使』な
どと並ぶアメリカ映画の傑作」と書いた。『スター・ウォーズ』は史上最も優れた映画
の一般投票で、常にトップかトップに近い位置につける。一方で、否定派はこの作品
を酷評する。大衆文化一般と、もっと具体的にはハリウッドの、レベルを下げるきっか
けとなったというのが彼らの論点だ。"National Review（ナショナル・レヴュー）"誌
の批評家ジョン・サイモンは1983年に『スター・ウォーズ エピソード6／ジェダイの
帰還』が公開されたあと、米テレビ局ABCの番組"Nightline"に出演し、『スター・
ウォーズ』を嫌う人々の不満を要約した。「ちゃんと向き合おうじゃないか。明らかに『ス
ター・ウォーズ』は子ども向け、あるいは子どもっぽい大人向けだ」とサイモンは言う。
「大人の精神構造向けではない」。彼はこの映画は特撮に頼っているだけで、「大根役者」
「悲惨な台詞」「ひどいあらすじ」「哀れな人物描写」がつまった「技術で回転させるお
もちゃのような映画だ」と嘆いた。称賛派と否定派の意見はかなりはっきりと別れてい
るので、この人たちが同じ映画を見たことが信じがたいくらいである。しかし『スター・
ウォーズ』をこれほど大衆のセンセーションに祭り上げたそのクオリティこそ、大方に
おいて、激しく批判されている部分でもあるのだ。

動いている画像

　映画が動く画像と呼ばれるのには理由がある。何よりもまず『スター・ウォーズ』が
映画ファンを魅了した理由は、壮観な画像がスリリングに動いていたからだ。この作

品は、ジョージ・ルーカスの持つすべての強みを提示した。絵画的構図、リズミカルな編集、革新的な音響デザイン、そして画像と音楽の結合である。こういった巧妙さは USC 時代の学生映画に遡って見ることができ、『THX 1138』や『アメリカン・グラフィティ』でも表現されていた。しかしとりわけ『スター・ウォーズ』には、ルーカスのこれらの技術とともに、インダストリアル・ライト・アンド・マジック（ILM）による次世代の視覚効果芸術や、ジョン・ウィリアムズの活発な音楽を適用することができた。その結果は桁外れであった。こんなふうに見えるものや動くものは、それまでにはなかった。

　作品は象徴となり、しばしばコピーされたので、『スター・ウォーズ』が公開された当時、どれくらい素晴らしい視覚的体験をもたらしてくれたかということについて、今の距離感で真価を認めるのは難しいだろう。巨大なスター・デストロイヤーがスクリーン上を横切ったとき、まさに顎がはずれた——このショットが美しくレンダリングされていたからというだけでなく、観客を直ちに物語に引き込んだからだ。デストロイヤーはレイア姫の宇宙船を追跡するとき、画面を横切りながら吠え、ブラスターからは炎が出る。

1977 年当時、観客は『スター・ウォーズ』の戦闘機の戦いのシーンのようなものを見たことがなかった

これは緊急事態の感覚を植え付け、『スター・ウォーズ』は（たとえば『2001年宇宙の旅』とは違い）画像だけでなくアクションも価値があるということを認めさせることにもなる。歯切れのよい編集は——この作品は、目玉が飛び出そうなシーンからその次のシーンへと容赦なくカットしてしまう——映画にピリピリとしたエネルギーを保たせている。今日の標準では特に速くはないが、1977年の作品としては『スター・ウォーズ』は猛烈なペースで編集されていたのだ。モス・アイズリーの酒場の幕あいの部分、デス・スターからのレイア姫の救出、壮大な宇宙での戦闘など、視覚的に興味深く、魅力的なシーケンスによって観客は虜となった。しかし、このような傑作シーンをさらに超えて、物語はもっと愛らしいショットで中断される。——たとえばタトゥイーンの二つの太陽が地平線に沈む頃、荒れた土地を背にルークが佇む。この瞬間は、この作品のほかのパワフルなシーンと同じように、ジョン・ウィリアムズの感情に訴える音楽によって大いに強調される。

　『スター・ウォーズ』の完全なるビジュアルのパワーは、それ自体、多くの観客にこの映画を逃してはいけないイベントとして認知させた。批評家たちのなかには、ILMの妙技や、少なくともその技術をルーカスが映画のなかに完全に統合した手法について懐疑心を示す者もいた。「特殊効果は犬の尻尾のようなもの。動物全体を揺らすべきではない」とサイモンは不満を述べた。「90％が特撮でできている映画があったら、アニメーション作品を見ているのと同じだ」。しかしこれらの否定派がわかっていない良さは、その効果が巧みに採用されているということだ。——どれほどつなぎ目なく統合されていて、どれほど流れるように編集されているか。そしてどれほど美しくウィリアムズの音楽と交わっているか。のちにフィルムメイカーたちはルーカスの仕事よりも、ILMの仕事に標準を合わせるほうがよりシンプルだということがわかった。たとえば『スター・トレック』（79）は、同じくらい印象的なビジュアルを見せているが、しかしそれでも大袈裟で退屈な失敗作となってしまった。

物語と演技

　ほかの点では、ルーカスは『スター・ウォーズ』があまり成功していないことをはっきりと認めている。「技術的な観点からは——私自身の観点だが——全体的によくできた映画にはなっていないと思う」と監督は1981年、「スターログ」誌のインタビューで答えている。懐疑的に見ている者たちは、『スター・ウォーズ』は芸術性、繊細さ、深みといった崇高さはない作品であると主張するが、この部分においては、否定派が

正しい。しかし、これはそういったことを狙った作品ではないのだ。これは"Flash Gordon"の孫であって、『市民ケーン』の孫ではない。ご先祖様の作品と同一条件で並べて比較すれば、『スター・ウォーズ』はかなりよくできている。「ルーカスが達成した注目すべき点は、映画自体を安っぽくすることなく、彼が愛した古い連載コミックや連続活劇などの安っぽさを喚起することができる方法を見出したこと」だと、"New York Times（ニューヨーク・タイムズ）"紙に掲載されたこの作品の批評のなかで、批評家のヴィンセント・キャンビーは書いている。

　『スター・ウォーズ』はすぐに、宇宙アクション・アドベンチャーの新しい旗手となった。ルーカスはこの作品の筋肉を古い SF 連載活劇から持ってきて、贅肉と結合組織を取り除いた。『スター・ウォーズ』はハイライトをつなげたリールのようでもあり、あるスリリングな出来事から大急ぎに次へと走る。科学的妥当性といったような繊細さは問題ではない。賢いあらすじを考案し、完全に性格をとらえた登場人物たちを描くことも計算のうちではない。だからこそルーカスは脚本を書くのにあれほど苦労したのだ。彼の脚本はでこぼこで、物語の論理は穴だらけ、登場人物の描写は薄っぺらく、台詞は音痴である。だが物語は単に、息を飲むような絵を吊るす額縁の役柄でしかない。たとえば、ミレニアム・ファルコンと TIE ファイターとの戦いは、ルーカスにとってプロジェクト全体の主要なインスピレーションのうちの一つだった。変則的である一方で、脚本をこの手法で構築することは前例がないわけではなく、効力がないわけでもない。アルフレッド・ヒッチコックはしばしば同じ方法で作業をした。ヒッチコックは『北北西に進路を取れ』(59)の息を飲むような二つのシーンをこの手法で構築した。——クロップダスターでの攻撃のシーンとマウント・ラシュモアのフィナーレのシーン——この二つのシーンを元に残りのシーンを構築している。

　批評家たちはキャストの欠陥についても大袈裟に指摘する。マーク・ハミル、ハリソン・フォード、キャリー・フィッシャーらは微妙なニュアンスの人物描写を演じてはいないかもしれないが、彼らはそれぞれの人物像を完全に宿しているし、ルーカスの不自然な台詞の多さを考えたら、それはある意味、偉業である。演技よりもキャスティングの勝利ということかもしれないが、真面目でナイーブなハミル、懐疑的なフォード、ハリウッドのプリンセス、フィッシャーはうまく役にハマり、アンサンブルとして素晴らしい化学反応を起こした。ほかの役者がルーク・スカイウォーカー、ハン・ソロ、レイア・オルガナを演じることなど想像もできない。

　オビ＝ワン・ケノービとして、サー・アレック・ギネスは彼の最良の仕事で臨んだわ

A long time ago in a galaxy far, far away...

©1977 Twentieth Century-Fox

TWENTIETH CENTURY-FOX Presents
A LUCASFILM LTD. PRODUCTION
STAR WARS

この新聞広告の画像は、『スター・ウォーズ』を発表するために作られた、オリジナルのワンシートの映画ポスターを元にしている。今となっては象徴的だ

けではないが、ほかのキャストのなかでは最も優れた演技を、簡単に放出することができる役者だ。ギネスはルーカスが想像した世界に威厳と信ぴょう性を与え、『スター・ウォーズ』を支えた。彼の存在は仲間の出演者たちの仕事の質を高めた。彼が C-3PO や R2-D2、チューバッカとあまりに自然に対話するため、このローレル＆ハーディ的ロボットたちや巨大な"歩く絨毯"の存在が、違和感のないものとして受けとられた。C-3PO 役のアンソニー・ダニエルズもまた、最優秀演技に値する。独特の身体的な動きも、愉快で喜劇的な台詞回しも卓越している。この俳優の仕事は、より印象的だ。というのは、特にチュニジアでは耐えられないほどの状況下でこの演技を達成したからである。一方、デイヴィッド・プラウズとジェームズ・アール・ジョーンズのダース・ベイダーとしての合成演技も驚くほど効果的だ。ベイダーは（オリジナルの）121 分のうちたった 12 分しか出演していないが、作品のブレークスルーのキャラとなった。ピーター・カッシングは自身とは正反対の、冷たく、慈悲のない悪役グランド・モフ・ター

キンとしてほんの少しの出演で輝いていた。彼が出演したホラー映画では同情的な役が多かった。ピーター・メイヒューはチューバッカの毛皮とメイクの下に埋もれているが、うれしくない役になりかねないところを、ボディ・ランゲージと素晴らしい目の表現を通して、活力と個性をもたらした。

未来の未来

1977 年夏を目前に、20 世紀フォックスの重役たちは成功が確実視されている SF ブロックバスターを懐に抱えていることに気がついた。しかしそれは『スター・ウォーズ』ではなかった。終末後の世界を描いたスリラー『世界が燃えつきる日』(77) だ。ヒューゴー賞やネビュラ賞受賞作家ロジャー・ゼラズニイ原作の映画化で、人気上昇中のスター、ジャン＝マイケル・ヴィンセントと屈強なジョージ・ペパードが主演。監督は、その前の 2 作品──『エアポート '75』(75) と『ミッドウェイ』(76)──が両作品併せて 9000 万ドル、それぞれその年の興行収入トップ 10 に入るヒット作品を生み出した、信頼できるジャック・スマイトであった。しかし、『スター・ウォーズ』が記録に残るヒットとなった一方で、製作費 1700 万ドル（『スター・ウォーズ』より 600 万ドル多い）の『世界が燃えつきる日』は製作費を回収することができない失敗作となった。『世界が燃えつきる日』の失敗は、主な理由としては単に映画が良くなかったということだ。脚本は原作からそれて、無意味なものになり（ゼラズニイは映画と縁を切った）、視覚効果は不格好だった。だが実は、この作品に反作用しているもっと大きな要素があった。

『世界が燃えつきる日』の公開は、もともとは『スター・ウォーズ』の 1 カ月後に予定されていたが、フォックスのサプライズ・ヒットと競合にならないよう、延期された。しかしながら、『世界が燃えつきる日』がようやく公開された 10 月後半までに、観客の趣向が変わってしまっていた。『スター・ウォーズ』の後に続いた『世界が燃えつきる日』は、救いがないほど時代遅れに見えた。──それは単に視覚効果が失笑を買うようなものだったから、というだけが理由ではない。この作品はもっと前の時代の SF 映画に帰属していたタイプのもので、このタイプの流行は突然終わりを迎えたのだ。

高い評価を得た『2001 年宇宙の旅』は批評家ウケする新しいジャンルを構築していたが、フィルムメイカーたちによる望みと観客らの期待から、SF 映画はシリアスな社会問題（核拡散や空気汚染、人口過多、暴力の横行など）にシリアスな方法で取り組む体裁となった。結果として、1970 年代初めから半ばにかけて大半の SF 映画は途方もなく憂鬱なもので、大抵はディストピア的作品だった。これには、『最後の脱出』(70)、

ジャン=マイケル・ヴィンセント（左、岩を持ち上げている）とジョージ・ペパード（右、銃を持っている）は『世界が燃えつきる日』でドミニク・サンダ（後ろ）と共演した。この終末後を描いたスリラーを20世紀フォックスは夏のブロックバスターと期待していた。だが、『スター・ウォーズ』の後に公開された『世界が燃えつきる日』は大失敗となった

『時計じかけのオレンジ』『地球最後の男オメガマン』『サイレント・ランニング』（すべて71）『ソイレント・グリーン』（73）『ローラーボール』（75）といった作品が含まれる。ルーカスの『THX 1138』（71）は、『デス・レース2000年』や『少年と犬』（ともに75）など、この時期たくさん製作された、人類の恐ろしい未来を描いた低予算映画の一つだった。フォックスは運命論的SF作品『猿の惑星』の続編を公開し、アンドレイ・タルコフスキーはこの時期に陰気な『惑星ソラリス』（71）を作った。『2300年未来への旅』（76）は快活な冒険ものとして紹介されたが、未来を舞台にしており、人類は30歳になったら死刑宣告をされるという物語だった。ハリウッドはこんな未来を見たが、その未来は最悪だった。これらの映画に与えられた状況を見ていると、人類は何十年、何百年と経つにつれどんどん悪い方向に向かい、なんらかの形で——核、環境問題、または政治的な問題——世の終末を迎えるのは避けられない、ということになる。

『スター・ウォーズ』はそんなSFの主流の軌道を変えた。『スター・ウォーズ』と『ジェダイの帰還』の間、1978年から1983年に公開された主要なSF映画は軽いトーンで、社会的メッセージはあまり強調されておらず、アクション満載かホラー風味のスリラーのほうに、より傾倒していた。たとえば『SF／ボディ・スナッチャー』（78）『スーパーマン』（78）『スーパーマンII／冒険篇』（81）『スーパーマンIII／電子の要塞』（83）『エイリアン』（79）『スター・トレック』（79）『スター・トレック2／カーンの逆襲』（82）『E.T.』（82）『遊星からの物体X』（82）などだ。この時期洪水のように映画館に押し寄せた、あからさまな『スター・ウォーズ』の模倣品の急流はこのリストからは削除した（第13章参照）。さらに、ディストピア的な作品もこの時代に公開されている。たと

えば『マッドマックス』(80)『ニューヨークからの脱出』(81)『ブレードランナー』(82)などだ。ただしこれらは説教じみたところが少なく、より冒険指向である。70 年代前半によくあった、具体的な問題を扱った "純粋な SF" はどんどん稀になっていった。これは熱狂的な SF ファンにとっては気にくわないことだった。彼らは前の時代の、より博学な、文学的気質の SF ジャンルを好んだ。こういった人たちは、『スター・ウォーズ』がこのジャンルの知的レベルを後退させたことを不快に思った。ちなみにルーカスは『スター・ウォーズ』を本物の SF と呼んだことは一度もなく、通常、「宇宙ファンタジー」と呼んでいる。

『スター・ウォーズ』が SF 映画のトーンとスタイルを大きく変えたというのも事実だ。前例のない経済的成功により――興行収入だけでなく、マーチャンダイジングや出版などの副次的収入もそうだ――ハリウッドのすべての重役の目にはドルマークがついた。ライバルのスタジオはすぐさま、同様に活用できるプロパティを半狂乱になって探し始めた。『ソイレント・グリーン』のような作品を探しているのではなかった。とはいえ、『スター・ウォーズ』の途方もない利益性が観客の欲求に変化を与えたわけではない。観客の欲求の変化が、この映画に途方もない利益性を達成することを可能にしたのだ。正にこの時期、瞬間に適した映画だったということだ。

新たなる希望

1970 年代初期の SF 映画はその当時の世情を反映していた。戦争の傷跡、人種問題による暴動、テロリズム、世界エネルギー危機、そしてあらゆる種類の社会と政治的混乱の時代だ。アメリカではインフレが起こり反戦運動と市民権運動が高まり、"ウーマン・リブ" 活動、エコロジー活動で国が混乱し、一方ではベトナム戦争時の "信頼性の欠如" の後にウォーターゲート事件が続き、アメリカ合衆国は、国として、道徳的指針を持ち続けているのかという政府への長引く不信感と懐疑心を生み出した。『M★A★S★H マッシュ』(70)『チャイナタウン』(74)『狼たちの午後』(75)『ネットワーク』(76) といった作品が大きなヒットとなった。この時期は現実逃避主義者の娯楽でさえ比較的暗いのである。『大空港』(70) や『ポセイドン・アドベンチャー』(72) などの災害映画や『ダーティ・ハリー』『フレンチ・コネクション』（ともに 71）などの悪徳刑事の映画だ。

しかしながら、1970 年代後半までに、観客は苦境や皮肉に飽きてきた。シルヴェスター・スタローンの感動ボクシングドラマ『ロッキー』が 1976 年に前兆を示したように、

もっと楽しくなる作品を欲していた。1977年のブロックバスター4作品（『スター・ウォーズ』『サタデー・ナイト・フィーバー』『トランザム7000』『未知との遭遇』）はすべて70年代前半の多くの作品のように、堕落や空虚感、無力、権力者の陰謀などを描いているものの、同時に負け犬であるごくありふれた男（または女）が最後には勝つという物語だ。様々なタイプの非現実的なファンタジーである。『スター・ウォーズ』はほかの作品よりもヒットしたが、それは現実逃避に加えてあるものを提示したからだ。それはつまり、元気にさせてくれるものである。

『スター・ウォーズ エピソード4／新たなる希望』の"新たなる希望"というレトロニムは、1981年に再公開されるまでは付いていなかった。"エピソード4"という副題が付けられた際に一緒に付けられた。しかしこれはこの作品にぴったりな題名だ。タイトルの"新たなる希望"という言葉は、映画のなかでこれまで抑圧されていた反乱軍の勝利や、この映画が観客に提供した感情的活性化の両方に通じる。将来に希望がもてない時代（そしてジャンル）において、"新たなる希望"はポジティブさへの案内役のように輝いた。しかしこれは、新しい技術が社会の問題を解決するという信念を反映しているどこかのSF文学の楽観性のようなものではない。また、『スター・トレック』のクリエイター、ジーン・ロッデンベリーによる、完全なる人類への追及とも違う。実際、それは全く新しいものでも、先進的なものでもなかった。

表面的にはこの2作品はそれほど違わないように見えるが、『スター・ウォーズ』は『アメリカン・グラフィティ』を作るのにルーカスを導いたのと同じ衝動から生まれている。「これは私の『アメリカン・グラフィティ』の次の作品で、ある意味、主題もなにもかも……『アメリカン・グラフィティ』で描いたものとほとんど同じだ」とルーカスは『スター・ウォーズ』のDVD特典のコメントで解説している。

1974年、ルーカスは"Film Quarterly（フィルム・クォータリー）"紙のインタビュアーのスティーヴン・ファーバーに、『THX 1138』の敗北主義的な態度が間違っていたと話す。「あの映画は人々をより悲観的にし、さらに落ち込ませ、世界をより良くしようという活動への参加を消極的にさせるばかりだった」とルーカスは言う。だから今回は（『アメリカン・グラフィティ』で）もっと楽観的な映画を作って人間同士ポジティブな感情を持てるようにしようと決めた」。『アメリカン・グラフィティ』は観客を1962年に連れて行く。この年はアメリカがベトナム戦争に参加した年で、まだこのときにはそれほど多くの人たちは気がついていなかったが、アメリカの戦後の好景気の終わりが見え始めていた。70年代半ばの視点からは、1962年はジョン・F・ケネディ大統領の暗殺の

前で、アメリカが引き裂かれる前の"古き良き時代"の最後のあえぎであったと記憶されていたはずだ。『スター・ウォーズ』は『アメリカン・グラフィティ』と同じ 1962年の世界観を反映していた。それは『アメリカン・グラフィティ』に登場する若者たちが映画館やテレビで見ていただろう映画にインスピレーションを受けたのだ。ルーカスもまた『アメリカン・グラフィティ』の若者たちの一人であった頃に、そういう映画を見ていた。

　1962 年には、直接的な、善人 vs 悪人の西部劇や、戦争映画、冒険物語といったものは感傷的とも皮肉とも受け取られなかった。「これ（『スター・ウォーズ』）を作った主な理由は、若者たちに、僕たちの世代が持っていたような、正直で健全なファンタジー・ライフを与えたかったからだ」とルーカスは 1977 年に"TIME（タイム）"誌に語っている。「僕たちの世代には、西部劇や海賊映画など様々な素晴らしいものがあった。でも今の世代の若者たちにあるのは『サイボーグ大作戦』や「刑事コジャック」だ。昔どの映画にもあったロマンスや冒険、楽しいことはいったいどこに行ってしまったんだ？」。実際、もし『スター・ウォーズ』が 1962 年に存在していたら、『史上最大の作戦』

キャラクターの優しさを見せるシーンは一般的には『スター・ウォーズ』の強みではないが、ベン・ケノービの死のあと、レイア姫がルーク・スカイウォーカーをなぐさめるシーンがある

や『リバティ・バランスを射った男』や『007／ドクター・ノオ』などの作品と一緒に映画館に上手い具合にはまっただろう。

『スター・ウォーズ』は、神話的な物語構造と古典的かつ元型的登場人物を持った映画であり、その道徳的見解を補強することにより、『アメリカン・グラフィティ』のほろ苦いノスタルジーを超えていった。これが、永遠の真理の表現のように、この物語とメッセージを不朽にした。ルーカスはファーバーとのインタビューのなかで、自身の価値観について「良き隣人であるというようないやに感傷的なこととか、アメリカ人精神のようなくだらないこととか……そういったなかにも何かがある。『スター・ウォーズ』はそういった古臭い理想が今も意味があり妥当性があるということを肯定している」と述べている。

ルーカスがこのプロジェクトを進めるにあたり、中枢としていたにもかかわらず見過ごされがちな事実は、『スター・ウォーズ』はインスピレーションを受けた作品を見下すような態度を取ることは決してない、ということだ。これが、この作品のあとに作られた多くのスペース・オペラの模倣作品とは違うところだ。――皮肉なことに、これには1980年のリメイク版『フラッシュ・ゴードン』も含まれる。『スター・ウォーズ』を酷評する、お高くとまった評論家たちは、もしルーカスがニヤリとするような業界ならではのジョークを語っていたなら、この映画を見に行ったのかもしれない。しかし『スター・ウォーズ』は表面通りの意味に受け取られるべき、単刀直入な、心温まる物語なのだ。これがもし批評家にウケなかったとしても、観客には受けたのだ。

作品の倫理観は完全には保守派の枠には入らなかったし（第29章参照）、公然と政治的ではあるが、『スター・ウォーズ』は過ぎ去った時代の正直で単純な見解を思い出させることによって、アメリカの民衆に共感を呼んだ。1980年のロナルド・レーガンの大統領選挙運動では、こういった共感を利用した。レーガンは『アメリカン・グラフィティ』時代のアメリカを導いていた基本的な道徳感と単純な政策を呼び戻そうと唱え、ホワイトハウスへの切符を手に入れた。いったん大統領に就任すると、彼の陣営はより公然と『スター・ウォーズ』現象を利用した。レーガンは冷戦の強硬派で、1983年の演説のなかでソビエト連邦を「悪の帝国」と呼んだ。同年レーガンは戦略防衛構想（SDI）――合衆国を核攻撃から守るために衛星軌道上に迎撃ミサイルを配置するなどのシステム提案――を発表したが、エドワード・"テッド"・ケネディ上院議員はこれに"スター・ウォーズ計画"というあだ名を付けた。このあだ名には嘲笑的な意図があったものの、レーガンの支持者たちはこれを気に入って、そのまま定着した。1985年、レー

ガンは"スター・ウォーズ計画"を弁護するため、「もし映画の台詞を使わせてもらえるなら、『フォースは我らとともにあらん』」とジョークを飛ばした。ジョージ・ルーカスは怒り心頭で、SDI を推進する二つの保守派擁護団体を、"スター・ウォーズ"を通称に使っているということで訴えようとした。しかしこの訴えは失敗に終わった。その頃までにレーガンは 1984 年の歴史に残る大勝で再選されていた。投票数は"スター・ウォーズ"の興行収入並みだった。

　これらはすべて、1970 年代後半に批評家たちが『スター・ウォーズ』に対してしばしば挙げていた批評を逆に証明するものだ。批評家たちは、この作品は子どもっぽく、

マーガレット・サッチャー（中央）を含む保守的な政治家は、『スター・ウォーズ』への民衆の共感を、有権者が古き良き時代への回帰、白黒はっきりした考えと方針を望む信号だと受け取った

愚かだと言う。1979年に出版されたマイケル・パイとリンダ・マイルズの共著"The Movie Brats: How the Film Generation Took over Hollywood"のなかで、二人はルーカスとの長いインタビューのあと、この監督の最も有名な作品について否定的な評価を記した。「『スター・ウォーズ』は不吉なほど重大なものとして受け止められている。しかしそんなふうに扱われるべきではない。この作品が残す唯一の最も強烈な印象は、これは、光と鐘の音、障害、脅迫、アクション、技術、スリルといったものを備えた、偉大なアメリカの伝統のなかにある単なる一つの映画だ、ということだ。つまり、宇宙のスケールでのピンボールゲームである」。

　パイとマイルズとそのほか多くの批評家たちは、『スター・ウォーズ』は特に語るべきこともない映画だと批判している。実際には、『スター・ウォーズ』は単に、否定者たちが聞きたいことを語っていない、ということだ。一方で当時アメリカの大衆が信じたいと思っていたメッセージを伝えており、その人々の割合が増加していた、ということなのである。

第 11 章

Star Wars, Nothing but Star Wars
スター・ウォーズ、
スター・ウォーズばっかり

人気のインパクト 1977-79 年

　1977 年に流行を生み出したブロックバスター映画は『スター・ウォーズ』だけではない。『トランザム 7000』はアメリカ国内で 1 億 2700 万ドルを稼ぎ、CB 無線がつかの間、大流行となった。『サタデー・ナイト・フィーバー』は全世界で 2 億 8200 万ドルの興行収入を上げ、それまではアンダーグラウンドであったディスコ文化を世に広めた。『未知との遭遇』は全世界で 3 億 3800 万ドル近い成績を上げ、突如 UFO の陰謀説を唱える人々をたくさん出現させた。しかし『スター・ウォーズ』はこれらを軽く超えた。全世界からの興行収入は当時の新記録である 7 億 7500 万ドルを打ち出した（現在のインフレ調整額では 30 億ドルを超える）。しかし、これが素晴らしい数字である一方、この映画の興行収入の集計は『スター・ウォーズ』の成功をほんの一部しか物語っていない。

　この時代を生きていた人でない限り、1970 年代後半に『スター・ウォーズ』がどれほどの衝撃を与えたかを想像することは難しい。この映画はまるでデス・スターの爆発から飛び出して来たかのようにポップカルチャーを直撃した。観客の反応はそれ以前の映画にも以降の映画にも見られないようなものだった。ライターたちの中には、『スター・ウォーズ』をビートルズマニアと比べる者もあるが、その比較でさえうまくはハマらない。60 年代半ばのピーク時、ビートルズの訴求力はティーンエイジャー、特に女子の間で最も強かった。彼らがミュージシャンとして真剣に受け止められるのにはしばらく時間がかかった。最も熱狂的な“スター・ウォーズ”ファンの多くも若かったが——興行成績が示しているように——この映画の訴求力は幅広く、包括的であった。批評家たちの中には否定的な者たちもいたものの（前章参照）、『スター・ウォーズ』はほとんどの場合、好意的なレビューをもらい、アカデミー賞やそのほか数々の名誉に示されるように一般的に重要な作品だとみなされた。

1977 年夏、ダース・ベイダーは足型とサインをロサンゼルスのチャイニーズ・シアター前のセメントに刻む。このベイダーの衣装を着用している俳優はデイヴィッド・プラウズの匿名の代役であった

『スター・ウォーズ』との適切な比較対象を持ち出すためには、ポップカルチャーの研究者は 19 世紀始めまで遡らなければならない。当時チャールズ・ディケンズの愛読者たちは彼が連載していた処女小説「ピックウィック・ペーパーズ」の最新版を買うためにロンドン近郊のニューススタンドで列を成した（彼の作品は、1 冊の本にまとめられる前に連載として出版されていた）。出版社のピャップマン＆ヒルは毎号増刷したが、「ピックウィック・ペーパーズ」の需要が供給を大きく上回った。1836 年 3 月の始めは 500 部だったが、1837 年 10 月には 4 万部で終了した。これは半永久的に愛され

る作家が一人誕生したことを示していた。

　1977年夏から秋にかけて、大衆を満足させるためには『スター・ウォーズ』が"不足している"という状態に見えた。映画館はソールドアウト。店はTシャツやポスター、玩具、そのほかのグッズの需要を満たす潤沢な在庫を確保できずにいた。映画のサウンドドラックの2枚組レコードはプラチナセールス（100万枚を超えるミリオンセラー）となり、1977年10月1日にはテーマ曲のディスコバージョンがビルボードのヒットチャート100で1位を獲得した。映画のノベライゼーションは"New York Times（ニューヨーク・タイムズ）"紙のベストセラー本リストの1位になった。映画そのものと映画に陶酔しきった大衆が話題となり、「TIME」誌、「Newsweek」誌、「ローリングストーン」誌の記事や特集として取り上げられた。C-3POは"People（ピープル）"誌の表紙を飾った。9月16日、ABCは"The Making of Star Wars"と題された1時間の特集番組を放送した。批評家のリチャード・シッケルが台本を担当、フォックスが制作し、C-3POとR2-D2が"司会"を務めた（ジョージ・ルーカスとプロデューサーのゲイリー・カーツ、出演者のマーク・ハミル、ハリソン・フォード、キャリー・フィッシャー、そしてサー・アレック・ギネスも出演した）。こういったことはすべて、しばらくの間、避けられなかった。映画のことを知らないでいることは、たとえ映画を見ていない人がいたとしても、事実上不可能だった。「サタデー・ナイト・ライブ」のビル・マーレイはこの現象を歌にして風刺した。ジョン・ウィリアムズのテーマ曲にのせて歌う。「スター・ウォーズ、スター・ウォーズばっかり／そのスター・ウォーズをちょうだい／これを終わらせないで……」。

　まさに何百万人のファンがそう感じていたのだ。

興行収入の独占

　『スター・ウォーズ』は当初のスケジュールからかなり遅れて完成したため、ジョージ・ルーカスは公開が始まったあともまだ製作を続けていた。1977年5月25日、彼はロサンゼルスにいて、編集者のポール・ハーシュとともに最後のモノ・オーディオの編集を統括しながら、宣伝用資料について相談していた。マルシア・ルーカスはマーティン・スコセッシ監督の『ニューヨーク・ニューヨーク』の編集を終えて戻ってきていた。ルーカス夫妻はハリウッド・ブルバードにあるレストラン、ハンバーガー・ハムレットで夕食のために落ち合うことにしていた。このレストランは偶然にも、ロサンゼルスでは唯一『スター・ウォーズ』を公開していたチャイニーズ・シアターの近くにあった。二人

はチャイニーズ・シアターの外に伸びる列が一角を過ぎ、次の通りの角を曲がってさらに続いているのを見つけてショックを受けた。

　昼食後、ルーカスはすぐにフォックスのアラン・ラッド・Jr. に電話をした。ラッドは監督に全米の映画館でチケットがソールドアウトになっていることを告げた。このニュースは励みにはなったが、ルーカスはこの映画のロングランの可能性について疑問を持っており、その疑いは消えなかった。過去の SF 映画の多くは公開時は好調でも盛り上がりはすぐに下火になってしまった。当時このジャンルの観客は献身的ではあったが、比較的数が少なかったからだ。そもそも、フォックスのマーケティング部門はこの映画は女性には訴求しないということをルーカスに納得させていた。しかしルーカスにとって驚きだったのは、反響がなかなかおさまらなかったことだ。むしろその反対のことが起こった。口コミで評判が広まると、『スター・ウォーズ』はさらに人気が上昇した。数週間のうちにハリソン・フォードはタワー・レコードの店にレコードを買いに行き、ファンに囲まれて服を破られたことから、この映画がどれほど人気があるかを知ることとなった。

　『スター・ウォーズ』は公開から 1 週間で 300 万ドルを稼いだ（この頃の映画のチケット代は 4 ドルかそれ以下だ）。新聞とテレビのニュースは全国でファンがこの一風変わった小さな宇宙映画を見るために列を成している様子を報道した。8 月 3 日、C-3PO と R2-D2、ダース・ベイダーはチャイニーズ・シアターの敷地のコンクリートに足型とサインを刻んだ。いつの日か映画館の列はなくなったが、映画は消えなかった。『スター・ウォーズ』は封切りから 6 カ月のロングランとなった（映画の主要キャラクターたちによるホリデーシーズンの挨拶を載せた特別な広告キャンペーンのおかげでもある）。最初のプリントは事実上ボロボロになり、フォックスは新しいプリントを作らなければならなかった。それまでに、『スター・ウォーズ』は『ジョーズ』が持っていた史上最高興収記録を上回っていたが、上映はまだまだ終わらなかった。最終的に『スター・ウォーズ』は 2 巡目の興行に入った。いくつかの都市では――一つの映画館かまたは別の映画館に移して――1 年以上上映が続いた。この 1 周年記念にはまた別の特別な広告を用意し、キャラクターたちのアクション・フィギュアがバースデーケーキを取り囲む様子を演出した。また、1978 年に『スター・ウォーズ』が公開された違う都市でも、ロングランするという成功を得た。この映画のロングラン上映は、何度も何度も見るためにチケットを買った（まだ家庭用ビデオがない時代だった）忠実なファンたちから派生しており、この現象はまた全国の新聞やテレビの報道のネタとなった。

『スター・ウォーズ』は全米 40 館以下で封切られたが、どの映画館でもファンたちが長い列を作った。次第に公開が広がったため、20 世紀フォックスは、さらなる市場に拡大する時に初期のセンセーショナルな反応をセールスポイントとして利用することができた

　『スター・ウォーズ』はその夏の期待作のほとんどを粉砕した。『遠すぎた橋』は国内で 5000 万ドルを稼いだが、製作費 2600 万ドルから見ると残念な結果だった。『真夜中の向う側』——フォックスの劇場セールス担当者が『スター・ウォーズ』をブッキングしてもらおうと映画館経営者たちに圧力をかけるために使った作品だ——は全世界で 2400 万ドルという残念な結果。ジョン・ブアマンの『エクソシスト 2』は 1400 万ドルで製作され、リターンはわずか 2500 万ドルだった。しかし製作費 2200 万ドルのウィリアム・フリードキンの『恐怖の報酬』がたった 1200 万ドルしか稼がなかったことに比べればましだ。『007／私を愛したスパイ』は国内で 4700 万ドル、全世界で 1 億 8500 万ドルという立派な成績だった。レビューは賛否両論だったにもかかわらず（しかしジャクリーン・ビセットの濡れた T シャツの助けもあり）、『ザ・ディープ』は国内で 5000 万ドルを獲得。1977 年の夏、『スター・ウォーズ』の最大のライバルはハル・ニーダム監督の『トランザム 7000』だった。こちらも思いがけず期待以上の奮闘を見せた作品で、300 万ドルで製作され『スターウォーズ』の 2 日後に公開された。『未知との遭遇』は 11 月 16 日公開で、『サタデー・ナイト・フィーバー』が 12 月 14 日。いずれも『スター・ウォーズ』のファーストラン興行の熱が冷めてきたあたりでの挑戦であった。

スタジオの復活

　『スター・ウォーズ』からの開いた口がふさがらないほどの利益は、20 世紀フォックスの重役たちによる喜びと非難が入り交じるという奇妙な反応に直面した。フォックスがこの作品の製作中に支援することをかなり警戒していた理由のひとつは、スタジオ自体の経済的基盤がぐらついていたからだ。デニス・コロサーズ・スタンフィル代表は、1971 年、前任者で伝説的大物ダリル・F・ザナックの息子であるリチャード・ザナックから、会社を瀕死の状態で引き継いだ。スタンフィルは倒産寸前の状態から持ち直させたが、会社の資産は希薄なままだった。ここ数年の大作の失敗に苦しんでおり、もう次のクリスマスを迎えることはできないかもしれなかった。1977 年 5 月初め、『スター・ウォーズ』公開まで 1 カ月を切っていた頃、スタジオはどうしても現金が必要となり、この作品の可能性について確信が持てなかったため、この作品とこれから公開になる 2 作品の権利をカリフォルニアの投資グループ、ベル・エア・アソシエイツに売却しようとした。フォックスにとって幸運なことに、この申し出は断られ、すぐに『スター・ウォーズ』の利益が同社の金庫になだれ込んで来た。"Washington Post（ワシントン・ポスト）" 紙の映画評論家ゲイリー・アーノルドはこの件について「『スター・ウォーズ』でジョージ・ルーカスは 20 世紀フォックスの寿命を延ばした」と書いたが、これは過言ではない。

　1 株当たり 6 ドルだったフォックスの株価は、映画の公開後は 27 ドルに跳ね上がった。製作の責任者であるアラン・ラッド・Jr. は当時フォックスでは『スター・ウォーズ』の唯一の擁護者で、年収で 40 万ドル近い昇給を受け取り、社長に昇格した。同作はフォックスの経営を安定させただけでなく、会社の売却に際し、株主に何百万ドルも多い利益をもたらすお膳立てをした。1978 年に、投資家マーク・リッチとマーヴィン・デイヴィスが 20 世紀フォックを 1 億 1600 万ドルで買収した時のことだ（6 年後、デイヴィスは彼の持株をメディア王ルパート・マードックに 2 億 5000 万ドルで売却した）。

　しかし一方で、こうした喜びを引き起こしたのと同じ巨額の現金が、後悔の種となった。重役たちは突然、すべての続編の権利とマーチャンダイジングからの利益の半分をルーカスフィルムに譲渡するという失敗を犯してしまったことに気がついた。責任のなすりつけと互いの慰め合いが起こった。

誰も――ラッドやルーカスでさえも――この作品が生み出す反響を事前に予期することはできなかったのだから。これは全く前例のないことだったのだが、結果としてルーカスはすべての勢力を掌握し、『スター・ウォーズ エピソード 5／帝国の逆襲』の契約で

はさらに有利に交渉をすることになる（第 12 章参照）。

　『スター・ウォーズ』はまた、以前は傾いていたボーハムウッドの EMI エルストリー・スタジオを立て直すことにも役立った。1970 年代半ばにはこのスタジオはほとんど使われていなかったため、サウンドステージのうちの二つが取り壊された（この場所にアパートが建てられた）。ルーカスフィルムは EMI の空いていたスペース（全部で八つのサウンドステージがあった）をすべて『スター・ウォーズ』のために予約し（のちに『帝国の逆襲』『スター・ウォーズ エピソード６／ジェダイの帰還』、インディ・ジョーンズ作品３本、そして『ウィロー』が撮影された）、『帝国の逆襲』ではより多くの製作会社を引きつけることができる巨大な新サウンドステージを建設する資金繰りに協力した。しかし EMI は、本来はもっと良い条件で契約できるはずだった。ゲイリー・カーツによると、彼とルーカスは『スター・ウォーズ』の撮影の際、レンタル料の代わりに EMI に利益分配を申し出たが、EMI は断ったという。

批評家たちの受け取り方

　『スター・ウォーズ』には熱狂的なレビューもあった —— 最初のうちは。「TIME」誌はこの作品を「今年最高の映画」と呼び、この文章がその後、何カ月も紙広告に使用された。ロジャー・イーバートとジーン・シスケルは、彼らが出演する PBS 局の映画評論番組 "Sneak Previews（スニーク・プレビュー）" で、この作品に「ツー・サムズ・アップ」（両手の親指を立てて称賛すること）の評価をしている。全国の批評家たちも同意した。"Washington Post（ワシントン・ポスト）" 紙のアーノルドは「新しい古典」「素晴らしい銀河系間のスリル溢れるドライブ」と評した。「ヴァラエティ」紙の A.D. マーフィは「『スター・ウォーズ』は壮大な映画」と書いた。そしてこう続く。「ジョージ・ルーカスは連続活劇や古いアクション大作の記憶から最大限可能な冒険ファンタジーを作ることを試み、見事に成功した……結果は、ウォルト・ディズニーやウィリス・オブライエンをはじめとする正当に有名な実行者たちの天才的な作品に並ぶ。アーウィン・アレンはこれを "映画の魔法" と呼ぶ。"New York Times（ニューヨーク・タイムズ）" 紙のヴィンセント・キャンビーは「『スター・ウォーズ』は、最も厳しい批評家である、疑い深い８歳の SF ファンを確信させるに十分だ」と述べる。「TIME」誌のジェラルド・クラーク——1977 年５月 30 日の記事の中でこの作品を「今年最高の映画」と呼んだ批評家——は、「子どもと、すべての人のなかの子どもに向けた」映画だと大胆に書いている。しかしすべての批評家が自分のインナーチャイルドに触れたわけではない。

『スター・ウォーズ』の初期のレビュー
は揃って好意的だった。しかし、この映
画が当初、週の半ばに全米わずか32館
で封切られ（その後、金曜に42館に拡
大）、数週間、数カ月かけてほかの都市
に広がったという事実を念頭に置いて
おくことは重要だ。『スター・ウォーズ』
の夏が続き、批判的なレビューがわず
かながら出てきた。これらの後出しの批
評家たちはこの頃に映画作品だけでな
く、それに伴う人気の高まりに関して反
応したのだ。否定派の親玉である"New
Yorker（ニューヨーカー）"誌のポーリー
ン・ケールは9月号のコラムで、わざわ
ざ『スター・ウォーズ』を中傷した。同
誌はそれ以前に批評家ペネロペ・ジリ
アットによる称賛のレビューを掲載して
いたのに、である。ケール（封切りの最
初の週に同作品を見にも行かなかった）
はこの作品を「夢のない叙事詩」と呼び、

1977 年のクリスマスに、『スター・ウォーズ エピソード 4 ／新たなる希望』はまだほとんどの都市で封切り以来の公開が続いていた。20 世紀フォックスは主要キャラクターからのホリデーの挨拶文を掲載したこの新聞広告でクリスマスを祝った

「おまけがすべてのクラッカー・ジャックの箱」に例えた。また、"Village Voice（ヴィレッジ・ヴォイス）"紙やそのほかの知識階級の前哨部隊もこの作品を酷評した。一般的には、この映画の否定派は、単純で古臭い『スター・ウォーズ』のような作品がこれほどまでに人気が出たことにうろたえたように思われる。これが、"Los Angeles（ロサンゼルス）"誌に「ルーク・スカイウォーカーはオタクでダース・ベイダーは生卵を吸う」という記事を書いた、短気で悪名高い SF 作家ハーラン・エリソンの態度だ。

　批評家からの逆風が増えていたにもかかわらず、『スター・ウォーズ』はアカデミー賞作品賞、監督賞、脚本賞など 10 部門にノミネートされた。主要部門での受賞はならなかったが、技術部門で 6 個のオスカーを獲得した。また、ゴールデン・グローブ賞には 5 部門、BAFTA 賞（イギリスのアカデミー賞といわれる）では 6 部門でノミネートされた。賞と栄誉の完全な要約については第 35 章を参照のこと。

ファッション、運、名声

　『スター・ウォーズ』の反響はそのほか多くの部分で感じられたが、そのうちのほとんどは本書のほかの章で詳細に取り上げている。この作品はハリウッドの映画製作に変化をもたらし（第1章）、マーチャンダイジング（第2章）や大量の盗作（第13章）やパロディ（第32章）を生み出した。本書の最終章では"スター・ウォーズ"シリーズがポップカルチャーに残した消されることのないサムプリントと我々が共有する創造性について考察している。たとえここまで網羅しても、この映画の人気のインパクトの包括的目録にはなり得ないのである。

　さて、『スター・ウォーズ』はファッションや女性のヘアスタイルにも影響を与えた。——しかしながら、ありがたいことに、あの二つのお団子ヘアは流行にはならなかった。ファッション・ライターのジャン・デリオンはアカデミー賞を受賞したジョン・モロの衣装が、アジア人デザイナーのヨウジ・ヤマモト、イッセイ・ミヤケ、川久保玲らが当時紹介したアイデアを反映していると指摘している。その後、『帝国の逆襲』でも、ヨーロッパのデザイナーたちによって広められたコンセプトと同様のものを統合させている。このデザイナーたちの中には、ジル・サンダーや、"アントワープの六人"として知られるアヴァンギャルドのファッショニスタらの中枢を含む。「"スター・ウォーズ"の衣装のアイデンディティの進化は、意図することなく今日でもかなりの影響力を残しているファッション・デザインと並行した」とデレオンは書いている。必然的に、もし意図していなかったとしても、当時前衛的であったこれらのスタイルを大衆化することに"スター・ウォーズ"は一役買った。1977年、「VOGUE」誌は"ファーの'フォース'"と賛美した写真を掲載し、この作品のファッションへの影響に目配せをした。その写真はC-3POやダース・ベイダー、ジャワ、ストームトルーパー、酒場のエイリアンたちと共にスーパーモデルのジェリー・ホールをはじめとするモデルたちがミンクやクロテンなどの毛皮のコートを着て写っているものだ。ただし、チューバッカは当然、除外されていた。

　『スター・ウォーズ』は少なくとももうひとつの部分で永久に消えない跡を残した。出演者とクルーのキャリアと人生においてである。ルーカスが部分的な利益分配や現金のボーナスで報酬を与えた人たちは、経済的な棚ぼたを手に入れた。恐らく同じくらい重要なのは、技術者やアーティストたちにとって、たとえそれほど目立たない役割だったとしてもこの作品にかかわったことが、名声を掲げた名刺そのものとなったこと

だ。模型作成者やサウンド技術者たちはもし『スター・ウォーズ』にかかわったことがわかったら、サインを求められることもあったという。

　それでも、フォースのように、『スター・ウォーズ』のセンセーショナルな成功にはダークサイドがあった。1977 年末、大きなナイフを持った男がルーカスフィルムのオフィスに入って来て、ジョージ・ルーカスに会わせろと要求した。『スター・ウォーズ』を自分が書いたと主張し、ミレニアム・ファルコンを外に停めていると言ったこの男は、警察によって連行された。もともと内気だったルーカスはますます用心深くなり、引きこもりがちになった。

　『スター・ウォーズ』出演者たちもまた、恩恵を受けた者とそうでない者が入り混じった。ハミル、フォード、フィッシャーはすぐにそして永久に、映画ファンにとってのルーク・スカイウォーカー、ハン・ソロ、レイア姫のイメージとして刻まれた。このため、突然のスターダムをほかの役に転じることは難しかった。ハミルはポストプロダクション中に顔に重症を負ったことにより（第 8 章参照）、一時的に俳優活動が危ぶまれたが、その後、『スター・ウォーズ』3 部作に出演する合間に、三つの主役——『コルベット・サマー』(78)『最前線物語』(80)『さよならジョージア』(81)——しか手に入れていない。『ミッドナイト・エクスプレス』(78) と『ヤング・ゼネレーション』(79) では、アラン・パーカー監督とピーター・イエーツ監督が"ルーク・スカイウォーカー"に彼らの作品の主演をしてほしくないという理由から、ハミルはキャリアを拡大する可能性のある役を逃した。『スター・ウォーズ』と距離を置くため、ハミルは 1981 年、ブロードウェーのミュージカル「エレファント・マン」の上演の最後の 3 週間、エレファント・マンの役を演じた。「私のキャリアの本物のブレイクスルーとなる代わりに、あの作品（『スター・ウォーズ』）は、ある意味、私の苦悩を拡大した」と、1983 年にパブリシストのジョン・フィリップ・ピーチャーが出版した著書 "The Making of Return of the Jedi" の中でマーク・ハミルは話している。

　フォードは 7 作品に出演したが、彼のキャリアは『レイダース／失われたアーク《聖櫃》』(81) に出演するまで軌道に乗らなかった。この作品は、大衆が彼をハン・ソロ以外の人物としても受け入れることを証明した。フィッシャーはコメディの失敗作 "Under the Rainbow"(81) でチェヴィー・チェイスと共演したものの、『スター・ウォーズ』後の 6 年間、主に舞台やテレビで活動した。ルーカスは彼女に『グリース』(78) の準主役を演じるように勧めたが、ランダル・クレイザー監督は代わりにオーストラリア人歌手オリヴィア・ニュートン・ジョンを、アメリカを代表する少女サンディ・オル

ソンとして起用した。「私は宇宙でのみ機能するみたい」とのちにフィッシャーはパブリシスト、アラン・アーノルドに嘆いていた。この女優にとっては、もっとダークな遺産ももたらされていた。体重のことについていつもからかわれていたフィッシャーは、撮影中、コカインが食欲抑制に効果的だということを発見した。これはその後、不幸な結果となったと本人がのちにインタビューと回想録の中で打ち明けた。

　『スター・ウォーズ』の遺産はサー・アレック・ギネスにとってもほろ苦いものであった。利益の 2.5％という寛大な分配により（プロデューサーの 40％から分配される）、彼はイギリスで最も裕福な俳優の一人になった。しかしこの作品への世界的な熱狂は、彼のそれ以降の 30 年間の映画における際立ったキャリアを大衆の頭からすべて消し去ってしまったかのようだった。何百万人という新しいファンは、彼のことをベン・ケノービとしてしか認識していなかった（2000 年に彼が亡くなった時、ほとんどの新聞がギネスの訃報とともにケノービの写真を添えた）。この俳優はこの作品の大変な人気に困惑した。どこに行っても聞かれることは『スター・ウォーズ』の話ばかり。彼はこのことについてインタビューに答えるのを止め、スター・ウォーズ・ファンからのファンレターを投げ捨てたという。回想録 "A Positively Final Appearance" の中でギネスは、サインを求めてきた若いファンが――彼がサインをしているとき――『スター・ウォーズ』を 100 回以上見たと自慢げに話したことを思い起こしている。愕然として、ギネスがその少年に「もう二度と『スター・ウォーズ』を見ないと約束できるか？」と詰め寄ったところ、その子どもは泣き出したという。

　その少年がギネスのアドバイスを守ったかどうか、歴史上に記録は残っていない。しかし、世界のほかの人たちと同じように、おそらく "スター・ウォーズ" を手放すことは難しかったはずだ。

『スター・ウォーズ』の 1 周年を祝うため―映画はまだ多くの
都市の映画館で上映が続いていた―20 世紀フォックスはこの
業界向け広告を打った

第12章

Collect'em All!
すべてを集めろ!!

A Merchandising Revolution
マーチャンダイジングの革命

　『スター・ウォーズ』が受け取った前例のない興行収入はこの映画の膨大な収益力のほんの始まりに過ぎなかった。封切り後の数カ月、そして数年間、この作品は何億ドル（そして最終的には何十億ドル）もの売上を、Tシャツやポスター、フィギュア、小説、コミックブック、レコード、トレーディング・カード、ボードゲーム、バンパー・ステッカー、シーツや枕カバー、ファンクラブの会費など、銀河系のあらゆるものからかき集めた。そして最終的に、ホームビデオが普及したのちは、映画そのものもこれらに含まれるのである（第34章参照）。"スター・ウォーズ"のマーチャンダイジング・パワーは、莫大な利益を各社にもたらした。ただ時には破綻に追いやることもあった。しかし、『スター・ウォーズ』からの恩恵を最も大きく受けたのは"スター・ウォーズ"そのものだ。『スター・ウォーズ』のメモラビリアの売上からの利益が、『スター・ウォーズ エピソード5／帝国の逆襲』の製作中のルーカスフィルムを破綻させずに保ったのである。

ブラック・ファルコン

　『スター・ウォーズ』の続編の権利を持っていたのはスタジオではなくジョージ・ルーカス自身であったため、彼はのちに『帝国の逆襲』として知られるようになる続編の契約交渉を20世紀フォックスと始めるにあたり、かなり有利であった。さらに大きな影響力を得るため、ルーカスは続編の製作費を自身で出資することに決めた。これによりスタジオは財布の紐を握らないので、彼は、製作面をほぼ完全に掌握することができる。ルーカスは製作費を捻出するため、銀行からローンを借り付け、これから入ってくる『スター・ウォーズ』からの再使用料を担保とした。フォックスは映画館から続編の保証額として1500万ドルを受け取り、そこから前金として1000万ドルをルーカスに支払った。この1000万ドルが続編の製作費1550万ドルに補てんされた。

　1977年9月21日、フォックスとルーカスフィルム（具体的には、続編の製作会社と

154

なる、新しいルーカスフィルムの子会社ザ・チャプター II カンパニー）は 1 作目の契約以上にルーカスに利益と権力をもたらす契約交渉に入った。ルーカスは地盤が確実に保証されていたので、それまで所属していたタレントエージェンシー ICM パートナーズを解雇し、弁護士のトム・ポロックの助けを借りながら、自分で契約交渉を進めた。この時ルーカスフィルムは、総収入から受け取る歩合をさらに増やそうとした（52.5%から 77.5% の間の変動制で、総興行収入が 1 億ドルに達したところを上限としている）。契約はルーカスフィルムに完成版への完全なクリエイティブ権を与えることを絶対条件とした。つまりフォックスは単に作品の配給会社となるだけである。ルーカスはすべての続編の権利を持ち続けた。1978 年 7 月 1 日付で、"スター・ウォーズ" のマーチャンダイジングの経営はもう一つのルーカスフィルムの子会社ブラック・ファルコンへと戻した。同日、これらのベンチャー企業の収益からのルーカスフィルムの取り分は50% から 80% に引き上げられる。これは 1981 年にさらに 90% に引き上げられている。

　ルーカスの『スター・ウォーズ』からの収入は『帝国の逆襲』の製作費の担保として凍結されているので、始まったばかりのルーカスフィルム帝国の残りの運営はすべてマーチャンダイジングからの収入でまかなった。従業員の給料からインダストリアル・ライト・アンド・マジック（ILM）の北カリフォルニアへの移転、そして同社の『スター・ウォーズ』以外のプロジェクトの初期開発費まで。同社は『アメリカン・グラフィティ 2』(79) や『レイダース／失われたアーク《聖櫃》』(81)、そして製作がかなり遅れたコメディ作品『笑撃生放送！ラジオ殺人事件』(94) などの開発をしていた。サンフランシスコの弁護士ダグラス・ファーガソンは映画業界とは関係なかったが、ブラック・ファルコン社を統括するために雇われた。同社は 1978 年 2 月 27 日に正式に法人化された。『帝国の逆襲』の公開後は、ルーカスフィルムと合併し、その後ルーカス・ライセンシングと改名した。

　しかしながら、1977 年、ルーカスフィルムが直面した最大の問題は、大衆の『スター・ウォーズ』に対するとどまるところを知らない欲求を満たすために市場に十分なマーチャンダイジングを供給するという単純なものだった。T シャツとポスターが制作される一方（ルーカスフィルムは映画公開から 1 カ月で 10 万ドル分の T シャツを売り上げた）、ノベライゼーションとコミックブックが出版され、公式ファンクラブが設立されたが、ほかに承認している商品はほとんどなかった。そこに海賊版販売者たちがつけこみ、安価の粗悪品を売り歩いた。そういった非公式商品の中には、公式の "スター・ウォーズ" タイアップ商品として販売されていないことが最も痛手となっているものを含んで

いた。それは玩具、もっと具体的に言うとアクション・フィギュアだ。ルーカスは1977年、フランスのレポーター、クレア・クルーゾーに玩具やコミックブックとのタイアップは最初から彼の計画の全体的な構成要素であったと話している。「これらすべてが映画の一部で、スーパーマーケットでの玩具やコミックブックといった物の販売は意図されていた」と彼は言う。だが、誰がその玩具を作るのだ？

ケナー・プロダクツ社

　シンシナチを拠点とするケナー・プロダクツ社は1947年にアルバート、フィリップ、ジョセフのスタイナー兄弟によって設立された。この玩具会社の最初のヒット商品は「バブル・マティック・ガン」という、シャボン玉を発射する玩具の銃であった。1949年、同社は「バブル・ロケット」で賭けにでた。これは100万個以上を売り上げた。9年後、ケナーは"Captain Kangaroo Show"という番組を提供し、全国的に商品の広告を打つ最初の会社の一つとなった。1967年、シリアルの製造会社ジェネラル・ミル社がケナーを買収し、その後、子ども用粘土「プレイ・ドウ」の製造会社であるレインボー・クラフト社と合併した。ケナーはプレイ・ドウの商品ラインを大きく拡大し、そのほかにも「イージー・ベイク・オーブン」やレコードプレーヤーの「クローズン・プレイ」、クーク泣く「ベイビー・アライブ」という人形、そして「スピログラフ」など、ヒット商品を売り出した。

　ケナーは1975年に人気のTVシリーズ「サイボーグ大作戦」のキャラクターを基にした、12インチの多関節アクション・フィギュアの権利を買い取ると、製造を開始した。その年、この会社の累計売上が初めて1億ドルを超えた。翌年、ケナーは「ストレッチ・アームストロング」を販売した。曲げることができるこの13インチのフィギュアは長さにして4フィート近くも"伸びる"。これがもう一つの大ヒット商品となり、ケナーの重役たちは玩具市場のアクション・フィギュア部門にさらに積極的になった。当時フィギュア市場を独占していたのはライバルのメゴ・コーポレーションだ。メゴはマーベル・コミックやDCコミックスのスーパーヒーローを基にした8インチの動きをつけられるフィギュアという人気商品ラインを製造していた。『スター・トレック』や『猿の惑星』といった映画やテレビ番組のキャラクターのフィギュアや、ファラ・フォーセット、モハメッド・アリ、KISSなどの有名人のフィギュアだった。メゴの成功の秘密は、プラスティックのフィギュアの精巧なデザインであった。このフィギュアは頭を取り替えることができた。つまり同社はフィギュアに共通する胴体だけを在庫し、衣装と取り外しができる頭

ケナー社の "スター・ウォーズ" のフィギュアの最初の出荷分が、
映画公開から 8 カ月後の 1978 年初めにようやく市場に出た

だけを変え、多くの違うキャラクターで使い回すことができた。

　"スター・ウォーズ" はケナーとメゴ両社の運命を変えた。ケナーは 1977 年 4 月、"ス
ター・ウォーズ" のアクション・フィギュアの製造権でメゴ・トイズに競り勝った。映
画公開の約 1 カ月前のことだ。何人かのレポーターによると、メゴの重役たちは誰も聞
いたことがないキャラクターを基にしたフィギュアの売上の可能性に疑いを持っていた
という。それに、その頃販売していたスーパーヒーローやそのほかのフィギュアのライ
ンに自信があったので、それほど積極的な額を入札しなかった。一方、ケナーのバー
ニー・ルーミス社長はアクション・フィギュア領域で会社の足場を強化したいと考え
ていたため、"スター・ウォーズ" がヒットするという賭けに出た。ケナーは 1977 年か
ら 1985 年までの "スター・ウォーズ" のフィギュアとプレイセットの独占権を勝ち取っ
た。その頃まだ誰も知らなかったが、ルーミスはこの時点で、メゴを倒したのだった。

　メゴの商品と差を出すため、ケナーは "スター・ウォーズ" のフィギュアを多関節化
し、精巧な 3.5 インチの型抜きプラスティックで制作することを決めた。この形状はア
クション・フィギュアの新しい業界標準となった。しかし、このタイプはデザインと製
造により長い時間がかかった（先に作った胴体に合うに頭を製造し、衣装を縫えば
いいだけではなかったのだ）。結果として、"スター・ウォーズ" のアクション・フィギュ

著者が持っているオリジナルの12体のやや痛んでいる"スター・ウォーズ"のフィギュア。1978年のヴィンテージもの。左からタスケン・レイダー、デス・スター・コマンダー、ストームトルーパー、ダース・ベイダー、ルーク・スカイウォーカー、ベン・ケノービ、レイア姫、ハン・ソロ、C-3PO、R2-D2、（続く→）

アは1977年のホリデーシーズンには間に合わなかった。その代わりにケナーは「先行予約パッケージ」を販売した——本質的には空の箱で、翌年初めに発売予定の4体のアクション・フィギュア（ルーク、レイア、チューバッカ、R2-D2）と交換できる。フィギュアのほかにディスプレイ用スタンド、ステッカー、ファンクラブの会員証が付いてくるこの「先行予約パッケージ」を、ケナーは数十万個売り上げた。1978年にケナーのフィギュアの初回出荷分が発売となるまでに、4体は12体に拡大し、ハン・ソロ、ダース・ベイダー、C-3PO、チューバッカ、オビ＝ワン・ケノービ、ストームトルーパー、ジャワ、タスケン・レイダー、デス・スター・コマンダー（黒い制服を着て、侍のようなヘルメットをかぶっている砲撃手の一人）が揃っていた。これらは各1ドル97セントで販売された。このうちのいくつかは（もし箱が開けられておらず、ミントコンディションなら）今なら数百ドルになる。レアものや製造中止となった型違いエディション（たとえば初期のダース・ベイダーのフィギュアの型には伸縮するライトセーバーが含まれる）は数千ドルの価値がある。

　ケナーは第2出荷分でさらに8体のフィギュアを発売した。これにはグリードとモス・アイズリーの酒場の三つのエイリアン、三つのドロイド、そしてXウィングの戦闘スーツを着たルークだ。1978年末、需要を満たす十分な数を生産するのが困難なことから、

X ウイングのパイロットの衣装を着たルーク・スカイウォーカーとチューバッカ。著者はこれらのフィギュアのオリジナルの武器と小物もすべて所有している。これらは 6 歳の息子が失くしてしまうことがないように、安全な場所に保管されている。本書が出版されてしばらくは、著者はこの安全な場所の位置を覚えているだろう
Photography by Preston Hewis/East Bank Images

これらの"スター・ウォーズ"玩具は 1978 年のクリスマス繁忙期に、またもや入手困難となった。最終的にケナーは 100 種類近くの"スター・ウォーズ"フィギュア（オリジナル 3 部作のキャラクターより）や、多くのプレイセット（デス・スターやモス・アイズリー・カンティーナを含む）、乗り物（X ウイング、TIE ファイター、ミレニアム・ファルコンを含む）やそのほかの小物も発売した。

　この過程で、"スター・ウォーズ"の玩具はアクション・フィギュア市場に大変革を起こした。「近代の玩具収集というアイデアを世の中に広めたのは"スター・ウォーズ"だった」とスティーヴン・J・サンスウィートは著書 "Star Wars: The Ultimate Action Figure Collection" の導入部分に書いている。「"スター・ウォーズ"の新しいアクション・フィギュアが次から次へと発表されたことが、そのきっかけを作った。子どもたちとその親たちは次のキャラクターを探すために何度も店に通わなければならなかった。そしてその度に、このフィギュアで遊ぶための乗り物やプレイセットを買って帰っただろう。まだ家庭用ビデオの普及までには 5 年もあり、"スター・ウォーズ"の玩具は子どもたちがファンタジーのピースを家に持ち帰り、何度も何度も自分の想像力を使ってそれを体験させるものとなった」。子どもたちは映画のシーンを再演したり、自分なりの物語を作ったりして、このフィギュアで遊んだ。このように受動的に座って

ビデオで映画を見直すのではなく、活発に想像活動を行うことにより、多くの若い"スター・ウォーズ"ファンたちはそのシリーズに猛烈に没頭していったのかもしれない。

"スター・ウォーズ"の玩具ラインはケナーの歴史において最大の成功となった。1977年から1983年の間に合計2.5億体近くを販売し、3億ドルを売り上げた。ケナーの親会社であるジェネラル・ミルズの株価は急騰した。一方、メゴの玩具の売り上げは減少していった。一度はアクション・フィギュア界の支配者であったこの会社が1983年に閉鎖となった。メケーは成功が続いた。1893年には"Care Bears（ケアベア）"を展開し、その翌年、競合会社メゴも去ったなか、人気のDCスーパーパワーズのアクション・フィギュアシリーズを発表した。"スター・ウォーズ"の最初のライセンス契約が満了となった時、ケナーは土曜の朝に放送されているアニメシリーズの"Droids"や"Ewoks"のライセンスとともに、"Power of the Force"と名付けられた新しいラインの"スター・ウォーズ"の玩具の権利を勝ち取った。ジェネラル・ミルズは1985年にケナーを独立させた。同社は1987年に玩具メーカーのトンカに買収されたが、1991年にまた売却され、ハスブロ・トイ・グループに吸収された。現在ハスブロはほかの玩具とともに"スター・ウォーズ"の玩具を作っている。

マーベル・コミックス

マーベル・コミックスはスパイダーマンやアベンジャーズ、Xメンなど、世界を数え切れないくらい何度も救っているスーパーヒーローたちでよく知られている。しかし1970年代後半には、マーベルは会社自体に救いが必要となった。彼らを救ったのはルーク・スカイウォーカーだ。

マーベルは1939年にタイムリー・パブリケーションとして設立されたが、1950年代にアトラス・コミックスに改名し、1961年に現在の名称に落ち着いた。1940年代、同社はキャプテン・アメリカやサブマリナーなどのキャラクターを発表したが、マーベルは1960年代初めまでポップカルチャーにはそれほどインパクトを与えていなかった。その頃、若い編集長スタン・リーがジャック・カービーとスティーヴ・ディッコといったアーティストと組んで、ファンタスティック・フォー、ハルク、スパイダーマン、Xメンをはじめとするキャラクターたちを発表した。マーベルの短気なスーパーヒーローたちは悪役と戦うのと同じくらい、自分たちの仲間との揉めごとに時間を割いているようであり、家賃を払ったりというような、日常的な問題に取り組んでいる初めてのスーパーヒーローたちだ。この新鮮なアプローチがマーベルをコミックブック市場の着外

馬から先行馬に急激に押し上げた。1960
年代から 1970 年代初めにかけてライバ
ルの DC コミックス（スーパーマンとバッ
トマン）を大きく引き離した。

　しかしながら 70 年代半ばまでに、販
売の低迷と印刷料の高騰により、マーベ
ルは「毎年数百万ドルずつ」失ってい
た、と 1978 年から 87 年までマーベルの
編集長を務めたジム・シューターは言う。
「もし『スター・ウォーズ』がなかった
ら、我々は倒産していただろう。『スター・
ウォーズ』は単独でマーベルを救った」
とシューターは 2000 年に「Comic Book
Resources」のウェブサイトに掲載され
たインタビューで話している。「多くの功
績は（シューターの前任者）ロイ・トー
マスのものだ。彼は——足をバタバタさ
せて泣きわめきながらも——マーベルが
"スター・ウォーズ" をやるようにもって
いった」。

このコミックブックの広告はファンたちが "スター・ウォーズ"
のポスターや T シャツ、バックパックなどを注文できる機会
を提供している

　ジョージ・ルーカスは大手コミックブックの会社とのタイアップは "スター・ウォー
ズ" にとってメリットになると確信していた。それは若い SF ファンたちの多くがコミッ
クを読んでいるからだ。しかし、DC は興味を持たず、マーベルも初めは無関心だった。
ケナーとの玩具のライセンス契約と同じく、"スター・ウォーズ" のコミックブックのラ
イセンスは映画の公開前に販売された。その時点ではマーベルの重役たちのほとんど
は出版販売責任者エド・シャキンを含め、警戒心を抱いていた。『スター・ウォーズ』
の良い結果を期待した人々はほとんどいなかったし、マーベルがそれまでに SF 映画を
基に出版したコミックの結果は——「猿の惑星」（74-77）「2001 年宇宙の旅」（76-77）「未
知への逃亡者／ローガンズ・ラン」（77-78）を含め——玉石混合だった。しかしトーマ
スは最終的にはもう一つライセンス契約で賭けに出るべきだと重役たちを説得した。そ
れは賢い決断だった。

マーベルの「スター・ウォーズ」コミックは、スマッシュヒットとなった。1977年7月から1986年9月まで114巻（季刊や特別編やミニシリーズなどを含む）発行され続けた（これらのコミックの内容の詳細については第30章参照）。これは最も長く続いた"スター・ウォーズ"のコミックシリーズとして残っている。イギリスでは月刊ではなく週刊として売られていたため、追加の物語が作られた。マーベルは土曜の朝に放送されていたアニメシリーズの"Droids"と"Ewoks"のコミックも出版した。同社が「スター・ウォーズ」コミックの制作を止めたのは、契約が満了になり、権利がルーカスフィルムに戻ったからだ。「スター・ウォーズ」の成功の後、マーベルはほかにもいくつかSF映画のライセンスを契約し、ヒットコミックとなった。「ゴジラ」、『スター・ウォーズ』の模倣作品「宇宙空母ギャラクチカ」、そして玩具を基にした"Rom:Spaceknight""The Micronauts""Shogun Warriors"などだ。

1991年、ルーカスフィルムは"スター・ウォーズ"のライセンスをダーク・ホース・コミックスにライセンスした。2009年、ウォルト・ディズニー・カンパニーがマーベル・コミックスの親会社マーベル・エンタテインメントを買収。その3年後、ディズニーが

1970年代、スポーツとスポーツ以外のトレーディング・カードの市場を独占していたトップスは上記を含めて数百種の"スター・ウォーズ"のトレーディング・カードを発売した

ルーカスフィルムを買収した。2014 年 1 月 3 日、とうとうディズニーはダーク・ホースへのライセンスを止め、「スター・ウォーズ」をマーベル・コミックスに戻すと発表した。マーベルは二つの新しい「スター・ウォーズ」コミックと限定シリーズを 2015 年に開始する計画だ。今一度、スパイダーマンとルーク・スカイウォーカーを同じチームにしようと考えている。

トップス・カンパニー

　トップス・カンパニーは 1938 年、アメリカン・リーフ・タバコからの派生会社としてニューヨークで設立された。アメリカン・リーフ・タバコはトルコなどの国からタバコを輸入しアメリカのシガレット・メーカーに販売していた。トップスはチューインガムのような、もっと子ども向けの商品を売るために設立された。当初、この会社のヒット商品はバズーカという風船ガムだった。包み紙の中に短い漫画が描かれていた。1950 年、トップスは風船ガムのパッケージに人気西部劇スター、ホパロング・キャシディの写真を載せたカードを付けて風船ガムの売り上げを伸ばそうと試みた。2 年後、同社は初めて近代的ベースボール・カードを発売した。トップスの社員、サイ・バーガーのデザインによるカードは選手の名前と写真が表に記載され、裏にはその選手の成績が書かれていた。この収集用カードはかなりの人気となり、すぐに風船ガムの方が付属となった。その後 30 年間、トップスは自らが作り上げたトレーディング・カードの市場を事実上独占し続けた。ベースボール・カードとフットボール・カードに加え、同社はジョン・F・ケネディ大統領、ビートルズなどその他のカードも含め、宇宙プログラムを題材としたカードに力を入れてきた。同社は長い年月にわたり SF を取り扱ってきたのだ。1962 年、同社は今となっては伝説的な（そして超収集価値のある）「マーズ・アタック」のカードを発売した。その後、「アウターリミッツ」や「宇宙家族ロビンソン」「スター・トレック」といったテレビシリーズを基にしたカードや『猿の惑星』などの映画を基にしたカードを発売した。

　"スター・ウォーズ"のトレーディング・カードのライセンスを取得したことで、トップスはトレーディング・カード業界での覇権をさらに拡大した。1977 年の初め、トップスは 330 種の"スター・ウォーズ"のトレーディング・カードと 55 種のステッカー（66 枚のカードと 11 枚のステッカーのシリーズ 5 種）を発売した。ワックスペーパーのパックに入ったカードは 15 セントで売られ、7 枚のカードと 1 枚のステッカーと 1 枚のガムが入っていた。フルカラーのカードはそれぞれ表に映画の場面が描かれていた。裏面は、

最初のシリーズではグレッグとティム・ヒルデブランドといったアーティストたちが制作した有名なワンシートサイズ（27インチ×41インチ）のポスターのレプリカを作ることができるパズルのピースになっていた。様々なシリーズがカラーコードによって識別されていた（シリーズ1は青、その後に赤、黄、緑、オレンジと、次々に出るシリーズに合わせてカラーコードをつけた）。最後のシリーズが現れるまでに、トップスは場面を使い果たし、宣伝用写真やそのほかの写真を使い始めた。『帝国の逆襲』では352枚のカードと88枚のステッカーを発売し、三つのカラーコードにわたった。『ジェダイの帰還』では220枚のカードと55枚のステッカーが二つのカラーコード（赤と青）に分けられていた。これらのカードは同社のスポーツ以外のベストセラーの中に入っている。トップスは今でも"スター・ウォーズ"のトレーディング・カードの主要メーカーである。ただしそのほかパニーニ・グループやメタリック・イメージなどのカードメーカーも長年にわたりカードを発売している。さらに、別の契約としてジェネラル・ミルズも1977年から79年の間に様々なシリアルに入ってくるおまけとして"スター・ウォーズ"のカードを制作した。また、バーガーキングとコカ・コーラも『スター・ウォーズ』と『帝国の逆襲』に特化した36枚のカードセットを1981年に発行した。これらは各ファーストフード店のみでの扱いだった。

1980年代後半、トップスによるトレーディング・カード市場の独占が緩み、スポーツカードの領域ではフリアー、ドンラス、アッパーデック（生き残ったのはアッパーデックだけだが）といったメーカーらが参入し、スポーツカード以外の市場ではクリプトゾイック・エンタテインメントといった会社が参入して競争が激化した。スポーツカード以外の市場の売り上げは、ウィザーズ・オブ・ウエストコーストが発売した「マジック：ザ・ギャザリング」や任天堂の「ポケモン」のような収集価値のあるカードゲームの出現によって一般的に落ち込んだ。もちろん"スター・ウォーズ"のカードゲームもある（第31章参照）が、トップスはどれも制作していない。おそらく新しく始まる"スター・ウォーズ"シリーズが、同社がスポーツカード以外の市場の覇権を取り戻すのに助けとなるかもしれない。

その他

"スター・ウォーズ"の経済効果は、個々の会社の運命を変えてもいるが（前章で述べたように、20世紀フォックスもそれに含まれる）、コレクタブル市場はもとより、あらゆる業界において抗いがたい強烈な影響を及ぼしている。2014年1月に"Statistic

Brain"のウェブサイト上に発表された数字によると、その日までに"スター・ウォーズ"は合計 270 億ドルを生み出したという。玩具の売り上げ（120 億ドル）はシリーズ全体の興行収入（43 億ドル）とホームビデオ（38 億ドル）の売り上げ両方を足しても上回る。ビデオゲームは 29 億ドル、書籍が 18 億ドル、そして"その他"が 13 億ドルもある。

　この"その他"に含まれる商品がそれぞれ興味深い。1970 年代後半、クラークス・シューズは公式にライセンスされた靴の面白いラインを発売していた。同社はある種の靴をスカイウォーカーやタスケン・レイダーという名で売り出していたが、それはシンプルな革のオックスフォードやモカシンで、外側にはこの映画のロゴもキャラクターの画像も何もない（ロゴは中底に焼き付けてあり、簡単に擦れて見えなくなる）。これらの靴はいずれにしろヒット商品となった。最終的にクラークスはスター・ウォーズというキャンバス地のスニーカーを発売したが、そのうちのいくつか（すべてではない）はC-3PO やダース・ベイダーのキャラクターの絵がサイドやつま先、ソールに付いていた。また、アパレルメーカーのフルーツ・オブ・ザ・ルームはレイア姫の下着（アンダルーと呼ばれる）を製造した。――ありがたいことに、『ジェダイの帰還』での金属のビキニではなく、『帝国の逆襲』でレイアが着ていたキルトでできたホスのボディ・スーツを基にしていた。C-3PO と R2-D2 をあしらったアンダルーも女児用に販売され、男児用にはルーク・スカイウォーカーか、ヨーダ、ボバ・フェットの選択肢があった。ケロッグは金色の C-3PO が箱の表面に描かれているシリアルを販売した。シリアル自体はオーツ、小麦、コーンなどのパフを砂糖でコーティングしたもので、チェーンが繋がったような形をしている。報告によるとケロッグは C-3PO の絵を使う権利に 300 万ドル支払った。

　1980 年代前半、若い"スター・ウォーズ"の熱狂的なファンは、ルーク・スカイウォーカーのアンダルーを履いて、"スター・ウォーズ"の T シャツを着て、ジーンズには"スター・ウォーズ"のベルト（リー・カンパニーの製造）をして、クラークスのスニーカーを履き、"スター・ウォーズ"の腕時計（ブラッドリー社製）を付ける。そして C-3POのシリアルを朝食に食べ、昼食を"スター・ウォーズ"の弁当箱（キング＝シーリー・サーモス社）に入れて学校に持って行く。学校ではヘリックス・ステーショナリーのおかげで"スター・ウォーズ"のロゴと「フォースとともにあらんことを」と書かれた鉛筆を使ってものを書いたり絵を描いたりする。書き終わったら、ルーク・スカイウォーカーやハン・ソロ、レイア姫、C-3PO、ダース・ベイダーなどのイラストが書かれた筆

箱にしまう（この会社はこれらのキャラクターのついた鉛筆につける消しゴムや、定規、デス・スターのような形の鉛筆削りなどを製造した）。放課後には、少年は"スター・ウォーズ"の公式ファンクラブ（当然会員だ）の隔月のニュースレター"Bantha Tracks（バンサ・トラックス）"の最新号が届いていないか郵便受けをチェックする。そして自分の部屋に行き——部屋は"スター・ウォーズ"のポスターとビブ・カンパニーのカーテンで飾られている——ローマン・セラミックス社の"スター・ウォーズ"の貯金箱（形は R2-D2 か C-3PO かベイダーだろう）の底にあるプラスティックの蓋を取り、お小遣いを少し取り出して、ハフィー社の"スター・ウォーズ"自転車に乗り、近所の薬局か食料品屋に行ってマーベルが出している「スター・ウォーズ」のコミックか、トップスのトレーディング・カードのパックを買い、家に帰ってフィギュアで遊び、ケナーの"スター・ウォーズ"の塗り絵本に色を付け、MPC の模型を組み立て（X ウィングか TIE ファイターか、ミレニアム・ファルコンか R2-D2 かもしれない）、またはもしかすると友だちとケナーの"Star Wars: Escape from the Death Star"のボードゲームで遊ぶかもしれない。その後、夕食にはデカの"スター・ウォーズ"の皿、ボウル、コップを使い、歯を磨くのはケナーの"スター・ウォーズ"の電動ブラシ（ライトセーバーにそっくりなデザインだ）、そしてアディスの"スター・ウォーズ"バブルを入れた風呂に入る。アディスの"スター・ウォーズ"のキャラクターの石鹸やクリロの"スター・ウォーズ"シャンプーを使う。そしてウィルカー・ブラザーズの"スター・ウォーズ"パジャマを着て、ビブ・カンパニーの"スター・ウォーズ"シーツにくるまり、銀河の遥か彼方の夢を見るのである。

このコミックブックの広告はファンを 1977 年夏に設立された〝スター・ウォーズ〟
の公式ファンクラブに勧誘するもの

167

第 13 章

Attack of the Clones
クローンの攻撃

ハリウッドにおいて、映画の成功の一つの測定方法は、どれくらい多くの模倣が発生したか、である。この尺度で見ると、もっと伝統的な計算方法で測る場合と同じく、『スター・ウォーズ』は映画では大成功にランク入りする。1970 年代後半から 80 年代にかけて、世界中のプロデューサーたちは模倣品の"スター・ウォーズ"を大量生産した。——アクション重視の SF 冒険物語で、コメディ・リリーフ（喜劇的な場面を挿入し、緊張を和らげる手法や俳優）のロボットたちや、苦難の姫、宇宙での戦闘機の戦い、レーザーソードでの戦いなどが登場する、かなりの模倣的内容が満載の武勇伝である。これらの作品のなかには、メジャースタジオが製作したスケールの大きな作品も含まれる一方で、ほとんどは低予算の亜流であった。これらの映画について包括的な調査を行った人はまだいないが、かなり少なく見積もっても数十作品はある。この章で紹介するいくつかの映画作品は、その物真似具合に爆笑するだろうが、第 32 章の『ギャラクシーナ』（80）や『スペースボール』（87）などは、本気で笑わせようと製作された作品だったことに着目してほしい。

『スタークラッシュ』（78）

大衆による SF 作品への欲求が急増したことに対し、プロデューサーたちの対応は素早かった。タイニー・モナーク・リリーシングは 1965 年に製作された低予算のイタリアの SF 映画 "2+5: Missione Hydra"（この作品自体もそれより古い日本の SF 映画 2 本からの映像を再利用している）を掘り起こし、急いで英語に吹き替え、"Star Pilot" という新しい題名をつけてアメリカ国内の映画館で急遽公開した。1977 年 10 月にアメリカで公開となった。同月、"Starship Invasions" という題名で製作されたカナダの安っぽいエイリアン侵略映画が、より"スター・ウォーズ"っぽい題名の"War of the Aliens" として公開された（のちに『未知との遭遇』がヒットした時は、この

"Starship Invasions" は "Alien Encounters"（エイリアンとの遭遇）と改題して再公開された）。

　『スター・ウォーズ』のイメージで具体的に製作された最初の映画は、『スタークラッシュ』という、もう一つのイタリアの低予算 SF 娯楽作品である。オープニングのショットからすぐに『スター・ウォーズ』の真似をしているという手口を明かしている。スクリーン上部から宇宙船が出現し、ブルーバックの宇宙空間を、うねりをあげながら横切っていく。ほかにも『スター・ウォーズ』イズムが満載である。物語のあらすじがオープニングロールに文字で現れ、設定や背景を説明する。臆病だが忠実なロボットたちがいて、光線銃での戦いが起こり、レーザーソードでも戦い、ハイパースペースに飛び、金属的な黒い衣装を着てマントを羽織った悪役が登場し、その悪役の惑星の基地でクライマックスの戦いが起こる。この愚かな物語では、賢く善意のある宇宙の皇帝（眠そうで退屈そうなクリストファー・プラマーが演じている）とその地位を奪おうとする悪のザース・アーン卿（ジョー・スピネル）の対立が描かれる。ザースは超強力兵器を持っている。我らのヒーローたちは、宇宙の密輸業者、ステラ・スター（ハマー・フィルムの元グラマー・ガール、キャロライン・マンロー）と彼女の相棒でジェダイのような不思議なパワーを持つアクトン（マージョー・ゴートナー）、南部訛りで話すエルという名のロボット（ジャド・ハミルトン）、そして皇帝の息子でステラのロマンスのお相手サイモン（のちに「ナイトライダー」や「ベイ・ウォッチ」などに主演するたくましい男で、歌手としてもドイツのポップ音楽でセンセーションを巻き起こしたデイヴィッド・ハッセルホフが演じている）。

　この映画は搾取の専門家ルイジ・コッツィ（ここでのクレジットはルイス・コーツである）が脚本と監督を担当している。彼はレイ・ハリーハウゼンのシンドバッド映画のような SF 叙事詩を作りたがっていた。コッツィはハリーハウゼンの『アルゴ探検隊の大冒険』(63) に出てくるタロスとそっくりな巨大ロボットのシーンを撮影したり、こちらも同じ映画からの有名なシーンを彷彿させるガイコツのようなロボットたちがレーザーソードで戦うシーンなどを撮影した。ステラ・スター役に起用したムンローは『シンドバッド黄金の航海』(73) にも出演している。様々なサイズのロボットたちと一緒に、ステラ、アクトン、エルらは、アマゾンたちやおしゃべりの人喰い原始人たち、そして言うまでもないザース・アーン卿と彼の手先たちと戦う。陳腐な特撮と安っぽいセットや衣装で、『スタークラッシュ』は『スター・ウォーズ』やレイ・ハリーハウゼンの作品には足元にも及ばないのだが、展開は早く、いくらか、いかれた楽しいアイデアを含

んでもいる（たとえば、ザース・アーン卿の宇宙船は巨大な手のような形をしていて、戦闘の準備態勢に入ると、船自体が拳のように丸くなる）。『帝国の逆襲』よりは２年も前だが、ステラと仲間はホスのような氷の惑星を訪れている。

アメリカ・インターナショナル・ピクチャーズは最初この作品の米国での配給に同意したが、完成版を見て手を引いた。ロジャー・コーマンのニュー・ワールド・ピクチャーズが横から入り、拾い上げた。オリジナル版は "Scontri stellari oltre la terza dimensione"（３次元を超えた宇宙戦闘）という題名だったが、アメリカで公開された際、『スタークラッシュ』と "The Adventures of Stella Star"（ステラ・スターの冒険）とされた。どんな題名をつけても、レビューでは酷評されたが、最近になってカルトファンが付いてきた。確かに酷い作品ではあるが、『スタークラッシュ』は寛大な観客を楽しませてくれる（ビールがあればなお良し）。

『宇宙からのメッセージ』（78）

『スタークラッシュ』は『スター・ウォーズ』へのイタリアの反応であったが、日本の反応は『宇宙からのメッセージ』である。これは安っぽい亜流というよりは、立派に製作された作品で（600 万ドルの製作費は日本の標準からは法外である）、地味な東映にしてはいつになく野心的な作品だ。パール・ハーバーを描いたヒット作『トラ！トラ！トラ！』（70）を共同監督した深作欣二が監督し、日本のアクションスター千葉真一と、国際的な訴求力を狙ってアメリカ人俳優ヴィック・モローが共演している。この作品にも『スター・ウォーズ』っぽい要素が満載だ。ベバ２号という名前の、小さくてピーピーという音を出すコミック・リリーフの役割のロボットがいる。悪役に必須の黒いマントの武装した悪役、姫、騒々しい酒場、そしてミレニアム・ファルコンに似た宇宙船も。深作はいくつかのショットを『スター・ウォーズ』から取り入れており、作曲家の森岡賢一郎もジョン・ウィリアムズの同作品の音楽を真似ている。『宇宙からのメッセージ』のクライマックスでは、主人公たちは狭いトンネルのなかを宇宙船で通り過ぎ、直径 10 メートルの小さな的を攻撃し、敵の動力源を破壊しなければならない（どこかで聞いたことがあるのでは？）。

『スター・ウォーズ』が黒澤明の『隠し砦の三悪人』からかなりの要素を取り入れている一方で、『宇宙からのメッセージ』のあらすじは黒澤の『七人の侍』を用いている（偶然にも 1978 年初め、「スター・ウォーズ」のコミックは『七人の侍』の宇宙冒険バージョンを制作した）。エメラリーダ姫（志穂美悦子）は 悪のガヴァナス帝国によって制

イタリアで製作された『スタークラッシュ』はハマー・フィルムの元スター、キャロライン・ムンローとダース・ベイダーのようなザース・アーン卿（ジョー・スピネル）を描いている。狙わずとも滑稽なこの作品は『スター・ウォーズ』の模倣作としてはより楽しめる作品の中に入る
Photo courtesy of Ronald V. Borst/Hollywood Movie Posters

圧されているジルーシア人を彼らの拘束から逃すため、助っ人となる八人の兵士を探す旅に出る。そしてチンピラたちや、ちっぽけなおたずね者たち、退いた将軍（モロー）、さらには追放されたガヴァナスの王子（千葉真一）らを寄せ集める。この映画には、いくつか魅力的なアイデアが盛り込まれている。たとえば、帆がかかったジルーシア人の宇宙船はイギリスの幽霊船フライング・ダッチマンに似ている。しかし、いくつか目に付く欠陥もある（どこかのシーンで登場人物のうちの二人が宇宙服を着けずに宇宙遊泳をする！）。脚本は展開が遅く、反復的でもある。第 1 幕のほとんどは、ビーチ映画を SF にしたようなところがある。ティーンエイジャーの不良たちが小惑星帯でドラグレースを繰り広げ、地元の宇宙酒場でゴーゴーダンスを踊ったりしている。多額の製作費がかけられたにもかかわらず、この作品のプロダクション・バリューと視覚効果は『スター・ウォーズ』の標準からは程遠い。ただし、このようなヴィンテージの日本のファンタジー映画としては、まあまあ容認できる。残念ながらモローは場違いに見える。——彼の飾らない自然主義の演技は、大げさな日本人の演技と衝突してしまう。『宇

『スター・ウォーズ』への日本の回答『宇宙からのメッセージ』のなかで、俳優のヴィック・モロー（座っている）が R2-D2 を模倣したベバ 2 号と会話する
Photo courtesy of Ronald V. Borst/Hollywood Movie Posters

宙からのメッセージ』は悪いことばかりではない。——つまり、そこが最大の問題なのだ。確実に、良い映画とは言えないのだが、ユーモアはふんだんにある。ただ、『スタークラッシュ』ほどには娯楽性がない。アメリカでは『宇宙からのメッセージ』をユナイテッド・アーティスツが公開したが、石のように沈んでしまった。しかし、日本では成功し、テレビシリーズ「宇宙からのメッセージ 銀河大戦」（78-79）も生まれた。

"War of the Planets"（77）、"Battle of the Stars" （78）、"War of the Robots"（78）、"Star Odyssey"（79）

　アイデア搾取映画を専門とするイタリア人監督アルフォンソ・ブレシアを正当に評価しなくてはならない。彼はジョージ・ルーカスが『スター・ウォーズ』のオリジナル

のサーガ 3 部作を作るのよりも短期間で 4 部作すべてを次々と製作した。ブレシアの宇宙での冒険は "War of the Planets" (Anno zero: Guerra nello spazio 77) から始まり、"Battle of the Stars" (Battaglie negli spazi stellari 78)、"War of the Robots" (La guerra dei robot 78)、そして "Star Odyssey" (La bestia nello spazio 79) と続いた。SF をテーマにしたポルノ映画 "Beast in Space" (La bestia nello spazio 80) は、さておく。これらはブレシアが 1977 年から 80 年の間に監督した計 13 作品のうちの数本だ。アメリカナイズされたアル・ブラッドリーとしてもしばしばクレジットされている。ブレシアの低予算スペースオペラはそれぞれ約 3 週間で撮影され、ポストプロダクションには 2 週間程かけ（視覚効果、編集、作曲を含む）、"haste makes waste"（性急は浪費を生み出すの意）という格言が本当であることを証明している。プロダクション・バリューと視覚効果は、恐らく当然のことながら、ばかばかしいほどひどい。模倣した展開の遅い脚本はもっとひどい。

　アメリカでの売り込み文句に反し、"War of the Planets" は『スター・ウォーズ』のクローンではない。イタリアでは『スター・ウォーズ』より 1 カ月早い、1977 年 9 月に公開された。アメリカでは『スター・ウォーズ』は 1977 年 5 月 25 日に封切られたが、多くのヨーロッパの都市には 10 月まで届いていない。"War of the Planets" は主に『2001 年宇宙の旅』と、ほんの少し『バーバレラ』(68) から取り込んだ、一般的な Z 級（B 級以下）SF 映画である。未来が舞台で、地球人たちがコンピューターに決定事項を任せている世界を描く。宇宙飛行士たちは、かつて文明が栄えていたが、いまは邪悪なスーパーロボットに支配されている惑星を発見する。『スター・ウォーズ』が公開され、市場は拡大された。その幸運な偶然により、ブレシアの "War of the Planets" はアメリカで 1979 年に公開された。

　ブレシアのその後の SF 作品にも、様々な度合いで『スター・ウォーズ』の痕跡がうかがえる。『スター・ウォーズ』っぽさが最も強いのは、"War of the Robots" だ。エイリアンたちが地球の著名な科学者を誘拐し、空飛ぶ円盤で彼を連れ去る。宇宙飛行士たちのチームが捜査し、やがてこの科学者が悪の銀河帝国の支配に置かれたことを知る。散発的にレーザーソードでの戦いや銃撃戦が起こり、さらに宇宙での戦闘機の戦いが続く。"Star Odyssey" では、異端児の科学者（オビ=ワン・ケノービの代わりのような）マウリ教授（エンニオ・バルボ）と、ハン・ソロのような冒険家オリヴァー・"ハリウッド"・カレラ（ニーノ・カステルヌオーヴォ）が寄せ集めの反乱軍とロボットたちを率いてエイリアンの征服を覆し、ソル 3（またの名を地球）を解放する。マウリのロボッ

トのうちの一つは R2-D2 とゴミ箱を足して2で割ったような外見で、つまりまさにこれ
が映画全体を表現するのにふさわしいメタファーなのだ。

『ブラックホール』（79）

　ウォルト・ディズニー・ピクチャーズは『スター・ウォーズ』の後に、市場に洪水
を起こしている SF 映画の気運について調査した。そしてディズニーらしい作品で反
応した。ケン・ベリー、サンディ・ダンカン、そしてテレパシーが使える茶色のブチ猫
が出演する『スペースキャット』（78）だ。さらに1年後には、"Unidentified Flying
Oddball" という、宇宙飛行士と彼の相棒のロボットがアーサー王の時代にタイムスリッ
プする映画を公開した（脚本はマーク・トウェインの「アーサー王宮廷のコネチカット・
ヤンキー」の現代版）。両作品ともそれほどのヒット作にはならなかったので、ディズニー
は正真正銘の SF 映画に乗っかることを決めた。2000万ドルを投資した『ブラックホー
ル』だ。

　成熟した、シリアスな冒険アクション映画として、『ブラックホール』は台詞に（軽度の）
罵倒を含む初めてのディズニー作品であり、殺人が起こる実写映画としても、PG のレー
ティングが付くのも、ディズニー初であった。『スター・ウォーズ』への情景のようなも
のを含んでいるが――ロディ・マクドウォールとスリム・ピケンズが声を担当する、愛
すべきキャラの丸い形をした R2-D2 のような2体のロボットが登場するなど――『ブ
ラックホール』はむしろディズニーの1954年の SF アドベンチャー『海底2万哩』を
ベースにしている。宇宙を探索している宇宙飛行士のチームが果てしなく大きいブラッ
クホールの縁にゆらゆらと浮かぶ巨大な宇宙船を発見する、という物語だ。この船は、
キャプテン・ニモのような、孤立したハンス・ラインハルト博士（マクシミリアン・シェ
ル）の支配下にあるが、博士はクルーを人工頭脳のゾンビに変え、ブラックホールを
抜けて既存の科学の法則が適応されない新しい宇宙に行くことに執着している。

　『ブラックホール』は、いろいろな部分でやってみる価値があった。際立って美しい
視覚効果と想像性の高いプロダクション・デザインのショットから始まる。どちらの部
門もピーター・エレンショーが責任者であった。ハリウッドのベテランたちが揃った興
味深いキャスティングや（アンソニー・パーキンス、イヴェット・ミミュー、アーネスト・ボー
グナイン、ロバート・フォスター、シェル、マクドウォール、そしてピケンズ）、さらにジョ
ン・バリーによる音楽が感情に訴える。もし観客がばかばかしい物理学に目をつぶる
ことができるなら、脚本はエキサイティングなアクションのシーケンスの可能性を秘め

ていた。ああ、それなのに、ほとんどのシーンがゲイリー・ネルソン監督と編集のグレック・マクローリンによって台無しにされたのだ。ネルソンはすべてのシーンを、最も平凡な予測可能な方法で撮影し、マクローリンは多くの視覚効果のショットをダラダラと見せ、物語のペースよりもエレンショーのショットを見せることに気を配った。この作品にはダイナミックな構図と、心拍数を速くさせる『スター・ウォーズ』のテンポのよい編集が、痛ましいほどに欠けている。さらに言うと、アラン・ディーン・フォスターによる『ブラックホール』のノベライゼーションの方が完成した映画よりずっと効果的だった。紙面上で読むことができる素晴らしい作品はスクリーン上では実現化が不十分だった。

同作はまた、エンディングの弱さにも悩まされた。——もしくは、エンディングの欠如、と言うべきか。映画は脚本が完成されないまま撮影に入った。ネルソンとディズニーが最終的に考案したものは、『2001年宇宙の旅』とダンテの「神曲」からのスターゲートのシーケンスを、どちらにも正当性を持たせないまま、喚起させようと試みた。フォスターのノベライゼーションとウィットマン・コミックスのバージョンでは、全く違う二つのエンディングを見せている。両方とも映画の結末よりも優れている。『ブラックホール』はディズニーの最も野心的な作品であり、当時点では最も製作費の高い作品だ。しかしアメリカ国内での興行収入は中程度の3600万ドルでしかなかった。様々な興味深い要素があったものの、チャンスを無駄にした作品として残っている。全体的には『スペースキャット』のほうがより楽しめる映画であった。

"H.G. Wells' The Shape of Things to Come"(79)

題名にH.G.ウェルズの名前が入っているものの、この冴えない失敗作とH.G.ウェルズの間には何の関係性もない。ただし、ウェルズはこの作品のおかげで、墓の中で健康体操をしたくなったかもしれない。推定ではウェルズの同名小説に"インスパイアされた"であろうが、物語は意味のある類似性を全く示していない。小説だけでなく、ウェルズが自らこの小説を脚色した1936年の映画『来るべき世界』とも共通点はない。その代わりに、マイク・チェーダとジョセフ・ラズナー、マーティン・ラガーがでっち上げたこの愚かな脚本は、『スター・ウォーズ』とテレビシリーズ「スペース1999」(75-77)から盗んだ要素を結合させている。

いつだかはっきりしない未来において（避けられない冒頭の紹介文によると「明日の明日」ということだ）、地球はロボット戦争によって放射線を浴びた荒地になっている。生き残った者のほとんどは月に逃げた。月には測地線ドームと地下トンネルから成る居

住区が建設されている。人類は遠く離れた惑星デルタ・スリーでしか作られない抗放射線ドラッグ、ラディックQ2へ依存して暮らしている。そこにマントをまとった悪者オーマス（ジャック・パランス）がデルタ・スリーの支配を掌握し、自身を太陽系の皇帝と宣言した。月の居住区にいる四人のヒーローたち——年配のカボール教授(バリー・モース)、彼の息子のジェイソン（ニコラス・キャンベル）、ジェイソンのガールフレンドのキム（アン＝マリー・マーティン、本作にはイディ・ベントンというクレジットで出演）、そしてR2-D2と「宇宙家族ロビンソン」に出てくる皮肉なジョークを利かせるロボットとを掛け合わせたような見た目のコメディ・リリーフ役ロボット、スパークス——は、レイア姫のようなニキ（キャロル・リンリー）を救うために出かける。デルタ・スリーで反乱軍は、数で負けているものの、オーマスの圧政と彼のロボットのミニオンたちと戦う。

　"H.G. Wells' The Shape of Things to Come"はカナダで、悪名高きハリー・アラン・タワーズによって製作された。低予算の白黒映画で注意散漫、あらすじの穴はスター・デストロイヤーが通って行けそうなほどだ。特に腹立たしいシーケンスは、ジェイソンとキムが宇宙船の修理に必要な部品を探しに地球に降りるところ。二人は放射線を浴びている子どもたちの集団に会い、絶対に戻って来て彼らを助けると約束するのだが、探していた部品を見つけることができなかった。それにもかかわらずなぜか船は修理されており、顔が焼けただれた子どもたちは二度と出てこない。演技は揃ってひどいが、公平さのために言うと、この映画の不合理な脚本と哀れな台詞では、演技することも難しいだろう。視覚効果は広範囲に変化するが決して良くはない。いくつか（たとえばジェイソンとキムの宇宙船が地球に着陸する映像）は（「史上最低の映画」と呼ばれているエド・ウッドの）『プラン9・フロム・アウター・スペース』（59）よりわずかに上のレベルで機能している。

『宇宙の7人』（80）

　『宇宙からのメッセージ』のように、『宇宙の7人』は黒澤の『七人の侍』を取り込み、『スター・ウォーズ』のような設定に移植した。結果、この映画は模倣の模倣のようになった。——そして、コピーしたものからコピーを取った時のように、質は毎回落ちていく。

　伝説的なB級フィルムメーカー、ロジャー・コーマンが製作指揮を担当し（彼のニュー・ワールド・ピクチャーズは1978年に『スタークラッシュ』を公開した）、この映画は興味深いキャストが並び（リチャード・トーマス、ジョージ・ペパード、ロバート・

これはどこかで見たことがないか？　ロジャー・コーマンの『宇宙の７人』(80) は『スター・ウォーズ』のオープニングショットを真似た多くの映画の一つだ
Photo courtesy of Ronald V. Borst/Hollywood Movie Posters

ヴォーン、ジョン・サクソン、シビル・ダニング）、幅広く移り気だが時に印象的な視覚効果（若い頃のジェームズ・キャメロンが担当）を見ることができる。トーマスはシャドという若い農民を演じている。彼はアキールという惑星の住人たち（無抵抗主義の農耕社会）を助けるため、傭兵たちを集め、マルモー惑星と、顔に傷を持つ邪悪な指導者セイドア（セクソン）からの侵略に抵抗する。

　ジョン・セイルズが脚本を担当した『宇宙の７人』は展開は早いが、使い古されたばかばかしいアイデアで謎かけをする。たとえば、シャドがアキールを発って最初に行った場所は年をとった科学者と彼の適齢期の娘と何十ものアンドロイドたちだけが住む宇宙ステーションで、この科学者は（切り離された頭がロボットの体に繋がっている）シャドに任務は諦め、そこで娘と共に生きるよう説得しようとする。後にシャドが出会うのは、ウイスキーと西部劇を愛する地球人で連合国の旗を宇宙船の横にペイントしている宇宙のカウボーイ（ペパード）、銀河系のすべての惑星でおたずね者になっている無情な暗殺者であるゲルト（ヴォーン）、勇気を証明しようと戦っている性欲の強い女戦士（ダニング）、セイドアに対して恨みを持つトカゲのようなエイリアン、そして意識を共有している、五人で一つの生き物などだ。シャドはまた、彼の宇宙船のコミュニケートできるコンピューター、ネルにも助けられる。この不良品と間抜けたちの寄せ集めとともに、強力なセイドアを退治しなければならない。セイドアの巨大な船には（想

像がつくだろうが）惑星をも破壊する武器がある。

　特撮はおおむね適度で、なかには驚くほど出来が良いものもあるが、衣装やセット、メイクはコミカルなほど安っぽい。多くのアイテムのデザインもひどい。——たとえばシャドの、胸のように見えるばかげた外見の宇宙船などだ。主にアニメーション界で働いていたジミー・ムラカミ監督は、『スター・ウォーズ』や『エイリアン』『2001年宇宙の旅』などからアイデアを持って来ているが、見たことがないものは何ひとつ提供していない。——これは問題だ。なぜなら、『七人の侍』やジョン・スタージェスによるその西部劇版リメイク『荒野の七人』（60）、ついでに言うと『宇宙からのメッセージ』を見たことがあるなら、誰でも完全にストーリーの予想がついてしまうからだ。ムラカミはまた、俳優陣には好きなようにやらせていたように見受けられる。演技に一貫性がないのだ。トーマスはテレビシリーズ「わが家は11人」のジョン・ウォルトン少年役で見せたのと同じ、真面目でおとなしいシャドを演じているし、ペパードとサクソンは景色に歯型を残している。ヴォーンは恥ずかしくて落ち着かないように見える。200万ドルで製作された（そのほとんどはペパードとヴォーンのギャラだと言われている）『宇宙の7人』は、レビューが酷評だったにもかかわらず、1100万ドルの興行収入をあげた。全体としては『スター・ウォーズ』の亜流の中で最も弱かったというわけではなく、最もつかみどころがなかった、ということだ。

『フラッシュ・ゴードン』（80）

　ジョージ・ルーカスの"Flash Gordon"をリバイバルしたいという元々の夢は阻まれたのだが、『スター・ウォーズ』の著しい成功がそれを避けられないものにしたため、別の誰かがこのアレックス・レイモンドのSFヒーローを復活させなければならなくなった。そのほかの人というのはプロデューサーのディノ・デ・ラウレンティスだ。彼は1980年のスタイリッシュな『フラッシュ・ゴードン』に2000万ドルを投じた。フェデリコ・フェリーニ（！）が監督のオファーを断ると、ラウレンティスはイギリスのアクション専門家監督マイク・ホッジスにオファーした。彼は『狙撃者』(71)や『電子頭脳人間』(74)を監督していた。しかしながらホッジスより重要だったのは、デザイナーのダニロ・ドナティとロックバンドのクイーンだろう。ドナティはアールデコの影響を受けたゴージャスなセットと衣装をデザインした。そのほとんどが鮮やかな赤と金であった。一方、クイーンは脈打つようなエネルギッシュな音楽を提供した。この作品の、スタイリッシュな視覚効果はジョージ・ギブスによって指揮され（彼はのちに『インディ・ジョーンズ』

シリーズを手がける）、人目を引いた。——こうして４色のコミックストリップが生命を宿した。ロックな『フラッシュ・ゴードン』ほど、漫画のようなビジュアルと音楽を持った映画はほかにない。

　ロレンツォ・センプル・Jr. による脚本は、アレックス・レイモンドの初期のコミックである、1936 年オリジナル連続活劇 "Flash Gordon" を脚色している。たくましいアスリートであるフラッシュ・ゴードン（ここではポロ・プレイヤーではなく、フットボールのスター選手である）と愛らしいデイル・アーデンは、風変わりな科学者ハンス・ザーコフに同行し、悪のミン将軍から地球を救うため、命がけの任務に向かう。ミン将軍は星間の暴君で、自分の楽しみのために地球を（月を衝突させて）破壊することを決めた。三人はミンのホームグラウンドであるモンゴに行き、羽のあるホークマンたちをはじめとする、虐げられた種族を奮いたたせ、ミンに対して反乱を起こさせようと試みる。『スター・ウォーズ』と『フラッシュ・ゴードン』の類似性はほとんどが両作品共通のインスピレーションから生じているが、センプルは黒いマントをまとい金属のマスクをしているベイダーに似た、ミンの部下クライタス将軍というキャラクターを生み出している。ホッジスは『スター・ウォーズ』からいくつかカメラ・アングルを借りて来ているが、『オズの魔法使』にもオマージュを捧げている（たとえばいくつかある中でも、ホークマンのショットは驚くほど空飛ぶ猿に似ている）。これは『フラッシュ・ゴードン』の軽いファンタジーの意図を強調している。

　この作品のつまずきはキャスティングにある。マックス・フォン・シドーはミン役で熱い演技を見せ、脇役たちも——ザーコフ役のトポルやバリン王子役のティモシー・ダルトン、ホークマンの一人、ヴァルタン役のブライアン・ブレストなど——上手くまとまっている。だが、フラッシュ・ゴードン役の新人サム・J・ジョーンズとデイル役のメロディ・アンダーソンは深みがなく、二人の相性の良さを見せられなかった。ジョーンズはその年、ゴールデンラズベリー賞の最低主演俳優賞にノミネートされるという "栄誉" を受け取った。同作品の興行は優劣入り混じっていた。アメリカでは 2700 万ドルと残念な結果だったが、全世界ではもっと良い結果を残している。主演が古臭い演技をしていたにもかかわらず、作品は華麗な皮肉混じりの演出で、風通しの良いカラフルな娯楽作品となった。当時の『スター・ウォーズ』志望としては最も楽しめる作品で、熱狂的なカルトファンを生み出している。

『スペース・サタン』（80）

プロデューサー、ディノ・デ・ラウレンティスによる『フラッシュ・ゴードン』のリメイク版では、ダース・ベイダー気取りの鉄のマスクのクライタス将軍（ピーター・ウィンガード）は情け容赦ないミン将軍（マックス・フォン・シドー、奥）の忠実な部下として配役された
Photo courtesy of Ronald V. Borst/Hollywood Movie Posters

　『スター・ウォーズ』の盗作と呼ばれることもあるが、イギリスが製作した『スペース・サタン』は、実際には『エイリアン』のパクリだ。離れた場所（土星の月）にある調査施設にいる二人の科学者が、不気味な企業の侵入や殺人ロボットに脅かされるという話で、『スター・ウォーズ』からはいくつかのショットや衣装のアイデアをもらっているが、リドリー・スコットの 1979 年のゾクゾクする SF ホラーから、より大規模に取り込んでいる。『スペース・サタン』は 1980 年代初めに作られたなかでは最も悪名高い

駄作のひとつであった。特に、キャストとスタッフの面々を考えればなおさらだ。監督はスタンリー "雨に唄えば"・ドーネン、出演はカーク・ダグラス、ハーヴェイ・カイテル、ファラ・フォーセット。そしてアカデミー賞受賞作曲家のエルマー・バーンスタインも参加している。この退屈な型にはまった映画の興行収入はわずか 900 万ドルで、製作費を回収することができなかった。この汚名はその後長い間付きまとった。

そのほかの亜流

『スター・ウォーズ』のクローンたちの攻撃は 1980 年代に入っても続き、1983 年の『スター・ウォーズ エピソード 6 ／ジェダイの帰還』の後になってもまだ見られた。ほかには『スペースハンター』『スペース・レイダース』(ともに 83)、『スター・ファイター』(84)、そして長編アニメーション『スターチェイサー／オーリンの伝説』(85) なども含まれる。この時期に大安売りされた幻想冒険物語の 2 作品『ホーク・ザ・スレイヤー／魔球の覇者』(80) と『銀河伝説クルール』(83) は、かなり『スター・ウォーズ』から拝借してきている。ほかにも、『メタルストーム』(83) のような興味深いハイブリッド作品もある。こちらは『スター・ウォーズ』と『マッドマックス 2』(81) の手法を結合させようとしている。また、『未来から来たハンター／ヨオ』(83) は、『スター・ウォーズ』の先史時代を描いたと言える。

しかし、本当の大胆さと開いた口がふさがらないような粗悪さという点では、"Dunyayi Kurtaran Adam"(83)に勝るものはない。タイトルを翻訳すると "世界を救った男" となるが、この悪名高い作品は、トルコ版『スター・ウォーズ』として知られている。著作権法はまったく無視して、新しく作った素人臭い映像と『スター・ウォーズ』のフィルムプリントから直接盗んできた視覚効果ショットを併せているばかりか、音楽はジョン・ウィリアムズの『スター・ウォーズ』と『レイダース／失われたアーク《聖櫃》』の曲からヒントを得ている。このように必死になって取り込んだ要素との差が、このトルコの幼稚な模倣品をより滑稽にしている。ところで、この章で触れた作品のほとんどは簡単に DVD か Blu-ray か、または YouTube で見ることができる。ほかの作品はともかく、これらの作品は『スター・ウォーズ』がこの分野でどれほど遥か先を行っていたかを完全に理解するのを助けてくれる。

テレビ業界でも亜流の『スター・ウォーズ』が跋扈するのが見られた。ゴールデンタイムに放送されたシリーズ「宇宙空母ギャラクチカ」(78-79)、「キャプテン・ロジャース」(79-81)、『スター・ウォーズ』のテーマ以外の何物でもない SF シチュエーション・コメディ

「モーク＆ミンディ」（78-83）、そして土曜の朝に放送された"Space Academy"（77）や"Jason of Star Command"（78-81）など。

　さらにこれらのあからさまな模倣品に加え、ハリウッドのスタジオは同様のアクション中心のSF作品でマーチャンダイジングの可能性があるものを急いで製作した。ワーナー・ブラザースはクリストファー・リーヴ主演で『スーパーマン』（78）のシリーズを立ち上げ、パラマウントはテレビ番組「スター・トレック／宇宙大作戦」から劇場版『スター・トレック』（79）に移行し、ユナイテッド・アーティストは『007／ムーンレイーカー』（79）で、スーパースパイ、ジェームズ・ボンドを宇宙の軌道へと送り出した。1950年代のSFブームと同じく、77年以降の数年間はSF映画がハリウッドの流行となった。その結果、この時期に製作されたSF映画は以下の作品のように様々だ。『SF／ボディ・スナッチャー』（78）、『エイリアン』『タイム・アフター・タイム』（ともに79）、『アルタード・ステーツ／未知への挑戦』『スキャナーズ』（ともに80）、『ニューヨーク1997』『ヘビー・メタル』『アウトランド』『マッドマックス2』（すべて81）、『ブレードランナー』『E.T.』『遊星からの物体X』『トロン』『スター・トレック2／カーンの逆襲』（すべて82）、そしてデイヴィッド・リンチの『砂の惑星』（84）。後年、SF映画の人気は衰えたものの、以前のようにニッチなジャンルとみなされることはなくなった。

第 14 章

New Recruits

新しいメンバー採用

The Writers, Directors, and Producers of
The Empire Strikes Back and Return of the Jedi

『帝国の逆襲』と『ジェダイの帰還』の
脚本、監督、プロデューサーたち

『アメリカン・グラフィティ』で興行的成功を達成し、『スター・ウォーズ』で歴史的偉業を成し遂げた後、ジョージ・ルーカスは完全な自由を手に入れた。長編映画監督としてキャリアを始めてから、わずか6年で、ルーカスは自分が想像し得る限りのどんなプロジェクトを提案しようとも、ハリウッドの全スタジオから無制限の予算を受け取ることができた。これはほとんどのフィルムメイカーにとっては夢のような地位だ。しかしルーカスは監督を止める寸前だった。

　この決断は業界の多くの人にショックを与えたが、ルーカスをよく知っている人たちにとっては理解できるものだった。インタビューの中で、彼は通常自分のことを監督ではなく"フィルムメイカー"と呼ぶ。編集と撮影が自分の主要な強味であると話し、脚本と監督の部分では自分の腕前をたびたび軽んじていた。1977年、フランス人ジャーナリストのクレア・クルーゾーに、ルーカスは『スター・ウォーズ』の脚本を書くことは「苦痛で過酷」だったと語った。また作品公開の直前には、"American Film（アメリカン・フィルム）"誌の記者スティーヴン・ジトに、映画を監督することが「1年以上続くと、本当に苦しくなってくる」と話している。実際『スター・ウォーズ』を監督したことがかなりトラウマになったので、彼はもう二度とあのような試練を負いたいとは思わない、と感じていた。さらに、ルーカスフィルムやインダストリアル・ライト・アンド・マジック（ILM）をはじめ、ほかにも急成長している彼のハリウッド帝国の領地を指揮するのに忙しかった。ジョージ・ルーカスが監督した映画が次に映画館で上映されるまでに、22年の歳月が経過した。監督としての復帰作は『スター・ウォーズ エピソード1／ファントム・メナス』（99）であった。

　一方でルーカスは、もちろん映画を作り続けたが、映画へのかかわりは製作総指揮

としてだった。脚本、監督、現場での製作作業などの仕事は喜んでほかの人に譲った。しかしながら、彼はハリウッドの典型的な幹部とは違っていた。かつてデイヴィッド・O・セルズニックが、たとえアルフレッド・ヒッチコックやジョージ・キューカー、ウィリアム・ウェルマンなど、意思が強く特異な監督たちと仕事をする時でさえ、クリエイティブ面での主要な統制権を監督に渡さずに、自分のすべての映画に対する究極の権限を保持したように、ルーカスも古きハリウッドの大物の流れを汲む手法を取っていた。

　ルーカスは才能ある脚本家、監督、プロデューサーたちを探さなければならなかった。それも、自分自身の創造性を製作総指揮のルーカスのビジョンに従わせるという基本姿勢に協力的な人だ。昔のハリウッドのスタジオ・システムではこういった方法は典型的だったが、1970 年代の新しいハリウッドの風潮では忌み嫌われるものだった。かなり厳しい条件ではあったものの、ルーカスは才能のある人材を見つけた。彼らは、ルーカスが自分自身で開発、監督したならば到底表現し得なかった深みと繊細さを、作品にもたらすことができた。『スター・ウォーズ』シリーズ以外の企画では、後にオスカー受賞監督となるスティーヴン・スピルバーグ（『インディ・ジョーンズ』シリーズ）やロン・ハワード（『ウィロー』）らともコラボレートしている。しかし 1977 年末の時点では、ルーカスはただ次の『スター・ウォーズ』を立ち上げる手助けをしてくれる才能ある人材を見つけることだけが気がかりだった。

リー・ブラケット

　1915 年 12 月 7 日にロサンゼルスで生まれたリー・ブラケットは、SF 映画の黄金期において、男性支配のこの世界に入り込むことができた少数の女性の一人だ。会計士だった父親は彼女が 3 歳の時に流感で亡くなり、残された母親と彼女は経済的に困窮した。ブラケットは高校を卒業したが、明らかに頭が良かったにもかかわらず、大学に進学する余裕はなかった。1939 年、彼女はロサンゼルス SF 協会に入会し、そこでレイ・ブラッドベリやロバート・ハインラインと友だちになり、彼らを通じて編集者など出版業界の内部の人たちに紹介された。ブラケットは 1940 年から 76 年の間に 11 冊の小説と数十の短編を出版した。その中には、1995 年上梓し、高い評価を得た「長い明日」や、SF の要素と“剣とサンダル”（古代の神話や歴史を基にした物語）という神話的要素を併せて人気を博した“Skaith Trilogy”と呼ばれるシリーズものなどが含まれる。

　ブラケットの SF 物語の真正性は非の打ち所がなかったのだが、ルーカスは彼女のもう一つの天職であるハリウッドの脚本家としての仕事ぶりに惹かれていた。初期の頃、

ブラケットはハードボイルドの探偵物語や小説を執筆していたが、そのなかの1作品、1944年に出版した「非情の裁き」がハリウッドのディレクター、ハワード・ホークスの目に止まり、ウィリアム・フォークナーと脚本家ジュールス・ファースマンとともにレイモンド・チャンドラーの複雑な小説「大いなる眠り」の脚色を手伝うために雇われた。この作品はホークス監督、ハンフリー・ボガートとローレン・バコール主演の『三つ数えろ』という映画になり、1946年に公開され、フィルム・ノワール作品の傑作となった。ホークスはブラケットと契約を結んだ。小説や短編に加え、ブラケットは11本の脚本および共同脚本を手がけた。ホークス監督、ジョン・ウェイン主演の『ハタリ！』(62)、『エル・ドラド』(67)、『リオ・ロボ』(70)や、ロバート・アルトマン監督でもう一つのチャンドラー小説の映画化『ロング・グッドバイ』(73)などが代表作となっている。ブラケットは小説と短編のほうがより自分にとって重要な仕事と考えていたため、1本の脚本を終えると小説と短編に集中するための長い休みを取っていた。

　ルーカスはブラケットがホークス作品で手がけた脚本を称賛しており、正真正銘の古典的ハリウッドの手法を『スター・ウォーズ』に持ち込んでくれる人と仕事をするという考えを気に入っていた。そこで1977年11月、彼はブラケットに会い、『スター・ウォーズ』の続編の考えを話した。当時この続編は『スター・ウォーズ　チャプターII』と呼ばれていたが、後に『帝国の逆襲』と改名される。1978年2月末、ブラケットは最初の草案を提出したが、彼女の脚本はルーカスの期待に応えていなかった(第16章参照)。その頃までに、この62歳の作家の健康が蝕まれていた。ルーカスは書き直しについて相談するために彼女に連絡を取ったが、ブラケットはすでに入院していた。彼女はガンのため1978年3月18日に亡くなった。彼女の執筆した部分は最終の脚本にはほとんど残らなかったが、ルーカスは彼女がクレジットを受け取るべきと主張した。1980年に『帝国の逆襲』はヒューゴー賞を受賞した。ヒューゴー賞はSF文学界の権威ある賞で、ブラケットのSF界での"本物の"キャリアの間には、彼女に栄誉を与えることを避けてきた。ブラケットは2014年にSFの殿堂入りを果たした。

ローレンス・カスダン

　ローレンス・カスダンは1949年1月14日にマイアミで生まれたが、育ったのはウエストヴァージニア州モーガンタウンだ。父親は電気屋チェーンを経営し、母親は雇用カウンセラーとして働いていた。カスダンは1966年にモーガンタウン高校を卒業し、英語教師になるためにミシガン大学に進学した。教職には就けなかったが、カスダン

はシカゴで広告コピーライターとして雇われ、すぐにクリオ賞を受賞した。1970 年代半ば、彼はロサンゼルスに移り、夜な夜な脚本を書く一方で、テレビ CM の仕事をしながら生計を立てた。

　本人によると、初めて脚本が売れるまでに、67 回断られたという。残念なことに、初めて売れた脚本『ボディガード』は当初スティーヴ・マックイーンとダイアナ・ロスの主演と想定されていたが、10 年以上も開発の生き地獄にはまって、結局 1992 年、ケヴィン・コスナーとホイットニー・ヒューストン主演で公開された。次に売れた脚本は 1981 年に『Oh! ベルーシ絶体絶命』として映画化された。シリアス喜劇のこの作品はジョン・ベルーシ主演でマイケル・アプテッドが監督した。この時はまだ映画化された作品は履歴書に書かれていなかったが、カスダンの売れていない作品はハリウッドで高く評価された。ルーカスは『レイダース／失われたアーク《聖櫃》』(81) の脚本家として彼を雇うことをスティーヴン・スピルバーグに提案した。1978 年 6 月、カスダンは『失われたアーク《聖櫃》』の脚本を提出し、これには誰もが喜んだ。ルーカスはブラケットの『帝国の逆襲』の脚本を自分で書き直していたが、カスダンに完成を依頼した。カスダンがブラケットの草稿を一度も見ていないことについては、ルーカスもカスダンも発言が一致しているが、それでもこの作品の脚本家としてカスダンとブラケットの二人がクレジットされている（ルーカスはクレジットを辞退した）。3 年後、カスダンは『ジェダイの帰還』の脚本を書くために戻ってきた。

　それまでにカスダンの脚本家としてのキャリアは軌道に乗っていた。『帝国の逆襲』から 1 年経った 1981 年にはカスダンが手がけた 3 本の印象深い映画が公開された。『レイダース／失われたアーク《聖櫃》』と『Oh! ベルーシ絶体絶命』、セクシーなフィルムノアール・スリラー『白いドレスの女』である。このハットトリックが強みとなり、彼は自分の企画の脚本、監督、プロデュースを手がけるハリウッドでも稀な階級に登っていった。ベビーブーマーを対象にした、成熟した性格劇で知られる彼の作品のなかでも代表作は『再会の時』(83)『偶然の旅行者』(88)『わが街』(91 "Darling Companion" (12) などがある。彼が脚本と監督を手がけた作品は『シルバラード』(85)『ワイアット・アープ』(94)、そして監督を手がけたコメディ作品は『殺したいほどアイ・ラブ・ユー』(90)『フレンチ・キス』(95)『マムフォード先生』(99) である。また、実はホラー作品（スティーヴン・キングの小説を映画化した『ドリームキャッチャー』(03)）も監督している。彼の『わが街』『偶然の旅行者』『再会の時』はアカデミー賞脚本賞にノミネートされた。

カスダンが描く、深みのある、生きているかのような登場人物とごく自然な会話は『帝国の逆襲』と『ジェダイの帰還』をより増強させた。彼はルークやレイア、ハンの性格に肉付けし、シリーズの最も記憶に残る登場人物のうちの二人、ランド・カルリジアンとヨーダを紹介した。また、怒りっぽいが結局は温かい登場人物たちに活力と信ぴょう性をもたらした。特に『帝国の逆襲』でのレイアとハンのロマンスもそうである。

脚本で監督のローレンス・カスダン。『殺したいほどアイ・ラブ・ユー』の撮影現場にいる様子を写した写真。彼はジョージ・ルーカスとスティーヴン・スピルバーグが『レイダース／失われたアーク《聖櫃》』の脚本を依頼したことで大きくブレイクした。その後、『スター・ウォーズ エピソード５／帝国の逆襲』と『スター・ウォーズ エピソード６／ジェダイの帰還』の共同脚本も手がけている

これらの性質はルーカスが自分で手がけた『スター・ウォーズ』の脚本には欠けている。『スター・ウォーズ／フォースの覚醒』の脚本と監督を務めるＪ・Ｊ・エイブラムスが、共同脚本と共同プロデュースに、カスダンを雇ったのは全く驚きではなかった。「ラリー・カスダンと一緒に仕事をすること、特に『スター・ウォーズ』の映画で一緒に仕事をすることは、ほかに勝るものがない体験だった」とエイブラムスは話している。エイブラムスはオリジナル３部作の強みをシリーズに取り戻すことを望んでいると語っており、その強みのひとつはカスダンの脚本なのである。

アーヴィン・カーシュナー

　ルーカスは監督の椅子を喜んで放棄したが、誰に空け渡してもいいというわけではなかった。「『スター・ウォーズ』の後、ひとつの確信があった。２作目は自分で監督したくない、ということだ」とルーカスは 2010 年に“New York Daily News（ニューヨーク・デイリー・ニュース）”紙の記者に語っている。「信頼でき、称賛できる人、そして作品のなかに成熟さとユーモアを盛り込める人が必要だった。カーシュはそれらすべてを備えていた」。“カーシュ”とは、もちろんアーヴィン・カーシュナー監督のことである。

　1923 年 4 月 29 日にフィラデルフィアで生まれたカーシュナーは、博識で、小学生のときにバイオリンを習い始め、テンプル大学のタイラー美術学校で作曲を専攻した。しかし学問は第２次世界対戦で中断された。２年半、陸軍航空隊に在籍している間、イギリスに駐留した。アメリカに戻って来ると、カーシュナーはニューヨークで著名な講師ハンズ・ホフマンに師事して絵画を学んだ。そしてロサンゼルスに移り、アートセンター・カレッジ・オブ・デザインで写真を学んだ。最後に USC で映画の授業を履修し、このメディアは彼の興味とそれまで学んだ芸術の能力をすべて併せて新しい分野に統合するものだということに気がついた。USC を卒業後は、国務省で働き、イランやギリシャ、トルコでドキュメンタリーを監督した。アメリカに戻ると、KTTV ロサンゼルスのテレビ番組で、“Los Angels Times（ロサンゼルス・タイムズ）”紙のコラムニスト、ポール・コーツが司会を務める 30 分のドキュメンタリー・シリーズ “Confidential File”（53-38）を開発した。1958 年、カーシュナーは初のフィクション映画を監督した。“Stake out on Dope Street” というこの低予算のメロドラマは、二人のティーンエイジャーの少年が偶然ヘロインの入ったコーヒー缶を手に入れたことからドラッグビジネスに手を染めていく話を描いたものだ。その後も低予算映画と、カーシュナーが開発して企画を売ったニック・アダムス主演の西部ドラマシリーズ「西部の反逆児」（59-61）

などのテレビ番組を制作し続けた。『帝国の逆襲』の直前に彼が手がけた作品はリチャード・ハリス主演の『サウス・ダコタの戦い』(76)、エミー賞にノミネートされたテレビ映画『特攻サンダーボルト作戦』(76)、そしてフェイ・ダナウェイ主演でパラノーマル・スリラーのヒット作『アイズ』(78) などがある。

　しかしルーカスにとっても最も信頼が置ける点は、カーシュナーが短期間だけ USC で教えていたことだ。その時の教え子の一人がジョージ・ルーカスで、カーシュナーのクラスを2期履修していた。カーシュナーはルーカスが学生時代に制作した短編映画「THX 1138 4EB」が全米学生映画賞を受賞したときの審査員の一人だった。「あの頃すでに彼がかなり特別な学生だということはわかっていた」とカーシュナーは 2009 年のコロラド映画学校でのインタビューで話している。ルーカスは「ビジョンを持っていた……映画というものにほかの人が見ていないことを彼は見ていた」。ルーカスはカーシュナーの洞察力を信頼していて、元講師が、ルーカスの親しい仲間に加わることになった。仲間には、スピルバーグ、フランシス・フォード・コッポラ、ブライアン・デ・パルマ、撮影監督のハスケル・ウェクスラー、脚本家のウィラード・ハイクとグロリア・カッツ、音響編集のウォルター・マーチらがいた。ルーカスはカーシュナーをメンターと考えていた。

　とはいえ、カーシュナーはルーカスが『スター・ウォーズ』の続編の監督を依頼したとき、面食らった。「依頼を受けた時はびっくりして、断ったんだ」とカーシュナーは公共テレビ番組"Artsmash"のインタビューで話している。「6週間くらい断り続けた。『君は大ヒットした映画を作った。みんなが気に入っている。僕ができる最大限のことは、2番手になる作品を作ることだ』と彼に言ったんだ。すると彼は『いや、それは問題ではない。問題はあの作品よりももっと "良い" 作品を作らなければならないということだ。なぜなら、2作目が成功すれば、次の作品を作り続けることができるから。もし1作だけの現象だったら、それで終わっている』。それで私は考えた。『いやはや、上手いことを言うな』と」。カーシュナーはまた、ルーカスが自身で製作費を出すつもりであると聞き、さらに感心した。それはルーカスが自分の金銭的保証をすべてこのプロジェクトに賭け、カーシュナーが不可能と思われることをやって、『スター・ウォーズ』を超える能力があると賭けていることを意味する。——「彼はすべてを抵当に入れていた」とカーシュナーは振り返る。ルーカスはカーシュナーに、撮影には干渉しないと約束した。この約束はほとんどの部分では守られる（第 17 章参照）。そしてカーシュナーは契約した。

この貴重な宣伝用写真にはオリジナル 3 部作の監督が揃って写っている。左から：アーヴィン・カーシュナー、ジョージ・ルーカス、リチャード・マーカンド

　「ファンタジーに正しい考え方を持っているだけでなく、前作からのユーモアや、本来は冒険物語であるところに少しアクションをスローダウンさせるというような見所を忘れることなく、登場人物を作り上げていくことができる人を望んでいた」とプロデューサーのゲイリー・カーツはパブリシストのアラン・アーノルドの著書 "Once Upon a Galaxy: A Journal of the Making of The Empire Strikes Back" で話している。カーシュナーはプロデューサーが望んでいた通りの監督だった。

　カーシュナーの努力はすぐには認められなかった（第 18 章参照）が、現在では『帝国の逆襲』はここまで公開された全シリーズのなかで最も洗練されているとみなされている。これがカーシュナーにとっては熟練された職人としての証明となる。彼はブロックバスター映画を監督したことはなく、この映画が抱える多くの技術的な挑戦にもうろたえていない（いくつかの点では、『帝国の逆襲』は 1 作目よりもさらに撮影が複雑であった）。さらに重要なことに、カーシュナーは繊細さとユーモアを盛り込んだ。ハミル、フィッシャー、フォードらのシリーズ最高の演技を誘発し、難しいヨーダのキャラクターも見事に取り扱った。芸術家としての下地により、カーシュナーは画家のようなビジュアル・スタイルをもたらしている。シリーズ全作品の中で、これほど構図や撮影がかっこいい

作品はない。

　『帝国の逆襲』の後、カーシュナーはショーン・コネリー主演のジェームズ・ボンド映画『007／ネバーセイ・ネバーアゲイン』(83) や『ロボコップ2』(90)、そして数本のテレビ映画やテレビ番組を監督した。また、マーティン・スコセッシの『最後の誘惑』(88) ではキリストの十二使徒ジェームズとジョンの父ゼベダイを演じるなど、5作品に俳優として出演している。カーシュナーは 1994 年に引退し、2010 年に長年患った肺がんのため亡くなった。

リチャード・マーカンド

　ルーカスと同じく、カーシュナー（当時 57 歳）は『スター・ウォーズ』の映画を監督することは体力的にも精神的にも疲弊するということがわかった。彼は絵コンテ作成に 1 年をかけ、それから撮影に半年、そして長いポストプロダクションの間もかかわっていた。「『帝国の逆襲』の製作に 2 年 9 カ月かかり、私の人生からたくさんのものを持っていかれた……そろそろ……次に行くときだと感じた」とカーシュナーは 2010 年に "Vanity Fair（ヴァニティ・フェア）" 誌に語っている。そうでなくてもカーシュナーはスケジュールと予算を大幅に超過していた（第 17 章参照）。3 作目の『スター・ウォーズ』を作るにあたり、ルーカスはこの頑固なメンターよりも柔軟な人に監督してもらいたいと思った。ルーカスは最終的にリチャード・マーカンドに落ち着く。

　1937 年 9 月 22 日、ウェールズのカーディフで生まれたマーカンドはイギリスの国会議員の息子で、作家で政治活動家デイヴィッド・マーカンドの弟だ。ロンドンやフランスのプロヴァンスの私立学校に通い、ケンブリッジ大学に進学した。18 カ月の兵役義務の間、マーカンドは香港にある英語テレビ放送局でニュース番組のキャスターを務めた。これにより、兵役終了後は BBC でテレビのドキュメンタリー番組の脚本と監督を担当していた。最初のフィクション映画は低予算のホラー作品『レガシー』(79) で、キャサリン・ロス、サム・エリオット、ザ・フーのメンバーで俳優もしていたロジャー・ダルトリーらが出演した。この作品はそれほど印象的ではなかったが、次の作品でテレビ用の伝記映画 "Birth of the Beatles" (79) は熱狂的なレビューと高い評価を得た。その次にマーカンドは第二次世界大戦のスパイスリラー『針の眼』(81) を監督した。ケン・フォレットのベストセラー小説の映画化で、ドナルド・サザーランドとケイト・ネリガンが主演しているこの作品は 1700 万ドルというそこそこの興行収入だったものの、ほとんどの批評家から高い評価を得た。――もっと重要なことにジョージ・ルーカ

スからも評価が高かった。「私が見たのは『針の眼』という映画で、彼の映画の中でこの作品が最も印象深かった」とルーカスは、『ジェダイの帰還』の DVD 特典のコメントの中で話している。「とても良くできていて、エネルギーとサスペンスに溢れていた」。

　カーシュナーは『スター・ウォーズ』シリーズの手綱を取ることを躊躇したが、マーカンドはこのチャンスに飛びついた。「私は『スター・ウォーズ』のとてつもないファンで」とマーカンドは 1984 年に "Den of Geek" のウェブサイト用のインタビューで答えている。「ベートーベンの音楽をかなり良く知っているつもりで、ロンドン交響楽団で演奏する依頼をようやく受けた若者のような気分だった」。マーカンドは前任者と自分を比較する。「カーシュナーは完全にあの 2 作目にぴったりだった。ダークで問題と苦悩が多い映画だ。カーシュナー自身もそういう性格だ。社会的にはとても楽しい人だが、頭の中はダークな苦悩と心配事で溢れている……自分自身は、3 作目にぴったりだったのではないかと思っている。なぜなら私は美徳に惹かれるところがあるから。忠誠、友情、愛といったような……それにハッピーエンディングが好きだからね」。

　マーカンドは "俳優を尊重する監督" だと言われている。カーシュナー同様、マーカンドもキャストの演技を上手く引き出した。特にハンとレイア、ルークとベイダーのシーンが素晴らしい。『ジェダイの帰還』を製作しているとき、マーカンドの幼い息子が『スター・ウォーズ』の大ファンだったので、(良くも悪くも) ルーカスがこの作品をもっと子ども向けにしたいと考えていたことを支持した。ルーカスは『帝国の復讐』のときよりも (第 20 章参照)、『ジェダイの帰還』の撮影にはより直接的にかかわっていたため、マーカンドの貢献度を公平に評価するのは難しい。彼は『ジェダイの帰還』のなかで、AT-AT の運転手役としてカメオ出演もしている。

　『ジェダイの帰還』の後、マーカンドはジェフ・ブリッジスとグレン・クローズが出演するスリラーのヒット作『白と黒のナイフ』をはじめ、3 本の映画を監督した。しかし、1987 年 9 月 4 日、59 歳の時に脳卒中で亡くなり、短いキャリアに幕を閉じた。彼の監督としての遺作『ハーツ・オブ・ファイアー』はボブ・ディラン主演の、音楽業界を描いたドラマだが、評判は良くなく、彼の死後に公開された。ジョージ・ルーカスは、マーカンドの葬式に参列した数少ないハリウッドの面々の一人であった。

ハワード・カザンジャン

　『帝国の復讐』の撮影は延々と長引き、製作費も当初の見積もりより 3 倍となっていた。ルーカスはプロデューサーのゲイリー・カーツへの苛立ちが日に日に増していくこ

とを感じた。カーツは『アメリカン・グラフィティ』からのルーカスの右腕として尽くしてきた。1979年8月末、撮影の終了を数週間後に控え、ルーカスはカーツを静かにプロジェクトから外した。(第17章参照)。ハワード・カザンジャンが現場のプロデューサーの役割を引き継ぎ、『ジェダイの帰還』にも継続して参加した。

1942年、カリフォルニア州パサデナに生まれたアルメニア系アメリカ人のカザンジャンは、USCに在学中、ルーカスとクラスメートであった。2010年のインタビューで、カザンジャンはルーカスをフランシス・フォード・コッポラに紹介したのは自分だと話した。彼は『フィニアンの虹』(68) でコッポラのアシスタント・ディレクターを務めていたのだ。キャリアの初期に、カザンジャンは多くの伝説的フィルムメイカーたちのアシスタント・ディレクターをしていた。たとえばサム・ペキンパーの『ワイルドバンチ』(69)、ビリー・ワイルダーの『フロント・ページ』(74)、ロバート・ワイズの『ヒンデンブルグ』(75)、アルフレッド・ヒッチコックの『ファミリー・プロット』(76) などだ。

ジョージ・ルーカスは『スター・ウォーズ』のゲイリー・カーツの代わりのプロデューサーとして、『アメリカン・グラフィティ2』と『レイダース／失われたアーク《聖櫃》』にかかわっていた生真面目なプロデューサー、ハワード・カザンジャンを起用した

カザンジャンは1978年初めに『アメリカン・グラフィティ2』(79) のプロデューサーとしてルーカスフィルムに入った。のちに『失われたアーク《聖櫃》』の製作総指揮を務めている。インディ・ジョーンズ役にハリソン・フォードを押したのはカザンジャンで、フォードを引きつけるのに役立った。フォードは『帝国の復讐』の後、『ジェダイの帰還』への出演契約を結んでいなかった。プロデューサーとして、カザンジャンはルーカス、カスダン、マーカンドとともに『ジェダイの帰還』のストーリー会議に参加した。そのほかカザンジャンが提案したことは、罪を償ったアナキン・スカイウォーカーがエンディングでベン・ケノービとヨー

ダとともに出てくるべきだ、というようなことだ。カザンジャンは、有能で、生真面目なプロフェッショナル、という評判だった。ルーカスの伝記の著者ジョン・バクスターはカザンジャンのことを「ルーカスフィルムにおける、ベルベットの手袋をした鉄の手」と呼んだ。

　カザンジャンは最終的にはルーカスフィルムの副社長に昇りつめたが、自身で会社を立ち上げるため 1980 年代後半に退職した。それ以来、映画やテレビ番組など 15 本を製作した。代表作はクリント・イーストウッドとチャーリー・シーンが出演している『ルーキー』(90)、シルヴェスター・スタローンとウェズリー・スナイパー主演の『デモリションマン』(93) などがある。また、敬虔なキリスト教徒であるカザンジャンは、キリスト教徒のフィルムメイカーのための勉強会 Act One で指導したりしていた。現在は 2014 年、2016 年、2018 年に公開される 3 部作 "The Truth About the War in Heaven" を製作している。西部劇の熱狂的ファンであるカザンジャンはまた、カウボーイ・スターだったロイ・ロジャースとデイル・エヴァンスの人生と仕事について書いた 2 冊の伝記を共著している。カリフォルニア州サン・マリノに妻と三人の子どもたちと住み、ジョージ・ルーカスとは今でも親友でいる。

第 15 章

I Have a Bad Feeling About This
こいつはイヤな予感がする

The Star Wars Holiday Special（1978）
"The Star Wars Holiday Special"（1978）

そのときにはきっと良いアイデアに思えたのだろう。

"スター・ウォーズ"のテレビ特番は 1978 年末（オリジナルと続編の公開のちょうど中間の頃）、このシリーズを世間の注目を集めるところに維持しておくため、そして『帝国の逆襲』への期待値を高めるために企画された。新しい登場人物の紹介やさらなるマーチャンダイジングの機会を作る目的もあった。1 作目を何度も何度も見るために金を使ったにもかかわらず、その後も"スター・ウォーズ"の新しい商品を追い求めてくれる忠実なファンに感謝の意を込めていた。またこの特番は、すでに映画、マーチャンダイジング、出版の世界を征服していた『スター・ウォーズ』シリーズにテレビの領域への足がかりを築く可能性も持っていた。もし上手くいけば、『スター・ウォーズ』のスピンオフとしてテレビシリーズへの道を切り開けるかもしれなかった。

"The Star Wars Holiday Special"のアイデアは、バラエティ番組で、途中にミュージカルとコントの要素を盛り込むというものであり、誰もこの番組の制作を躊躇するものはいなかった。ルーカスフィルムと 20 世紀フォックスはかなり自信を持っていた。ここまでは、"スター・ウォーズ"に関するすべてのものが大金を生み出していたからだ。「こういう形式にはキャラクターがハマるわけがないと気がつくべきだった」とゲイリー・カーツは 2008 年の"Vanity Fair（ヴァニティ・フェア）"誌のインタビューで答えている。しかし 1970 年代後半には、このコンセプトは今ほど明らかにおかしいとは感じられなかったのである。

番組形式

1970 年代当時、バラエティ番組はただの切り口ではなく、テレビ番組の主要な形式だった。現在のアメリカのテレビに偏在しているリアリティ番組のように、バラエティ番組は制作費が安かった上、とても人気があった。まだテレビが世に出てまもない頃、

エド・サリヴァン、ミルトン・バール、シド・シーザーらは、スタンドアップ・コメディとミュージカル、コント、ダンス、そのほか考えられ得る限りの要素を混ぜ合わせた形式の番組を開拓した。この形式の番組は 1960 年代後半から 70 年代前半にかけて、キャロル・バーネット、レッド・スケルトン、ディーン・マーティン、フリップ・ウィルソン、ソニー＆シェールといったパフォーマーらが自ら司会をするようになった頃、人気がピークに達した。

　これらのシリーズにとって司会はもちろん人気の要因であったが、視聴者はゲスト出演者も毎週毎週楽しみにしていた。滅多に見ることができないスターたちの隠れた才能をしばしば紹介していたからだ。コメディ俳優ジム・ネイバース（「マイペース二等兵」の"ゴーマー・パイル"役で人気）が歌っているところや、歌手のヘレン・レディ（"I Am Woman"で知られる）がコントを演じている様子などを見たければ、バラエティ番組で見られるというわけだ。気取らない"Hee Haw"から、挑戦的な"Smothers Brothers Comedy Hour"まで、どんな好みにも合ったあらゆるバラエティ番組が放送されていた。1969 年から 1970 年にかけては、視聴率トップ 20 のうち、9 本がバラエティ番組だった。これにより、バラエティ番組と、ボブ・ホープやビング・クロスビー、ペリー・コモらをはじめとするスターが司会の特番は、すぐに過剰供給となった。テレビ 3 局すべてが複数のバラエティ番組を放送し、裏番組で重なっていることもあった。1970 年から 1971 年のシーズンには CBS は日曜の夜をバラエティ番組で埋めた。午後 8 時「エド・サリヴァン・ショー」、午後 9 時 "The Glen Campbell Goodtime Hour"、午後 10 時 "The Tim Conway Show" といった具合だ。ゲスト出演が成功するとスターたちは簡単に自分の冠番組を持つことができた。ドン・ホーやシールズ・アンド・ヤーネル、ハワード・コセル、スターランド・ヴォーカル・バンドといった人気パフォーマーたちが、自分たちの名前が番組名に付いたバラエティ番組を司会することになった。

　1970 年代後半までにこの形式の番組の人気は衰え始めたが、ホープ、コスビー、コモ、アンディ・ウィリアムスらが司会する季節ごとに放送される特番は引き続き高視聴率を獲得していた。こういうわけで、"The Star Wars Holiday Special" の裏にあった計算はごくシンプルだった。みんなホリデーシーズンのバラエティ番組が好き。みんな『スター・ウォーズ』が好き。ではこれら二つをあわせればいいんじゃないか？　失敗するわけがないだろう？

制作

　"The Star Wars Holiday Special"の制作に関する詳細の情報は入手が困難だ。その主な理由は、これにかかわった人たちはみんな忘れてしまいたいからである。「1978年の特番は我々にはあまり関係がなかった」とジョージ・ルーカスは2005年にウェブ新聞 Static Media.com のインタビューで話している。「どの局で放送されたのか覚えていないが、局が主導で制作したものだ。彼らにやらせたというか……キャラクターなどを使うのを許可した。おそらくあまり利口な方法ではなかっただろうが、こういう経験から人は学ぶものだ」。

　今となってはこの"スター・ウォーズ"特番の企画がどこから生まれた提案だったのかはっきりしない。この番組の制作総指揮の一人、ゲイリー・スミスは20世紀フォックスがアイデアを持ち込んだと言い、この番組の脚本を共同執筆したレオナルド・リップスはルーカスフィルムが持ち込んだ企画と記憶している。ルーカスは番組を承認したが、開発には積極的にかかわっていない。その代わり、番組制作はスミス・ヘミオン・プロダクションズに外注された。同社はそれまでに人気の高い特番を22本制作しており、サミー・デイヴィス・Jr. やジョン・ウェイン、ドロシー・ハミル、エルヴィス・プレスリーなどの大スターたちを出演させていた。

　ルーカスフィルムの脚本家、パット・プロフト、ブルース・ヴィランチ、そしてリップスらはルーカスから簡潔なアイデアを受け取り、1日、企画を考えた。ルーカスのアイデアは、家族と"大切な日"を一緒に過ごすために故郷へ帰るチューバッカを、ルーク、レイア、ハンが送り届ける際に、帝国軍の攻撃を受けるというもの。この案に基づき、脚本家三人が短いトリートメントをまとめ、プロデューサーのケン＆ミッツィ・ウェルチ夫妻に提出し、二人がこの番組に出演するゲストスターの隠れた才能に合わせてどういうパフォーマンスをさせるか、という内容が薄い筋書きを作り上げた。出演はコメディアンのベア・アーサー、アート・カーニー、ハーヴェイ・コーマン、歌手のダイアン・キャロル、ロックバンドのジェファーソン・スターシップ（もちろん、間違いなく名前のおかげで出演が決まった）、二人組のジャグラー、マム・ブラザーズ、そしてアクロバットで知られる五人組ワザーン・トループらだ。脚本家のロッド・ワレンはあるコーナーのために特別に脚本を書き、ウェルチはオリジナル曲を作曲し、二人は作曲家ジョン・ウィリアムズによる『スター・ウォーズ』のテーマ曲にあわせて歌った。

　このプロジェクトは比較的寛大な100万ドルの制作費を割り当てられていた。精巧

ベア・アーサーはモス・アイズリーの酒場の客たちと一緒にこの宣伝用写真に写っている。"The Star Wars Holiday Special" で彼女は、歌うバーテンダー役を演じた

なウーキーのツリーハウスのセットの制作費もこの予算でまかなった。そのほかの多くのセットや小道具、衣装、メイクアップ（リック・ベイカーが作った酒場の客たち）などは『スター・ウォーズ』から再利用された。さらにボーナスとして、カナダのアニメスタジオ、ネルヴァナが短編アニメのコーナーを手がけることになっていた。ルーカスはこの特番には直接かかわっていなかったのだが——彼は次回作『帝国の逆襲』の開発でそれどころではなかった——番組の質を保つために、オスカー受賞経験者のベン・バートにチューバッカの"台詞"を作らせることや、チューバッカにはメイクアップ・アーティストのスタン・ウィンストンをあてがわせるようにと要求するなど、彼にできることはやっていた。ルーカスはまた、USC の卒業生デイヴィッド・アコマにこの特番の監督をさせるよう、スミスとヘミオンに提案した。"Vanity Fair" 誌の記事では、リップスはこの番組にかかわった人々の才能やプロ意識を擁護する一方で、「タイタニックに

テレビガイドの広告など、CBS は "The Star Wars Holiday Special" の宣伝に躍起になった

だって、ひどい溶接工がいたわけではないはずだ」と付け加えた。

マーク・ハミル、キャリー・フィッシャー、そして特にハリソン・フォードは、番組に出演させるためにプレッシャーをかけたり、うまく言いくるめたりしなければならなかった。アンソニー・ダニエルズとピーター・メイヒューも C-3PO とチューバッカの役で戻ってくる。フィッシャーは番組で歌うことを条件に出演に同意したと言われている。しかし、どの出演者にとっても撮影は楽しいものではなかった。このときに誰かが撮影したフィッシャーのスナップ写真があるのだが、体重を気にしていたフィッシャーはレイア姫のあの衣装——白いドレスと二つのお団子ヘア——で、無糖のダイエット・コークを飲み、浮かない顔をしている。

アコマはプロジェクトに取り掛かったが、ウェルチ夫妻と衝突し、撮影半ばで降板した。(ベア・アーサーとジェファーソン・スターシップのコーナーは彼が監督した)。代役としてバラエティ番組のベテラン監督スティーヴ・バインダーが引き継ぎ、番組の監督クレジット——または酷評の的——は彼のみが表に出ることとなった。ミキ・ハーマンはプロダクション・アシスタントとして『スター・ウォーズ』にかかわり、すぐにルーカスフィルムのなかで昇進していった(のちにドロイドとイウォークを主人公としたアニメ・シリーズの共同制作総指揮となる)人物で、このときは "スター・ウォーズ" コンサルタントとして、このプロジェクトの調整係を任命された。番組のなかでチューイーの息子 "ランピー" を演じたパティ・マロニーはファン向けのウェブサイト StarWarsHolidaySpecial.com のインタビューのなかで、ルーカスには特番の撮影からデイリー(前日に撮影したフッテージ)が届けられていたと話したが、ハーマンに代理で確認させていた可能性がある。

"The Star Wars Holiday Special" は 1978 年 11 月 17 日金曜日夜 8 時から、CBS でたった一度限り放送された。「空飛ぶ鉄腕美女ワンダーウーマン」と「超人ハルク」

のエピソードを先取りでこの特番と一緒に放送した。また、カナダ CTV でも同じ日時に放送した。アメリカでは 1300 万人もの視聴者を惹きつけた。

放送

　私はこの特番を視聴した 1300 万人のうちの一人だった。当時 12 歳で、両親の大きな木製のコンソールテレビの前に足を交差させて座りながら見た。8 歳の弟が横に座り、両親は私たちの数フィート後ろのソファの、コーヒーテーブルとは反対側に座っていた。特番がまもなく放送されることは"スター・ウォーズ"の公式ファンクラブのニュースレター「バンサ・トラックス」で知った。地元の CBS 系列局（WHAS-11 ケンタッキー州ルイヴィル）で宣伝も見ていた。クリスマスはあと 1 カ月後で、そのあと数週間で私の誕生日が来るが、それらよりもこの特番のテレビ放送のほうがワクワクした。新しい"スター・ウォーズ"だ！　番組が始まったとき、私は文字通り興奮でうずいていた。ハンとチューバッカがミレニアム・ファルコンの舵を取っており、スター・デストロイヤー（映像は古いものを使いまわし）に追われている。砲撃をかわしたとき、ハンはチューイーに「でかした！」と声をかける。「もうすぐライフ・デイの祝賀だぞ」。そしてファルコンは敵の追撃をギリギリ避けながら、ハイパースペースに飛ぶ。「ワオ！　これはすごそうだぞ！」と私は思った。

　だが、私の熱狂はすぐに冷めた。

　プロフト、リップス、ヴィランチ、そしてウェルチ夫妻がこの番組用に書いた脚本の基本的な問題は、ルーカスのシンプルなコンセプトを反転させたことだ。ウーキーの本拠地キャッシークに戦いながら戻るハンとチューイーに焦点をあわせるのではなく、番組放送時間のほとんどはチューイーが不在の間、心配していた家族や友だち——妻のマラ（ミッキー・モートン）、息子のランピー（パティ・マロニー）、父親のイッチー（ポール・ゲイル）、そして親切な人間の貿易商ショーン・ダン（アート・カーニー）らの様子を描写することに費やされる。彼らはスクリーンやホログラムを見てばかりいる。主要ゲストのほとんどが、このスクリーンやホログラムを通して映しだされるのだ。結局、視聴者たちはテレビ画面の前に座って 2 時間の間、登場人物がテレビ画面の前に座っているのを見ていた。ハリソン・フォードとマーク・ハミル、キャリー・フィッシャーはほとんど出てこない。フォードの出演時間は 5 分 5 秒。ハミルとフィッシャーはそれぞれ 4 分半で、そのうちの 2 分半は三人揃っている旅程の部分だ。

　『スター・ウォーズ』の特徴はテンポの早い、スリル溢れる冒険アクション作品とい

うことだが、"The Star Wars Holiday Special" は氷河のように遅い動きだった。オープニングクレジットと CM が終わると、番組はチューイーの親戚たちがライフ・デイのパーティの準備をしているありふれた様子が 10 分間延々と続く。この退屈なシーケンスの台詞はすべて翻訳のないウーキー語のうめきだけで構成されている。彼らが喉を鳴らす声や遠吠えする声は、マラがルーク・スカイウォーカーをビデオ画面に呼び出したときに一瞬おさまる。しかしルークはそれほど長くは話さなかった。彼と R2-D2 はエンジンの修理に忙しい。しかしルークはハンとチューバッカがもうすぐ着くとマラに確約する。このシーンはクライマックスまでのルークの唯一の登場場面で、2 分くらいのものだ。その後、ランピーはホログラフのアクロバットやジャグリングのパフォーマンスを見ている。次にショーン・ダンが現れ、彼が営んでいる雑貨店に入ってくる帝国の高官に緊張した様子で対応している。これは、少なくとも理論的には、コメディの間合いのはずだ。そして場面はチューイーの家に切り替わり、マラが失敗ばかりしているホログラフのシェフ（女装したハーヴェイ・コーマン）の指導の下、ホリデーの食事として "バンサ・サプライズ" を作っている。

　ここまでで、私はそわそわしはじめた。「"Honeymooners" の老人は一体ここで何をしているんだ？　ハンとチューイーはまた出てくるのか？」

　彼らは最終的にはまた現れるのだが、それは 30 分も後のこと。まだキャッシークに戻る途中で、TIE ファイターたちと戦っている（使いまわし映像）。このシーンはやはり 2 分くらいだ。そしてまたチューイーのツリーハウスに戻り、帝国軍がキャッシークの全住人に、この惑星は「反乱活動の疑いがある」ため、帝国軍によって封鎖されたと放送するシーンが入る。すぐにショーン・ダンが到着し、チューイーの家族にライフ・デイのプレゼントを持ってくる。イッチーのプレゼントはほとんど裸の若い女性（キャロル）の偽ポルノ風ホログラフで、この白髪のウーキーに、「私はあなたの快楽です。私を楽しんで！」とメッセージを投げ、安っぽいロマンティックなバラード曲 "This Minute Now" を歌う。

　この時点で私は、両親がとっくに部屋を出て行ってしまっていて、弟はホット・ウィールのおもちゃで遊んでいたことに気がついた。私はこの番組がもっと面白くなるはずと信じてずっと見ていた。そして、実際面白くなった。ほんの短い間だけ。

　レイアと C-3PO がマラとの 2 分間のビデオ電話を通してようやく現れた。ハンとチューイーもようやくキャッシークに到着したが、帝国軍を避けるため、チューバッカの家から何マイルも離れたところに着陸しなければならなかった。彼らがチューイーの

家族のもとにたどり着くまでに、ストーム
トルーパーたちと帝国軍の士官が反乱活
動の証拠を探してツリーハウスを一軒ず
つ隈なく調べていく。何かドキドキする
ことが起こりそうだと思ったそのとき、し
かしながら始まったのはカーニーが兵隊
たちの気をそらそうと面白いことをやろう
としているシーンだ。そして士官の一人
がホログラフのジェファーソン・スター
シップが新曲 "Light the Sky on Fire"
を口パクで歌うパフォーマンスを見る。

この番組の紛れもないハイライトは次
のシーンだ。ランピーが小さなビデオ画
面で見ている 10 分間のアニメのシーケ
ンスである。この劇中劇で、反乱軍は
ミレニアム・ファルコンで "魔法のお守
り" を探しに出かけたハンとチューバッ
カと音信不通になる。ルークと C-3PO、
R2-D2 は Y ウイング・ファイターで彼ら
を追うが、船は水の惑星に墜落してしま
う。ルークとドロイドたちはボバ・フェッ

キャリー・フィッシャーは歌を歌うことを条件に "The Star
Wars Holiday Special" への出演に同意した。残念ながら、
彼女のために書かれた歌は、この番組のほかのすべての要素
と同じく、ひどいものだった

トに助けられるが、ボバ・フェットはファルコンの居場所を突き止める手助けをして、
自分が反乱軍に友好的であることを示す。しかしドロイドたちはダース・ベイダーから
フェットに送られてきたメッセージを傍受し、このバウンティ・ハンターが反乱軍の信
頼を得て新しい秘密基地の場所を聞き出す秘密の任務を遂行していたことに気がつく。
策略がバレたフェットは逃亡する。

私の弟は、この部分だけは、おもちゃの車から顔を上げて見ていた。

アニメの後、ランピーはライフ・デイのプレゼントでもらったトランスミッターを、
壊れたロボット（コーマンが演じている）からの助けをもらいながら組み立てる。その後、
チューイーの家族と帝国の兵隊たちは "タトゥイーンの生活" を見ている。13 分間の
このシーンはモス・アイズリーの酒場が舞台で、バーテンダーに扮するベア・アーサー

が、頭のてっぺんの潮吹き穴から酒を飲んでいる、恋をしたエイリアン（またもやコーマン）からの口説きをかわす。そしてバーテンダーは店を閉めながら、ウェルチが書き下ろした歌 "Goodnight, but Not Goodbye"（『スター・ウォーズ』のなかの酒場のバンドが演奏している曲に併せて）を歌う。

　このシーケンスが終わると、ランピーはトランスミッターを使って兵隊たちを煙に巻き、基地へと帰らせる。ところが、一人だけトルーパーが後に残される。ハンとチューイーはようやく家に到着し、ランピーのトリックを見破ったトルーパーから彼を救い出す。ハンはチューバッカの家族と抱擁するが、ファルコンが帝国軍に発見される前に戻らなければならない、と告げる。すぐにチューイーと家族はライフ・デイを祝うために赤い礼服に身を包み、"ツリー・オブ・ライフ" へと歩いて行く。不思議なことに、ハンとルーク、レイア、そしてドロイドたちもウーキーのライフ・デイの祝いの式に参加し、レイアは（『スター・ウォーズ』のテーマ曲に併せて）歌を歌う。映画のシーンがモンタージュのように流れて時間稼ぎされる。

"The Star Wars Holiday Special" の紛れもないハイライトはボバ・フェットが登場する短編アニメーションのコーナーだ（上記の画はボバ・フェットが恐竜に乗っている様子）

　このモンタージュは私にとって、映画がいかに素晴らしかったか、この"ホリデー・スペシャル"がどれほどかけ離れて地に落ちているか、を強調するものでしかなかった。まるで傷口に塩を塗るように、耐え難いものだった。

　最後にチューイーと家族は頭を下げて祈り、ライフ・デイの食事をする（バンサ・サプライズ）。クレジットが流れる。

　「どうだった？」と母親が台所から居間に向かって聞いた。「良かった」と私は答えた。がっかりしていたが、勇敢な顔を保った。しかしながら、少なくとも私の記憶のなかでは、"The Star Wars Holiday Special" は年月が経つごとに、改善されていった。私はこの番組を見直すことができなかったので、私の想像がこの番組に磨きをかけ、ベア・アーサーやハーヴェイ・コーマンのシーンを記憶から削除していった。一方で、ボバ・フェットのアニメーションのシーンには執着した。高校に入学した頃、この番組は"スター・ウォーズ"ファンの友達と自分をつなぐポイントとなった。「へえ、あのウーキーとかっこいい短編アニメがあったクリスマス特番を覚えてる？」といった具合だ。

　私が大学を卒業してすぐ、この番組の放送からは 10 年以上経っていたが、私はこの"The Star Wars Holiday Special"のビデオを購入した。1978 年当時ほど熱狂的に見たかったわけではないが、好奇心という以上に希望を持っていた。この番組を心から楽しみたかったのだ。「やだなぁ」と私は自分自身にツッコんだ。「記憶しているほど酷くなかったはずだよ」。確かに。

　実際はもっと酷かった。

脱落

　"The Star Wars Holiday Special"の制作に取り掛かったとき、脚本家たちは二次使用からの収入が一生続くことを想像した。「我々はとても興奮した。『なんてことだ！これは年金だぞ。それも"スター・ウォーズ"の！』と思ったからね」と脚本を手がけたリップスはのちに"Vanity Fair"誌のインタビューで話している。しかしそんなふうにはいかなかった。CBS は"The Star Wars Holiday Special"の宣伝を強化し、視聴率も良かった。（「ラブ・ボート」と、日本の真珠湾攻撃について描いたミニシリーズ「真珠湾」に次いで、その週のトップ3に入った）。　しかし批評家たちからは批判され、ルーカスからは縁を切られた。ケナーがこの番組とタイアップするはずだった特別ラインのアクション・フィギュアはキャンセルされた。この番組の関連で発売された唯一の商品は、この特番に登場したキャラクターを扱った子ども向けの本であった。"Star

Wars: The Wookiee Storybook"という題で1979年に発売された。再使用料は発生しなかった。

　オンラインのファンとのインタビューで、ルーカスは"The Star Wars Holiday Special"が「私のビジョンを表していない」と話した。一方、共同制作総指揮のドワイト・ヘミオンは全米公共ラジオでのインタビューで、もっと直接的に「私が今まで手がけたなかで最悪のゴミ」と呼んだ。

　今日、ルーカスや出演者たちとのインタビューで、この番組の話題を持ち出すインタビュアーたちは、自己責任でどうぞ。"Maxim（マキシム）"誌での2005年のインタビューでは、ルーカスは「ああいうことも起こり得る。私はこれを背負って生きていかなければならない」と答えた。2006年にトーク番組"Late Night with Conan O'Brien"に出演した際、ハリソン・フォードはあの特番を見ていないと話した（オブライエンは短いビデオクリップをフォードに見せた）。また2010年にはキャリー・フィッシャーは"New York Times（ニューヨーク・タイムズ）"紙のコラムニスト、デイヴィッド・カーに、自分がこの特番のコピーを持っていることや、パーティなどの機会にみんなに見せていることを告白している。「主にパーティの終わりのほうで、みんなに帰って欲しいときに見せるの」。

　驚くことに、これほどの失敗であるにもかかわらず、"The Star Wars Holiday Special"の物語の要素や登場人物は"スター・ウォーズ"神話の"基準"に受け入れられている。たとえばウーキーの故郷キャッシークはのちに多くの"スター・ウォーズ"公式関連小説やコミックブックに登場し、『スター・ウォーズ エピソード2／クローンの攻撃』(02)にも現れる。チューバッカの家族も"スター・ウォーズ"関連小説やコミックブック、ビデオゲームなどにもよく出てくる。そしてもちろん、ボバ・フェットはシリーズ作品中で主要な登場人物となる。

　特番は公式にはホームビデオとしては発売されていないが、ボバ・フェットのアニメーションのシーケンスは2011年に発売された"スター・ウォーズ　コンプリート・サーガ　Blu-rayコレクション"のBOXセットのなかに、特典として収録された。1970年代終わりから80年代初めにかけて、どうやら許可なく、スウェーデン、オーストラリア、ヴェネズエラ、ブラジルのテレビなどで、特番全体が再放送された。最初の放送の夜、数人のファンたちがこの番組を録画しており（家庭でのホームビデオ録画はこの時点ではまだわずかだった）、のちに海賊版が拡散した。今では（非公式に）オンラインの様々なサイトでも視聴できる。ルーカスは「もし時間とハンマーがあれば、す

べてのコピーを探し出して壊してやる」と発言したことがあると言われている。ただし、たとえば 1990 年代に行われた米国議会図書館でのイベントなど、公式な試写会やアーカイブ作品上映イベントなどでこの特番が流されたことはある。

　おそらく、心して見れば、本当に酷い番組を見ることは楽しいかもしれない。または、人はごく自然に禁断の果実の味を知ることに好奇心を持つからか、はたまた、単にこれは"スター・ウォーズ"なので "The Star Wars Holiday Special" にも隠れカルトファンが付いたのか。ルーカスフィルムに対して、この特番の DVD を発売して欲しいと嘆願する署名がオンライン上で何千も集まった。ジョージ・ルーカスはルーカスフィルムの責任者ではあったが、"The Star Wars Holiday Special" は永久的差し止めとなっていた。公式の"スター・ウォーズ"関連本やウェブサイトなどで触れられることもめったにない。特番のなかの一つのコーナーはケヴィン・バーンズとイディス・ベッカーが監督した 2004 年のドキュメンタリー「夢の帝国 スター・ウォーズ・トリロジーの歴史」のなかに編集されている。現在は、ルーカスフィルムはディズニー傘下であるため、この特番がいつか保管庫から脱出し、おそらく一部に手を加えられ、真の"コンプリート・サーガ"のコレクションに収められることも（ほんの少しの可能性なら）あり得る。そうなれば、間違いなく、発売を声高に望んでいたハードコアなファンは興奮するだろう。しかしながら一般的な視聴者なら、この特番を見れば確実に当惑し、がっかりする。可愛い魔女のなかには、壺のなかに入ったままのほうが良いものもあるということだ。

第16章

You'll Find I'm Full of Surprises
驚くのはまだこれからだ

Preproduction of The Empire Strikes Back
『帝国の逆襲』製作準備

　1977年9月、20世紀フォックスと有益な協定を結んだジョージ・ルーカスにとって、2作目の『スター・ウォーズ』を製作するために必要なものはすべて揃っていたが、時間だけが足りなかった。ルーカスに続編製作の権利があると定めた1作目の契約のなかに、2作目の撮影は1979年の第1四半期までに開始しなければならないという注意書きがあった。さもなければ、続編の所有権はフォックスに移るとされている。これは脚本執筆、キャストとスタッフの雇用、ILMの改革、撮影スタジオの確保、ロケハン、そのほか製作準備の雑事すべてを最大でも18カ月で終えなければならないことを意味した。1作目では、これらに4年間を要していた。もしも期限を守れなければ、ルーカスは映画史上最もセンセーショナルな「資産」を失うことになる。

「ルーク・スカイウォーカーの冒険」から
「ダース・ベイダーの悲劇」へ

　書くことがとてもつらいと感じていたルーカスを、最も怖気づかせたのは脚本だった。後年、彼は1作目のプレミア以前にすでに多面的な宇宙の物語の概要と続編それぞれの脚本草稿を書き上げていたと主張している。しかし、現存する脚本や要旨その他の書類、70年代後半からのルーカスや内部関係者へのインタビューは、それが事実ではないと示している。プロデューサーのゲイリー・カーツも書籍「スター・ウォーズはいかにして宇宙を征服したのか」の著者クリス・テイラーに、ルーカスの主張は「真実ではない」と明かしている。

　完全に練り上げられ、あらかじめ用意された物語というよりはむしろ、ルーカスは1作目に盛り込めなかったいくつかの場面やアイデア（小惑星帯のシーンや雲のなかに浮かぶ都市のシーンなど）と、「ルーク・スカイウォーカーが新たな師を見つけ、より強力なフォースを備えてダース・ベイダーに立ち向かう。同盟軍はデス・スターを破

壊した結果に対処する。ルーク、レイア姫、ハン・ソロのロマンティックな三角関係は解決する」というストーリーの骨子を準備していたに過ぎないようだ。

　おそらくは結果として、この続編は 1 作目に産みの苦しみを与えた徹底的な脚本の再考過程（第 4 章参照）をくぐらなかった。これより前、ルーカスは SF 作家のアラン・ディーン・フォスターに低予算で製作可能な『スター・ウォーズ』の続編を創造、執筆することを依頼しており、これは 1978 年に「侵略の惑星」のタイトルで小説として出版された（第 30 章参照）。だが、ルーカスはこのアイデアをボツにし、より野心的なストーリーを考え始めた。

　ルーカスはいつものように手書きで、追加するアイデアを書き留めた。氷の惑星での戦い、バラバラに吹き飛ばされ、再び組み立てられる C-3PO、ハン・ソロの無事がわからない思わせぶりなエンディングを思い描いた。湿地の惑星、都会の惑星、森の惑星（おそらくウーキーたちが住む世界）、水中の街での場面も想像した。これらのコンセプトは最終的に、すべてではないものの、当時 “Star Wars Chapter II” と呼ばれていた続編において実現されることになる。1977 年 11 月 28 日、ルーカスは自分のメモを SF 作家で脚本家のリイ・ブラケット（第 4 章参照）との最初のストーリー会議に持ち込んだ。会議上、映画は氷の惑星からスタートし、その場面でルークが雪の怪物から顔に一撃を受けることが決まった。俳優マーク・ハミルの自動車事故（第 8 章参照）によって、彼の外見を変える必要が生じたためだ。ルーカスは氷の惑星をホスと名付け、この星でのシーンを帝国軍の同盟軍基地への攻撃をもって終了させることにした。ルーカスとブラケットはまた、3 人の重要な新キャラクターである悪の皇帝、異星人のジェダイ・マスター、ハン・ソロと旧知の仲で口が達者なギャンブラー・タイプの男を登場させることも話し合った。さらにこのとき、作品は “Star Wars Chapter II : The Empire Strikes Back（帝国の逆襲）” と改題されている。

　その後、ルーカスは脚本草稿を書き上げた。あらすじは本質的には 1 作目と変わらず、「帝国軍の攻撃を受けた同盟軍はホスを離れ、二つのグループに分かれる。ルークはダゴバという湿地の惑星で、当時は単純にクリッター（生き物）と呼ばれたいたずら好きのジェダイ・マスターに師事する。ハンとレイアは帝国軍の船団から逃れ、巨大ガス惑星の上に浮遊する街へ向かう。そこで彼らはハンの旧友であるギャンブラーと会うのだが、裏切られ、レイアを使ってルークを決着の場へおびき寄せようとするベイダーによって人質に取られる」というもの。しかしこの段階で、ストーリーは後にボツとなる追加要素も含んでいる。もともとは、作品の冒頭は映画プロデューサーのハワー

ド・ホークスによるSFホラー古典『遊星よりの物体X』(51) へのオマージュのように、同盟軍が謎めいた雪の生き物に後をつけられるところから始まる予定だった。帝国軍は、戦車のような巨大なランドスピーダー（ウォーカーと称されるAT-ATではなく）に乗って攻撃し、巨大ガス惑星には浮遊都市の原始的な文明と先進的な文明の二つが存在する、といったアイデアも削られていった。草稿にはまた、「ソロは宇宙船の事故に遭った孤児で、ウーキーによって育てられ、若い頃に悪名高き宇宙海賊から支援と影響を受けていた。ハンは数年間その海賊に会っていなかったが、秘密任務の遂行中に再びかつての師と連絡を取るために姿を消す」というターザンのような背景も盛り込まれていた。

　ブラケットが1978年2月21日に提出した脚本の第1稿は、ルーカスの期待に見合わなかった。彼女は合意済みのストーリーの概要、企画を通じて変わらなかった大まかな輪郭に従っていた。それでも脚本の趣が違っていた上に、会話（とくにベイダーの）が陳腐で、どうしても『スター・ウォーズ』映画にふさわしく感じられなかったという。また、ルーカスは草稿にあるいくつかのアイデア、特にハン・ソロの生い立ちと成長にまつわる背景について再考していた。第1稿では、ルークの新たなジェダイの師の名前は「ミンチ・ヨーダ」で、体長90センチほどのカエルに似た異星人と表現されていた。後にランド・カルリジアンと名付けられるハンの旧友ギャンブラーは、クローンという設定だった。さらに、この第1稿では、ベイダーはルークの父親ではなかった。死んだアナキン・スカイウォーカーがスペクトル形状で現れ、湿地の惑星でのルークの訓練中に我が子を励ますことになっており、この霊的なアナキンがルークにジェダイの誓いを復唱するよう促すのだ。

　締切の大きな重圧のなか、ブラケットが健康を害した（第14章参照）ため、ルーカスは自ら脚本を書き直さなければならなかった。彼は驚くべきスピード（ルーカスにしては）で6週間以内に第2稿を書き上げ、4月1日に提出した。彼によるバージョンは、ブラケットが書いたものを簡素化してストーリーを完成形に近づけ、また新たに重要な要素を織り交ぜていた。その第2稿はハン・ソロの成長の背景を省き、代わりに、彼にはジャバ・ザ・ハットへの負債があるというあらすじのポイントを復活させた。さらに、ハンが吹雪のなかでルークの命を救うという、黒澤明監督の『デルス・ウザーラ』(75) にあるシーンによく似た出来事も加えた。ルーカスによる第2稿はまた、後にカーボン・フリーズされたソロを運び去ることになる賞金稼ぎのボバ・フェットを登場させている。これにより、ソロの宇宙海賊の師や秘密任務の部分がカットされた後、思わせぶりな

エンディングに必要な要素が提供されることになった。

クローンとしてのランドの仕事も、巨大ガス惑星ベスピンの二つ目の文明と同様に削られた。

全般的に、ストーリーの焦点はハンとレイアのロマンスの行方へ、またフォースを学び、そのダークサイドに惑わされるルークへとシフトした。シンプルに「ヨーダ」という名になったルークの師は、独特な"逆さ構文"でしゃべることになった。そして、1作目では漠然とした精神的訓練とされたフォースそのものも、この時点で万能の念動的スーパーパワーに姿を変えることになった。

しかし、ルーカス版脚本において群を抜いて重要な変更点は、初めてベイダーがルークの父親だという秘密が明かされることだった。おそらくルーカスは、ストーリーの無駄な部分やキャラクターを削り

賞金稼ぎのボバ・フェット（ジェレミー・ブロック）は『帝国の逆襲』で脚光を浴びるも、次回作ではすぐに姿を消すことになる

落とす作業の過程で、このアイデアを思いついた。ルークには、ヨーダ、スペクトル形状のベン・ケノービ、死んだ父親と3人もの師は必要ない。ベイダーをルークの父親とすることは素晴らしい発想で、脚本をスリム化するだけでなく、物語全体に新しく本当に神話的な側面を与えることになる。シリーズの全体的枠組みにおけるこの改訂の重要性は、どれだけ誇張してもし過ぎる事はない。作家のマイケル・カミンスキーは「キャラクターとストーリーへのこの変更により、『スター・ウォーズ』シリーズは善対悪の童話的物語から誘惑とつぐないの複雑な記録へと決定的にシフトしていった」と彼の著書"The Secret History of Star Wars"で述べている。「『帝国の逆襲』の脚本第2稿で、ジョージ・ルーカスは『スター・ウォーズ』サーガの礎を築いたのだ」。

もう一つ、効果的な改訂があった。作品タイトルが"Star Wars Episode V：The Empire Strikes Back"（『スター・ウォーズ エピソード5／帝国の逆襲』）に変更され

たのだ。この頃を境にルーカスは、『スター・ウォーズ』が 12 の映画から成るシリーズ（ハリウッドにおける最多の連作と同数）で、大きな 3 部作のそれぞれに小さな 3 部作があり、製作中の帝国軍による反逆の物語は、さらにその前段となる帝国軍の隆盛についての 3 部作であり、この後に続く 3 部作は「新銀河共和国」建国にまつわる 3 部作になる、という主張をしなくなった。最終的にルーカスは同サーガを、まとめて「ダース・ベイダーの悲劇」と称する六つのエピソードに縮小した。これより先に出版されていた小説とコミックに使われていた「ルーク・スカイウォーカーの冒険より」というフレーズは、ひそかに葬られた。

　このあらすじのポイントと焦点のシフトの意味合いはあまりに重要だったため、ルーカスは自身の秘書（ルーカスによる手書き原稿をタイプし直す役目も果たしていた）に、ベイダーとルークの関係が明らかになる部分を省くよう指示した。この部分は、フォックスの重役陣に配られたバージョンを含め、ほとんどの脚本のコピーから消えていた。ルーカスは当初、2 作目のメガホンを取ったアーヴィン・カーシュナー監督にさえ、この展開について伝えていなかった。可能な限り、この箇所は秘密にされたのだ。

　ルーカスが書き上げた脚本第 2 稿は極めて重要な基点となったが、完成したわけではなかった。ブラケット版よりも遊びの少ない会話部分はぎこちないままで、ハンとレイアのロマンティックなシーンは顔をしかめたくなるできだった。このためルーカスは、『レイダース／失われたアーク《聖櫃》』(81) の脚本を書き終えたばかりのローレンス・カスダンに改訂を依頼した（第 14 章参照）。カスダンはこれ以降の脚本改訂をすべて手がけ、ルーカス版の大雑把な部分を整え、ロマンスやキャラクターにアクセントを与えた。カスダンは 1978 年 8 月に提出した脚本第 3 稿に、ルークが山場のベイダーとの戦いで片手を失い（もともとは、ひじの下から切り落とされることになっていた）、機械の手を付けることで父親と同じ運命を辿る可能性を示すアイデアを盛り込んだ。また、"There is no try（やってみる、では駄目だ）" といったいくつかの有名なヨーダの台詞も加えた。カスダンは第 4 稿と第 5 稿において、各キャラの性格にさらに磨きをかけ、カーシュナーの提案により、惑星ベスピンで単調な仕事をする異星人の民族を登場させた。カーシュナーはこの民族を「ホグメン（ブタ人）」と呼んでいたが、その後「アグノート」と改名された。1979 年 2 月 20 日にでき上がった第 5 稿は、撮影台本となることになった。

ヴァンナイズからサンラファエルへ

　脚本が何度も改訂されていくなか、ルーカスは別の重要な仕事に追われていた。ほかでもない、インダストリアル・ライト・アンド・マジック（ILM）の再生である。ILM は企業体としては存続していたものの、この新興の視覚効果スタジオは『スター・ウォーズ』の完成以降、休業状態になっていた。ほかに作業する作品のないまま、スタッフは解散していたのだ。そのなかの数人は、カリフォルニア州ヴァンナイズのヴァルジーン大通りにある ILM の敷地の外で活動し、ILM の設備（かつては貸し出されていた）を使用していたジョン・ダイクストラの分家スタジオ「アポジー」に加入した。スティーヴン・スピルバーグ監督の『未知との遭遇』を手がけた視覚効果チームに加わっていたデニス・ミューレンらそのほかのメンバーは、新たな作品に向け動き出していた。ルーカスとプロデューサーのゲイリー・カーツには、元に戻りたいと願っていた彼らを再び集め直す必要があった。

　当然ながら、再編成された ILM のスタッフに元チーフのダイクストラは入らなかった。ルーカスとダイクストラは深刻な不和に苦しんだだけでなく、このとき、ルーカスフィルムは、ダイクストラと、彼とともにテレビドラマ「宇宙空母ギャラクチカ」を手がけたプロデューサーたちを提訴していた。ルーカスは同ドラマをあからさまな『スター・ウォーズ』の盗作と捉えていたからだ。ルーカスとカーツはダイクストラの代わりに、まもなく『スター・ウォーズ』における功績でオスカーを獲得することになるリチャード・エドランドを呼び戻し、また英国の視覚効果アーティスト、ブライアン・ジョンソンを迎え入れた。ルーカスとカーツは 1 作目でもジョンソンを勧誘していたが、当時彼はカリフォルニアに移転することに後ろ向きだった。ジョンソンは『2001 年宇宙の旅』、テレビドラマ「スペース 1999」、またおそらく最も重要な作品として、幼少期のルーカスが大好きで、人形のキャラクターと小型模型による特撮を採用していた BBC の SF シリーズ「サンダーバード」を手がけていた。エドランドに加え、問題があった『スター・ウォーズ』の編集作業でその熱意を証明したデニス・ミューレンも、ILM に戻ることに同意した。模型制作のエース、ローン・ピーターソンもダイクストラのアポジーを辞め、再びルーカスとカーツに合流した。

　このように、ルーカスとカーツが将来的に ILM スタッフとなりうるメンバーを勧誘するうち、『スター・ウォーズ』が作られた古く空調の効かないヴァンナイズの倉庫から、サンフランシスコに近いカリフォルニア州サンラファエルのカーナー大通り 3210 番地

に位置する豪華で新しい特注の効果スタジオに移転する計画が浮上した。1978年7月、ヴァンナイズの旧ILMの建物（アポジーに貸し出されていた）から、すべての設備がサンラファエルの新施設へとすっかり移された。このときまでにルーカスとカーツは、『スター・ウォーズ』を手がけた仲間であるフィル・ティペット、ジョー・ジョンストン、ケン・ラルストンを含む、核となる12人の視覚効果アーティストを集め終わっていた。さらにそれ以前、ほとんどこの続編の契約書のインクが乾かないような時期に、彼らはもう一人の鍵を握る貢献者であるアーティスト、ラルフ・マッカリーを呼び戻してもいた。1作目同様、マッカリーのスケッチと絵画がILMスタッフの視覚的ガイドとなるだけでなく、ルーカスが自身の創造する宇宙のアイデアに集中するための手助けとなった。

　再編成されたILMスタッフは、大きな挑戦を強いられた。全員が、彼らが1作目でやった仕事をそっくり真似るだけでは十分でなく、さらなる視覚効果的な大成功のために前作以上の努力をし、新境地を開かなければいけないと理解していた。より難しい課題のなかには、改訂された脚本内に帝国軍の戦車のようなランドスピーダーに代わって登場する、全地形装甲トランスポート（AT-AT）の「ウォーカーズ」や、惑星ホスの荷役用動物「トーントーン」をどう創造するか、というものがあった。いずれのケースにおいてもILMチームは、1933年の『キング・コング』製作に用いられたのと同じ、昔ながらのストップモーション・アニメーションを採用することを決めた。ティペットは1作目で、C-3POとチューバッカがホログラフのチェスをする短いストップモーションのシーンを作った。だが、帝国軍のAT-ATとトーントーンのシーンはそれよりもはるかに大がかりで、日中に厳しい雪のなかで撮影する必要があった。指針のために、ルーカスとカーツは伝説的な視覚効果アーティストで『シンバッド7回目の航海（シンバッド七回目の航海）』（58）や『アルゴ探検隊の大冒険』（63）でストップモーション・アニメーションのシーンを手がけたレイ・ハリーハウゼンに相談した。結論として、機械のウォーカーズには、ぎくしゃくした動きのストップモーションが理想的で、一方、よりなめらかで動物的な動きを要するいくつかのトーントーンの場面を補うためには、モーション・コントロール撮影が有効であるということになった。ミューレンはウォーカーズとトーントーンの歩き方のモデルとして、それぞれインド象、馬と騎手によるテスト映像を撮影した。

ルーカスからカーシュナーへ

　ILM の人員だけでなく、ルーカスとカーツは残りのキャストとスタッフも雇わなけれ
ばならなかった。まずは監督だ。ルーカス自身には、2 作目の『スター・ウォーズ』映
画を監督する気はまったくなく、結局は、以前に彼を指導していたアーヴィン・カーシュ
ナーが代わりにメガホンを取ることになった（第 14 章参照）。だがルーカスは、カーシュ
ナーにアプローチする前に、ほかの様々なタイプのフィルムメイカーについても検討し
ていた。カーツは『帝国の逆襲』の監督候補として 100 人のリストを作った。その多く
はスケジュールなどの条件が合わず、すぐに削られたが、ルーカスはアラン・パーカー（後
に 1988 年の『ミシシッピー・バーニング』や 1991 年の『ザ・コミットメンツ』を監督
する）と『サタデー・ナイト・フィーバー』のジョン・バダム監督に接触した。どちらも、
決まっていた次回作を後回しにして 2 年間も『スター・ウォーズ』に専念することには
後ろ向きだった。パーカーは『ミッドナイト・エクスプレス』(78)、バダムはリメイク作『ド
ラキュラ』(79) の準備をしていたのだ。二人とも、『スター・ウォーズ』続編を監督す
ることを“勝ち目のない仕事”と考えた。もし失敗すれば監督が責められ、成功しても
監督ではなくルーカスの功績がたたえられる。悲しいことに、後にこの考えは正しかっ
たことが証明されてしまう（第 18 章参照）。

　ルーカスはまた、チームにおけるもう一人の主要メンバーの交代も検討していた。カー
ツのことだ。ルーカスは、面倒を引き起こすイングランドのスタッフ、特に撮影監督の
ギルバート・テイラーに強気で対応できないカーツに失望し、カーツがその他の解決
すべき問題も放置し過ぎていると考えた。『アメリカン・グラフィティ』からルーカスと
ともにやってきたカーツはルーカスの忠誠心に訴え、自身のポジションを守った。テイ
ラーの代わりに、ルーカスとカーツは『ロッキー・ホラー・ショー』(75) など多くの作
品を撮影していたピーター・サシツキーを選んだ。その他の主要ポストについてだが、
ルーカスは、ともに『スター・ウォーズ』で働いた衣装デザイナーのジョン・モロとメ
イクアップのスチュアート・フリーボーンを再び雇用し、その 1 作目でアート・ディレ
クターを務めたノーマン・レイノルズをプロダクション・デザイナーに昇格させた。当
初ルーカスは、プロダクション・デザイナーのジョン・バリーを呼び戻したかったのだが、
スケジュールが合わなかった。バリーは『スター・ウォーズ』で受けた高評価を生かし、
自ら原案を執筆した SF 冒険作『スペース・サタン』を監督しようとしているところだっ
た。だが後に、バリーは誰もが予想していたよりも早く戻ってくることになる。

ギネスからオズへ

　キャストの確保は、比較的にすんなりと進んでいた。ほとんどの主要俳優は、最初の段階で続編に関する契約にもサインしていた。目立った例外は、「サー」の称号を持つアレック・ギネスとハリソン・フォードだった。ギネスは、『スター・ウォーズ』が生んだ狂乱的人気に居心地の悪い思いをしていたにもかかわらず、同作による経済的恩恵には感謝し、再びオビ＝ワン・ケノービを演じることに前向きだった。しかし、彼は深刻な感染により左目の視力が低下し、明るい光（撮影セットで使用されるような）にさらされると悪化する状態にあった。『帝国の逆襲』の撮影期間のほとんどを通じて、ギネスが参加できるかどうかは不透明だった。フォードは早くから再びハン・ソロを演じたい意向を表していたが、1度に1作品より多い契約を結ぶことを拒んだ。フォードが『スター・ウォーズ』3作目に参加するかどうか不明であることが、『帝国の逆襲』のハン・ソロに関する思わせぶりなエンディングの主な理由であった。脚本は、フォードが3作目に出ても出なくても物語が進むように書かれる必要があったのだ。

『スター・ウォーズ』の主要キャストがすべて白人だったことが人種差別的との批判を受け、ジョージ・ルーカスはビリー・ディー・ウィリアムズをギャンブラー・タイプのランド・カルリジアン役に起用した

　新たな主要キャラクターもいたが、そのなかの一人、ランド・カルリジアンは特に重要だった。もしハン・ソロが戻ってこない場合、ランドが代わりを務めることになる。このキャラクターの民族性は特定されていなかったが、ルーカスは、『スター・ウォーズ』に黒人キャストがいなかったこと（ダース・ベイダーの声優を務めたジェームズ・アール・ジョーンズを除く）を人種差別的だとする批判に配慮し、アフリカ系アメリカ人俳優を雇うことに決めた。カーツ、ルーカス、そして同作のキャスティング・チームは、アフリカ系アメリカ人パフォーマーのハワード・E・ロリンズ・Jr.、テリー・アレクサンダー、ロバート・クリスチャン、サー

『帝国の逆襲』の最も重要な新キャラクターはヨーダ。フランク・オズが人形を操作した。このいたずら好きのジェダイ・マスターを創造する方法を思いつく前、ジョージ・ルーカスと ILM チームは、訓練された猿を使う案など様々な選択肢を検討した

マン・スコットもランド役候補とし検討したが、最終的に最も経験豊富で知名度の高いビリー・ディー・ウィリアムズを選んだ。ウィリアムズがそれまでに演じた 30 もの作品には、ジェームズ・カーンとともに主演した『ブライアンズ・ソング』(71)、ダイアナ・ロスとの『ビリー・ホリデイ物語／奇妙な果実』(72)、リチャード・プライアー、ジェームズ・アール・ジョーンズとの "The Bingo Long Traveling All-Stars and Motor Kings" (1976) などがあった。ウィリアムズは多才な俳優で、その優雅なスクリーン上の存在感は、口が達者なギャンブラー・タイプというルーカスによるランドの設定にぴったりだった。

　英国メロドラマのスターだったジェレミー・ブロックは、ボバ・フェット役に決まった。キャバレーでのケニー・ベイカーの相棒で『スター・ウォーズ』でジャワを演じたジャック・パーヴィスは、『帝国の逆襲』ではアグノートに扮することになった。英国の舞台、映画のベテラン性格俳優クライヴ・レヴィルは、皇帝としてのカメオ出演を依頼され

た（『帝国の逆襲』の特別編では、レヴィルは『ジェダイの復讐』でこの役を務める俳優イアン・マクディアミッドと交代している）。

　間違いなく、キャスティングが最も難しい役はヨーダだった。コンピュータ・グラフィック以前の時代には、どうやってキャラクターに命を吹き込むべきか、多くの苦労と議論を要した。数々の選択肢が検討されたが、ストップモーション・アニメーションは、このように重要なキャラクターにふさわしい過程だと誰も考えなかったため、除外された。背の低い俳優か子役も検討されたが、特に分厚いメイクアップを施して登場する難しさを強いられながらこの役に求められる演技力を発揮できるパフォーマーなど、誰も思いつかなかった。頭でっかちなスタッフたちは、訓練された猿に衣装を着せるアイデアさえ提案した。最終的に、最善の解決法は人形を使うことだと決まった。もっと具体的に言えば、「マペット」（操り人形師ジム・ヘンソンが作成する人形）である。ヘンソン・スタジオはルーカスに、人形作家ウェンディ・ミデナーを貸し出し、彼女はスチュアート・フリーボーンが緑色の小さな 800 歳のジェダイ・マスターをデザインするのを手伝った。ヨーダの特徴はアルバート・アインシュタインと『七人の侍』の志村喬の両方を真似ているが、最も似ているのはフリーボーンだ。人形を操り、ヨーダに声を与えるため、ルーカスとカーツはヘンソン・スタジオの大黒柱フランク・オズと契約を交わした。彼のマペットのキャラクターにはミス・ピギー、フォジー・ベアー、アニマルなどがある。これはおそらく、『帝国の逆襲』のキャスティングにおいてカーツとルーカスが下した最も賢明な決断だった。オズは独特な才能の持ち主で、その微細で多面的な仕事はキャラクターに真実性だけでなく、驚くほど豊かな感性を与えた。

フィンセからボーハムウッドへ

　もう一つ下されるべき大きな決断は、撮影地の選定だった。ルーカスは『スター・ウォーズ』の製作で困難に直面したにもかかわらず、主要部分の撮影のためロンドン郊外ボーハムウッドの EMI エルスツリー・スタジオに戻ることを決めた。1 作目では英ポンドの切り下げがコスト高の痛手をいくらか和らげ、制作費を 50 万ドル節約できた。この為替レートが好ましいままで、イングランドで撮影したほうがハリウッドよりも費用効率が良いことが望まれた。ルーカスは自ら出資していたためコスト管理は非常に重要で、1978 年 12 月までに 2 作目の予算は 1550 万ドルから 1800 万ドル、2150 万ドルへと膨らんでいた。ルーカスフィルムのドル箱子会社であるライセンス事業のブラック・ファルコンは、こういったコスト増を補うために、すでに 40 万ドル（ILM に

は別に 10 万ドル）を『帝国の逆襲』に貸し付けており、資金を投入し続けた。

　いずれにしろ、『帝国の逆襲』の撮影に十分なスペースを供給できるハリウッドのスタジオはなかった。実は EMI も同じだったのだが、ルーカスと彼の会社はこのスタジオと複雑な契約を取り決め、それに従ってルーカスフィルムは、特別仕様で作られる新しい特大防音スタジオの建設に出資した。EMI はこのスペースを所有、管理し、最終的にはその後の作品へ貸し出した利益で、ルーカスフィルムに建設コストを返済した。

　不運なことに、すべてをボーハムウッドで撮影することはできなかった。オープニングの惑星ホスのシーンには、実際に雪の積もった場所が必要だった。脚本には木々のない地域（アルプスの森のようではなく）と表現されていたため、プロダクション・デザイナーのノーマン・レイノルズとジョン・バリー（レイノルズの元ボスで、コンサルタントを務めていた）は、1978 年の初めの時期をフィンランド、ラプランド、スウェーデンなど北欧でのロケハンに費やした。最も条件に合った場所は、ノルウェーのフィンセの標高 6000 フィートに位置する壮大な青い氷河の上にあった。そこはクロスカントリーのスキーヤーに人気の地域で、ロッジや生活の基礎となる設備が近くにあった。その後ルーカス、カーツ、カーシュナーら関係者が訪れ、この場所にオーケーを出した。撮影の約 6 週間前となる 1 月下旬に、スタッフの先遣隊がここに到着し準備を始めた。バリーと共同プロデューサーのロバート・ワッツは、アフリカ中部でダゴバ星のシーンのロケハンを行った。しかし、経費抑制のためにこれらのシーンは EMI の巨大な防音スタジオで撮影されることになった。これはおそらく、かえって好都合なことにマッカリーの描いた絵がコンゴよりもルイジアナ州により近く見えたせいだろう。

　撮影開始が近づき、すべてが順調に進んでいるようだった頃、災難が襲った。同じく EMI で行われていたスタンリー・キューブリック監督の『シャイニング』（80）の撮影中に火事が起きたのだ。同作の「オーヴァールック・ホテル」のセットが組まれていた EMI の第 3 スタジオが焼失した。この影響でキューブリックの作品は、いつも通りではあるが、撮影スケジュールに遅れが出た。『シャイニング』の主要部分の撮影は 1 年近く続いたのだ。その結果、『帝国の逆襲』が使用できるスペースは縮小され、撮影期間を通じてセットの建設スケジュールが遅れる羽目になった。それでもルーカスは期限を守っており、『帝国の逆襲』の撮影は 1979 年 3 月 5 日に開始された。本当の問題が始まったのは、そのときだった。

第17章

Our Most Desperate Hour
我々にとって最も危険な時期

ジョージ・ルーカスは、『帝国の逆襲』に文字通り全財産を賭けていた。

1978年9月、ルーカスは企業仲裁者を通じてカリフォルニア州マリン郡の田舎にある1700エーカーの「ブルテイル大牧場」を購入した。十分予言的なことに、この牧場はジョージ・ルーカスとは無関係の初期の開拓者の名前をとってルーカス・ヴァレー・ロードと名付けられた通りに面していた。新オーナーはこの土地を、フィルム編集と音響デザインのスタジオ、試写室、新たなルーカスフィルムの本社をすべて牧歌的な環境に揃えた、彼が呼ぶところの「フィルムメイカーの避難所」に変える大規模な計画を立てていた。ぶどう園、果樹園、放牧地を備えた牧場としても存続していけるように考えた。そのうち、ルーカスはこの構想を実現するために隣接する土地を数千エーカーも購入し、何億ドルも投資していった。

ルーカスの「フィルムメイカーの避難所」はただの設備投資というより、彼の最大の願望の具現化だったのだ。完成するとすぐに、彼はまだ名前の付いていないこの施設（後に「スカイウォーカー・ランチ」と呼ばれることになる）が、技術面でも芸術面でも映画そのものを革新する役割を担う場所になることを夢見た。フィルムメイカーたちがスタジオの支援にこびへつらったり、金にばかりうるさい重役たちのおせっかいを容認したりすることなく芸術的価値のある作品を創造できる、ハリウッドに相対する協力的な映画コミュニティの中心地として思い描いたのだ。彼の構想は、経営難に陥ったフランシス・フォード・コッポラのアメリカン・ゾエトロープ社によるベンチャーの理想主義をすべて備えていたが、健全な財務状況にあることはコッポラと違っていた。厳密に言えば、彼の『スター・ウォーズ』シリーズが高い利益を還元し続けるという前提において、潜在的に健全な財務状況にあった。もし『帝国の逆襲』が失敗したら、同作に自ら出資しているルーカスは、未来のスカイウォーカー・ランチとその他の所有するすべて、創造を夢見たすべてを失う立場にあった。映画史における最も急激な浮

き沈みを味わいかねないのだ。

　ルーカスの不安を強めたのは、今回彼は毎日の撮影を個人的に監視する立場にないということだった。彼は自ら選んだ使者たち（プロデューサーのゲイリー・カーツと監督のアーヴィン・カーシュナー）が質の高い作品をスケジュール通りに予算内で、少なくともほぼスケジュール通りにほぼ予算内で、作ってくれると信頼するしかなかった。不運にも、すぐに『帝国の逆襲』は誰も予測しなかった問題の数々に悩まされ、『スター・ウォーズ』よりもはるかに費用のかかる撮影であることが証明されてしまう。

雪に閉じ込められて

　『スター・ウォーズ』同様、『帝国の逆襲』の撮影もロケ地から始まった。だが、ノルウェーのフィンセでの撮影は困難を極め、これに比べたら1作目のチュニジアでの撮影など、ビーチで過ごす1日のようなものだった。通常、北欧の3月初旬は春の到来で気温が上がってくる。『帝国の逆襲』の撮影スタッフは念のため、たくさんの木箱に入ったニセの雪を運んできていたが、必要なかった。ヨーロッパは過去10年間で最も厳しい冬に見舞われ、4月に入っても氷点下の気温と豪雪が続いたのだ。

　先遣隊は、二つの主な撮影エリアを準備していた。一つ（「キャンプ・カーツ」というニックネームが付けられた）は標高6000フィートにある壮大なハルダンゲル氷河の上にあり、もう一つはそれより半分ほど低い場所にあった。暖房ほかの設備のある小屋がいくつか設置されていたが、1979年3月の最初の週にカーツ、カーシュナーと残りの『帝国の逆襲』撮影隊が到着した時、これらの場所や設備はまったく役に立たなかった。すべてが雪に埋もれていたのだ。カーシュナーは、一度始まると何時間も、時には何日もこのエリアを覆い隠してしまう唐突で暴力的な猛吹雪のために、何をするにも2、3時間以内の計画しか立てられないとすぐに悟った。3月4日にも、そんな猛吹雪が襲った。それは撮影開始予定日の前日だった。

　このフィンセのロケ地に呼ばれていた俳優はマーク・ハミル、ピーター・メイヒュー、デニス・ローソン（ルーク・スカイウォーカーの戦闘機部隊のパイロット、ウェッジ・アンティリーズを演じた）、デス・ウェブ（コスチュームを着て雪の怪物ワンパに扮した）だけだった。キャリー・フィッシャーは出番がないにもかかわらず、ハミルをサポートするためにこの地を訪れていた。彼女は旅が大好きだったからだ。予定された撮影地のどちらにも辿り着くことができず、カーシュナーは撮影隊の拠点となっていたスキーロッジのすぐ外で撮影しようと決めた。撮影初日、彼はルークがワンパのほら穴から逃

げ出した後、雪の中でふらつき、倒れるシーンを撮影した。彼の背後わずか数ヤード
の場所に大きなロッジがあったにもかかわらず、カメラは積もった雪側に向いていたた
め、ルークは文明から何マイルも遠ざかっているように見えた。少しの間、雪が静まっ
てカーシュナーが働こうとしても、風が強く、気温は氷点下 23.3 度から 28.9 度（摂氏）
と状況はひどいままだった。カメラレンズは何度も霜で覆われ、フィルムは固まり、カ
メラ・オペレーターがマガジンを交換する時に破れることも少なくなかった。

　そのうちにまた雪が降り出し、何日も止まなかった。オフシーズンには人口が 100 人
を下回るというフィンセへは主に列車で向かうのだが、雪崩で線路が埋まり、この小
さな村は世界から切り離されてしまった。キャンプ・カーツには近づけない状態が続
いた。最初の撮影隊はノルウェーで 1 週間撮影するだけの予定で、カーツ、カーシュ
ナー、ハミルは 3 月 12 日月曜にはロンドンでのスタジオ撮影を開始することになって

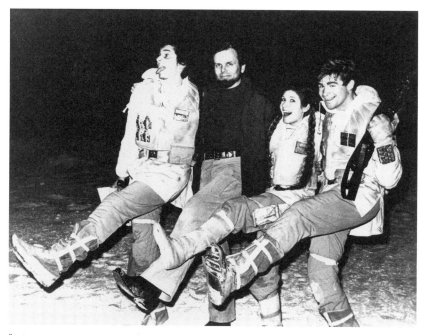

『スター・ウォーズ エピソード 5／帝国の逆襲』は長く面倒な撮影だったが、それでもキャストと撮影スタッフは
楽しもうとした（少なくとも一時は）。写真で真ん中のプロデューサー、ゲイリー・カーツと女優キャリー・フィッシャー
は、二人のエキストラに挟まれダンスカンパニー「ロケッツ」を真似ている

いた。カーシュナー監督は、この地で彼が行うはずの撮影のほとんどが不可能であると理解した。撮りこぼしたショットはスタジオ撮影でごまかすか、カーシュナーが離れた後もノルウェーにとどまり続ける第2撮影隊に任せるしかなかった。カーシュナーは少しでもこのロケで成果を出そうと、吹雪の中でハン・ソロがルークの命を救うシーンを撮影するために、ハリソン・フォードをフィンセに呼び出した。この部分はもともと、EMI の屋内で撮ることになっていたが、ホテルのすぐ外でも撮影可能だった。この部分を今撮影することでスケジュールを空け、そこでカーシュナーが断念せざるを得なかったロケ地でのシーンをいくつか補えるかもしれないからだ。フォードは困難を伴う旅仕事を引き受けて3月7日に到着。移動の最後は、雪崩の後を整えるために用意された除雪機の機関室で過ごした。彼は機関士とともにウォッカのボトルを飲み干した後、深夜にフィンセに着いた。翌日午前6時に目を充血させたまま現場に現れ、本来は暖かいスタジオ撮影のために準備されていた衣装を着て、氷点下の気候の中で働いた。控えめに言っても、このことはハンとルークが氷の惑星ホスで生き残るために奮闘するシーンに信ぴょう性を与える結果を生んだ。

　第1撮影隊はその週末までフィンセに滞在し、1日遅れの3月13日火曜にボーハムウッドの EMI エルスツリー・スタジオに戻った。週末の間カーシュナーは、惑星ホスの荷役用動物トーントーンの実物大模型に乗ったフォードとハミルの映像、ワンパの映像などを撮影した。第2撮影隊は、視覚効果を加えれば『帝国の逆襲』のオープニングシーンのハイライトとなる戦いのシーンを撮影するために、さらに30日間ノルウェーにとどまった。ついに彼らはキャンプ・カーツともう一つの撮影予定地に辿り着いたが、これらの場所での仕事はやはり危険で、居心地はよくなかった。時に気温はマイナス1.1度まで急落し、撮影スタッフと上記のシーンのために雇われた多くのエキストラとスタントマンは、突然の吹雪を警戒し続けなくてはならなかった。結局は二つの軽いけがが報告されただけだったが、もし誰かが吹雪の中で迷っていたら、生き残れる可能性は少なかった。食料も不足した。キャンプ・カーツに昼食が届く頃には、ボリュームのあるミートボール・シチューは凍って固まってしまったのだ。またカーシュナーによれば、何重にも服を着た状態では、トイレで用を足すのがひどく困難だったという。4月7日、ついに第2撮影隊はイングランドにいる仲間たちに再合流することができた。

カーシュナーのやり方

　ジョージ・ルーカスは、ボーハムウッドの EMI エルスツリー・スタジオでの最初の週の撮影を見るためにイングランドへ飛んだ。彼は、スタンリー・キューブリック監督『シャイニング』の撮影中に起き、第3ステージを焼失させた火事（前章参照）の影響で、同スタジオがまだ混乱の中にあると感じた。『帝国の逆襲』は EMI の八つあるスタジオすべてで撮影を行うことになっていたが、第3スタジオは再建中で、ルーカスフィルムが出資している新たな特大防音スタジオはまだ建設工事中。その上キューブリックは、延び延びになっている『シャイニング』の撮影をいまだにほかのスタジオで行っていた。プロダクション・デザイナーのノーマン・レイノルズ率いるスタッフは、『帝国の逆襲』に必要な、巨大で複雑なセットの多くの建設を始められないでいた。同作の撮影が、予定されていた 76 日間に収まらないであろうことは、すぐに明らかになった。カーシュナーは後に広報担当のアラン・アーノルドに、いずれにしろ非現実的だった当初のスケジュールにはサインしていなかったと語っている。こうなれば、問題はどれだけ『帝国の逆襲』の上映が遅れるか、そして製作費はいくらかかるのか、ということになる。カーツは撮影スケジュールを1カ月延長し、それまでに終わることを願ったが、かなわなかった。

　『帝国の逆襲』の撮影をカーシュナーの自由裁量に任せると約束していたルーカスは1週間後、うまくいくように願ってカリフォルニアに戻った。それでもロンドンを発つ前、彼はカーツ、カーシュナーとフィンセで撮影した映像を確認した。彼らは皆、素晴らしい出来だと同意したが、がっかりしたことに映像は少ししかなかった。様々な状況が示し合わせたように撮影を遅らせたため、その後の製作でもこのようなパターンが繰り返された。

　その要因の一つは、カーシュナーの手法にあった。彼が撮った映像はすべて美しかったが、それはカーシュナーが多くの複雑なカメラ設定やドリー（台車）撮影を用い、ルーカスよりもずっと細かく念入りな仕事をしたからだった。カーシュナーは前もって作品全体の絵コンテ（視覚効果のシーンだけでなく）を描いており、自分のプランに固執した。ルーカスは、毎日違う状況による瞬間的な思いつきを好むタイプだった。カーシュナーはまた、ルーカスよりもカメラを長く回し、ダイナミックな振り付けによるアクションを取り入れ、フレーム内でキャラクターを動き回らせた。ルーカスはより短くシンプルに多くのアングルから撮影し、細かい編集作業でアクションの感覚を生み出すのが

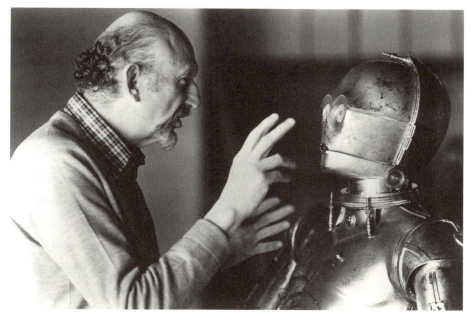

細部にこだわるアーヴィン・カーシュナー監督（C-3PO に扮したアンソニー・ダニエルズと話をしている）はジョージ・ルーカスよりもキャストと密接に働き、より良いパフォーマンスを引き出そうとしたが、危険なまでに撮影スケジュールを遅らせた

好きだった。ルーカスはあまりカメラを動かさなかった。また概して、必要とあれば効率的な撮影のために進んで美的なクオリティを犠牲にしたが、カーシュナーはそうではなかったのだ。このことは撮影が長引くにつれ、ルーカスとカーシュナーの間だけでなく、ルーカスとカーツによる議論の的にもなった。ルーカスはカーツに、スピードを上げるようカーシュナーの尻を叩かせたかったのだが、カーツは、特にカーシュナーの映像がとても良い出来だという理由からではなく、監督に仕事の仕方を指示するのは自分の仕事ではないと考えていた。

　カーシュナーとルーカスの手法は、その他の点でも異なっていた。ルーカスはキャストにあまり指示を与えず、ほとんどの役に脚本通りの演技を求めた。カーシュナーはそれよりもはるかに役者との共同作業を好み、彼らの意見や自身のアイデアによって台詞その他を変更することも多かった。たとえば、ミレニアム・ファルコン号で C-3PO にハンとレイアのロマンスを邪魔させたのは、カーシュナーのアイデアだった。脚本では、レイアは単純にハンから離れていくことになっていた。C-3PO が入り込むことはこ

の場面にリアリティを与えただけでなく、ちょっとしたユーモアも注入した。

　しかし、監督の柔軟性は両刃の剣となりかねない。ハンがカーボン・フリーズされるシーンを撮影する前、カーシュナーはフォードと、ハンの台詞に手を入れる話をした。もともとは、レイアがハンに「愛している」と言い、ハンは「俺もだ」と応えることになっていた。だがフォードは、ハンはただ「わかってる」と応える提案をし、カーシュナーはこれをたいそう気に入って台詞を変更した。だがフィッシャーは、カーシュナーがなぜフォードとは話をし、自分とはしなかったかを理解できず、これは自分のシーンでもあるのではないのか、とうったえた。その後、映像を見たルーカスも不満を感じ、この場面に笑いはないはずだとクレームを付けた。これは、ルーカスがカーシュナーの判断に疑問を呈した数少ないうちの一度だった。カーシュナーは自分の主張を曲げず、ルーカスも容認した。そしてハンの「わかってる」は、同作で最も語り継がれる瞬間の一つとなったのである。

　カーシュナーの慎重な撮影スタイルがスケジュールにあたえた影響を軽減するために、カーツとカーシュナーは『帝国の逆襲』の撮影をいくつかの班に分かれて行った。これは、カーシュナー率いるメイン撮影班が惑星ベスピンの空中都市「クラウド・シティ」のセットで撮影を始めた４月５日に開始され、カーツが監督する第２班はこの時、惑星ホスのセットで追加シーンを撮っていた（当時、まだ別の撮影隊はフィンセで撮影を行っていた）。新しいセットが完成すればいつも、カーシュナーがそこで最初に撮影し、ほとんどの会話の場面をカメラに収めた。その後彼は、そのセットのために考えられたアクションや視覚効果の部分は第２班に任せ、次のスタジオへ移っていった。後には、３分割も４分割もされた各班すべてがEMI内の別々のスタジオで同時に撮影を行った。撮影監督のピーター・サシツキーはトランシーバーを持って自転車で建物から建物へ移動し、すべての撮影状況を把握しようと努めた。

個人的な問題

　カーツとルーカスは、『スター・ウォーズ』の撮影期間にEMI撮影スタッフの問題に悩まされたにもかかわらず、その１作目で働いたほとんどの技術者たちを続編のために呼び戻していた。今回、二人とスタッフの間の対立意識が少なくなっていたのは、おそらく年かさのカーシュナー（当時55歳）が一目置かれ、スタッフをよりうまく使ったからだろう。また１作目の衝撃的な出来栄えを受け、スタッフは自分たちが手がけているプロジェクトをより信頼し、理解を深めてもいた。

『スペース・サタン』を監督するために『スター・ウォーズ』チームを離れていた元プロダクション・デザイナーのジョン・バリーは、思いがけなく5月15日に『帝国の逆襲』に戻って来た。バリーは『スペース・サタン』について主演のカーク・ダグラス、プロデューサーのスタンリー・ドーネンと衝突したため、ドーネンがバリーに代わってこの不運に見舞われたSFスリラー（第13章参照）のメガホンを取ることになったのだ。バリーは『帝国の逆襲』第2撮影班の監督を引き継いだが、突然の病気で6月1日に44歳でこの世を去った。検視官の報告で死因は感染性髄膜炎だったと明かされ、バリーと交流のあったすべての人々がこの病気の検査を受けた。幸運にも感染した者はいなかった。バリーの葬儀に参列するため、製作は1日休みとなった。

　監督、プロデューサー、撮影スタッフが親密になっていく一方、フィルムメイカーとキャスト同士の関係はぎくしゃくしていった。『帝国の逆襲』の製作は1作目よりも長く、より多くの苦労を要したため、オリジナル作品を通じてキャスト内にあった大らかな仲間意識は持続されなかったのだ。主役級の誰もが1度や2度はカーシュナーと衝突し、時に怒りを爆発させた。「スターログ」誌のインタビューでハミルは、『帝国の逆襲』の撮影は「自分にとって9カ月の拷問だった」と語っている。

　『スター・ウォーズ』はハミル、フォード、フィッシャーの人生を決定的に変えた。今、彼らは違う人間になっており、それぞれが『スター・ウォーズ』後の期待に沿って生きる大きな重圧を感じていた。ハミルは歯科衛生士のマリルー・ヨークと結婚し、彼女は撮影の間、彼に付き添った。夫婦の最初の子ども、ネイサンは6月25日にロンドンで生まれた。次の日、ほとんどのシーンでスタントを立てていなかったハミルは、ホスでの戦いの撮影で親指をひどくくじいて、1週間の休養を余儀なくされた。彼は生まれたばかりの我が子と一緒に過ごせる時間を喜んだが、ベイダーとライトセーバーで決闘するクライマックスの撮影が延期されたことにはいらだった。ハミルはこの場面のために8週間もフェンシングの訓練を受けていたのだ。一方、少し前に最初の妻のメアリー・マッカートと離れたフォードは、嵐のような精神状態にあった。夫婦はこの後間もなく離婚することになる。フッシャーの私生活はタブロイド紙のネタになり、彼女はイングランドにいる間もずっとパパラッチとゴシップ・リポーターに悩まされた。彼女はまた気管支炎の発作とインフルエンザ、この時使用していた薬物の影響にも苦しみ、疲れて短気になっていた。6月11日、フィッシャーが自分の撮影を終える少し前、彼女の母親で女優のデビー・レイノルズは、娘を誘拐するという脅しを受けた。フィッシャーはボーハムウッドでの最後の週を、雇ったガードマンたちに囲まれて過ごした。

イングランド、ボーハムウッドの EMI スタジオのセットで『帝国の逆襲』を撮影中のキャリー・フィッシャーとビリー・ディー・ウィリアムズ

　デイヴィッド・プラウズは問題の種となっていた。彼はジェームズ・アール・ジョーンズによって声が吹き替えられたことに気分を害したままだった。自分の声は使われないと知った今、彼はベイダーの台詞を変えだし、「小惑星（アステロイド）」を「痔（ヘマロイド）」と言って笑いを誘ったりしていた。彼は、SF のコンベンションに登場してダース・ベイダーの写真にサインする際に金を請求したり、時に新作の内部情報をばらしたりして、すでにルーカスフィルムのリーダーシップを傷つけていた。『帝国の逆襲』のあらすじ、特にルークとベイダーの本当の関係を秘密にしておくことは、最重要課題のままだった。脚本は複写しにくい赤い用紙にプリントされ、もし脚本が流出したら、誰のものが原因だったかわかるように、それぞれのコピーには別々の“透かし”が入れられた。クライマックスとなるルークとベイダーの決闘の撮影に際し、プラウズはニセの台詞（「オビ＝ワンがお前の父を殺した！」）の入った脚本を渡された。プラウズはベ

イダーがルークの父親だと、完成した作品のメディア向け試写に参加するまで知らず、自分がニセの台詞を渡されていたとわかって激怒した（皮肉にも、1977 年と 78 年にロンドンとカリフォルニアでコンベンションに出席していた間、プラウズは、実はベイダーがルークの父親だとジョークを飛ばしていた）。

そして、ギネスだ。彼が参加できるかどうかは撮影期間のほとんどにおいて不透明なままだった。カーシュナーは作業を進めるためにベン・ケノービの出番を声だけにする暫定プランを立てた。ケノービに用意された台詞のいくつかはカットされたり、ヨーダの台詞に変更されたりした。8 月下旬、ついに医者たちはギネスが仕事に戻ることを許可した。彼の演技はすべて、9 月 5 日の 3 時間の撮影 1 回で撮影されたものである。

運命の逆転

この頃までに、『帝国の逆襲』は深刻な財政難に陥っていた。5 月 20 日の時点で撮影スケジュールは 1 日遅れだったが、6 月 25 日には 26 日遅れ、8 月 24 日には 52 日半。最終的に、もともと 76 日間とされていた同作の撮影は 6 カ月間に延長され、毎日莫大な経費がかかった。ロンドンとカリフォルニアで、『帝国の逆襲』は合計 300 人ほどのキャストと撮影スタッフを雇用し、経費は 1 日 10 万ドルに上った。「ヴァラエティ」紙は 5 月 26 日、フォックスが同作の保証予約分で 2600 万ドルを事前に売り上げたと報じたが、これはルーカスの投資に対し、同作が稼がねばならない収支分岐点をはるかに下回っていた。

5 月、ルーカスは製作資金の貸し手であるバンク・オブ・アメリカに行き、追加の 500 万ドルを調達。これで製作予算は 2600 万ドルとなったが、まだ十分ではなかった。そこで 6 月に彼はさらに 600 万ドルを確保しようとしたが、断られた。フランシス・フォード・コッポラ監督『地獄の黙示録』の製作予算が 1200 万ドルから 3200 万ドルに膨れ上がった際に融資し、大金を失っていたバンク・オブ・アメリカは、もうルーカスに 1 セントも貸してはくれなかった。また悪いことに 6 月 27 日、『スター・ウォーズ』チームは、同シリーズを擁護していたアラン・ラッド・Jr. が 20 世紀フォックスを去り、ワーナー・ブラザーズに移ると知った。ルーカスフィルム傘下のライセンス事業社ブラック・ファルコンは『帝国の逆襲』に 50 万ドルを追加融資したが、予算とのギャップを埋めることはできなかった。

ルーカスは『帝国の逆襲』を完成させる資金を確保するために、同シリーズをフォックスに売り戻さなければならなくなるのではないかと恐れた。契約交渉時のルーカスの

態度をまだ根に持っていたフォックスの重役たちは、舌なめずりを始めていた。

　3月初旬にカリフォルニアへ戻ってからも定期的に短くEMIを訪れていたルーカスは7月16日、完成への最後の踏ん張りを促そうとイングランドへ赴いたが、8月24日にその地を離れた時、まだ撮影は終了していなかった。そうこうしている間、ルーカスはカーツを外す決断を下していた。カーツは同作のプロデューサーのクレジットを守り続け、給料も得ていたが、残りの撮影と編集作業の間、ハワード・G・カザンジャンが上に立ち、ライン・プロデューサーとして働いた。ルーカスは、カーツが撮影を急ぐようカーシュナーの尻を叩けなかったからだけではなく、製作費を大幅に低く見積もっていたことが不満だったのだ。カーツは、建築資材など『帝国の逆襲』の製作に必要な基本アイテムのコスト増を15%と見込んでいた。しかし、1970年代終盤の石油危機などによるインフレで、これらのコストは20%から30%上昇した。英ポンドが強くなったことも予算に悪影響を与えた。『スター・ウォーズ』は有利な為替レートによって50万ドルを節約したが、『帝国の逆襲』は好ましくないレートのためにおよそ80万ドルを失おうとしていた。ルーカスは、カーツがこれら不測の事態を想定してプランを立てるべきだったと感じた。カーツはのけ者にされたことに腹を立て、翌年にルーカスフィルムを去り、『ダーククリスタル』（82）を共同製作するためジム・ヘンソンに合流した。

　しかしながら、カーツを外しても、作品の財政危機は軽減されなかった。ルーカスは7月19日に「私が所有するすべて、これまで私が稼ぎだすすべてをこの映画につぎ込んだ」と広報担当のアラン・アーノルドに話した。「もし成功しなかったら、私はすべてを失うばかりでなく、何百万ドルもの負債を背負うことになるかもしれない……そうなれば、私の残りの人生は返済に追われるだろう」。7月下旬、ついにルーカスはファースト・ナショナル・バンク・オブ・ボストンから2500万ドルの追加融資を受けることに成功した。だが、ルーカスの個人資産はすべて担保に入っていたため、ファースト・ナショナルはフォックスが返済を保証することを融資の条件とした。フォックスはこれに進んで同意したが、代わりにルーカスに、『帝国の逆襲』の利益のフォックスの取り分を増やし、『スター・ウォーズ』3作目に関しフォックスにより有利な条件を受け入れるよう要求した。ルーカスは屈辱を覚えながらもこれに同意した。少なくとも彼は『帝国の逆襲』を完成させ、シリーズの所有権を保持できるのだ。

　それでも、実際に同作で彼が金を稼げるかどうかは不透明だった。最終的に『帝国の逆襲』の製作費は『スター・ウォーズ』の3倍近い3040万ドル余りとなった。さらにルーカスはフォックスに2000万ドルの配給費、バンク・オブ・アメリカとファースト・

ナショナルに 600 万ドルの利子を支払わねばならなかった。合算で『帝国の逆襲』は、ルーカスの投資分を取り戻すために、少なくとも 5700 万ドルを稼ぎ出す必要があった。これは、映画史におけるどの続編作品も達成していない額だった。

マイナスを補う長所

　8 月 31 日、『帝国の逆襲』の撮影終了パーティが行われたが（ダゴバ星の沼地のセットにピクニック用テーブルを広げて）、撮影自体は 9 月中旬まで続いた。ハミルは 1979 年 9 月 11 日にやっと自身のパートを終えた。主要キャストの中では彼が一番遅く、最後の 1 カ月は 3 フィートの深さの湖、本物の泥とヘドロを備え、たくさんの生きた蛇（25 フィートのアナコンダを含む）がいる巨大なダゴバのセットで過ごした。フランク・オズは 12 日間ヨーダとして働いたが、セットの下から人形を操っていたため、ハミルは彼が何を言っているのか滅多に聞き取れなかった。

　『帝国の逆襲』の救いは、編集作業が『スター・ウォーズ』よりもはるかにスムーズに進んだことだった。撮影が予定より大幅に遅れたため、カーシュナーは 5 月から、ルーカスと編集のポール・ハーシュが映像を整理できるように、撮影後のフィルムをカリフォルニアに送り始めた。結果として、撮影終了の 2 週間後には最初のラフカット版が準備されていた。約 2 週間ごとに、その都度できあがった視覚効果を加えた新バージョンが用意された。

　ルーカス自ら作業に取り組んだインダストリアル・ライト＆マジックは、主要部分の撮影が終了するまでに、66 の視覚効果ショットを完成させていた。脚本は 400 以上の視覚効果ショットを必要としていたため、これらは決して多くはなかったものの、3 年前に『スター・ウォーズ』が編集作業に入った時に一つか二つしか終わっていなかったことに比べれば、はるかに良かった。また、ルーカスとカーシュナーが協調して脚本の余分な箇所を省いたため、ILM は必要のない効果ショットを作るために無駄な労力をかけなくてすんだ。

　すでにカーシュナーもカリフォルニアにいたが、ILM のすべての大きな判断はルーカスが下し、すべての効果ショットが完成するには、ルーカスの許可が必要だった。ILM は「エンパイアフレックス」と呼ばれる改良された新型モーション・コントロール・カメラや、以前よりはるかに多くの視覚要素を同じショットに取り込めるクアッド・オプティカル・プリンターを開発した。これは惑星ホスでの戦いと小惑星帯のシーンに不可欠だった。1 作目でもそうしたように、5 月から ILM は二つのシフトに分かれ、ほと

んど24時間体制で必要なショットを作った。AT-ATの攻撃シーンとトーントーンが動くストップ・モーションのショットは最も難しかった。ILMチームはまた、新たな頭痛の種に対処しなければならなかった。ILMの場所は秘密にされていた（特徴のないこの建物には「The Kerner Co.（ザ・カーナー社）」と表示されていた）にもかかわらず、ファンがここを見つけ出し、記念の品を探してゴミをあさりだしたのだ。結果として、廃棄されるすべての書類はシュレッダーにかけられ、ボツになった映像のフィルムはどこにも捨てられなくなった。

　10月29日までにルーカスは、『帝国の逆襲』の進行状況に十分な手応えを感じ、黒澤明監督に会うために日本へ飛んだ。ルーカスとコッポラは、黒澤の新作『影武者』(80)の製作総指揮を務めることに同意していた。これらすべてのことと同時にルーカスは、『帝国の逆襲』が撤収したすぐ後にスティーヴン・スピルバーグ監督がEMIで撮影を開始した『レイダース／失われたアーク《聖櫃》』にも取り組んでいた。

　このほか編集作業の雑事は、大きな問題なく進行した。追加撮影と撮り直しは、1980年1月に行われた。これらの中には、R2-D2がダゴバ星で沼の怪物に飲みこまれるショットがあった。EMIのダゴバ星のセットの池は浅すぎて、このシーンに向かなかったので、代わりにルーカスのスイミング・プールで撮影された。吹き替えは2月に行われ、ブラウズの声は、再びジェームズ・アール・ジョーンズに取って代わられた。古典的テレビドラマ「ミステリー・ゾーン」のエピソード「敗北者（"A Stop at Willoughby"）」での車掌役が記憶に残る俳優、ジェイソン・ウィングリーンは、ジェレミー・ブロック扮するボバ・フェットの声を吹き替えた。ヨーダの声がマペット・キャラのミス・ピギーやグローバーに似すぎないか心配したルーカスは、フランク・オズの声を吹き替えることも検討した。オズの声（セットの下からしゃべっていた）はこもって大部分が聞き取れなかったので、ヨーダの台詞はすべて録音し直す必要があった。最終的にルーカスは、オズ以外にヨーダを演じる能力の持ち主はいないと悟り、彼自身にすべての台詞を再録させた。

　最後の最後まで最善を尽くすべく作業が続いた。4月11日になってもルーカスは、まだ効果ショットの合否を判断していた。4月19日、サンフランシスコのノースポイント・シアターで『帝国の逆襲』のスニーク・プレビューが行われた。観客の反応は好意的だったが、3年前に同じ劇場で『スター・ウォーズ』が受けたような極めて熱狂的なものではなかった。

　5月19日にワシントンDCで開かれた同作のワールド・プレミアは、スペシャルオ

リンピックへの出資者パーティを兼ねていた。同作は 1980 年 5 月 21 日に全米で公開された。『帝国の逆襲』の興行収入は 1 作目の記録に届かなかったものの（次章参照）、この年の 1 位をマークし、映画史上最も稼いだ作品の一つとなった。ルーカスは、最初の 3 カ月で彼の投資分を取り返した。彼の大牧場は救済されたのだ。

第18章

Only Now, at the End, Do You Understand

いまこそ、最期のときに思い知るがいい

Assessing Episode V（1980）
エピソード5の評価

　『スター・ウォーズ エピソード5／帝国の逆襲』は1980年の映画興行収入1位に輝き、関連商品の売り上げでもシリーズの勝利を継続。また、おおむね好意的な批評も受けた。どんな尺度で測っても素晴らしい成功だったが、1作目を基準にすると話は別だった。『帝国の逆襲』は映画史上最も稼いだ作品の一つとなったが、オリジナル作品の数字には遠く及ばなかった。『スター・ウォーズ』よりはるかに洗練された映画でありながら、『帝国の逆襲』は初め批評家とファンの間で、良く言っても条件付きの成功と見なされた。たくさんの人々が楽しんだ作品だったが、完全に満足した人は少なかった。

　それでも数年後、最初の3部作が完成し、観客がシリーズを全体的に見られるようになると、『帝国の逆襲』への批評家たちの評価とファンの愛情は高まりを見せはじめた。繰り返しじっくり見ると、最初は多くの観客が見落としていた深みやニュアンスがわかるのだ。公開当初に『帝国の逆襲』が観客をハッとさせた資質、つまりその暗さと内省的性質、そして全般的により洗練されたシリーズの包括的テーマへの大人向けアプローチが、後に振り返ったときに際立つのだ。2010年、同作は米国立映画登録簿（National Film Registry）に登録された。この作品の評価は、2008年に"Total Film（トータル・フィルム）"誌の読者により史上最高の映画に選ばれた際に最高頂に達した。6年後、英映画誌"EMPIRE（エンパイア）"の読者も同じ結論に至り、『帝国の逆襲』を史上最も偉大な映画と呼んだ（『ゴッドファーザー』が2位で、『スター・ウォーズ』は6位）。だがこのようにめまいがするような高みに到達するまで、同作は一般の認識における厳しい風当たりを克服してきたのだ。

数字は語る

　『帝国の逆襲』は、史上最も多くの興行収入を記録した映画の続編への期待が呼ぶ大騒ぎと興奮をもって迎えられた。同作は1980年5月19日、大都市にある最大規模

の劇場を含む 127 館（『スター・ウォーズ』の最初の上映館数の 4 倍近く）で公開された。再び、鑑賞チケットはすぐに売り切れた。127 館の内、125 館でそれぞれの公開初日の記録を塗り替えた。テレビの報道班や新聞記者たちは、多くがコスチュームや『スター・ウォーズ』の T シャツを着てチケット売り場へ長蛇の列をなすファンたちにインタビューを行った。『帝国の逆襲』は、最初の 1 週間で 960 万ドルを稼ぎ出し、公開から 13 週の内、11 週で米国の興行収入 1 位に君臨。7 月 31 日までに 1 億 4700 万ドル近くを売り上げた。それでも、『スター・ウォーズ』ほど多くのリピート客を呼び込むことはできなかった。1980 年で最高の興行収入をマークしたものの、世界興行収入では『スター・ウォーズ』に 1 億ドル以上も届かなかったのだ。再上映を含む世界興収の合計は、『スター・ウォーズ』の 7 億 7500 万ドルに対し、『帝国の逆襲』は 5 億 3800 万ドルだった。さらに多くの都市で、3 年前の『スター・ウォーズ』公開時から映画チケット代が 1 ドルも上がっていた。これは、『帝国の逆襲』が大成功を収めたものの、実際に『スター・ウォーズ』が売ったチケット枚数には遠く及ばなかったことを意味した。インフレを考慮した数字では、それぞれが生んだ利益全額で『スター・ウォーズ』が 30 億ドル、『帝国の逆襲』が 15 億ドルと、2 作品の格差が表れている（利益は減ったものの、ルーカスは前例のない利潤分配制度を通じ、ルーカスフィルムのすべての従業員に合計 500 万ドルのボーナスを支払った）。

　『帝国の逆襲』は 1 作目ほどの文化的狂乱をかき立てなかったが、それは当然のことでもあった。その美徳が何であれ、2 作目の『スター・ウォーズ』映画は 1 作目ほどの驚きはもたらせない。「最初」は 2 度やってこないのだ。ジョン・ウィリアムズによるサウンドトラックも良く売れたが、2 作目は 1 作目がマークしたポップチャート・ランクほど伸びなかった。作家ドン・グラットによる『帝国の逆襲』小説版は "New York Times（ニューヨーク・タイムズ）" 紙のベストセラー・リストに入ったが、アラン・ディーン・フォスターの代筆による『スター・ウォーズ』小説版に並ぶ売れ行きではなかった。しかしながら、今回はルーカスフィルムが公開に合わせ玩具やポスター、T シャツなどを販売する準備を整えていたこともあり、関連商品による収入は総じて堅調だった。ヨーダ、ダース・ベイダー、ボバ・フェットをフィーチャーした商品が特に良く売れた。

「良いジャンク・フード」

　批評家たちの『スター・ウォーズ』に対する歓迎ぶりと、『帝国の逆襲』が初めに受けた批判的な反応はその後、明暗を分けた。1 作目は、初公開から数週で一様の称

賛を集めたが、後に『スター・ウォーズ』マニアが国中を席巻すると（第11章参照）、一部の批評家からひどいしっぺ返しをくらった。公開当初の『スター・ウォーズ』への猛烈な称賛のように『帝国の逆襲』を評価した批評家はほとんどいなかったが、否定的な批評の大半は1作目を襲ったしっぺ返しよりはおとなしいものだった。批評家たちは、『帝国の逆襲』を大好きでも大嫌いでもなかったのだ。その代わり、彼らは様々な方法で同作のなかに好きな部分と嫌いな部分を探そうとしているように見えた。

　「ヴァラエティ」紙の批評家ジェームズ・ハーウッドは、同作の熱心な支持者の一人で、『帝国の逆襲』は『スター・ウォーズ』の続編にふさわしく、両作における熟練した技術とキャラクター描写は互角で、オリジナル作品の視覚効果とそれを真似し過ぎたその他の作品が生んだ既視感だけに悪影響を受けている」と述べている。"The

『帝国の逆襲』の最初のポスターと新聞広告は『風と共に去りぬ』の広告アートを基にし、ハンとレイアがレット・バトラーとスカーレット・オハラのように配置されている

Chicago Tribune（シカゴ・トリビューン）"紙のジーン・シスケルとシカゴの"Chicago Sun-Times（シカゴ・サン‐タイムズ）"紙のロジャー・イーバートも同作を熱烈に称えた。しかし、そのほかは曖昧な賛辞を送っている。"The Washington Post（ワシントン・ポスト）"紙のジュディス・マーティンは『帝国の逆襲』を「良いジャンク・フード」と呼んだ。"The New York Times"紙のヴィンセント・キャンビィは「良い映画」と書いたが、「決して『スター・ウォーズ』ほど良くないが」と付け加え、さらに『帝国の逆襲』を「主に機械的操作に膨大な費用と時間を要した大作」と見なした。多くの批評家は多くのファンと同様、同作の思わせぶりなエンディングが欠点だと考えた。トロントの"The Globe and Mail（グローブ・アンド・メイル）"紙のスティーヴン・ゴッドフリーは「オリジナルほど満足できない。特にエンディン

グにごまかしがあると、一つの宇宙戦争はビジネスを少し消耗させる」と表現した。"The Chicago Reader（シカゴ・リーダー）"紙のデイヴ・カーは「大部分は足踏み状態だ。キャラクターたちより特殊効果が優先で、アクションの多くは余計に見え、どこへも導いてくれない」と書いている。

　キャストの面々は 3 年後になっても同作を擁護していた。ハリソン・フォードの広報担当ジョン・フィリップ・ピーチャーの著書「さようなら『スター・ウォーズ』」には、フォードがピーチャーに「『帝国の逆襲』には、少なくとも 11 ドルの価値のあるエンタテインメントがある。だから、もし 4 ドル払ってエンディングがわからなくても、まだ 7 ドルの得をしている」と話したと書かれている。

　『帝国の逆襲』がアカデミー賞にノミネートされたのはわずか 4 部門で、視覚効果賞と音響賞を受賞し、美術監督・装置賞と作曲賞は逃した。『スター・ウォーズ』がノミネートされた作品賞、監督賞といった主要部門にはお呼びがかからなかった。ジョージ・ルーカスはこの冷遇にとても腹を立て、映画芸術科学アカデミーの会員を辞めた。『帝国の逆襲』は、そのほかのほとんどの映画賞では、もっと悪い扱いを受けた（第 35 章参照）。

S で始まる言葉

　『帝国の逆襲』の製作、宣伝期間中に、ジョージ・ルーカス、ゲイリー・カーツ、アーヴィン・カーシュナーほか同作にかかわった全員は、細心の注意を払って S で始まる言葉を使わないよう努めた。同作は一貫して「続編（Sequel）」ではなく、「『スター・ウォーズ』サーガの次の章」と呼ばれたのだ。これはまるで、ルーカスとその仲間が観客に、『帝国の逆襲』は『スター・ウォーズ』のつづきとは別物だと信じ込ませるためにジェダイのマインド・トリックを使っているかのようだった。これには、それ相応の理由があった。

　『帝国の逆襲』に向けられた多くの否定的批評と、アカデミーによる同作への敬意の欠如の根底にあるのは、『スター・ウォーズ』に対してではなく続編に対する根強い偏見だった。この傾向は『帝国の逆襲』が、その疑う余地のない多くの長所にかかわらず、『スター・ウォーズ』と互角のできではないという全体的な印象にも影響を及ぼしていた。なぜ続編というものは本質的に劣るとされるのか？　撮影中、『帝国の逆襲』が失敗するのではないかという懐疑論者たちが最も多く挙げた理由は、同作が続編であるということだった。今日では奇妙に思えるかもしれないが、1970 年代の続編作品の数々が興行的に失敗していた。

　それまで、ほとんどの続編作品は安っぽいオリジナルの焼き直しで、より安い製作

費と控えめな意欲で作られていた。もちろん、『ゴッドファーザー PART Ⅱ』(74) や『007 ／ドクター・ノオ』(62) 以降のジェームズ・ボンド映画のような例外はある。『フランケンシュタインの花嫁』(35) も別として、『コングの復讐』(33) のような映画、つまり金のなる木から最後の実一つまで残さず得ようという明確な目的により、大急ぎで市場に送り出された不必要な類似品がたくさんあったのだ。批評家たちはこれらの作品をあざ笑い、観客も懐疑的な見方になる。成功した続編があっても、下り坂のシリーズの1作と見なされることが多い。『猿の惑星』の作品群(『スター・ウォーズ』同様、20世紀フォックスの配給)は、典型的な例だ。古典的な1968年のオリジナルは600万ドル足らずで製作され、3300万ドル以上を稼ぎ出した。だがフォックスはその続編『続・猿の惑星』(70) に300万ドルしか投資せず、同作は興収1750万ドルをマーク。フォックスは続編ごとに予算を切り詰め、興収は下がり続けた。オリジナル・シリーズ最後の作品『最後の猿の惑星』(73) は製作費180万ドルで、興収は100万ドルに満たず赤字を出した。

1970年代は、『フレンチ・コネクション2』(75)「続・ローズマリーの赤ちゃん／悪魔の子が生まれてから8年が経った…」(76・未)『エクソシスト2』(77)『JAWS ／ジョーズ2』(78)『ポセイドン・アドベンチャー2』(79) など、作品の質か興行的魅力、あるいはその両方においてオリジナルと肩を並べることに失敗した続編で溢れていた。『帝国の逆襲』の撮影中に公開されたルーカス自身の『アメリカン・グラフィティ2』(79) も完全に失敗した。『THX 1138』(71) 以来の興行的失敗で、2作目の『スター・ウォーズ』映画にとって吉兆とはならなかった。

『帝国の逆襲』はこういった状況のすべてを変えた。同作の成功は続編作品の汚名を返上し、まとまりのある映画的世界を開発できる可能性を体現してみせた。続編にオリジナル作品より多い資金をつぎ込むというルーカスの型破りな戦略をも正当化した。また現在ではスタンダードとなった、大宣伝を経た作品の公開と関連商品の発売をリンクさせ、市場的な相乗効果を得る手法を実演してみせたのだ。このことは続編作品に対する見方を大きく変え、現在のハリウッドにおけるシリーズ化志向の映画製作アプローチを形作ったため(特にジャンル映画に関して)、一部の批評家たちは今、『帝国の逆襲』は『スター・ウォーズ』よりも影響力が強かったと強く主張している。2014年、ホイットニー・シーボルトはポップ・カルチャー・サイト "Nerdist(ナーディスト)" に、「『帝国の逆襲』は、ファンタジーとSF文化における非常に遍在的で影響力のある存在となり、多くの意味で我々はそこから成長していないように見える。私は最近のあり

とあらゆる続編作品を見たが、すべてに『帝国の逆襲』のかすかな影響が見て取れる」
と書いている。

すべての要素……
その上にある質の高いフィルムメイキング

　1979 年 7 月 4 日に行われた祝日の特別試写会で、『帝国の逆襲』の撮影スタッフは
初めて編集途中の同作を見た。ほとんどの視覚効果とジョン・ウィリアムズによる音楽
を欠いていたこの状態でも、同作はとてつもなく大きな興奮を生んだ。後にスチールカ
メラマンのジョージ・ウィティアーは広報担当のアラン・アーノルドに、「オリジナルの
すべての要素があり、その上で今回は質の高いフィルムメイキングが施されている」と
話した。不運にも、ウィティアーが感じたことをほかの多くの観客が理解するには、し
ばらくの時間がかかった。

　完成した『帝国の逆襲』は、『スター・ウォーズ』でファンを魅了したのと同様の、
驚異的な視覚効果と手に汗握るアクション・シーンを備えていた。そればかりか『帝
国の逆襲』は、惑星ホスの爽快な AT-AT 対スノースピーダーの戦闘シーンと、ミレ
ニアム・ファルコン号の小惑星帯へのハラハラするような飛行シーンにおいて、オリジ
ナルを上回っている。さらに同作は、シリーズ全体で最もスリリングなライトセーバー
の決闘で締めくくられる。ルーカスは監督しなかったが、個人的に視覚効果、編集、
音響デザインを指揮した。作曲家ジョン・ウィリアムズは幾つかの新しくパワフルな主
題に合わせ、最も注目すべきで恐ろしい調べの「帝国のマーチ」のように素晴らしい
音楽を再び作り出した。こういったことはオリジナルの核をなす、すべての強みが繰り
返されたことを意味する。『帝国の逆襲』は視覚的にも聴覚的にも、また作品が与えた
感動においても、決して二流の模倣品ではなかったのだ。

　監督のアーヴィン・カーシュナーは、ウィティアーが言及した新たな「質の高いフィ
ルムメイキング」における、ほとんどの要素の責任を負っていた。カーシュナーの念
入りな演出により『帝国の逆襲』は、効果技術以外にも『スター・ウォーズ』をはる
かにしのぐ視覚的魅力を持つ映画となった。彼は同作を注意深い絵画的な視点で構成
し、様々な部分に豪華だが呪われたような雰囲気を与えた。ホスの雪深い景観は荒涼
として不吉。節くれだった巨大な杉の木、蛇、沼の怪物、さらに奇妙で危険な予兆が
点在するダゴバの沼地は不気味で陰鬱。ベスピンの「クラウド・シティ」はパープル
の雲のなかを漂い、金色がかったオレンジの陽光を浴び、初めはアール・デコ調のシャ

『帝国の逆襲』冒頭の、氷の惑星ホスでハン・ソロ（ハリソン・フォード）が凍え死にそうなルーク・スカイウォーカーの命を救うシーンは、ノルウェー、フィンセのキャストと撮影スタッフの宿舎のすぐ外で、撮影日程を狂わせた猛烈な吹雪のなか、撮影された

ングリラのように見える。しかしこの美しい外見は、その下に黒い地獄のような暗部を隠している（蒸気を噴出するカーボン・フリーズ装置とブタのようなアグノートたちが危うく C-3PO を放り込みそうになった焼却炉）。どのシーンも独特の質感と色彩を持っている。

　カーシュナーのより共同作業的なキャストへのアプローチと、進んで脚本を見直す姿勢のおかげで、ルーク・スカイウォーカー、ハン・ソロ、レイア姫はすべて、よりバ

ランス良く真実味のあるキャラクターへと成長した。登場時間が限られていたにもかか
わらず、新キャラのヨーダとランド・カルリジアンは複雑な性格を完全に理解された状
態でスタートした。チューバッカとドロイドたちでさえ、より豊かな感情を表している
ように見える。ハミル、フォード、フィッシャーは同作でシリーズ中、最高のパフォー
マンスを見せ、フランク・オズ（ヨーダ）とビリー・ディー・ウィリアムズ（ランド）
も名人級の人物描写を披露している。

　しかしながら、悲しいことにこういったカーシュナーの貢献が高く評価されるには何
年もかかった。批評家のほとんどは、ジョージ・ルーカスが遠隔操作で同作を監督し
たと信じていたようだ。彼は好意的な批評において称賛の大半を我が物にした。一方
で、『帝国の逆襲』に失望した批評家たちは、その物足りない点についてルーカスでは
なくカーシュナーを責める傾向があった。カーシュナーの見事な仕事を認識していた
ルーカスでさえ、どこかその尽力について否定的なままで、カーシュナーが不必要に
予算を超過させたとこぼしていた。彼は、『スター・ウォーズ』映画は手の込んだ職人
技を要求してはいなかったと伝記作家のデイル・ポラックに素っ気なく語っている。「あ
れは私が求めたものをはるかに超えていた」とルーカス。「だから私は報いを受けたよ」。
幸いにしてカーシュナーは生きている間に、遅ればせながら『帝国の逆襲』へ集まっ
た批評家と大衆からの称賛を見聞きした。またカーシュナーは、1997 年にルーカスが
改訂したオリジナル 3 部作の特別編がリリースされた際、『帝国の逆襲』への修正が最
も少なかった事実に誇りを感じていた。

　脚本家のローレンス・カスダンもまた、『帝国の逆襲』をより洗練された新たなレベ
ルへ押し上げた貢献者だ。同作の脚本家としてはリイ・ブラケットとカスダンの名がク
レジットされているが、ほとんどはルーカスとカスダンによって書かれ（第 16 章参照）、
シリーズの神話的側面を育みながら巧みにアクションとキャラクター描写のバランスを
取っている。この脚本は、ファンが期待していた興奮を促すようなスリリングなシーン
を提供しているが、カスダンはその合間の登場人物の出来事のほとんどを手がけ、特
にハンとレイアのロマンスを手際よく描写した。脚本は、惑星ホスでのハンに対するふ
ざけたような反感からファルコン号のなかでの驚くような優しさ（コミカルな憤慨に変
わる）、最終的にはクラウド・シティのカーボン・フリーズ装置における胸がつまるよう
な悲劇へと、様々な異なる方法と感情のトーンで二人の関係に触れている。またその
ほかの部分においても、脚本はシリーズの神話的側面を非常に大きく広げている。ファ
ンがフォースについて知っていることのほとんどは『スター・ウォーズ』ではなく、同

作のヨーダがルークを訓練するシーンに由来する。そしてもちろん、同作でルークとベイダーの本当の関係が明らかにされることで、シリーズは新たな次元を開いた。クライマックスとなるルークとベイダーによるライトセーバーの決闘の間、アクションとキャラクター描写と神話的構成は、切り離せないものになるのだ。

　ルークの生まれに関する山場的な暴露は、白熱した論議をあおった。ベイダーは真実を語っているのか、それともウソなのか？　カーシュナーはストレートな手法でこのシーンを撮ったが、ルークがベイダーを「父」と呼び、「ベン、なぜ教えてくれなかったんだ」と嘆き悲しんだ（2度も）事実にかかわらず、一部の観客はこの展開を容易には受け入れられなかった。特に若いファンたちにとって、ベイダーが本当にルークの父親かもしれないというアイデアを容認することは難しかった。ヨーダがスペクトル

ルーク・スカイウォーカーの生まれに関する秘密を守るために、俳優デイヴィッド・プラウズ（ダース・ベイダー役）は同作の山場のシーンを演じる間、ニセの会話を渡されていた。正しい台詞は、後にジェームズ・アール・ジョーンズによって吹き替えられた

形状のケノービに、同盟軍の「もう一つある」希望を思い出させる無造作な台詞も大きな論争を引き起こした（第 19 章参照）。もしルーカス、カーシュナー、カスダンが、観客が感情移入するようなキャラクターを生み出していなければ、このような議論は起こらなかっただろう。

大人たちのための『スター・ウォーズ』

　『帝国の逆襲』は様々な部分でオリジナルと互角、あるいは上回ったにもかかわらず、多くの観客は少なくとも当初、同作は『スター・ウォーズ』とは違っている、という見方しかできなかった。ユーモアが散りばめられていながら、この続編はそのトーンにおいて陰鬱である。決して進行が遅いというのではなく、ペースはゆったりしている。おそらく最も重要なことに、同作はオリジナルの勝利のフィナーレよりもはっきりしない、問題をはらんだままの結末を迎える。結果として、『帝国の逆襲』は『スター・ウォーズ』とは非常に異なる感情を抱かせる。歓喜の喝采よりも、哲学的な省察を促す映画なのだ。

　こういった違いは、3 部作の中央の 3 分の 1 であることの本質的な部分から生まれている。どのような 3 部分から成る物語でも、2 番目のパートで物事が主人公たちにとって悪い方向へ進むことは避けられない。そのほかの違いは、カスダンとカーシュナーが用いた、より大人向けでキャラクター主導のアプローチから生じている。『スター・ウォーズ』のすべての主題は残ったままで、かつ内在化した。それどころか、全体にわたる対立（ダークサイド対グッドサイド／恐怖対慈悲ー第 29 章参照）は、『帝国の逆襲』においてより明らかとなる。だがそれは、大規模な宇宙の戦いのなかではなく、最後までルーク・スカイウォーカーらキャラクターの心のなかで争われる。クライマックスのルークとベイダーの決闘は、単なるレーザーの剣による戦いを超えている。ルーク自身の恐怖と憎しみは、彼の最大の敵なのだ。これらは彼をダークサイドへと誘い込むかもしれず、さもなくばベイダーは彼を殺すほかない。ヨーダはルークに、ジェダイの技術が十分でないことを恐れているからではなく、自身のジェダイのやり方への献身にダークサイドの誘惑に打ち勝つための十分な強さがないと恐れているから、ベイダーとの衝突を避けるよう警告する。同時にルークとレイアは、二人を感情的に孤立した生活に導いたもう一つの恐怖に打ち勝とうと奮闘する。そしてランド・カルリジアンは、ベスピンで築いたすべてを失うことを恐れ（そして寛大にも、彼による雇用や保護下にある何千という人々が危害を受けるのを見過ごすことも恐れ）、自身を守ろうとして悪のフォースと取引する。

こういった見方をすれば、『帝国の逆襲』の思わせぶりな結末はすっかり満足のいくものとなる。なぜなら、ハンはカーボン・フリーズされてボバ・フェットに連れ去られ、ベイダーは生き残り、同盟軍の運命はどちらに転ぶかわからないままなのだが、このドラマのなかのすべてのドラマは解決するからだ。ルークはベイダーに立ち向かい、気力を失いかねない暴露をされ、それでも、憎しみにも野心にも屈することを拒否する。彼は自身の善悪の定義を固く守り続け、復讐ではなく正義の道を選択する。死、あるいはそれより悪いものに直面したハンとレイアは、キスと誓いによって互いに深く関与する。そしてランドは、悪魔との取引が何の防御にもならないと素早く悟り、帝国軍への態度を一変させて友人たちへの償いを始める。

　同作の興行収入と否定的な評価が示すように、これらの機微の多くは 1980 年の観客の印象に残らなかった。これらは、シリーズのファン層の大半を占めていた若者たちの頭を飛び越えた。だがこういった機微は存在し続け、後年『帝国の逆襲』に戻ってくる彼らに報いるために待っていた。同作の、苦痛と誘惑の時期に道徳的基準の選択に悩むキャラクターたちを描いた内省的なシナリオは、観客たちが年を取るにつれ、より強い共感を生んだのだ。『スター・ウォーズ』は公開された時期にとって完ぺきな作品だったため、センセーションを巻き起こした。『帝国の逆襲』はその主題が時代を超越しているから、長く愛されるのだ。

　要するに、『帝国の逆襲』は大人のための『スター・ウォーズ』なのだ。ルーカスは、オリジナル 3 部作の最後の作品で、これとは逆の方向へシリーズを導くことになる。

カスダンによる軽妙な会話とカーシュナーの繊細な演出のおかげで、レイア姫（キャリー・フィッシャー）とハン・ソロ（ハリソン・フォード）のロマンティックな場面はユーモアに富み、生き生きと輝いた

第19章

The Circle Is Now Complete

環は完成した

『スター・ウォーズ エピソード5／帝国の逆襲』の思わせぶりなエンディングは多くの観客をがっかりさせたが、ほぼ間違いなく、3作目の『スター・ウォーズ』映画を史上最も話題にのぼり、待ち望まれた作品とする力も持っていた。興味をかき立てるストーリーの糸は宙ぶらりんで、困惑させるミステリーは未解決のままだった。ハン・ソロは生きているのか？　ダース・ベイダーは本当にルーク・スカイウォーカーの父親なのか？

ルークはダークサイドに走ってしまうのか？　最終的にベイダーは滅びるのか？　そして、ヨーダが言ったミステリアスな「もう一人」とは誰のことなのか？　映画館を出たファンはこういった疑問の数々に騒然となり、憶測が飛び交った。無数の観客たちがこれらのキャラクターに心を奪われて過ごした。多くにとって、エピソード5とエピソード6の間の3年間は果てしがないように感じられた。だが事実上、『スター・ウォーズ』と『帝国の逆襲』を見た人々は皆、ジョージ・ルーカスがすべての答えを提供し、物語を完結させると約束したフィナーレに戻って来るだろう。しかし、まずはルーカス自身がそれらの答えを見つけ出さねばならなかった。

シリーズの縮小

『帝国の逆襲』に満足できなかった多くの観客のなかには、最も重要な意見の持ち主がいた。ルーカス自身だ。彼の意見が形を成すとき、主に2作目への回答として、3作目の『スター・ウォーズ』映画は生まれるのだ。ルーカスは、『帝国の逆襲』のより内省的で大人向けのアプローチは、オリジナル作品を何度も見て大きな成功に導いてくれた若い観客たちには難解だったと信じていた。そして、やがて『スター・ウォーズ エピソード6／ジェダイの帰還』として知られる作品を、より子ども向けにしようと決意した。彼はまた、3部作の真んなかの章がより暗いトーンを帯びることは必要であったにせよ、『帝国の逆襲』はその方向に行き過ぎたと感じていた。『ジェダイの帰還』

はオリジナル作品の元気で前向きな精神に戻り、この SF のおとぎ話に歓喜とハッピーな結末をもたらさなければいけないと考え、譲らなかった。これらは、単に計算されたマーケティング的判断ではなかった。1981 年にジョージとマーシアのルーカス夫妻は、幼い女児を養子に迎えた。親であることは、大抵がそうであるように、ジョージ・ルーカスの見方を変えたようだった。

　ルーカスは、もう一つの重大な決断も下した。『ジェダイの帰還』を最後の『スター・ウォーズ』映画にする。少なくとも今後の長い、長い間においては最後となる作品に。

　これは、でき上がった作品としてではなく、神経をすり減らせる製作業務としての『帝国の逆襲』への反応でもあった。『帝国の逆襲』を作る前、ルーカスは信頼できる協力者にシリーズの主な仕事を引き継ぎ、日々の作業から離れ、スケジュール通りで予算通りに自身の期待に沿う作品を得られるものと信じていた。その後『帝国の逆襲』の撮影は数カ月もスケジュールを超過し、コストは桁外れにかさんでいき、ルーカスのキャリアは危機に瀕した。今彼は、作品が予算内に収まり、彼の構想に完ぺきにフィットすることが保証されるには、自身がより積極的に映画作りにかかわるしかないと悟り、この宿命を恐れた。

　もともとルーカスは、『スター・ウォーズ』シリーズを長く続け、それを成長するルーカスフィルム帝国の収入源と、彼の夢である「フィルムメイカーの避難所」、すなわち「スカイウォーカー・ランチ」の資金源にしようと思い描いていた。『帝国の逆襲』が終わり、予定していた 9 本の映画シリーズの 2 章まで来た。それぞれの作品に 3 年かかるとして、ルーカスフィルムは『スター・ウォーズ』映画をあと 21 年間作り続けることになる。彼の代わりにほかの人々にこれらの作品を作ってもらえると信じていた頃は、これはいい考えだと思った。だが、自身の製作参加が必須と悟った今、この計画を実現するのは難しくなった。そして 1982 年、彼とスティーヴン・スピルバーグ監督は『レイダース／失われたアーク《聖櫃》』で、『帝国の逆襲』の興行収入を上回る衝撃的な成功を収めた。ルーカスは突然、2 番目の大作シリーズをポケットに入れたのだ。これ以上のことを思い描ける夢がどれだけあるだろうか？　ルーカスフィルムは、『スター・ウォーズ』なしでも生き残っていけるかもしれない。

　ルーカスは「私は残りの人生をすべて『スター・ウォーズ』映画の製作に費やしたくはない」と広報担当のアラン・アーノルドに話したと、アーノルドの著書 "Once Upon a Galaxy: A Journal of the Making of The Empire Strikes Back" に引用されている。ルーカスがオリジナル 3 部作の最終章を執筆し出すにあたり、この考えが

予期せぬ大きな問題を生んだ。

謎を解く

　『帝国の逆襲』の結末で未解決のままにされた最も大きな疑問は、ハン・ソロの運命だ。アーノルドは著書のなかで、自身の役が物足りないと感じ、次の『スター・ウォーズ』映画の出演契約を結んでいなかったハリソン・フォードに、再びソロを演じる気はなかったと述べている。そして、フォードが同シリーズにもう出演しないと思っていたのは、アーノルドだけではなかった。ルーカスと脚本家のローレンス・カスダンは、フォードが3作目を断った場合に備え、代わりの無法者としてランド・カルリジアンを登場させていた。しかしながら、『帝国の逆襲』が公開されてまもなく、プロデューサーのハワード・カザンジャンによる懇願を受けたフォードは、ソロとして戻る意向を示した。数年後フォードは、シリーズを完結させることこそ道徳的に正しいと思えたからだと語っている。

　それから、ヨーダが言った同盟軍の大義にとっての「もう一人」の希望が誰を指すのか、という厄介な問題もあった。ヨーダの不可解な台詞が脚本に挿入されたとき、ルーカスとカスダンが何を考えていたのかは不明だ。ルーカスフィルムには、ヨーダが誰のことを言っていたのか教えてほしいと懇願するファンからの手紙が殺到した。この謎めいた人物はハン・ソロではないかと指摘する人々がいた。またボバ・フェットではないか、それともルークの生き別れた兄弟か、いやボバ・フェットに変装しているルークの生き別れた兄弟ではないか、はたまたルークの母親か、と勘ぐる者たちもいた。一部のファンは、ベイダーがウソを言っているとして、実はルークの父親がその人物なのでは（ベイダーはルークの父のクローンかも）とまで言い出した。議論は尽きなかった。

　このことについて質問されたマーク・ハミルは、もし何らかの理由で自身が最終章となる映画に出たくない、あるいは出られない場合に、ルークの代わりを務める可能性のあるキャラクターのことを言っているのではないかと推測した。ヨーダの台詞は、ハンがカーボン・フリーズされたように、すべての役者がシリーズへの継続的出演を約束されているわけではないことを表すための、ルーカスによる用心深い暗示かもしれないと推察したわけだ。これは、本当であった可能性さえある。DVD版『帝国の逆襲』の音声コメンタリーでルーカスは「もう一人」について、「ルークはいなくなるかもしれない存在だ、と思わせるための小細工だったが、効果があった」と話しているのだ。作家マイケル・カミンスキーは、彼の著書"The Secret History of Star Wars"で、「も

う一人」はもともと、3作目に登場しエピソード7から9までの主役を務めることになっていた新キャラクターを指していた、という説得力のある見解を述べている。もしそうなら、ルーカスはエピソード7から9までの3部作を断念した時点で、この案をボツにせざるを得なかったはずだ。彼は、自身がこれ以降の『スター・ウォーズ』映画を作ることに強制力を持つ、いかなる物語の要素も望んでいなかった。

　結局、この問題における最も単純で優雅な解決策は、謎めいた「もう一人」はルークの妹で、それはレイアだと明らかにすることだった。このアイデアには、ヨーダの最後の希望の謎を解くだけでなく、ハンとレイアとルークの三角関係を解決させるという、一石二鳥の効果があった。だが同時に、これ以前のいくつかのルークとレイアのシーンを不快にし、また、なぜダース・ベイダーは自身の息子のことは知っていて娘については知らなかったのか？　オーウェンおじさんとベルーおばさんの存在はどう説明されるのか？　といったベイダーの子どもの出生に関する不可解な疑問も提示した。これらの問題の多くは、2005年に『スター・ウォーズ　エピソード3／シスの復讐』が公開されるまで、不透明なまま残ることになった。

　そのほかの大きな疑問は、エピソード6でシリーズを完結させるというルーカスの判断によって解決された。観客は、ルークが本当にベイダーの息子であると確信する必要があり、なぜケノービはルークに父親の正体を隠していたのか、納得できる説明が不可欠だった。最終的には、物語が本当に終わったことを明確に示すため、ベイダーは死ななければならなかった。

もう一つの『ジェダイの帰還』

　ルーカスは、1980年に三つのストーリーの大筋を決めながら、これらすべての疑問を気にかけ、再び脚本の草稿を書いて翌年2月に提出した。"Star Wars Episode Six Revenge of the Jedi（ジェダイの復讐）"と題されたこの初期版は根本的に最終的な脚本とは違っていた。多くの点で、より野心的で独創的だったのだ。

　このバージョンのアクションの多くは、このとき「ハド・アバドン」と呼ばれていた銀河帝国の首都的惑星（後に「コルサント」として知られる）を主な舞台としていた。この星全体がスモッグに覆われた巨大な都市で、ほとんどの天然資源を単に「グリーン・ムーン」と呼ばれた比較的に自然のままの森の衛星（ここは本質的にはエンドアである）から得ている。グリーン・ムーンには、帝国の監視下にある小さくて毛が多くふわふわした原始動物が生息している（「イワーク」と名付けられていた）。ここには、帝国のホー

ムワールド（首都惑星）を守る二つの巨大なレーザー砲もあった。また、二つの新し
くよりパワフルなデス・スターもハド・アバドンの周りを回っており、どちらもまだ建造
中だった。

　ハド・アバドンではダース・ベイダーが、星の中心部近くに位置し泡立つ溶岩に囲
まれた帝国の王座がある皇帝の地下室に呼ばれる。皇帝は、ベイダーがクラウド・シティ
でルーク・スカイウォーカーを捕らえることも殺すこともできなかった失敗に激怒し、
グランドモフ（銀河帝国の称号）のジャージャーロッドに部下を率いてルークを捕らえ、
訓練のために皇帝のもとに連れてくることを命じた。ベイダーがこれに異議を申し立て
ると、皇帝はフォースを使ってベイダーの息を止めながら、生かしているだけ幸運に思
えと脅す。ベイダーは皇帝を倒すためにルークを味方につけようとし、皇帝はベイダー
の代わりにルークを自分の右腕にしようと企む。

　同じ頃、レイア姫とキャプテン・ジョード率いる同盟軍の出撃班は、密かにグリーン・
ムーンに降り立っていた。彼らはレーザー砲を奪ってハド・アバドンを撃ち、二つのデ
ス・スターを守っているフォース域のジェネレーターを無力化して、デス・スターとホー
ムワールドの通信を断とうとしていた。そして、事前に決めたタイミングで同盟軍の戦
隊が超空間から現れ、デス・スターを破壊する。デス・スターの設計におけるかつての
の弱点は解消されていたため、完成前に破壊する必要があった。

　ルーク、ランド、チューバッカとドロイドたちは惑星タトゥイーンに向かい、でき上がっ
た作品とほぼ同じ方法で（レイアの助けはなしにだが）ジャバ・ザ・ハットに捕らえら
れたハンを救い出す。ルークと怪物ランコアの戦いとサルラックの穴でのジャバ・ザ・
ハットの死も、すでにこの初期版にあった。次にルーク、ハンらはミレニアム・ファル
コンで、同盟軍の戦隊が目前に迫る出陣を待つ芝の惑星サイスモンに飛ぶ。その途中、
ルークの夢にベン・ケノービとヨーダが現れる。ケノービは、ベイダーが「ダークサイ
ドに殺された」と説明し、レイアがルークの双子の妹だと告げる。彼らはルークを、再
びベイダーと立ち向かうよう促す。ケノービはまた、ネザーワールドにおける自身の時
間が尽きかけており、物質的な形に戻るか、さもなければフォースと一体になるしかな
いと説明する。さしあたって彼はネザーワールドに残り、ベイダーのフォースを使う能
力を低下させようと試みる。ヨーダもケノービとともにネザーワールドで、皇帝に対し
同じことをする。

　ハンは惑星サイスモンで同盟軍の計画を細かく知り、レイアを手伝おうと彼女のとこ
ろへ急ごうとする。アクバー提督はこれを止め、ルークも反対した（最初は）。そして、ルー

『ジェダイの帰還』で、ルーク・スカイウォーカー（マーク・ハミル）とチューバッカ（ピーター・メイヒュー）は、ありえないような形でイウォークたちに捕まる

クは新たなライトセーバーを作りながら、攻撃計画が失敗してレイアが危機に直面する幻を見る。ルーク、ハン、チューバッカとドロイドたちはファルコン号でグリーン・ムーンへと急ぐ。グリーン・ムーンで、レイアはイウォークたちに会い、仲良くなる。でき上がった作品同様、ベイダーはルークがこの衛星に近づくにつれ、その存在を感じ取る。ルーク、ハン、チューバッカとドロイドたちは、二足歩行の AT-ST「チキン・ウォーカー」を含む帝国軍の部隊に追われる。自分の存在が同盟軍の計画を危険にさらしていると気づいたルークは、ほかの者たちをを逃がして敵に投降する。彼はグランドモフ・ジャージャーロッドのもとへ連行されるが、ジャージャーロッドが彼を皇帝のもとへ連れて行く前に、ベイダーが現れる。ベイダーはフォースによりジャージャーロッドの呼吸を止めて殺し、自身の手でルークと皇帝を引き合わせる。

　最後の山場は、帝国の王座がある地下室で展開される。同じ頃、グリーン・ムーンではイウォークが同盟軍のレーザー砲奪取を手伝い、デス・スターへの攻撃が開始される。ヨーダとケノービの後ろ盾を得たルークは、皇帝とベイダーに立ち向かう。ケノービとヨーダはベイダーと皇帝の前に現れ、降伏するように迫る。ケノービは皇帝に、「ダー

クサイドにはネザーワールドへの入口はない」と言う。この状況で皇帝は、ベイダーとルークに戦うことを強いる。皇帝はルークに、ベイダーを倒すためにダークサイドに寝返るようあおりたてる。ルークはベイダーよりずっと強く、ついに打ち勝つのだが、相手を殺すことは拒否する。ベイダーは自身の策が失敗に終わったと悟り、また皇帝が自分の後任に息子を据えようと企んでいることに激怒し、体ごと皇帝に突っ込んでいく。二人はもつれ合い、溶岩のなかに転げ落ちて死ぬ。上空では同盟軍がデス・スターを破壊し、帝国は滅びる。

その後、同盟軍とイワークはグリーン・ムーンで勝利の祝祭を催す。ケノービとヨーダは人間の姿に戻り、これに参加する。

1981年6月12日にルーカスが書き上げた2番目の草稿ではあらすじが微調整された。ルークの夢のシーンは省かれ（代わりにグリーン・ムーンでケノービとヨーダが魂の形態でルークの前に現れる）、ふわふわした原始動物は「イウォーク」に改名された。さらに特筆すべきは、このバージョンでベイダーが皇帝を殺す動機が変更されたことだ。息子、ケノービ、ヨーダによる説得に心を動かされ、ベイダーはダークサイドから抜け出す。単に敗北するというより、罪をつぐなうのだ。

スクリプト（脚本）・ウォーズ

不運なことに、このバージョンのあらすじの最もエキサイティングで野心的な要素の多くは、脚本が改訂されていく過程で姿を消すことになる。そのプロセスは1981年7月13日から17日に開かれた一連のストーリー会議で始まった。ルーカス、脚本家ローレンス・カスダン、監督のリチャード・マーカンド、プロデューサーのハワード・カザンジャンらが、この討論に参加した。監督としてのキャリアもスタートさせていたカスダン（監督作『白いドレスの女』が熱烈な高評価を受け、2作目『再会の時』の企画を進めていた）は、ルーカスへの感謝から『スター・ウォーズ』映画に戻ることに同意した。だが、彼とルーカスはこれらの会議を通じて繰り返し衝突した。カスダンは総じてストーリーをより暗く、より大人向けにしようとしたが、ルーカスは絶えず反対した。マーカンドは大抵ルーカスに同調し、カザンジャンはどちらにも転んだ。J・W・リンズラー著 "The Making of Return of the Jedi" に書かれているこういった討論の記録のハイライトは、非常に興味深い。

ルーカスが冗談で、映画の最後でルークがベイダーのマスクをかぶって同盟軍の戦隊を滅ぼし、自身が新しい皇帝だと宣言したらどうかと提案したら、カスダンははっき

りと大真面目に「まさにそうなるべきなんだ」と言った。

「やめてくれよ」とルーカスは冷笑した。「これは子どもたちに向けた作品だ」。

またカスダンは長々と、『ジェダイの帰還』で主要キャラクターが1人死ぬべきだと主張した。彼は最初に、ルークが戦いのなかで命を落とし、レイアが代わりに皇帝を倒すのはどうかと提案した。ルーカスはすぐにこのアイデアを退けた。後にカスダンは、ハン・ソロを殺す案を出したが、ルーカスは最終的にハンとレイアが結ばれなければ観客はがっかりすると言い張った。さらにその後カスダンは、ランドとミレニアム・ファルコンが最後の戦いで失踪したらどうかと提案し、いら立ったルーカスに「ストーリーに何らかの鋭さを与えたいんだ」と説明した。ルーカスは頑としてはねつけた。「皆がその後幸せに暮らし、誰にも悪いことは起きない……僕がこの映画の最後に与えたいのは、情緒的にも精神的にも本当に前向きで明るく、絶対的に命を肯定する気持ちなんだ。それが僕らにできる最も素晴らしいことじゃないか」。最終的に、ルーカスはヨーダが死ぬことには同意したが、それはあくまで寿命による、人生を肯定したもので、死はフォースの自然な部分であり恐れるべきものではないという表現においてだった。

どのストーリーの要素についても、5日間の会議中にだいぶアイデアが固まってきた。いくつかの案はボツにされ、加えられたものや変更されたものもあった。カスダンはイウォークをカットしたがったが、ルーカスは彼らが不可欠だとして譲らなかった。彼は、ローテクな先住民たちが技術的に優れた軍隊に勝利するというアイデアを気に入っていた。これは彼による『地獄の黙示録』の脚本の基本的主題であり（フランシス・フォード・コッポラによる改訂版にはほとんど残っていないコンセプトだが）、『スター・ウォーズ』の初期の脚本に顕著に表れている考えでもあった（そのなかの原始動物はイウォークではなくウーキーだった）。

カスダンはまた、デス・スターをやめて、同盟軍がシンプルに帝国の首都に攻撃をしかけることを提案した。しかし、常に視覚的に思考するルーカスは、クライマックスには1作目のような巨大な爆発が欲しいと考えた。スモッグで満ちた大気に火をつける案など、同盟軍がハド・アバドンを破壊する様々な方法が議論されたが、どれもルーカスが望んだクライマックスの大爆発になりそうもなかった。そして、ルーカスはハド・アバドンについて考え直し始めた。帝国のホームワールドをスクリーンで見せるには、巨大で金のかかるセットをたくさん作らねばならない。その代わりに彼は、ハド・アバドンをやめ、アクションをデス・スターの一つで展開しようと提案。最終的には二つ目のデス・スターが、予算的な理由と余分だという意見の両方からカットされた。最後

の戦いをハド・アバドンの火山の最深部からデス・スターに移すことで、皇帝は溶岩の穴に放り込まれなくなるため、その死に方を少し変える必要が生じた。代わりに、皇帝は「何らかの機械」のなかに投げ込まれることになった。

　監督のマーカンドが、ルークは前作で誓った約束を守るためにダゴバ星のヨーダのもとへも戻らなければならないと強く主張したため、そのシーンが加えられ、ルーク、ヨーダ、ケノービの会話はそこへ移された。ケノービとヨーダが生身の人間に戻るという案は捨てられた。カスダンとルークは、ダース・ベイダーが罪をつぐなうべきか、単に死ぬべきかについても衝突した。カスダンは、ルーカスのハッピーなエンディング案に「軟弱だ」と文句をつけた。最終的にカスダンは、ベイダーのマスクを取った顔がずたずたに傷ついていることを望んだ。ルーカスは、それがキャラクターによるつぐないを視覚的に弱めるとし、ベイダーの顔は傷ついていても不快な印象を与えるべきではないと異論を唱えた。

キャリー・フィッシャー（左）もハリソン・フォードも、でき上がった『ジェダイの帰還』の脚本での彼らのキャラクターの扱いに不満があった。フォードはハン・ソロが「自身を犠牲にする」ことを望んだが、ルーカスは純粋なハッピーエンディングにこだわった

先細りしていく『ジェダイの帰還』

　ルーカスによる草稿と膨大なストーリー会議の記録をもとに、カスダンは本格的に脚本執筆に取りかかった。彼はまた、マーカンドによって集められたキャストの意見も参考にした。マーク・ハミルは、ルークがダークサイドに屈し、そのパワーでベイダーと皇帝を倒すが、レイアによってグッドサイドに引き戻される、という案を出した。ハリソン・フォードは、ハン・ソロが「自身を犠牲にする」ことを望んだ。キャリー・フィッシャーは、『帝国の逆襲』のレイア姫は「どこかのスペース・ビッチ（宇宙の嫌な女）」みたいな印象を与えると苦情を言い、より優しく描いて欲しいと頼んだ。C-3PO が『帝国の逆襲』でコメディタッチの息抜きに使われたと感じたアンソニー・ダニエルズは、『ジェダイの帰還』でのより意味のある役割を希望した。少なくともフィッシャーとダニエルズが望んだことは、実現されることになる。

　1981 年 9 月 21 日、カスダンは自身による最初の『ジェダイの帰還』の脚本を提出した。それまで正式な第 1 稿は存在しなかったが、この脚本は第 2 稿とされた。このバージョンは、主要部分において完成した映画に非常に近かった。ハド・アバドンはなくなり、グリーン・ムーンは「ジャス・エンドア」（その後、単に「エンドア」と短縮された）という名の惑星の周りを回ることになった。ケノービがルークの父親の運命についての真実を「ある視点から」説明する箇所を含め、映画内の多くの台詞はこのバージョンで初めて登場した。この脚本はまた、ケノービの役割を、"救済者"から悲劇的な存在に変えた。彼は、ベイダーの堕落と皇帝が権力の座に就いたことが、自分が若いアナキン・スカイウォーカーを不用意に訓練したせいだと自らを責める。結果として、ベイダーが罪から救われるとき、ケノービも救われるのだ。

　しかしながら、このバージョンは不完全だった。ルーカスがインダストリアル・ライト・アンド・マジック（ILM）のチームとともに考えていた大きな戦闘シーンなど、白紙の部分があったのだ。ルーカスはカスダンの脚本を改訂し、そういった箇所を補った。その後、カスダンがルーカスによる改訂版に手を加えて撮影台本に仕上げ、1981 年 12 月 1 日に提出した。ルーカスは撮影を通じて脚本を微調整した。ルーク、ベイダー、皇帝の決闘シーンの最終的な会話は、ルーカスが撮影しながら書いたものである。

　だが、撮影台本が提出される前、カスダンとルーカスは、実際には決してスクリーン上に現れないとわかっているいくつかのシーンを追加執筆しなければならなかった。『スター・ウォーズ』チームの非凡な努力のなかには、映画のストーリーを秘密にして

おく作業があり（次章参照）、ケノービがルークとレイアの本当の関係を明らかにする部分と皇帝とベイダーが死ぬ部分に代わる、ニセの脚本が用意されたのだ。後者のニセ脚本では、ベイダーではなくルークが皇帝を殺すことになっていた。これらのシーンの本当の脚本は、青い用紙にプリントされ、キャストと撮影スタッフの大半に渡されなかった。

　青いページを含む脚本の完成版では、帝国の首都への攻撃など、初期の脚本にあった最もエキサイティングないくつかのアイデアが削られていた。惑星タトゥイーンで始まり、宇宙での戦闘とデス・スターの破壊で終わるなど、多くの部分で1作目の手法が繰り返された。『ジェダイの帰還』はまた、このほかの要素においても前2作を真似ており（第21章参照）、その最も顕著な例は、クライマックスのルークとベイダーの決闘だ。蓋を開ければ、『スター・ウォーズ』3作目には、観客が前2作ですでに見たもの以外の要素がとても少なかった。脚本は『帝国の逆襲』から持ち越されたすべての疑問に答えているが、限りなく想像力に欠けるものも散見される。ルーカスはそれをわかっていながら甘受していたようだ。同作公開前に出版された「スターログ」誌のインタビューでルーカスは、『スター・ウォーズ』は「シンプルなおとぎ話としてスタートし、それが本当にすべてなんだ……『ジェダイの帰還』が公開されたら人々は『オー・マイ・ゴッド、何てわかりやすいんだ！　なぜもっと興味深いものが考えられなかったのか？』と言うだろう」と説明している。

　彼らはもっと興味深いものを考えてはいたが、それらのアイデアは捨てられた、というのが真実なのだ。

『ジェダイの帰還』の脚本草稿の段階で、俳優アンソニー・ダニエルズ（左、C-3PO に扮している）はリチャード・マーカンド監督（右）に、３部作の最終章では C-3PO により意味のある役割が与えられるよう頼み、その希望はかなえられた

第20章

There Will Be No One to Stop Us This Time
今度ばかりは誰にも邪魔はさせん

Making Return of the Jedi
『ジェダイの帰還』製作

　不安を抱えていたジョージ・ルーカスは、1980年の夏にシリーズの山場となる『スター・ウォーズ』3作目の計画に着手した。警戒心があったのは当然のことだ。3部作の内、前2作の製作はあらゆる種類の危機と惨事に見舞われた。『スター・ウォーズ エピソード5／帝国の逆襲』のコスト超過は、ルーカスを財政破綻寸前まで追い込んだ（第17章参照）。『帝国の逆襲』同様、3作目にも自ら出資していたルーカスは、3作目では同じ過ちは繰り返すまいと初めから決意していた。今回の映画は日程通り、予算内で、舞台裏の騒動なしに完成させると断言した。結局、彼はその三つの内、二つで妥協することになる。

リンチの選択

　こういった初期の段階で、ストーリーを考え出すこと（前章参照）を除き、ルーカスが直面した最も重要な課題は、プロデューサー、監督をはじめとするスタッフを集めることだった。ルーカスは、『帝国の逆襲』の撮影途中からゲイリー・カーツに代わってプロデューサーを務めたハワード・カザンジャンに再び製作を依頼した。カーツは、1979年12月11日付けでルーカスフィルムを辞めていた。ルーカスは、3作目の監督に予算ラインを守らせるために、自由思想のカーツにはないカザンジャンの冷徹さを頼りにしていた。だが、誰がその監督を務めるのか？

　双方の合意により、『帝国の逆襲』の監督アーヴィン・カーシュナーは、3部作を締めくくるメガホンは取らないことになった。人生の2年間を『スター・ウォーズ』映画に捧げた後、カーシュナーは自分のプロジェクトに戻りたがっていた。しかも、ルーカスは自身の師であったカーシュナーを称賛し尊敬していたのと同じくらい、これ以上、彼のように経験があり意志の強いベテランとは一緒に仕事をしたくないと感じていた。「我々は、むしろ若く柔軟で、まだ偉大なフィルムメイカーとして自己を確立しておら

ず、『スター・ウォーズ』の伝統に従ってくれて、ジョージが好きなように作品に取り組めるようにやってくれる監督を探していた」とカザンジャンは 1983 年に"American Cinematographer（アメリカン・シネマトグラファー）"誌のインタビューで語っている。言い換えれば、今回ルーカスは、自分がコントロールできる監督を求めていたのだ。これは、彼がカーシュナーに『帝国の逆襲』の監督を依頼したときに求めた、あるいは求めていると思っていたものとは正反対だった。ルーカスは『帝国の逆襲』では口出ししないようにしていたが、その結果、作品はほぼ制御不能なスパイラルに陥った。これを繰り返さないために、ルーカスはほとんど毎日撮影に顔を出して監督に指示を与え、ときには第2撮影隊の監督まで務めようと考えていた。

　そのような形のルーカスとの仕事を進んで引き受ける監督を探すのは、容易ではなかった。この作業はまた、悪化していたルーカスと米監督組合の対立によってさらに難しくなった。同組合は、『帝国の逆襲』でカーシュナー監督がオープニングではなくエンディングでクレジットされたことに対し、ルーカスに 25 万ドルの罰金を科していた。ルーカスはすべての『スター・ウォーズ』映画に一貫したクレジット様式を採用したがっており、オリジナル作品における自身の監督クレジットもエンディングまで出していなかった。しかし組合は、オープニングのルーカスフィルムのロゴが事実上、ルーカスのプロデューサーとしてのクレジットと見なされるため、（同組合の規定によれば）カーシュナーもオープニングでクレジットされる必要があったとした。組合は、カーシュナー自身がエンディングでのクレジットに同意していたにもかかわらず、罰金（後に調停者によって2万 5000 ドルに減額された）を科したのだ。怒り狂ったルーカスは、罰金は払ったが組合を辞めた。結論としては、ルーカスが頭を下げて組合に戻らない限り、彼は組合のメンバーを新作の監督として雇うことができなくなった。これによってルーカスの選択肢は狭まり、非組合員の監督あるいは英国のフィルムメイカーを雇うしかなくなった。これにより彼の友人であるスティーヴン・スピルバーグも除外され（いずれにしろ、彼は『E.T.』の準備で忙しすぎたが）、ほかの候補者もハリウッドで最もパワフルな組織の一つとの衝突を恐れた。

　カザンジャンは、数十人の『スター・ウォーズ』3作目の監督候補者リストを作った。このなかには、カナダ人のジョン・ヒューや英国人のジョン・グレンらあまり知られていない名前もあったが、アラン・パーカー、ピーター・ウィアーといった有名フィルムメイカーもいた。ルーカスとカザンジャンは多数の候補者と連絡を取った上で、最後にデイヴィッド・リンチという若いアメリカ人フィルムメイカーを選んだ。彼は後に『ブ

ルーベルベット』（86）やテレビシリーズ「ツイン・ピークス」（90〜91）などでカルト的人気を誇ることになる。リンチは SF 映画を作りたがっており、ルーカスは彼のはじめの 2 本の監督作、『イレイザーヘッド』（76）『エレファント・マン』（80）に感銘を受けていた。ルーカスはリンチに電話をかけ、彼がこの仕事を得たことを祝った。だが 2、3 日後、リンチから辞退するという電話があった。なぜ結局リンチが断ったのか、別々の情報筋が様々な理由を提供している。もしこの作品のメガホンを取ったらリンチは監督組合を辞めなければならず、そのほかの波紋にも直面する可能性があっただろう。彼は、ルーカスが望んだような仕事上の関係について考え直したのかもしれない。はたまた彼は、自身がより良いと考える別のオファーを受けたのかもしれない。その後まもなく、リンチはフランク・ハーバートの小説の映画化となる『砂の惑星』（83）を監督する契約を、プロデューサーのディノ・デ・ラウレンティスと交わした。この映画は『スター・ウォーズ』の影響を強く受けたであろう作品の一つだ（第 3 章参照）。いずれの場合にしろ、おそらくリンチは結果としてベストの選択をした。型破りなリンチと堅物のルーカスがうまく一緒に仕事をすることは想像しにくいし、リンチの不気味で破壊的なスタイルは『ジェダイの帰還』には向かない。リンチならイウォークをどう扱ったか考えることは楽しいが。

　リンチの次に、ルーカスは新進気鋭のウェールズ人フィルムメイカー、リチャード・マーカンドを選んだ（第 14 章参照）。彼はこの仕事をやりたいと強くアピールしており、選ばれたと知って大喜びした。カザンジャンの助言に背き、ルーカスはマーカンドに自分で撮影監督と編集者を選ぶことを許可し、前者はアラン・ヒュームに、後者はショーン・バートンに決まった。どちらにも、それまで『スター・ウォーズ』ともルーカスともかかわりはなかった。またヒュームは、前 2 作で使用された古いヴィスタヴィジョンの機材ではなく、新しいパナヴィジョン BL 3 カメラで撮影したいと強く主張した。これらすべてのことが、『ジェダイの帰還』に前 2 作と少し異なる印象を与えることになる。

厳しい交渉

　一方ルーカスは、同作への融資契約と、20 世紀フォックスとの配給協定をまとめようとしていた。『帝国の逆襲』を完成させるための融資を行ったバンク・オブ・ボストンは、「ザ・チャプター III カンパニー」（ルーカスが『スター・ウォーズ』3 作目の製作のために起こしたルーカスフィルムの子会社）に、ルーカスの前 2 作から得た収入を担保に、製作費として最大 3200 万ドルを貸し付けることに同意した。フォックスとの契約をま

とめることはずっと難しかった。アラン・ラッド・Jr. は『帝国の逆襲』の製作途中でフォックスを去っており、ルーカスは同スタジオの新経営陣を信用していなかった。これに対しフォックスの重役たちは、『帝国の逆襲』を完成させるために必要だった融資にフォックスが同意した際、3作目については同スタジオにより有利な協定を結ぶとした約束を、ルーカスが破ろうとしていると感じていた。

　1980 年の夏に交渉が始まったとき、ルーカスはフォックスに、同作を配給するために事前に 2500 万ドルを支払うよう求めたが、フォックスは 1000 万ドルしか進んで出そうとはしなかった。もう一つの大きなハードルは、3作目のプレミアに先立つ『スター・ウォーズ』『帝国の逆襲』の劇場再公開を計画していたルーカスによる、新作の公開から3年間、全3作をケーブルテレビ、ネットワークテレビで放映しないという要求だった。フォックスはケーブル局とネットワーク局に、数百万ドルの価値がある前2作の放映権をすぐにでも売りたがっていたのだ。次の年も、両サイドは駆け引きを繰り返した。交渉が長引くにつれ、さらなる問題が噴出した。フォックスの弁護団が、ルーカスフィルムが契約により『スター・ウォーズ』のすべての続編の権利を所持している一方、フォックスには同作のリメイクもしくはテレビシリーズを作る権利があると主張したのだ。ルーカスの弁護団は、「続編」という言葉にはすべてのスピンオフ作品が含まれるとして、これを強く否定した。その後両サイドは、誰に『スター・ウォーズ』のキャラクターとその肖像の権利があるのか、という問題でももめた。

　ついに 1981 年 9 月、苛立ったルーカスフィルム側はフォックスに、契約にある「第一先買権」の条項を行使すると告げた。ルーカスは契約上、いかなる『スター・ウォーズ』の続編の配給権も最初にフォックスにオファーしなければならなかったが、もしフォックスがこれを断れば、ほかのどこに話を持って行こうと自由だった。ルーカスの弁護団は、フォックスがルーカスフィルムと折り合いをつけられないなら、事実上このプロジェクトを断ったと見なされ、結果としてルーカスフィルムは『スター・ウォーズ』3作目をほかのスタジオに自由に売ることができると主張したのだ。

　この時点で、フォックスの新たな過半数株式所有者であるマーヴィン・デイヴィスが個人的に交渉にかかわり出した。石油王で、それまで映画業界での経験のなかったデイヴィスは、わずか数カ月前にフォックスを買収していた。9 月下旬、ルーカスフィルムとフォックスは、『スター・ウォーズ』映画のテレビ放映を 1984 年まで見合わせる（ルーカスが望んでいたよりも 2 年間早いが、新作のプレミアより遅くなる）、フォックスの『帝国の逆襲』からの利益に 240 万ドル上乗せする、といった決着を含めすべ

ての懸案を解決し、ついに合意に達した。フォックスに増額分が（総受領高から）支払われた後、利益は変動制で分配され、フォックスへの配分は30%から40%と売り上げが伸びるにつれ増えることになった。最終的に3作目における条件は、『帝国の逆襲』のときよりもフォックスに有利になった。製作に向けフォックスはルーカスフィルムに2回の分割で1000万ドル（2500万ドルではなく）を前払いすることに同意した。このときまでにルーカスは、すでに自身の資金を新作に200万ドルつぎ込んでいた。彼は、今回は追加融資を頼まなくていいように1セント単位で支出をチェックした。結局、『ジェダイの帰還』の製作費は4300万ドルに上った。インフレを考慮しても、『帝国の逆襲』の最終的な製作費3040万ドルからの増加分は許容範囲だった。

このほかルーカスフィルムが盛り込んだ珍しい「キーマン」規定（フォックスは、デイヴィスが同スタジオを所有する限り『スター・ウォーズ』に関する権利を保持する）も含め、両サイドの協定は1981年12月4日、公式に締結された。1984年にデイヴィスが20世紀フォックスを売却した際、ルーカスは最終的勝利を収めた。ルーカスフィルムの弁護団は即座に、フォックスに同スタジオがこの先のすべての『スター・ウォーズ』映画についての第一先買権を失ったことを知らせた。これでルーカスには、同スタジオとのパートナーシップを継続する義務はなくなった。最終的に、フォックスはその後の新3部作を配給することになるのだが。

ボーハムウッドへの帰還

配給契約の困難な状況により、"Revenge of the Jedi（ジェダイの復讐）"と題された『スター・ウォーズ』映画3作目の撮影は、1981年8月から1982年1月に延期された。屋内での撮影は、またもロンドン、ボーハムウッドのEMIエルスツリー・スタジオで行われることになった。プロダクション・デザイナーとして戻ったノーマン・レイノルズは12月中にセットの建設を始めた。撮影はまたも、EMIのすべてのスタジオを活用した。同時にカリフォルニアでは、フィル・ティペットの指揮下で新たに立ち上げられた「ILMクリーチャー・ショップ」が忙しく様々なモンスターやエイリアンを創造していた。3作目には「ジャバの宮殿」の恐ろしい居住者たちや、村全体に溢れるイウォークなど、前2作を合わせた倍以上のクリーチャーが登場する。最も大きな困難をもたらしたクリーチャーはジャバと、ルークがジャバの地下牢で戦う怪物ランコアだった。ジャバは、メイクアップ・アーティストのスチュアート・フリーボーン（ヨーダの共同クリエイター）が50万ドルをかけて制作した体長18フィート、体重1トンのマペットだっ

た。ジャバは 3 人の人形師により操作され、専属のメイクアップ・アーティストが付いていた。ランコアはもともと（『帝国の逆襲』のワンパのように）コスチュームを着た人間が演じる予定だったが、このコスチュームにはリアリティがなかった。このため、代わりにランコアの操り人形が作られ、後にルーク・スカイウォーカーとの戦いの映像に合成された。そのほか同作のほとんどのクリーチャーは、マスクやメイクによって俳優が演じている。

　新たにキャスティングが必要な主要な人間の役は皇帝だけだった。もともと、ルーカスとマーカンドは、この銀河帝国の邪悪な支配者の役に 75 歳のアラン・ウェブを選んだが、彼はインフルエンザにかかったため辞退せざるを得なかった。ウェブに代わって、55 歳とより若いイアン・マクディアミッドが選ばれた。その他この役の候補者には、『ガンジー』（82）で主演男優賞のオスカーを獲得するベン・キングズレーもいた。

　撮影は 1981 年 1 月 11 日に、最終的には映画からカットされた、（サルラックの巣からハンを救助した後に）ルーク、レイア、ハン・ソロ、ランド、チューバッカとドロイ

『スター・ウォーズ エピソード 6 ／ジェダイの帰還』の「ジャバの宮殿」のシーンでジェダイの騎士、ルーク・スカイウォーカー役のマーク・ハミルに演技指導するリチャード・マーカンド監督

ドたちが砂嵐の真っただなか、ミレニアム・ファルコンに乗っているシーンから開始された。これは、もとは『帝国の逆襲』のために作られたファルコン号の実物大モデルを使った最後の撮影だった。数週間後、この巨大な模型は燃やされた。物語の最後を飾るイウォークの村の祝祭も、1月20日から22日とかなり早い時期に撮影されていた。

ルークとレイアが爆発するジャバ・ザ・ハットの遊覧艇から逃れる場面。キャリー・フィッシャーは、この"捕らわれた女"の金属のビキニの衣装が大嫌いだった。だが、これはシリーズ中で最も象徴的な衣装の一つとなった

　プラン通り、ルーカスは"Revenge of the Jedi"の撮影中、ほぼ毎日セットに現れた。彼はカメラレンズを選び、マーカンドによるカメラ位置を選択あるいは承認し、第2撮影隊を監督し、第1撮影隊の数シーンさえ指揮した。ときどき、より時間と経費をかけずに撮影する方法を提案することもあった。そして、編集作業により柔軟性を持たせるために、マーカンドにより多くの"カバレージ"（同じシーンの別アングルによる追加ショット）を撮るよう強く求めた。誰にきいても、ほとんどの状況でマーカンドは喜んでルーカスの意見に従っていたという。広報担当のジョン・フィリップ・ピーチャーが1983年に著したペーパーバック本「さようなら『スター・ウォーズ』」には、マーカンド自身が同作の監督を「隣の部屋にシェイクスピアがいて、『リア王』を演出しなければいけない」状態に例え、またルーカスはピーチャーに「僕はただの監視役のようなもの。つまり3作品が互いに調和するようベストを尽くしてチェックし、撮影が順調に進行しスケジュール通りに終わるよう目を光らせる。でも、もし僕が監督していたら、おそらくこの10倍は口を出しているだろう」と話したと書かれている。

　マーカンドとそりが合わなかったキャリー・フィッシャーを除き、ほとんどのキャストとスタッフはこの監督と仲良くやっており、『帝国の逆襲』とは違い、撮影を通じて士気は高く保たれた。しかし、フィッシャーは多くの場合、不機嫌だった。彼女は最終脚本のレイアが優しくなり過ぎたと感じ、また、まもなくレイアを象徴するようになる、ジャバの宮殿とサルラックの巣のシーンで彼女が着た金属のビキニの衣装が気に入らなかった。この衣装は金属製だったため動きづらく、また小道具担当は撮影の間、彼女の胸部をチェックし何もこぼれないよう確認しなければならなかった。フィッシャーの自叙伝で、彼女はこれらのシーンの撮影中にライターになることを決心したと回顧している。彼女は、自身が押し付けられた脚本より良いものが書けると信じ、誰も5分ごとに彼女の胸をチェックしなくていい仕事を切望していたのだ。

　健康に関する問題も懸念を生んだ。このとき、ロンドン中でインフルエンザが流行し、ルーカス、フィッシャー、アンソニー・ダニエルズ、アレック・ギネス（ウェブは言うまでもなく）が、そのほかのキャスト、スタッフとともに一時、これにかかった。C-3POのマスクを被ったダニエルズの症状は特にひどかった。それでも、EMIでの撮影はスケジュール通り、1982年4月1日に終了した。

カリフォルニア・ドリーミング

　『スター・ウォーズ』映画前2作の慣習を破り、"Revenge of the Jedi"はイングラ

R2-D2 に加え、ケニー・ベイカーは『スター・ウォーズ エピソード6／ジェダイの帰還』でイウォークのパプルーにも扮した。不運にも彼はチリドッグを食べた後に体調を崩し、演技力の見せ場を失った

ンドでの撮影が終了した後にロケ撮影に移った。異国的ロケ地での作業による支出その他のリスクを避けるため、同作の屋外撮影はカリフォルニアの二つの場所で行われた。タトゥイーンの屋外撮影はバターカップ渓谷近くの砂丘（アリゾナ州ユマとの州境まですぐ）で行われ、スピーダーバイクのチェイスやイウォークの戦いなど、エンドアのシーンはクレセント・シティ近くのセコイアの森で撮影された。

　バターカップ渓谷のロケ地は足場が不安定で、ルーク、ハン、チューバッカが砂の怪物サルラックの餌食になりかけるシーンの撮影中、数人のスタントマンが足首を折るなどのけがに苦しんだ。万全のセキュリティ体制にもかかわらず、『スター・ウォーズ』映画の撮影がバターカップ渓谷で行われていると噂になり、ファンがロケ地に降りてきて邪魔になった。強風と砂嵐も、撮影を中断させたり、また巨大な遊覧艇のセットの帆をずたずたに裂いたりと障害となった。

　クレセント・シティでの撮影はよりスムーズに進んだ。しかし悪いことが重なって、小柄なケニー・ベイカーから栄光の瞬間を奪った。R2-D2 としてのベイカーのあまり目立たないが精力的な仕事が評価され、彼はこの3作目で最も中心的なイウォーク、ウィケットの役も任された。レイア姫のスピーダーバイクがクラッシュした後に彼女と仲良くなる、観客が最初に見るイウォークだ。不運にも撮影の日に、ベイカーはチリドッグで食中毒にかかった。そこで、代わりに11歳のワーウィック・デイヴィスがウィケット役を務めたが、彼のパフォーマンスがとても良かったので、後にルーカスは彼をファンタジー大作『ウィロー』（88）の主役に抜擢したのだ。結局ベイカーは、より出番の少なイウォーク、パプルーに扮した。

　執拗に効率の良さを求めたルーカスは、報われることになる。1982年5月3日まで

266

に、"Revenge of the Jedi" の撮影は丸々4日間、スケジュールより早く進んでいた。88日間を経て5月14日に主要部分の撮影は終了した。これは『スター・ウォーズ』より4日多かったが、『帝国の逆襲』より56日少なかった。

想像を絶するネタバレ

　製作を通じ、『スター・ウォーズ』チームは物語に関する情報の流出を避けるために細心の注意を払った（特にルークとレイアの親族関係、そしてダース・ベイダーの運命）。前章で概説したように、脚本にはネタバレを防ぐべき箇所の代わりにニセの場面が挿入されていた。これらの箇所に登場する俳優たちは、台詞を覚えるためにその撮影の1日か2日前に青い用紙に印刷された本当の脚本を渡され、その後青いページは集められてシュレッダーにかけられた。これらのシーンは、閉ざされたセットで最小限のスタッフによって撮影された。インダストリアル・ライト・アンド・マジック（ILM）の従業員たちは絵コンテを頼りに作業し、脚本を読むことはまったく許されなかった。だがこれは、ルーカスフィルムによるセキュリティ対策のほんの一部に過ぎなかった。

　ジャーナリストとファンがカリフォルニアの二つのロケ地を探り当てないように、ルーカスフィルムは、"Revenge of the Jedi" が EMI エルスツリー・スタジオと（これは本当）、チュニジアとドイツのシュヴァルツヴァルト地方の "黒い森" で（両方ともウソ）撮影されると発表した。さらに、強引に侵入しようとする者を混乱させるため、カザンジャンはバターカップ渓谷とクレセント・シティのロケ地をニセの作品名『ブルー・ハーヴェスト』でおさえていた。撮影スタッフには、「想像を絶するホラー」というフレーズが書かれた『ブルー・ハーヴェスト』の帽子とTシャツが配られた。さらに高さ18フィート、4エーカーもある四角い巨大防護フェンスがバターカップ渓谷のロケ地の周りを取り囲んだ。しかしながら、こういったセキュリティ体制にかかわらず、周辺の住民は新たな『スター・ウォーズ』映画の撮影が近くで行われていると素早く気づいた。地元紙はこれを報じ、通信社がこれを拡散して、すぐにファンたちがロケ地に集まり、毎朝フェンスの外側にたむろした。マーク・ハミルらキャスト・メンバーは列をなす彼らにサインし、撮影が終わった後に近くのレストランでファンと交流する日もあった。

　最も深刻なセキュリティ上の懸念は、インターネットだった。この映画へのメディアの関心は非常に高く、常に撮影スタッフが買収され脚本を流出させる危険性があった。そして、『帝国の逆襲』製作中の危険人物で、シリーズの秘密に関し無頓着であり続けたデイヴィッド・プラウズもいた。撮影の間、プラウズはベイダーの運命について知ら

されなかった。クライマックスの戦いのシーンは部分的に代役が立てられ、マスクを取ったベイダーには別の役者、セバスチャン・ショウが起用された。それでもプラウズは、ミズーリ州カンザスシティでのSFコンベンションに参加した際に、イウォークの存在などストーリーの詳細をばらした。激怒したルーカスフィルムの重役たちは契約違反でプラウズを訴えることも考えたが、法的行為による評判は、プラウズのセキュリティ違反よりも大きな損害を生む可能性があった。

　こういった並外れた努力にもかかわらず、重大な情報の流出があった。最初は、バターカップ渓谷での撮影でハミルの代役を務めたジョー・コープランドが「スターログ」誌に、自身の同作における経験について記事を書き、いくつかのあらすじの詳細を暴露したのだ。これはコープランドの契約違反であるが、彼もまた訴訟沙汰を免れた。1983年の"CINEFANTASTIQUE（シネファンタスティーク）"誌4月／5月号（3月発売）は、『ジェダイの帰還』の「内部情報」から成る記事を掲載した。同記事に書かれた情報の多くは間違いだった（たとえば、謎の「もう一人」はルークの父親だとしていた）ものの、ダース・ベイダーがルークの命を救うために自身を犠牲にすると伝え、また大雑把なイウォークのスケッチを載せていた。最も損害が大きかったのは、マーベル・コミックスが同作の読み切りコミック版を1カ月も早く出版したことだった。これは1983年4月30日に発売されてすぐに売り切れ、映画のプレミアは5月25日に行われた。そしてドン・グラットの『ジェダイの帰還』ノベライズ版が、プレミアの2週間前に発売された。どちらかの本を読んだすべての人が、事前に全体のストーリーを知った。公開初日にはとうとう、AP通信が多くの同作の秘密を暴露する記事を流した。AP通信の記者は事前の試写会に参加していたため、すべてが正確な情報だった。

「ジェダイはほとんど全員を殺した」

　ルーカスが毎日セットにいることのマイナス面は、『帝国の逆襲』でやったように彼がILMで視覚効果シーンをデザインすることも、でき上がったショットにゴーサインを出すこともできないことだった。結果として、撮影が終了したとき、900もの視覚効果がほぼすべて未完成で、そのほとんどは多くの異なる要素の作成と合成を必要とした（複数の宇宙船、ブラスターの発砲、爆発など）。多くは手つかずのままでさえあった。撮影開始が6カ月遅れたため、ILMチームが仕事を終えるための時間が通常より少なかったのだ。さらに彼らは皆、疲れ切っていた。『スター・ウォーズ』と『帝国の逆襲』の間、ILMは休業状態だった。しかし『帝国の逆襲』と3作目の間、同社はフルスピー

ドで営業し続け、『ドラゴンスレイヤー』『レイダース／失われたアーク《聖櫃》』（とも
に 81）『ポルターガイスト』『E.T.』（ともに 82）の効果を完成させていた。ILM はと
ても忙しく、ルーカスの映画学科での友人ジョン・ミリアスが監督する『コナン・ザ・
グレート』（82）の仕事を断らねばならなかった。『スター・ウォーズ』3 作目を仕上げ
るべきとき、多くの ILM スタッフはへとへとだったのだ。それでもルーカスは、彼ら
の尻を叩いて働かせた。効果シーンについて事前に考案することができなかった彼は、
基本的にそれらを大急ぎでデザインし、追加し、削除し、そして新しいアイデアが浮か
んだり、古い案を考え直したときには修正していった。

　10 月半ばまで、ILM の八つのカメラ班は 24 時間体制で働いた。前 2 作同様、ルー
カスは個人的にすべてのでき上がった視覚効果ショットをチェックし、事実上、多数
の宇宙船が登場する戦闘シーンを含め、すべてのショットのすべての要素まで彼が合
否を決めていた。11 月下旬、ルーカスは 100 もの効果の追加あるいは修正を要求し、
大きな騒動を引き起こした。ILM はすでに、あと 28 ショットのところまで来ていたが、
それが突然あと 128 ショットになり、ジョン・ウィリアムズが作品に合わせて楽曲を録
音できるよう映画の上映時間を（個別シーンの時間も）確定するために、そのすべて
を 1 月までに完成させなければならなかった。1983 年 3 月になっても、ルーカスはまだ
ショットの修正や差し替えを指示していた。視覚効果は『ジェダイの帰還』の支出の
なかで、唯一の深刻な予算超過項目となった。

　撮影後の製作作業もいつになく大規模な追加撮影や撮り直しを必要とし、1982 年 5
月、ハミルとフィッシャーらキャストが ILM に集まりブルースクリーンの前で撮影され
た、スピーダーバイクのチェイス映像から始まった。同時に、クレセント・シティでは
第 2 撮影隊が、このスピーダーバイクのチェイスとイウォークの戦闘シーンに必要な映
像を撮影した。ハミルは、ルークが破損した機械の手に黒い手袋をつける挿入映像と、
ルークが新しいライトセーバーを作るシーンの撮影のため、11 月に ILM に戻った。こ
の部分は、ファンが『帝国の逆襲』の最後でライトセーバーを失ったルークがどうやっ
て新しいものを手に入れたのか不思議に思うことをカザンジャンが心配したため、追
加された。

　1 月 19 日、ウィリアムズとロンドン交響楽団は、有名なアビー・ロード・スタジオで
楽曲の録音を開始した。その後まもなく、スカイウォーカー・ランチのスタジオ「スプ
ロケット・システムズ」で吹き替え録音が行われた。ダース・ベイダーの声優として戻っ
たジェームズ・アール・ジョーンズは、ついにスクリーン上でクレジットされることに

オリジナル3部作のクライマックスとなる宇宙の戦闘でミレニアム・ファルコンを操縦するナイン・ナン（実際にはマイク・クインとリチャード・ボーンヒルが操作した人形）とランド・カルリジアン（ビリー・ディー・ウィリアムズ）。脚本家のローレンス・カスダンはこの最後の戦闘でファルコンとすべての乗組員が死ぬ展開を望んだが、ルーカスが拒否した

同意した。同じ頃、音響デザイナーのベン・バートは ILM チームとほぼ同じぐらい手一杯だった。3作目は、前2作よりはるかに多くのエイリアンの会話と音響効果を要した。このエピソード6のためにバートは、イウォークとハットたちの言語を新たに考え出した。

　編集作業も容易ではなかった。マーカンドと編集のシェーン・バートンは四つのラフ・カット版を仕上げた後、8月19日にマーカンドによるディレクターズ・カット版を納品したが、これを見たルーカスとカザンジャンはあまり感心しなかった。マーカンドのバージョンは、ほぼすべての視覚効果映像を欠いた状態で冗長に127分あり、前2作とはリズムが違っていた。簡単に言えば、『スター・ウォーズ』的に十分な編集ではなかった。ルーカスはマーカンドとバートンに礼を言った後にデュウェイン・ダナムを雇い、自身の個人的指導の下、全体を再編集させた。いつも通り、ルーカス自身もいくつかのシーンを編集し、マーシア・ルーカスの力も借りた。ルーカスのファイン・カット（完成版ではないが最初のラフ・カットより仕上がりに近い）は11月15日に完成し、

やはり 127 分の長さだったがより締まりがあり、より多くの視覚効果シーンを含んでいた。12 月 4 日、ルーカスはまだ多数の効果ショット部分を空けたままの 133 分のバージョンを仕上げた。完成した映画の上映時間は、クレジットを含め 134 分になった。

　1983 年 4 月 9 日、サンフランシスコのノースポイント・シアターで同作のスニーク・プレビューが行われ、3 年前の『帝国の逆襲』のときよりはるかに熱烈な支持を受ける大成功となった。それでもルーカスは、さらにいくつかの修正点を加えた。ルークがライトセーバーを作るシーンをカットし、ドロイドたちがタトゥイーンの砂のなかから救助されるシーンを追加撮影し、サルラックの巣の場面の後に加えた。

　試写が行われるまでに、同作はもう一つの大きな改訂を経た。タイトルが変更されたのだ。再変更と言ってもいい。ルーカスによるオリジナル・タイトルは "Return of the Jedi（ジェダイの帰還）" だったが、カザンジャンが "Return" は言葉として弱いと主張したため、ルーカスは "Revenge of the Jedi（ジェダイの復讐）" と改題した。この題名は、1982 年 12 月にルーカスとカザンジャンがタイトルを "Return of the Jedi" に戻すまで、初期のポスターや最初の短い予告編、すべてのルーカスフィルムのプレスリリースに使用された。この 1 カ月前、20 世紀フォックスの市場調査員たちは、"Revenge" のタイトルへの反応が良くなかったと報告していた。このことで、明らかにルーカスは自身のオリジナル・タイトルがベストであったと納得した。後に彼は、「ジェダイは復讐などしない」と指摘してもいるのだ。このギリギリの改題は、いくつかの『スター・ウォーズ』ライセンス所有団体の頭痛の種となった。たとえば、玩具メーカーのケナー社（2000 年にハスブロが買収）は 25 万ドル近い価値のある商品を破棄せねばならなかった。『ジェダイの帰還』の撮影後の製作期間には、各方面で大きな痛みが生じたのだ。

　リンズラーの本にはルーカスが、「ジェダイはほとんど全員を殺した。すべてが全員にとって、とてもとても辛いことだった」と語ったとある。

　同作は、『スター・ウォーズ』のプレミアからちょうど 6 年後となる 1983 年 5 月 25 日、ついに劇場公開された。

第21章

Not Bad for a Little Furball
毛皮ボールもやるね

Assessing Episode VI (1983)
エピソード6の評価

　1983年夏、またもアメリカで"スター・ウォーズ熱"が猛威を振るった。6年の月日（後半の3年間は『帝国の逆襲』の思わせぶりなエンディングによる緊張が長々と続いた）を経て、数百万人のファンはルーク・スカイウォーカー、ハン・ソロ、レイア姫、そしてダース・ベイダーの運命を知りたくてウズウズしていた。『スター・ウォーズ エピソード6／ジェダイの帰還』は、まぎれもなくこの年最大の映画イベントであり、史上最も待ち望まれた映画だったかもしれない。派手な米国プレミアを催す代わりに、5月22日から24日にかけ『ジェダイの帰還』のチャリティ試写会が多くの都市で行われ（東はボストンから西はロサンゼルスまで）、様々な大義に恩恵をもたらした。こういった公開前の試写会への入場許可証は、国中で最も人気のあるチケットとなった。公開初日が近づくにつれ、劇場主たちは衝撃に備えた。

　同作は1983年5月25日水曜日に全米800館の1002スクリーンで公開された（この時代では極めて大きな数字だ）。初日にはこれらのほとんどの劇場が24時間ぶっ通しで上映を行ったにもかかわらず、多くの場所で入口からの長い列が建物を取り巻いた。またも、コスプレした客を含む大ファンたちは、席を確保するために何時間も待ち続けた。いくつかの劇場では、ファンが何日も前から野宿をして並んだ。ハン・ソロの衣装を着たデイヴィッド・メイプルズとレイア姫に扮したパトリシア・スミスは、ロサンゼルスのエジプシャン・シアターの列に並んでいる間に結婚した。大人は仕事を休み、子どもは学校をサボって『ジェダイの帰還』公開初日に駆けつけた。学校に病欠の電話を入れて子どもたちを連れていく両親も多かった。予想通り、同作のプレミアについての記事は、多くの都市の新聞の一面を飾った。待ち焦がれていたファンの映画への情熱が、悪いほうへ向かった場所もあった。サンディエゴ、ノース・ハリウッド、ソルトレイクシティ、ニューヨークのロングアイランドの映画館では、様々な技術的な問題で上映が中断され、観客がほぼ暴徒化した。また、カンザスシティのオーバーランド・

『スター・ウォーズ エピソード 6 ／ジェダイの帰還』のオリジナル・ポスターと宣伝材料はルーク・スカイウォーカーのライトセーバーとレイア姫の胸の谷間を強調している

パークにあるグレンウッド・シアターでは、凶器を持った強盗に 1 万 2000 ドルする同作の 70 ミリフィルムが盗まれた。

　これらの出来事が示すように、『スター・ウォーズ』のフィナーレへの期待は恐ろしいまでに、場合によっては理不尽なレベルまでに高まっていた。完ぺきに独創的で驚異的なパワーと類まれなる奥深さを備えた作品だけが、こういった高まりに応えることができる。『ジェダイの帰還』は悪い映画ではなかったが、そのような作品でもなかった。

ジェダイの夏

　『ジェダイの帰還』は公開 1 週目に 3000 万ドルを稼ぎ出すなど、1983 年の夏中、興行収入ランキングの上位にい続けた。同作の観客動員力は、熱烈な期待とライバルの不在の両方に支えられていた。競合スタジオは、またも『スター・ウォーズ』に押し潰されることを恐れ、有望な夏の大作の公開を 6 月、7 月、あるいは 8 月に遅らせていた。それでも、『サイコ 2』『スーパーマンⅢ／電子の要塞』『007 ／オクトパシー』『トワイライトゾーン／超次元の体験』、そして『サタデー・ナイト・フィーバー』の続編『ス

テイン・アライブ』を含む大作のほとんどが興行的予想を下回った。『ジェダイの帰還』を除くこの夏最大のヒット作は、マシュー・ブロデリック主演の冷戦サスペンス『ウォー・ゲーム』とトム・クルーズ主演の青春コメディ『卒業白書』の低予算映画２本だった。

　多くの期待作が失敗に終わるなか、『ジェダイの帰還』の上映は最終的に1700スクリーン以上に拡大された。７月の終わりまでに、同作は２億ドル以上の利益をマークしたが、そこから勢いが衰え始めた。『帝国の逆襲』同様、『ジェダイの帰還』は『スター・ウォーズ』ほど多くのリピート客を呼び込めなかった。一部のファンはがっかりし、映画を楽しんだ観客でも、１度か２度より多く見ようという気にはさせられなかった。1984年３月初旬に『ジェダイの帰還』の最初の米公開期間が終わり、２億5500万ドルに上った国内興収は83年の１位となった。11月に公開され、アカデミー賞作品賞に輝いた感動作『愛と追憶の日々』の１億800万ドルが、かなり離された２位となった。『ジェダイの帰還』のこれまでの最終的な世界興収は５億7300万ドルである（インフレ調整すれば14億ドル近く）。これらはとても印象的な数字で、『帝国の逆襲』よりも高いが、インフレ調整するとオリジナル３部作のなかで最も低くなる。

　関連商品の分野でも、話は似通っていた。『スター・ウォーズ』の玩具、書籍、ゲーム、サウンドトラック・アルバムなどの販売から、数百万ドルがルーカスフィルムの金庫に流れ込み続けたが、『ジェダイの帰還』の関連商品は、前２作ほど景気良くは売れなかった。ドン・グラットによるノベライズ版は"New York Times（ニューヨーク・タイムズ）"紙のベストセラー・リストで初登場１位となったが、すぐに勢いを失った。ケナー社のアクション・フィギュアはよく売れ続けたが、イウォークのぬいぐるみはヒットすることなく、早々と値下げ商品に格下げされた。

「数あるなかで最もぼんやりした冒険」

　『ジェダイの帰還』は観客よりも批評家に人気がなく、前２作よりも高い割合で否定的か賛否入り混じった評価を受けた。前２作を楽しんだ評論家が書いた落胆気味の批評か、元から『スター・ウォーズ』が好きではなかった者たちのはしゃぎ気味の酷評、どちらがより悪いのか決めるのは難しい。もちろん、悪い評価ばかりではなかった。テレビ番組"Entertainment Tonight（エンタテインメント・トゥナイト）"のレオナルド・マルティンは"Los Angeles Times（ロサンゼルス・タイムズ）"紙のシーラ・ベンソン同様、この作品を手放しで褒めた。"Chicago Sun-Times（シカゴ・サン - タイムズ）"紙のロジャー・イーバートは、『ジェダイの帰還』を「壮大なる楽しみ」とし、「ルーカ

スと彼の仲間が、自身を超え続けていることは驚きだ」と称えた。イーバートのテレビでのパートナーであるジーン・シスケルらそのほかほとんどの批評家はもう少しトーンが落ちる。シスケルは"The Chicago Tribune（シカゴ・トリビューン）"紙で、同作を推薦しながらも「『スター・ウォーズ』を輝かせる人間性と感性豊かに描かれたキャラクター」を欠いていると不満を漏らした。"The Washington Post（ワシントン・ポスト）"紙のゲイリー・アーノルドは「待っただけのかいはある」としつつ、「『帝国の逆襲』の思わせぶりなシナリオが提示したワクワクするような可能性のいくつかを生かせなかった」と失望気味に書いた。"New York Post（ニューヨーク・ポスト）"紙のレックス・リード、"The New Yorker（ニューヨーカー）"誌のポーリーン・ケール、"The New York Times"紙のヴィンセント・キャンディらは要点をおさえている。キャンディは同作を「数あるなかで最もぼんやりした冒険」と呼んだ。ケールは「人間味のない、安っぽい映画製作」と嘆き、ハリウッドの悪い部分すべてを表しているとした。

　多くのファン同様、ほとんどの評論家は『ジェダイの帰還』に新しいアイデアが少なかったことに文句を言った。「ニューズウィーク」誌のデイヴィッド・アンセンは同作を「あからさまな繰り返し」と称した。ローレンス・カスダンの脚本が主要キャラクターたちを描き切れず、キャスト（特にハリソン・フォードとキャリー・フィッシャー）が無関心に見えると責めた批評家たちもいた。『帝国の逆襲』のアーヴィン・カーシュナー監督に対してもそうだったように、多くの批評家がリチャード・マーカンド監督をやり玉に挙げた。「リチャード・マーカンドは、2 度か 3 度の本当のチャンスにしくじった。待ちに待ったキャラクターたちのクライマックスを冷淡に描写してしまった」と、"CHICAGO READER（シカゴ・リーダー）"紙の評論家デイヴ・カーは書いている。そして、同作に否定的な意見を持つほぼすべての人々がイウォークを嫌い、勇敢な小さいテディベアたちをわざとらしい関連商品の販売戦略と一蹴した。英週刊誌"New Statesman（ニュー・ステーツマン）"のジョン・コールマンは損をした気分だと述べ、同作を「史上最大の詐欺映画の一つ」とこき下ろした。

　『ジェダイの帰還』は、映画賞への投票者たちにも受けが悪かった。同作はアカデミー賞 5 部門でノミネートされたが（『帝国の逆襲』より一つ多い）、受賞したのは特別業績賞（視覚効果）だけで、作曲賞、美術監督・装置賞、音響賞、音響効果編集賞は逃した。そればかりか、そのほかほとんどの映画賞ではより悪い扱いを受けた（第 35 章参照）。

長所と短所

　多くの点で、批評家たちは『ジェダイの帰還』について正しかった。同作はオリジナル3部作のなかで最も不完全で、その短所はサーガのグランドフィナーレという立場によって拡大された。特に、腹立たしいほど独創性に欠けている。タトゥイーンで始まり、デス・スター破壊後の軽薄な祝祭で終わるという1作目の全体的な構成を真似ているばかりでなく、前2作の特定の瞬間を使い回している。たとえば、最初にデス・スターの監禁エリアで使われた“手錠をかけられたチューバッカ”の作戦が、ジャバの宮殿でも繰り返される。ルークとレイアは再び勇敢にロープを使い、今度は爆発するジャバの遊覧艇から近くの小型艇に飛び移る。またジャバの宮殿はわずかに手直ししたモス・アイズリーの酒場で、楽団の登場により焼き直しが完成している。ダゴバ星への再訪もある。最後のランドによるデス・スターへの攻撃は、『暁の出撃』（55）にインスパイアされた1作目のクライマックスとほとんどそっくりに展開される。

　大抵の場合、ルーカスとローレンス・カスダンの徹底的な討論（マーカンドとプロデューサーのハワード・カザンジャンから情報を得た上で）を経た脚本は、最も無難な方針をとる。前作が残した謎に対し『ジェダイの帰還』が出す答えは、ありきたりでつまらない。ルークと皇帝が文字通りルークの（同時にベイダーの）善悪の判断力をかけて戦うように、できる限りわかりやすい方法で、『スター・ウォーズ』シリーズで繰り返される主題に取り組んでいる。そのほかのキャラクターは、操り人形かあらすじの仕掛け同然に個性が薄められている。アンセンは「ニューズウィーク」誌に、「キャラクターは成長していない。レイア姫は幼くなった感さえある。彼女はもう指揮官ではなく、ただの……ハーレムの服を着た嘆きの乙女だ」と書いている。特に『帝国の逆襲』と比較すると、彼らの役割は成長面と複雑さにおいて薄められ、ハリソン・フォード、キャリー・フィッシャー、ビリー・ディー・ウィリアムズは演じる意味のあるものがほとんどない状態にされている。ジェダイのヒーロー、ルーク・スカイウォーカーを演じるマーク・ハミルはクライマックスのライトセーバーと意志の力の決闘でいい仕事をしているが、タトゥイーンのくだりでは素人同然に見える。前作で脚光を浴びたボバ・フェットは、早々とサルラックの怪物の口のなかに落ち、驚くほどあっけなく姿を消す（息抜き的ジョークとしてサルラックがげっぷをする）。これは、脚本の全体的な傾向を示している。つまり、ほかのほとんどのキャラクターがそうであるように、フェットも個性を薄められ、中途半端なまま放っておかれるのだ。

　そうは言っても、『ジェダイの帰還』には優れた部分もある。これまでとの構成要素の類似点はありながら、同作の最初の1時間は面白く、夢中にさせる。ルークと怪物ランコアとの戦いを含むタトゥイーン星のパート、サルラックの巣でのハンの救出、そしてエンドアでのスピーダーバイクのチェイスはスリリングで、シリーズのどのシーンと比べても遜色ない。ルークがヨーダの最期を看取る場面と、彼と霊的なベン・ケノービの会話には心を揺さぶられる。ハミル、フランク・オズ、アレック・ギネスは、繊細さと信念をもってこのくだりを演じている。もし、映画の残りの部分にこの1時間のような強さがあれば、『ジェダイの帰還』は少なくとも前2作と互角の出来になっただろう。

　残念ながら、同作はイウォークの登場とともにつまずく。すべてがイウォークのせいではないが、後半73分間のほとんどの編集には、前2作と前半1時間のシャープさと絶え間ないエネルギーが欠けている。次々に明らかになる親子のドラマのサスペンスを最大限に生かすために、より遅いテンポにシフトダウンするのだが、これが残りの部分のリズムを狂わせている。そしてイウォークの問題は、単に可愛すぎるということだ。

多くの批評家とファンは、イウォークをわざとらしい関連商品の販売戦略によるキャラと見なしたが、ウィケット（左）、ニーサ姫などのぬいぐるみはすぐに値下げ商品に格下げされた
Photography by Preston Hewis/East Bank Images

彼らがハン・ソロを焼いてディナーにしようと準備するときでさえ（ハム・サンドイッチならぬハン・サンドイッチにして？）、イウォークを怖いと感じることは不可能だ。抱きしめたくなるほど愛らしいので、しばらくは彼らが物語のすべてのドラマティックな緊張感を吸い取ってしまうのだ。同作のこの部分は、レイアとウィケットの出会いや、C-3PO がそれまでの流れを物語る場面（音響効果つきのイウォーク語で）など魅力的なシーンもあるが、スピーダーバイクのチェイス以降、同盟軍の戦隊が超空間から現れるまでのほとんどにおいて、『ジェダイの帰還』はのろのろと進むのだ。

　異なる場面を細かく編集でつないだクライマックス（デス・スターのルークとベイダーと皇帝、エンドアのハンとレイアと仲間、ミレニアム・ファルコンに乗ったランド）には、1作目の最後の戦いにあった直線的な推進力が欠けている。だが、すべての要素はそれぞれに強く、特にルーク、ベイダー、皇帝のシーンは、アルフレッド・ヒッチコックが言うところの「純粋な映画」の素晴らしい例である。ベイダーがダークサイドに背を向けるまでの心の葛藤、皇帝を滅ぼす究極の決断が、全く台詞なしに表現される。し

『ジェダイの帰還』の、イウォークのウィケット（ワーウィック・デイヴィス）と R2-D2（ケニー・ベイカー）。11歳のデイヴィスはジョージ・ルーカスの目に止まり『ウィロー』の主役に抜擢されるなど、その後様々な作品で活躍する

かもよりすごいのは、これらが、この極めて重要なキャラクターの人間としての表情なしに描かれていることだ。観客には、ベイダーの空虚でロボットのようなマスクしか見えない。彼の渦巻く感情は最後までボディ・ランゲージと巧みな編集、そしてジョン・ウィリアムズによる緊迫感のある不気味な音楽（幽霊のような響きを持つ合唱を加えている）を手がかりに伝えられるのだ。最高級の視覚的ストーリーテリングと言えるだろう。

　『ジェダイの帰還』はそのほかの手法においても視覚的な"ごちそう"を提供してくれる。同作は機械的、また光学的視覚効果における至高の傑作であり、模型制作、モーション・コントロール撮影、マット・ペインティング、ストップモーション・アニメーション、パペット制作、クリーチャー・コスチューム制作といった、現在は失われかけている映画芸術の美しさの最後の"証"なのだ（基本的にこれら特殊効果技術のすべては、コンピューター・グラフィックス映像の台頭によって廃れた）。CG 以前の伝統的な視覚効果にノスタルジックな愛着を持ち続ける観客たちは、『ジェダイの帰還』（特別編は別として）に古典的な芸術形式の頂点を見るのである。CG 以前の作品で、同作ほど多くの想像力に富んだクリーチャーや、美しく具現化された宇宙船、息を呑むような異星の景観を包含した映画はない。少なくともこの点において、『ジェダイの帰還』は傑出した作品である。

見方によって

　『ジェダイの帰還』で、ベン・ケノービはルーク・スカイウォーカーに「真実は多面的なものだ。自分の見方によって変化する」と警告する。『スター・ウォーズ』3 作目の楽しみ方も同じこと。短所もあるが、同作はケノービが言うように「見方によって」、魅惑的な鑑賞体験を味わえる映画だ。

　『ジェダイの帰還』の一番の弱点は、野心の欠如にある。『スター・ウォーズ』は革新的で、『帝国の逆襲』はシリーズにより挑戦的で大人向けの趣を与えた。『ジェダイの帰還』がその方向性を引き継ぐことも可能だった。ルーク・スカイウォーカーがダークサイドに堕ち（一時的に）、ハン・ソロ（もしくはランド・カルリジアン）が仲間のために命を犠牲にし、同盟軍が 2 番目のデス・スターではなく帝国軍のホームワールドを攻撃していれば（これらすべてのアイデアは存在したが、ボツになった。第 19 章参照）、物語はある種、ジョージ・ルーカスの神話への強い憧れにふさわしい重厚さと知的さを備えることができたはずだ。しかし、それはルーカスが作りたい映画ではなかった。彼ははるかにシンプルで安心できるものを思い描いたのだ。

アーノルドは、「ルーカスが、明らかに『ジェダイの帰還』のシナリオにおいて大きな賭けに出ることに後ろ向きで、『帝国の逆襲』で解決されなかった疑問のより陰鬱で複雑な暗示に尻込みしていたことは、容易に理解できる」と"The Washington Post"紙の批評で考察している。「彼は、自身の夢の世界に対する大衆の愛情を守るべく、多くの新たなリスクや慣れない道を避けた。期待値が高いので、観客が100%満足できる結末を拒むのは馬鹿げている。もしルーカスが80%しか満足させられない結末を用意したならば、数百万人もの若者の心を傷つける可能性があり、彼は明らかに一人も傷つけたくなかった」。

　『帝国の逆襲』を大人のための『スター・ウォーズ』だとすれば、『ジェダイの帰還』は子どものためのそれである。オリジナル作品のようにすべての観客を対象にしておらず、はっきりと若い観客向けに作られている。マーケティング的視点に立てば、これはおそらく計算ミスだ。より暗い『帝国の逆襲』の続編として、よく言っても過剰に軌道修正された作品である。1983年の『ジェダイの帰還』の主な観客は、すでに『スター・ウォーズ』と『帝国の逆襲』を見た人々だ。オリジナル作品の公開時に6歳だったファンは、12歳になっている。12歳だった人は18歳、18歳だった人は24歳だ。『ジェダイの帰還』は低い年齢層、それも『スター・ウォーズ』のコアな観客の最も若いメンバーに向けられた作品だったのだ。

　しかしながら、『ジェダイの帰還』が宇宙を舞台とした大作オペラの最終章に求められた何かを残したとすれば、それは70年代から80年代の子ども向け映画（『ベンジー』や『ラブ・バッグ』など）と比較した際の、圧倒的な勝利だろう。そして同作は、子ども連れで見るのには最適だ。"Village Voice（ヴィレッジ・ヴォイス）"紙の批評家アンドリュー・サリスは、同作のプレス向け試写会に自身の若い名付け子（godson）を連れて行った。彼は批評のなかで、その少年が「『ジェダイの帰還』は『スター・ウォーズ』や『帝国の逆襲』よりも良い」と感じたと報告し、「これについて考えれば、私もある程度は同意する」と述べた。私はそこまでいかないまでも、私の6歳の息子は『ジェダイの帰還』が大好きで、彼と一緒にこの作品を見るのは、一人で、あるいはほかの大人と見るのとは全く異なる体験であることは確かだ。私があきれてしまうような場面で、彼はキャッキャッと笑うので、私もつられて笑う。私が退屈してしまうくだりに彼は心をつかまれ、エキサイティングなパートには大喜びでソファの上で跳ねるのだ。彼の熱意は、人から人へ広がりやすい類いのものだ。とことん子どもを楽しませることのできる映画は、口の悪い大人が思うほど酷くはなり得ない。

『スター・ウォーズ エピソード6／ジェダイの帰還』のクライマックス、父と息子の決闘。ルーク・スカイウォーカー（マーク・ハミル）とダース・ベイダー（デイヴィッド・プラウズ）の戦いは、オリジナル3部作の山場でもある

　こういった見方をすると、つまりこの『スター・ウォーズ』のフィナーレは「オデッセイ」ではなく、むしろ「フェアリー・テール・シアター／三びきの熊」を目指して作られたと考えれば、同作のいくつかの欠点も利点に変わる。おとぎ話では、たいてい同じ展開が繰り返される（通常3度だ）。だから、タトゥイーン、ダゴバ、デス・スターへの再訪など見慣れた要素の使い回しも、この構成と合致するのだ。イウォークも、童話の文脈内ではより容易に受け入れられる。

　もちろんすべての人が進んで、同作にそのような視点でアプローチする（あるいはそうできる）わけではない。寛大な態度は、ほとんどすべての映画鑑賞経験をより良いものにするが、多くの観客は（特に批評家たちは）、どんな映画でもそう大目に見る気にはなれない。おそらくそれが、『帝国の逆襲』が大衆と批評家からより大きな敬意を長年にわたって集めた一方、『ジェダイの帰還』がいまだに再評価を待ち望んでいる理由だろう。一部のファンは、前2作は大好きだが『ジェダイの帰還』をひどく嫌っている。批評家たちはさらに否定的だ。観客の感想は空気のようなもので数値化するのが

難しいが、"Rotten Tomatoes（ロッテン・トマト）""Metacritic（メタクリティック）"
"IMDb（インターネット・ムービー・データベース）"のような映画批評サイトはある
程度の実態を示してくれる。これらのサイトは異なるフォーマットと手法を採用してい
るが、いずれのファンによる格付けでも『ジェダイの帰還』は前2作より低い順位にい
る。またこれらのサイトは、世に出た評論をもとに批評家の意見も集めているが、こち
らの格付けでの隔たりはよりシビアだ。"Rotten Tomatoes"の、各作品を推薦する批
評家の割合を百分率で示す「トマトメーター」で、『ジェダイの帰還』は『スター・ウォー
ズ』と『帝国の逆襲』に二桁の差をつけられ、"Metacritic"の 100 点満点評価でも、『ス
ター・ウォーズ』より 40 点近く低い。

　『ジェダイの帰還』はこれまでのところ、オリジナル3部作で唯一、米国立映画登録
簿に登録されていない。だがこれが、同作が前2作の仲間に属さないと意味するわけ
ではない。間違いなく属している。確かに最初の『スター・ウォーズ』映画2本には
劣るものの、そのほかほとんどの作品には劣っていない。結局のところ、『ジェダイの
帰還』の長所は短所を上回っている。面白い映画が完ぺきである必要はなく、『ジェダ
イの帰還』はすべての欠点を考慮してもなお楽しめ、スリリングな作品であり、大作シ
リーズ『スター・ウォーズ』のおおむね満足できる結末である。史上最高の"残念な"
映画なのだ。

第 22 章

Aren't You a Little Short for a Stormtrooper?
あなた、ストームトルーパーにしては
背が低くない？

　映画製作は共同作業で、『スター・ウォーズ』オリジナル３部作のように成功した作品になると、クレジットされるべき人は大勢いる。しかしどうしても称賛はわずかな人々に集まってしまう。通常は監督、出演者、それからちょっと下がって脚本家だ。『スター・ウォーズ』の場合、ジョン・ダイクストラ、デニス・ミューレンらインダストリアル・ライト・アンド・マジック（ILM）のリーダーたちや作曲者ジョン・ウィリアムズを含め、貢献者として頻繁に挙がる名前はもう少し増える。それでもなお、『スター・ウォーズ』シリーズに極めて大きく貢献した数人が、様々な理由から、ちっともふさわしい評価を受けていない。彼らの尽力がなければ、同シリーズは全く異なる結果を生んでいたかもしれないし、作られなかった可能性さえあるというのに。

アラン・ラッド・Jr

　『スター・ウォーズ』は、アラン・ラッド・Jr がいなかったら生まれなかったかもしれない。彼は、ほかのすべてのハリウッドのスタジオが拒絶したジョージ・ルーカスの奇抜なスペース・オペラのアイデアに賭けた。ラッド・Jr. は映画スター、アラン・ラッドと彼の最初の妻マージョリー・ジェーン・"ミッジ"・ハロルドの息子として 1937 年 10 月 22 日にロサンゼルスで生まれた。両親は高校時代から恋仲だったが、まさに父親のキャリアが軌道に乗り始めた 1941 年に離婚した。父のラッドは名作西部劇『シェーン』(53)に主演したほか、『拳銃貸します』(41)『ガラスの鍵』(42)『青い戦慄』(46) など５本の映画で快活な俳優、ヴェロニカ・レイクとコンビを組んだ。1964 年に過失によるアルコールとバルビツール酸系薬物の過剰摂取によりこの世を去った。

　ラッド・Jr. は主に母親に育てられたが、週末は父親と過ごし、ときどきは父が契約していたパラマウント・ピクチャーズのセットを訪れた。母親と一緒にいるときでさえ、

彼は「すべての時間を使って映画を見た。映画、映画の毎日だった」と 2007 年のインタビューで語っている。だが、父親と同じ道を進み俳優になる気はなかった。その代わり、彼は 1963 年に「クリエイティヴ・マネジメント・アソシエイツ（CMA）」社に入り、タレント・エージェントとして映画界でのキャリアをスタートさせた。ラッド・Jr. の顧客にはジュディ・ガーランド、ウォーレン・ベイティ、そして高校時代の同級生だったロバート・レッドフォードらがいた。5 年後、彼は CMA を辞め、インディペンデントのプロデューサーとして働き始めた。1973 年に 20 世紀フォックスの重役となり、3 年後には同スタジオのクリエイティブ部門のチーフに就任。最終的には社長の座へと上り詰めた。

　ラッドは、単に『スター・ウォーズ』にゴーサインを出しただけではない。ほかの重役たちが懐疑的であり続けた間、同作を擁護し、製作予算が膨れ上がった際にも、お蔵入りになるのを防ぐ手助けをした（第 7 章参照）。「取締役会に出るたび、いつも議題は『スター・ウォーズ』だった」と彼は『スター・ウォーズ』オリジナル 3 部作のドキュメンタリー "Empire of Dreams" のなかで回想している。「経費が上昇しているとか、ああだこうだと。我々は、全く理解できない初期の脚本を読んでいた。それはむしろ不快な内容だった」。同スタジオのほかの重役同様、ラッドもルーカスのアイデアを十分に把握していたわけではなかったのだ。だが彼は、ルーカスの才能と先見の明を信じており、同作を細かく管理しようとはしなかった。「脚本についての、ラディ（ラッド）との 1 度だけのミーティングで、彼は『いいか、私には全くこれが理解できないが、私は君を信頼している。前へ進んで、これを作れ』と言ったんだ」というルーカスの言葉が 2014 年の「フォーブス」誌の記事に引用されている。「それはとても誠実な言葉だった。クレイジーな映画だったからね。今は見て、それが何だかわかるが、こういう映画はなかったから、見るまでは説明ができないんだ。その……毛むくじゃらの犬が宇宙船を操縦しているみたいなもので、そりゃ何だ？　ってね」。

　ラッドはフォックスにいた間に、『ヤング・フランケンシュタイン』『タワーリング・インフェルノ』（ともに 74）『エイリアン』（79）などのヒット作、アカデミー賞 11 部門にノミネートされた『ジュリア』（77）、同 6 部門の『ヤング・ゼネレーション』、同 4 部門の『ノーマ・レイ』（ともに 79）、同 0 部門ながらカルト的人気を誇る『ロッキー・ホラー・ショー』（75）といった作品に携わり、ゴーサインを出すなどした。社長在任期間には、アフリカ系アメリカ人や女性を重役に昇進させた。どちらのケースもハリウッドでは珍しい時代だった。

ラッドは『帝国の逆襲』の撮影中に、インディペンデント製作に復帰するために20世紀フォックスを去り、「ラッド・カンパニー」を立ち上げた。同社は、作品賞のオスカーを獲得した『炎のランナー』(81)『ブレードランナー』(82)『ライトスタッフ』(83)『ワンス・アポン・ア・タイム・イン・アメリカ』(84) といった多数の高評価を得た作品や、興行的に成功したコメディシリーズ『ポリス・アカデミー』などを製作したが、儲かってはいなかった。1985年にMGM／ユナイテッド・アーティスツから会長兼CEOのポストをオファーされた際、彼はこれを受けてラッド・カンパニーを解散させた。ラッドの在任中、MGMはともにアカデミー賞6部門にノミネートされ大ヒットした『月の輝く夜に』(87)『テルマ＆ルイーズ』(90) などの映画をリリースした。1993年に彼はMGMを辞め、ラッド・カンパニーを立ち上げ直した。以降、同社はまだ7本の映画しかリリースしていないが、そのなかにはアカデミー賞作品賞に輝いた『ブレイブハート』(95)、ヒット・コメディシリーズ『ゆかいなブレディー家』2作品が含まれる。新生ラッド・カンパニーは現在、8本目となるウエスタン映画"North of Cheyenne"を製作中である。

　ラッドは、キャリアを通じてジョージ・ルーカスへの信義を守り続け、『ウィロー』(MGM・88) など数本のルーカスフィルム製作映画の配給を手がけた。彼は2度結婚し（現在の妻シンドラとは1985年に入籍）、4人の娘をもうけた。2007年、彼はハリウッド・ウォーク・オブ・フェイムに選出され、名前の入った星マークがハリウッド大通り7018番地にお目見えした。彼の父親の星もヴァイン通り1601番地にある。父と息子が揃ってこの栄誉にあずかった数少ない例である。

ラルフ・マッカリー

　プロダクション・アーティストのラルフ・マッカリーも、『スター・ウォーズ』のプロジェクトで大きな役割を果たした。通常アーティストは、フィルムメイカーのアイデアをよりはっきりと、あるいは細かく形にするサポートのために雇われる。だが、マッカリーのスケッチと絵画はそれを上回る役割を担った。『スター・ウォーズ』の脚本改訂の長く苦しいプロセスにおいて（第4章参照）、マッカリーの絵は、ルーカスが頭に描いていたものを具体化した。また、ラッドとルーカスが疑い深いフォックスの重役陣を説得し、後には映画を完成するための資金を引き出すために役立った。マッカリーの絵はこのプロジェクトにとって、ほとんどの関係者が理解できなかったルーカスの脚本よりも、はるかに期待を持たせる具体例となったのだ。

　マッカリーは 1929 年 6 月 13 日にインディアナ州ゲイリーで生まれ、モンタナ州ビリングズの農園で育ち、その後家族が転居したシアトルで、（高校卒業後）ボーイング社のテクニカル・イラストレーターとして働き出した。後に陸軍に召集され、朝鮮戦争での服務期間に頭を撃たれたが生き延びた。アメリカに帰還した彼は、復員軍人援護法の教育手当を使ってロサンゼルスの「アート・センター・スクール」に入学した。卒業後、最初に得たのは歯科企業の設備のために歯の絵を描く仕事だった。しかし、生涯にわたる映画ファンだったマッカリーは、映画業界に携わりたかった。そして彼はほかの 2 人のアーティストと「リール・スリー」社を立ち上げ、映画ポスターの絵を描いたり、CBS テレビのアポロ宇宙計画についての番組のアニメーション部分を制作したりした。リール・スリーにいた 1970 年代初め、マッカリーは脚本家のハル・バーウッドに雇われ、彼が監督権脚本家のマシュー・ロビンスと企画していた SF 映画のためのイラストを手がけた。「ギャラクシー」「スター・ダンシング」「ホーム・フリー」など様々に呼ばれていたこの企画が実現することはなかったが、バーウッドはマッカリーの作品を大学時代の友人で、当時『アメリカン・グラフィティ』の撮影準備中だったジョージ・ルーカスに見せた。その後、『スター・ウォーズ』のアイデアをまとめるのに苦労していたルーカスは、マッカリーに電話した。皮肉にも、バーウッドの「ギャラクシー」にかかわる前のマッカリーには、SF への興味がほとんどなかった。「私が若かった頃、『バック・ロジャース』の連載コミックは見ていたけど、あまり大きな関心はなかった」とマッカリーは "StarWars.com" に掲載されたインタビューで語っている。「私はボーイングで働き、飛行機と宇宙船を愛し、また空想的建築に興味があったが、自分が SF をやるとは思っていなかった」。

　それでも、このジャンルにおける彼の才能はすぐに開花し、新たに出現する『スター・ウォーズ』世界の外観の決定に大きな役割を果たすことになる数百のスケッチと多数の絵画を描いた。マッカリーの絵は同作のセット、小道具、衣装、メイク、そして視覚効果を具体化するガイド役を務めた。多くの革新を手がけたなか、ダース・ベイダーが呼吸装置を備えたマスクをかぶるべきだと考えたのもマッカリーだった。また彼はC-3PO、R2-D2、チューバッカ、サンドピープル、ジャワ、そして同作に登場するほとんどの宇宙船の外観もデザインした。「鉛筆を持って座り、想像できることを何でも思い描いた。ちょっとグロテスクなイメージだ」と彼は語っている。「毎週のようにジョージが来て、私が描いたものを見て、彼の意見を話した。私は仕事を始めるにあたって脚本を読んでいたけど、物語は彼の頭のなかで変わっていったから、ジョージは直接

デス・スターを攻撃するＹウイング・ファイターを描いたこの見事な絵画は、アーティストのラルフ・マッカリーが『スター・ウォーズ』の製作中に手がけた作品の一つ。マッカリーの驚くべき芸術は、疑い深いフォックスの重役陣に同作への投資を促し、『スター・ウォーズ』の視覚的世界観を確立する力を持っていた

私のところに来て自分が見たいものについて話したんだ」。

　マッカリーは多大な時間とエネルギーを『スター・ウォーズ』のために費やしたが、その間にも彼は底力を発揮し、スティーヴン・スピルバーグ監督『未知との遭遇』（77）のマザーシップもデザインした。『スター・ウォーズ』『未知との遭遇』の後、彼にはもう映画業界で仕事を探す苦労は必要なくなった。その後多くの作品を手がけたが、最も有名ななかには『レイダース／失われたアーク《聖櫃》』（81）『E.T.』（82）『故郷（ふるさと）への長い道／スター・トレック４』（86）があり、『コクーン』（85）ではアカデミー賞視覚効果賞を受賞した。

　ルーカスが『帝国の逆襲』のスタッフを集め始めたとき、最初に仕事を依頼したのがマッカリーだった。ルーカスのアイデアは前作の製作前より固まっていたが、それでも彼は、マッカリーは欠かせないと考えた。マッカリーはまた、不評に終わったテレビ

映画 "Star Wars Holiday Special" にも参加し、製作準備の初期に離脱したものの『ジェダイの帰還』にもかかわった。その時点で 50 代だったマッカリーは、ルーカスを含めインダストリアル・ライト・アンド・マジック（ILM）のほとんどのスタッフよりもずっと年上で、ますます企業として大きくなっていく ILM とルーカスフィルムの環境に居心地の悪さを感じていた。『ジェダイの帰還』のよりコミック的な世界観も、彼の関与を限定させた理由となった。マッカリーが去るとき、ルーカスは ILM スタッフを集め、その前で彼への大きな謝意を表した。マッカリーが、自分はルーカスが初めに雇った従業員のなかの一人だと話すと、ルーカスは「いや、あなたが最初の人だった」と訂正した。

　マッカリーのキャリアは 90 年代初頭まで続いた。ルーカスは彼を新 3 部作のプロダクション・デザイナーにして引退から遠ざけようと試みたが、断られた。マッカリーは 1983 年にジョーン・ベンジャミンと結婚し、2012 年にパーキンソン病で亡くなるまでともに過ごした。マッカリーの死後、彼が手がけた『スター・ウォーズ』の絵画は美術館などに展示され、そのなかには、スミソニアン協会が主催し 90 年代後期から 2000 年代初期まで全米の博物館で開催された巡業展覧会 "Star Wars: The Magic of Myth" も含まれる。これらの絵画を直接目にした人々が皆、証言するように、マッカリーの作品は重要で影響力を持つだけでなく、美しいのだ。

ベン・バート

　マッカリーが『スター・ウォーズ』の視覚的世界観を生み出した一方で、ベン・バートはそのサウンドを創出した。両者は揃って欠かせない存在である。もし X ウイング・ファイターが "Flash Gordon"（36）の宇宙船のような音を立てて飛んだら、また、もしチューバッカがペキニーズの子犬のように鳴いたら、幻想は打ち砕かれていただろう。バートは、音響デザイン芸術のパイオニアである。この分野は、1977 年に『スター・ウォーズ』が公開された際に映画芸術科学アカデミーが認めていなかったほど新しい。結果として、バートは「音響効果」（彼の同作への貢献を過小評価した表現だ）により特別業績賞を受賞した。

　バートは 1948 年 7 月 12 日にニューヨーク州ジェームズヴィルで生まれ、高校生のときに 8 ミリ映画を撮り始める。卒業後はペンシルヴァニア州ミードヴィルの「アレゲーニー・カレッジ」に入学した。「物理学を専攻し、科学者になるつもりだったが、映画への情熱を捨てることができなかった」と彼は『帝国の逆襲』の広報担当アラン・アー

ノルドに語った。バートは同カレッジでも映画を作り続け、1970 年に戦争映画"Yankee Squadron"が全米学生映画祭で賞を獲得。同作は、当時第 1 次世界大戦の飛行機を管理していたニューヨーク州レッドフックにある航空博物館「オールド・ラインベック・アエロドーム」で撮影された。その後、バートは南カリフォルニア大学（USC）映画芸術学科に入学するための奨学金を受け、同学科で映画製作の修士号を取得した。USC でバートは映画音響の可能性に魅了され、音響インストラクターのケン・ミウラの下で指導助手として働き始めた。『スター・ウォーズ』のスタッフを集めていたプロデューサーのゲイリー・カーツがミウラに電話し、教え子のなかで最高のサウンド・ミキサーを求めると、ミウラはバートを推薦した。カーツはすぐに彼を雇った。

　バートはルーカスに会い、お互いが映画音響に関するよく似たアイデアと野心を持っていると感じた。『THX 1138』の電子的効果のコラージュと『アメリカン・グラフィティ』に溢れるロックンロールのサウンドトラックで、ルーカスは独特のサウンドスケープを持った映画を生み出していた。このときルーカスは二つのアイデアを融合させようと、つまり映画鑑賞体験をより素晴らしくするために、伝統的な交響楽と革新的なサウンド・ミキシング、編集、効果をブレンドしようと意図していた。目標は、観客を自身が生み出す世界に完全に取り込むことだ。バートと作曲家ジョン・ウィリアムズの見事な仕事によって（次章参照）、ルーカスはくぼみにぴったり合うピースをはめ込むように音響のパノラマを創出し、自身の大きな目的を果たすことができた。

　ルーカスは結果に大喜びし、彼らの仕事を生かすために『スター・ウォーズ』がドルビーのステレオ音響によって上映されることを強く求め（まだほとんどの映画がモノラルで上映されていた）、また後年には THX システムを開発した（第 27 章参照）。

　バートの非凡な仕事には、ウーキー、イウォーク、ハットなどエイリアンの言語やR2-D2 の話すべてをゼロから生み出したこと（第 8 章参照）、またライトセーバーの独特のノイズ、宇宙船のエンジンのうなり、ベイダーの呼吸装置の音、そのほか多くの架空の音を創出したことも含まれる。これらのためにバートは自然や機械など想像できるすべての音を録音し、いい音が見つからないときは自分で作った（R2-D2 の発する音のいくつかには自身の声を使った）。そして彼は、これらの音を遅くしたり速くしたり、シンセサイザーを通したりと、ルーカスが求めたインパクトが正確に得られるまでアレンジした。だが、これはバートの類いまれな能力のほんの一部だった。彼はまた、自身とウィリアムズの仕事を融合させる作業を統率し、ルーカスが望んだ、夢中にさせるような音響体験を創造した。

『スター・ウォーズ』でバートは初めて、自身の名刺代わりとなる二つの手法を用いた。まず、もともとは 1951 年のゲイリー・クーパー主演の西部劇『遠い太鼓』で採用された昔の音響効果である「ウィルヘルム・スクリーム」。バートは、この苦しそうな悲鳴を音響効果のライブラリーで見つけ、ルーク・スカイウォーカーが（デス・スター内の大きな狭間をレイアと飛び越える前に）ストームトルーパーを撃つ場面で使った。以降この音は、バートや彼の信奉者たちによって『スター・ウォーズ』シリーズを含む 200 本以上の映画に使用された。二つ目のバートの得意技は、短い不快な無音状態「ブラック・ホール」で、デス・スターの爆発の直前に使われた。バートはこの戦略的でパワフルな効果を頻繁に用いた。

バートは 28 年間ルーカスフィルムに在籍した後、2005 年に辞めてピクサー・アニメーション・スタジオに参加した。『スター・ウォーズ』の後、彼は音響編集者、音響スーパーバイザー、音響デザイナーとして 50 本近くの映画やテレビシリーズを手がけ、『レイダース／失われたアーク《聖櫃》』『E.T.』『インディ・ジョーンズ／最後の聖戦』で次々にオスカーを獲得。アカデミー賞に計 12 回ノミネートされ（最近ではピクサーの『ウォーリー』）、そのほかにも多くの栄誉に輝いた。また、テレビ・アニメーション「スター・ウォーズ／ドロイドの冒険」シリーズでは脚本家兼プロデューサーを務め、テレビシリーズ「インディ・ジョーンズ／若き日の大冒険」でも脚本を執筆。アカデミー賞にノミネートされた "Special Effects: Anything Can Happen"（96）など IMAX の短編ドキュメンタリー 6 本を監督した。さらに、『ジェダイの帰還』（帝国軍の将校役）と『スター・ウォーズ エピソード 1 ／ファントム・メナス』（99）ではカメオ出演でスクリーンに登場している。

ゲイリー・カーツ

ゲイリー・カーツは『スター・ウォーズ』シリーズの歴史において興味深い存在感を放つ。『スター・ウォーズ』のプロジェクトを通じジョージ・ルーカスの右腕となって働き、立役者の一人となった。だがその後ルーカスからの寵愛を失い、長い間に溜まっていった同シリーズの起源についての逸話に合致するように歴史が書き換えられ、カーツの貢献度は最小化された。本当のところ、カーツは『スター・ウォーズ』誕生の経緯においてルーカスに次ぐ重要な役割を果たしていた。同プロジェクトはカーツのアイデアではないが、彼の尽力がルーカスの構想を具現化させたのだ。

カーツは初め、音楽を愛した。1940 年 7 月 27 日にロサンゼルスで生まれた彼は、

高校で金管楽器と木管楽器の演奏を始め、音楽でUSCへの奨学金を得た。同大学で作曲を学び、将来はオーケストラの指揮者か音楽の教師になりたいと思っていた。1年生だった59年、彼はUSC映画学科の学生による数プロジェクトのための音楽を演奏した。カメラにも凝っていて、高校で数本のアマチュア映画を撮っていたカーツは、映画学科の生徒たちを気に入り、映画業界で働く可能性に興味を持った。そして、彼は専攻を変えた。卒業後、彼自身によると3年間に40から50本の低予算インディペンデント映画で、様々な地位の低い仕事をしたという。66年に海兵隊に召集され、3年間ベトナムで勤務。ここで彼は、映画界での経験とクエーカー教徒として育った平和主義者としての姿勢から、ドキュメンタリー映画の監督と撮影を任務とされる。1969年、まさにデニス・ホッパー監督『イージー・ライダー』の衝撃的な成功がハリウッドの若いフィルムメイカーに新たなチャンスの扉を開いた頃に（第1章参照）、戦争から帰還した。

　カーツはユニバーサル・ピクチャーズと契約し、重役ネッド・タネンの指揮の下、同スタジオが次の『イージー・ライダー』を狙って目をつけた若いフィルムメイカーたちによる低予算映画製作の統率を手伝った。彼はカルト的古典となったモンテ・ヘルマン監督のロードムービー『断絶』(71)、ポール・マグウッド監督によるハードボイルド探偵映画の寄せ集めのような"Chandler"(71)のアソシエイト・プロデューサーを務めた。ユニバーサルは、デニス・ホッパー監督の『ラストムービー』(71)が悲惨な結果に終わり（予言的なタイトルではあったが）、若いフィルムメイカーの作品による戦略を打ち切った。カーツは一時、未完に終わったオーソン・ウェルズの"The Other Side of the Wind"にも携わった。その後カーツは、『断絶』の製作準備期間に会ったフランシス・フォード・コッポラから電話をもらい、ジョン・ミリアスが脚本を手がけジョージ・ルーカスが監督するアメリカン・ゾエトロープの『地獄の黙示録』企画に参加しないかと誘われた。カーツとルーカスはともに、同作が複雑で痛みを伴う問題を抱え続けるなか、プロジェクトから離脱したが、お互いの絆は深めた。二人とも黒澤明監督とディズニーのコミック作者カール・バークスの信奉者だった（第3章参照）ことなど、多くの共通項があった。ルーカスは『アメリカン・グラフィティ』(73)を作ろうと決めたとき、カーツをプロデューサーに選んだ（コッポラも同作のプロデューサーに名を連ねているが、彼のクレジットはほとんど形式的なもので、実際には「共同製作」のカーツがすべてを手がけた）。『アメリカン・グラフィティ』の成功を受け、ルーカスはカーツと次回作のアイデアとして"Flash Gordon"のリメイク案などを話し合った。

最終的に、この案が『スター・ウォーズ』に姿を変えることになる。

　カーツは、ルーカスが『スター・ウォーズ』の主要スタッフを集めるのを手伝い、製作費の予算立てやロケハンを行った。そのほか第 2 撮影隊の指揮を執り、ルーカスとフォックス重役陣との、またしょっちゅう面倒を起こすスタッフメンバー（撮影監督のギルバート・テイラーら）との衝突を緩和するなど、多岐にわたることで知られる映画プロデューサーの様々な仕事をこなした。ルーカスとカーツの関係は、『スター・ウォーズ』の製作中、ルーカスが評判が悪いほどの無口で、また人に権限を委ねるのが下手だったこともあって時折ぎくしゃくしたものの、カーツは『帝国の逆襲』で再びプロデューサーを務めた。

　二人の関係が深刻に壊れ始めたのは、その後だった。カーツから見れば、彼の一番の責任は監督が自身の仕事にベストを尽くせて、映画が可能な限りいいものになるような環境を確保することだ。「プロデューサー職の機能を定義するとしたら、監督がすべてやりたいことをできるよう全部の、あるいは少なくとも可能な範囲内で全部の道具を提供することだ」とカーツは、77 年の「アメリカン・フィルム」誌の記事で説明している。それが、彼が『アメリカン・グラフィティ』『スター・ウォーズ』でルーカスのためにしたことで、素晴らしい成功を受け、彼は『帝国の逆襲』ではアーヴィン・カーシュナーのためにも同じことをした。だが、『帝国の逆襲』のスケジュールと予算の超過に危機感を募らせたルーカスは（第 17 章参照）、それが最終的な作品の質を犠牲にするとしても、カーツにカーシュナーの手綱をしぼって欲しかった。カーツがこれを断ったとき、ルーカスはついに彼をハワード・カザンジャンと交代させた。今日に至るまで、カーツは『帝国の逆襲』が結果的に上質で洗練された映画に仕上がったため、コスト超過について「それだけの価値があった」と強く主張している。ルーカスは同意していない。

　カーツとルーカスの意見はまた、同シリーズが『帝国の逆襲』の後にどう進むべきかについても別れた。カーツは 2 作目のより暗く、より大人向けの方向性を足場にしたいと考えたが、ルーカスはまったく違う、より子ども向けの作品を望んだ。"IGN.com"のインタビューでカーツは、ルーカスが『レイダース／失われたアーク《聖櫃》』(81)の成功から間違った教訓を学んだと主張している。「すべての観客はジェットコースターのような映画が好きで、物語が大人向けだったり興味深いものであったりする必要はあまりない、という考えが『レイダース／失われたアーク《聖櫃》』とその後のインディ・ジョーンズ映画による影響で生まれたように思えた」。筋立ての薄い『レイダース』が『帝国の逆襲』よりも稼いだため、カーツは、ルーカスが「本当にいいストーリー

プロデューサーのゲイリー・カーツ（左）は『アメリカン・グラフィティ』『スター・ウォーズ』の撮影を通じてジョージ・ルーカスを支援した。写真はチュニジアで『スター・ウォーズ』を撮影中の彼と撮影監督のギルバート・テイラー（中央）とルーカス

があるかどうかは問題でない」と信じたとし、「多くのことについて我々の間に深刻な違いが生じた」と語っている。

　カーツはすぐにルーカスフィルムを去り、マペットの巨匠ジム・ヘンソンによる『ダーククリスタル』（82）を製作した。その後の20年間で、彼は9本のみの映画とテレビ企画を完成させている。刑事コミック "The Spirit" の長編アニメ化（原作者ウィル・アイズナー、ブラッド・バード、ジョン・ラセターがかかわっていた）など、少なくとも4本の彼の企画が流れた。それでも彼は現在、2015年公開に向け撮影中の2本の企画（"Road to the Sky" と "13 O'Clock"）とその後に控える2作品でキャリアの復興を楽しんでいる。

　カーツは、『ジェダイの帰還』とその後の新3部作のストーリーが「単純化」され過ぎたと声高に批判し、これらの作品がマーケティングとタイアップの関連商品を過度に気にしているようだと嘆いている。「『スター・ウォーズ』には多くの底意があって、表面的には4歳の子どもでもすごく楽しめるけど、もっと深いところに別の感情がたくさ

んある」とカーツは "IGN.com" のインタビューで語っている。「それは重層的で、『帝国の逆襲』もそうなっている。だから私はちょっと『ジェダイ』に困惑するし、確実に『エピソード1』にもだ。そういった層の厚みや根底にある意味合いが、まったくなくなっている。……じっくり考えるべきものがない。深みがないところが間違いだと私は思う」。

　カーツとルーカスを隔てた方向性の違いは、両方にとって不運だった。どちらも、『アメリカン・グラフィティ』『スター・ウォーズ』、そして『帝国の逆襲』を一緒に作った70年代ににともに到達していた芸術性のレベルを取り戻すことはできなかった（これらはルーカスフィルムがリリースした作品のなかで最高の4本の内の3本。『レイダース』だけがこの3本に肩を並べる）。もしも『アメリカン・グラフィティ』『スター・ウォーズ』のどちらかがアカデミー賞作品賞に輝いていれば（どちらもノミネートはされた）、そのオスカーはルーカスではなく、プロデューサーであるカーツが手にしたことになる。

　ラッド、マッカリー、バート、カーツのほかにも、よりふさわしい称賛を受けるべき多くの貢献者たちがいる。プロダクション・デザイナーのジョン・バリーと衣装デザイナーのジョン・モロはマッカリーの絵画に命を吹き込み、『スター・ウォーズ』の世界に一見してあたかも生息できそうなリアリティを与えた。スチュアート・フリーボーンは、ヨーダとジャバ・ザ・ハットを含め、最も記憶に残る存在を一人で、あるいは共同で創出した。スタント・コーディネーターのピーター・ダイアモンドは、安全性を犠牲にすることなく、ライトセーバーの決闘やデス・スター内の狭間をルークとレイアが飛び越える場面など、オリジナル3作のアクション・シーンに活力とオリジナリティを与えた（同3部作でダイアモンドが考えだしたいくつかのより複雑なスタントは現在、CGによるものと思われるだろう）。最後に、ルーカスの妻だったマーシアの貢献も過小評価されるべきではない。彼女は優れた編集者であるばかりでなく（『スター・ウォーズ』でポール・ハーシュ、リチャード・チュウとともにオスカーを獲得した）、ジョージ・ルーカスの信頼できる相談相手かつ友人としてかけがえのない存在だった。ルーカスフィルムが成長するに連れ、マーシアは、ルーカスの間違いを進んで本人に指摘できる数少ない人間の一人になった。彼らの離婚後に作られた同社のほとんどの作品は、意志や自信を持ってルーカスに、どのアイデアも良くないと言える誰かの存在の欠如に苦しんでいるように見える。

第23章

More Powerful Than You Can Possibly Imagine
おまえの想像を超える力

The Music of Star Wars
『スター・ウォーズ』の音楽

　映画音楽が鑑賞体験に与える影響の大きさについて、どれだけ大げさに言っても誇張し過ぎることはない。効果的な楽曲は、スクリーンで展開するドラマの情緒的な影響力を微妙に高め、ぎこちなかったり、過度に慌ただしい音楽は、見る者の気を散らしてストーリーから遠ざける。『スター・ウォーズ』オリジナル3部作よりも音楽の恩恵を受けた映画は少ない。作曲家ジョン・ウィリアムズによる『スター・ウォーズ』の壮麗な楽曲と同等にパワフルで示唆に富むサウンドトラックを擁する作品はわずかしかないのだ。彼の美しく、奮い立たせるような曲の数々は同シリーズのキャラクターたちと同様にすっかり親しまれ、史上最も愛される映画音楽への仲間入りを果たしている。

音楽の裏にいる男

　ジョージ・ルーカスが『スター・ウォーズ』の音楽について話を持ちかけたとき、ウィリアムズはすでに、ハリウッドで最も優れた作曲家の一人としての地位を確立していた。彼は1932年2月8日、ジャズ・ドラマーの息子としてニューヨーク州フローラルパークで生まれた。16歳のとき、ウィリアムズ家はロサンゼルスに転居。「ノース・ハリウッド・ハイスクール」を卒業した彼はUCLAに入って作曲を専攻し、個人的にはイタリアの偉大な音楽家マリオ・カステルヌーヴォ・テデスコに師事した。52年に召集された空軍では、"U.S. Air Force Band"（米空軍バンド）の指揮と編曲を務めた。兵役が終わると、ウィリアムズはニューヨークに戻りジュリアード音楽院に入学。夜には「リトル・ジョニー・ラブ」の名でマンハッタンのクラブでジャズ・ピアノを演奏し、ニューヨークのレコーディング・スタジオのセッション・ミュージシャンとしても働いた。56年に女優のバーバラ・ルイックと結婚し、74年に彼女が亡くなるまでともに過ごした。夫婦は3人の子どもを授かり、息子ジョセフはロックバンド「TOTO」のヴォーカルを務めた。ウィリアムズ自身にも、西部劇のバラード歌手フランキー・レインのキャリア

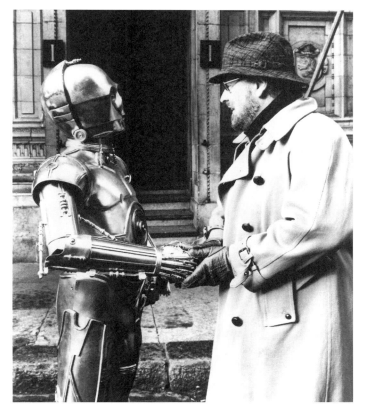

『帝国の逆襲』の音楽の録音中、宣伝用写真のためにポーズをとる作曲家ジョン・ウィリアムズ（右）と C-3PO

が下り坂にあった 60 年代初期に、彼のために編曲とバンドリーダーを務めるなど一時的にポピュラー音楽とのかかわりがあった。

　しかし、ウィリアムズの大きな情熱は常に交響楽に向いており、彼は 50 年代後期にハリウッドに戻った。映画音楽を作曲、指揮することは、クラシックを志向する若い作曲家にとって生計を立てるための一つの手段であり、ウィリアムズはコロンビア・ピクチャーズの編曲スタッフとして職を得た。その後彼は 20 世紀フォックスでこれに似た仕事を始め、多数の映画、テレビシリーズで編曲、指揮などを務めた。58 年、彼はテレビの "Alcoa Theatre" の 1 話のテーマを作曲してエミー賞にノミネートされ、またクレジットはされなかったが、少年非行を描いたメロドラマ映画 "Daddy-O"（58）の

『スター・ウォーズ』のサウンドトラックがビルボードのアルバム・チャートで2位となった後、作曲家ジョン・ウィリアムズはツアーを行い、様々なオーケストラによる同作の音楽の演奏を彼が指揮するコンサートは需要の高いイベントとなった

音楽を担当。これが彼の作曲した初の映画音楽となった。

ウィリアムズは、プロデューサーのアーウィン・アレンの「宇宙家族ロビンソン」「巨人の惑星」「タイム・トンネル」（ウィリアムズが初めて手がけたSF作品）など、いくつかのテレビシリーズの音楽を作曲し、すぐに、想像力に富んだ多才で信頼できる作曲家としての評判を得た。彼の最初の大きな成功は、67年に『哀愁の花びら』の音楽でアカデミー賞にノミネートされたことだった。これが、これまで46度もオスカー候補となった彼が受けた最初のノミネーションだった。これまで5度アカデミー賞に輝いたウィリアムズの最初の受賞作は、72年の『屋根の上のバイオリン弾き』。このときまでに彼はフォックスを辞め、フリーランス

として活動していた。75年に彼は、映画音楽に、あるいは映画そのものにさえ興味のない人々でも知っている多くの代表作の最初となる、スティーヴン・スピルバーグ監督『ジョーズ』の音楽を作曲した。

すでに高評価を得ていたウィリアムズだが、それでも『スター・ウォーズ』は彼を、ハリウッドの同世代の人々とは別の世界へ押し上げた。彼による同作のサウンドトラックはビルボードのホット100アルバム・チャートで2位まで上昇した（トップの座はフリートウッド・マックの大ヒット作「噂」が守った）。20世紀フォックス・レコードは、需要に対し十分な枚数をなかなか生産できなかった。それでも同作の売り上げはこの年のアルバムで64番目となり、ドナ・サマー、エルトン・ジョン、ピーター・フランプトンといったアーティストのLPを上回った。このアルバムは現在でも、最も売れた楽器演奏のみのサウンドトラックであり続けている。ヒット・アルバムを持つすべてのロックスターのように、ウィリアムズもツアーを行い、『スター・ウォーズ』を含む自身が手がけた映画音楽を演奏する様々なオーケルトラを彼が指揮するコンサートは、需要の

高いイベントとなった。その後 10 年以上の間に、彼は『スーパーマン』(78)『インディ・ジョーンズ』シリーズ、『E.T.』(82)『シンドラーのリスト』(93) など、誰もが聞き覚えのある音楽を次々と手がけ(すべての『スター・ウォーズ』映画、もちろん最新作『フォースの覚醒』を含む)、アメリカで最も愛される映画音楽作曲家としての地位を固めた。

　ウィリアムズはこれまで、全部で 80 本以上もの映画の音楽を作曲した。彼よりも多くアカデミー賞にノミネートされた人は、ウォルト・ディズニーしかいない。同じ年に 2 本かそれ以上の映画でノミネートされることが頻繁にあるという事実がなければ、彼のオスカー獲得率はもっと高かったかもしれない。獲得した五つのオスカーに加え、これまで彼はグラミー賞を 17 回、ゴールデングローブ賞を 3 回、英国アカデミー賞を 5 回、エミー賞を 2 回受賞している。彼は多くのオリジナル・コンサート楽曲も書き、86 年には自由の女神像の修復完了を祝う楽曲を手がけるという栄誉にも預かった。2004 年、ウィリアムズによる『スター・ウォーズ』オリジナル作品のテーマは、米国議会図書館の米国立録音登録簿(National Recording Registry) に選出され「文化的、歴史的あるいは審美的に重要」(もしくはこの場合、三つすべてにおいて)な録音として保管された。1 年後、米国映画協会(American Film Institute) は同楽曲を、アメリカ映画史上最も記憶に残る音楽に選んだ。

映画の裏にある音楽

　もともと音楽はジョージ・ルーカスによる『スター・ウォーズ』の構想に不可欠な要素で、スティーヴン・スピルバーグが熱心に推薦したウィリアムズが、作曲家候補の筆頭だった。ルーカスとウィリアムズは 75 年の後半に会って同作について話し合い、音楽についての意見を交換した。ルーカスは、ルイス&ベベ・バロンがすべて電子楽器テルミンで演奏した音楽を使用した 56 年の『禁断の惑星』以降、SF 映画の定番となっていた電子音楽を避けたがった。代わりに彼は、古き良きハリウッドの伝統的なオリジナルの交響組曲で、エリック・ウォルフガング・コーンゴールドによる『ロビンフッドの冒険』(38) の圧倒的で旋律の美しい音楽の流れをくむものをイメージしていた。ウィリアムズもそれが正しいアプローチだと賛成した。「メロドラマやオペラにおける勇敢な衝動、感情、反応の表現は、シンセサイザーやコンピューターのともすれば現実味に欠ける異次元のサウンドではなく、オーケストラの交響楽によってもたらされる」と彼は、2005 年の「ナショナル・パブリック・レディオ」のインタビューで語っている。

ウィリアムズは、こういったスタイルの作曲家として完ぺきな適任者だった。コーンゴールド同様、彼は、個々の人物の性格と物語の要素（フォースや帝国など）に、それら人物やコンセプトがスクリーンに登場したり注意を向けられたりするたびに、それぞれの音楽的主題を繰り返し与えるオペラ技術「ライトモチーフ」の熟練者だった。このようにして思慮深く採用された音楽は、とてつもなく大きな感情のパワーを生み出すことができる。一度確立されれば、繰り返されるライトモチーフは、それらが登場しないときにさえ、それぞれの存在を想起させるために使うことができる。たとえば『ジョーズ』のエンディングまでには、ウィリアムズが巨大なサメのために書いたあの不気味なスタッカートの楽曲が流れれば、サメが登場することなしにその恐怖を感じるようになっている。しかしこの当時、ウィリアムズが同作で収めた成功にもかかわらず、ハリウッドでは伝統的な交響楽は時代遅れだった。だからこそ彼は、『スター・ウォーズ』が必要とした心が躍るようなファンファーレや劇的でロマンティックな曲を作り出す機会を大いに楽しみ、同作が提供した大きなキャンバスに興奮していた。ルーカスが『スター・ウォーズ』で使用したように多くの音楽を映画に用いた人は、ほとんどいなかった。ウィリアムズの楽曲は 121 分の同作中、異例の 88 分の長きにわたって使われている。

　ウィリアムズは 77 年 1 月初旬に同作を初めて見て、すぐに作曲に取りかかり、その年の 3 月 5 日から 16 日にイギリスのデナムにあるアンヴィル・スタジオで録音を行った。フォックス音楽部門を率いていたライオネル・ニューマンによる統率の下、ウィリアムズ自ら 3 時間ずつ 1 日 2 回のセッションでロンドン交響楽団を指揮した。それはウィリアムズにとって、フルオーケストラとの初めての仕事だった。セッションに参加したルーカスはその音楽に大いに興奮し、スピルバーグに電話して録音中の楽曲が聞こえるように受話器をオーケストラに向けた。後にルーカスは、ウィリアムズの音楽は『スター・ウォーズ』において唯一、自分の期待を上回った要素だったと語っている。同作のサウンドトラックの CD ボックスセットのライナーノーツで、ルーカスはウィリアムズの仕事を「豪華で贅沢で感動的でスリリング」と表現し、「すべての『スター・ウォーズ』と偉大な音楽のファンは、彼の恩恵を受けている」と書いた。

　ルーカスと編集者のチームは、監督自身が思い描いていた同作に必要なテンポとエネルギーを生み出すのに苦労していた。しかし、ウィリアムズの音楽が映像に加えられると、それはすぐに解決された。彼の楽曲は『スター・ウォーズ』にまったく新しい次元を切り開き、その他すべての要素を一つにまとめる触媒の働きをした。同作にとってのウィリアムズの音楽の重要性を完全に理解するためには、インターネットで「ジョン・

ウィリアムズ抜きのスター・ウォーズ（Star Wars without John Williams）」と検索してみればいい。ファンたちやプロが作った、同作から音楽を除いた映像が散見されるだろう。この映画は、壮大な「メイン・タイトル」のテーマや「レイア姫のテーマ」、ジャジーな「酒場のバンド」の音楽なしにはほとんどそれと認識できないように見える。

　ウィリアムズの才気は、そういった良く知られた曲以外にも発揮されている。同作の音楽全体に、ぎこちなかったり、効果的でない楽曲は見当たらず、引用されることの少ない部分でも映像を美しく見せている。木管楽器が強調された「砂漠」のテーマ（CDでは「砂漠の惑星タトゥイーン／ジャワのサンドクローラー」となっている）は、最初のタトゥイーン映像にエキゾチックで謎めいた感覚を与えている。主人公たちがミレニアム・ファルコンへ急ぎ、デス・スターを離れようとする部分に流れる「トラクター・ビーム／狭間を飛び越えて」は、不吉なバスとチェロの調べから、刺すようなバイオリンと激しいティンパニー、大急ぎで繰り返す「メイン・タイトル」へと移行して、観客の鼓動をほとんど無意識に速くさせる。そして、派手で威勢のいい「TIE ファイターの攻撃」はハラハラ、ドキドキ感を煽るのだ。

　『スター・ウォーズ』のサウンドトラックのようなチャートでの動きは見せなかったものの、ウィリアムズによる『帝国の逆襲』の音楽は同様に示唆に富み、記憶に残る。同作では、ダース・ベイダーと帝国の象徴として、より鈍さがあった1作目の楽曲に取って代わった不気味な「帝国のマーチ」など、いくつかの重要なライトモチーフが初めて用いられた。「雪の中の戦い」（ホスでの帝国軍による攻撃の場面に流れる）と「ヨーダのテーマ」（小さなジェダイ・マスターが沼の中からルークのXウィングを引き上げる場面）は、消えることなくくっきりと観客の記憶に刻み込まれている。繰り返しになるが、「ランドの城」（ハン、レイア、チューバッカ、C-3PO がクラウド・シティに到着する場面）のように、あまり有名でない曲も見事に機能している。このくだりはフルートの快活で威厳のあるメロディで始まり、心配そうな「レイア姫のテーマ」、そして「メイン・タイトル」へと移り変わっていき、隠れた危険がその全貌を現す前に示唆されている。

　ウィリアムズによる『ジェダイの帰還』の音楽にも、ルークのベイダーと皇帝との決戦場面で流れる不気味な合唱（サウンドトラック CD の「ダークサイドへの誘惑」「最後の決闘」）のように、いくつか記憶に残る新たな楽曲があるが、同作は、オリジナル作品のタイトルテーマや『帝国の逆襲』の「帝国のマーチ」「愛のテーマ」といった、前2作で聞きなれたライトモチーフに頼っている部分が多い。"StarWars.com" に掲

載されたインタビューでウィリアムズは、過去の作品を使用することについて、「続編を手がける際の楽しい部分……どの場合でも過去の素材を使うことも、新しい素材を作ることもでき、それらが共存して作品の骨組みの一部分のように感じられればいい」と語っている。『ジェダイの帰還』におけるこういった聞きなれた楽曲の再使用は同作のサウンドトラックに、大規模な交響曲を終局的にまとめるような役割を与えている。それは焼き直しではなく、最終的な要約なのだ。

　97年にジョージ・ルーカスがオリジナル3部作の特別編をリリースした際、ウィリアムズの音楽は、見てわかるように、最も変更が少なかった要素の一つだった。だが『ジェダイの帰還』に最も顕著なように、変更がなかったわけではない。ウィリアムズは、もともとのイウォークたちの叫び（「ヤブ、ナブ！」）をフィーチャーした「イウォーク・セレブレイション」を、わずかに現代的で木管楽器とパーカッション主導の「勝利のセレブレーション」に変えている。またジャバの宮殿のマックス・レボ・バンドの演奏する音楽が、ニュー・ウェーヴ的な「ラプティ・ネック」から、よりリズム＆ブルースの影響を受けた「ジェダイ・ロックス」に変わったことは議論をも呼んだ。ウィリアムズはそのどちらも作曲していない。今にして思えば、ジャバはモス・アイズリーの酒場からバンドを呼ぶべきだったのではないか。

『スター・ウォーズ』、ディスコへ

　ウィリアムズによる『スター・ウォーズ』のサウンドトラックがビルボードのアルバム・チャートを上昇している間、彼の楽曲のかなり変わったバージョンをフィーチャーしたシングル盤、Meco（ミーコ）の「スターウォーズのテーマ／酒場のバンド」がビルボード・ホット100を駆け上がり、1977年10月1日に1位を獲得してしまった。このディスコ・バージョンは200万枚を売り上げ、最も売れたインストゥルメンタルのシングル盤として歴代トップに輝き続けている。

　Mecoはレコード・プロデューサー、ドメニコ・モナルドの別名。ペンシルヴァニア州出身のイタリア系アメリカ人ミュージシャンであるモナルドは、ディスコの歌姫グロリア・ゲイナーがジャクソン5の曲をカヴァーしトップ10入りした「ネヴァー・キャン・セイ・グッバイ」（74）など、少数のヒット・レコードをプロデュースした。子どもの頃からSFファンだったモナルドは、『スター・ウォーズ』を公開初日に見て、それから1週の間にさらに4回見たという。彼は自身の好きなこと二つを合わせ、ジョン・ウィリアムズによる『スター・ウォーズ』の音楽のディスコ・バージョンを作るアイデアを思

いつき、すぐさまこのコンセプトを「カサブランカ・レコーズ」（ドナ・サマー、ヴィレッジ・ピープルらのディスコ・ヒットを手がけたレーベル）創始者のニール・ボガートにプレゼンした。初めは懐疑的だったものの、ボガートは最終的に同意し、モナルドの企画をカサブランカ傘下の新レーベル「ミレニアム・レコーズ」からリリースすることを決めた。

レコード・プロデューサーのドメニコ"Meco"モナルドは、ジョン・ウィリアムズによる『スター・ウォーズ』の楽曲のディスコ・バージョンで、キャリアの節目となるスマッシュ・ヒットを飛ばした
Photography by Preston Hewis/East Bank Images

モナルド、彼が頻繁に仕事をともにしていたトニー・ボンジョヴィ、ハロルド・ウィーラー、ギタリストのランス・クインは大勢のセッション・プレーヤーを集め、77 年夏の 3 週間で 1 枚のアルバムを録音した（Meco 名義による "Star Wars and Other Galactic Funk"）。このアルバムのライナーノーツには、ギター、ベース、キーボード、ドラム、パーカッション、弦楽器、金管楽器、木管楽器、オートハープの奏者ら合わせて 150 人近くの「天の川銀河からのミュージシャン」がクレジットされた。このレコードの A 面は、ウィリアムズの楽曲のディスコ・バージョンに、スザンヌ・チアーニがシンセサイザーで作ったドロイドの声のような電子音とレーザー・ブラスター音をミックスした 16 分間の組曲。B 面は、ウィーラーとソングライターのソロモン・スミスが作曲した約 13 分間のジェネリック・ディスコ音楽だった。3 分 28 秒のシングル盤「スターウォーズのテーマ／酒場のバンド」（それと 7 分 35 秒のダンス・ミックス）は A 面の短縮版だった。

アルバムはシングルほどは売れなかったものの、プラチナ・ディスク（少なくとも 100 万枚のセールスを記録）となり、SF 指向のダンスミュージックの支持者がいることを示した。Meco による「スターウォーズ」の人気絶頂期、ライブを行うためにあるバンドが結成された。この Meco のショー専門バンドのなかには、実際にアルバム録音に参加したミュージシャンはいなかったが、彼らは 77 年秋に全米のディスコを回って演奏した。Meco とジョン・ウィリアムズの両者が、グラミー賞ベストポップ・インストゥルメンタル・レコーディング部門にノミネートされ（ウィリアムズはサウンドトラッ

ク・アルバム、Meco はシングル「スターウォーズのテーマ／酒場のバンド」で）、当然ながらウィリアムズが受賞した。

"Star Wars and Other Galactic Funk" が成功を収めたため、モナルドはレコードのプロデュースをやめ、常に Meco として活動し、その後 8 年間にわたってセッション・ミュージシャンのローテーションによる数グループと「Encounters of Every Kind／未知との遭遇」(77) "Meco Plays the Wizard of Oz"(78) "Superman & Other Galactic Heroes"(78) "Moondancer"(79) "Music from Star Trek and The Black Hole"" Across the Galaxy"（ともに 80）など SF とファンタジーを主題とした数枚のディスコ・アルバム（多くはウィリアムズによる楽曲をもとにした）をリリースした。また『スター・ウォーズ』関連の曲としては、80 年に EP 盤"Meco Plays Music from The Empire Strikes Back"を出し、"Empire Strikes Back (Medley)"はビルボード・チャートで 18 位を記録し、Meco の曲として 2 番目のヒットとなった。83 年には、ウィリアムズの『ジェダイの帰還』の楽曲をもとに"Ewok Celebration"をリリースしている。

Meco の 4 番目の『スター・ウォーズ』関連プロジェクトは、さらなる説明を要する。"Star Wars and Other Galactic Funk" と "Music from The Empire Strikes Back" の成功を受け、モナルドは、ジョージ・ルーカスにホリデーシーズンをテーマとした『スター・ウォーズ』のアルバムをプロデュースするアイデアをプレゼンした。意外にも（特にこの 2 年前の "Star Wars Holiday Special" の大失敗があっただけに）、ルーカスは賛成し、Meco の "Christmas in the Stars" は、ルーカスフィルムの協力を得て制作された。これはディスコ・アルバムではなく、C-3PO、R2-D2、チューバッカをフィーチャーした子ども向けのアルバムで、新旧のクリスマスソングを収録した。アンソニー・ダニエルズが C-3PO の声を吹き込み、ベン・バートの音響効果が R2-D2 とチューバッカの「声」を提供した。

このアルバムのジャケットは、暖炉の前に腰掛けたサンタクロースとその周りに集まった R2-D2、C-3PO とそのほかのドロイドを描いたもの。また、様々な曲をつなぐ会話部分が、ドロイドとチューバッカがサンタの作業場で手伝いをする様子を表している。ダニエルズは、"Christmas in the Stars" "Bells, Bells, Bells" "The Odds Against Christmas" "Sleigh Ride" の 4 曲を歌っている。このアルバムでは、トニー・ボンジョヴィの 18 歳の従兄弟、ジョニーも歌っており、これがまもなくジョン・ボン・ジョヴィと名前を変える彼の、プロとして初めてのレコーディングだった。将来のロックス

ターはここで、"R2-D2 We Wish You a Merry Christmas"でリードヴォーカルを務め、コーラスの子どもたちとともに歌唱している。また、同アルバムからシングルカットされた"What Can You Get a Wookiee for Christmas (When He Already Owns a Comb)"は、ビルボード・チャートで 69 位を記録した。心温まるアルバム"Christmas in the Stars"は、Meco の期待ほどヒットしなかったが、普遍的な魅力を持ち、"Star Wars Holiday Special"よりはずっと最後まで鑑賞しやすい出来になっている。

85 年に Meco としての最後のアルバム（"Hooked on Instrumentals"）をリリースすると、モナルドはショービジネスから引退し、後に商品相場ブローカーとなった。ほとんどの Meco のアルバム（"Christmas in the Stars"を含む）は廃盤となって久しいが、"Star Wars and Other Galactic Funk"は 99 年に「ヒップ・オー・レコーズ」から CD で再発売され、"The Best of Meco""Star Wars Party"など Meco のコンピレーションは、今も様々なフォーマットで手に入る。

ファンクとともにあらんことを。

Meco による最も変わったプロジェクトは、型破りなホリデー・アルバム"Christmas in the Stars"で、アンソニー・ダニエルズと将来のロックスター、ジョン・ボン・ジョヴィ（プロとして初のレコーディング）の歌を収めている
Photography by Preston Hewis/East Bank Images

第24章

Sorry About the Mess
散らかっていて申し訳ない

Gaffes and Flubss
失態と失策

　完ぺきな人間はいない。そして、すべての映画製作に脚本スーパーバイザーなど「つながり」のミスやそのほかの失敗を避ける役割を課せられたスタッフが雇われても、間違いが起きない作品はない。もちろん『スター・ウォーズ』オリジナル3部作も同じことで、それは3本すべてが大きな重圧の下、限られた予算で、あらゆる種類の不運とちょっとした惨事に直面しながら作られた野心的な作品であることを考慮すれば、無理もないことではある（第6、17、20章参照）。

　それでも『スター・ウォーズ』『帝国の逆襲』『ジェダイの帰還』をつぶさに見てみると、3本すべてが、ときに愉快なほどの「つながり」のミス、技術的な失敗、科学的な誤り、単純な論理の破綻に満ちていることが発覚する。ウェブサイト"Movie mistakes（ムービー・ミステイクス）"の調査によれば、1作目だけで276の間違いがあるという。ジョージ・ルーカスは1997年の『特別編』3本で、いくつかの特にひどいものを直そうとしたが、それらすべては修正できず、またうっかり新たな2、3のミスを犯してしまった。公平のために言うと、こういった不具合の多くは比較的小さく、注意深く精査しなければ、あるいは思慮深く観察しなければわからない。似たようなミスは、そのほかのほとんどの映画において気づかれないが、『スター・ウォーズ』オリジナル3部作ほど何度も細かく見返され、解剖され、分析される映画は少ないのだ。献身的なファンは一種のプライドを持って間違いを探し、しばしばある意味歪んだ愛情と喜びとともにそれらを見る。これから紹介するのは、ほとんど気づかれないものではあるが、そのような失敗の代表例である。

「つながり」のミス

　脚本スーパーバイザーの主な役割は、たとえばテーブルの上にあったライトセーバーが、監督がカメラのアングルを変えた後になくなったり、場所が違っていたりしないよ

うに、スクリーン上の展開がテイクからテイクへ、ショットからショットへ、シーンからシーンへと矛盾なく進行するよう細かく確認することだ。そういうスタッフがいても、このようなミスはでき上がった映画に見られる最もよくあるタイプのもので、大体において、編集段階まで誰にも気づかれず（最後まで気づかれないこともある）、お金のかかる撮り直し以外にはどうすることもできないのだ。『スター・ウォーズ』オリジナル３部作にも、下記のようなすごいものを含め「つながり」のミスがたくさんある。

* ベン・ケノービがルークに彼の父親のライトセーバーを渡すシーンで、ショットによってケノービのフードのついた茶色のマントが消えたり、また現れたりする。このマントは C-3PO が電源を切って休んでいるくぼみの壁に掛かっている（あるいは掛かっていない）。同じシーンでその後、R2-D2 がケノービにレイア姫のメッセージを再生して見せる際、ホログラムが投影されるテーブルの上の物の数と位置が、ルーカスがアングルを逆にすると変わっている。

* デス・スターの監禁エリアからのレイア姫の救出で、彼女は逃げ道を作るためにダストシュートに穴を開ける。初め、穴は華奢で体重 50 キロほどの姫が通り抜けるのにギリギリの大きさ。だが直後にはハン、ルーク、大きなチューバッカが入るのに十分な大きさになっている。また同じくだりで、ルークが着ているストームトルーパーのよろいの左肩の装甲が、カメラアングルが変わるとなくなり、また現れる。

* 『帝国の逆襲』で、雪の怪物ワンパの洞穴の天井から逆さに吊るされているルーク・スカイウォーカーの両足は、初めは大きく開いている。だが彼がライトセーバーを手に取ると、アップになるその両足は閉じられている。また、ルークがフォースを使ってライトセーバーを手にしようとする間、ショットによって雪のなかのライトセーバーの位置が違っている。

* 『ジェダイの帰還』で、レイアがイウォークのウィケットと出会った際、彼女は彼に食べ物をあげる。ワイドなショットでは、その食べ物は彼女の左手にある。だがカメラが近づくと、突然それは右手に移っている。

* 3部作すべてにおいて、外側から見るミレニアム・ファルコンのコックピットには四つの窓がある。しかし内側から見ると、三つしかない。ダース・ベイダーの TIE ファイターの窓も、内側からと外側からで違って見えるようになっている。

備品の失敗と衣装の不具合

いや、"そういう"種類の衣装の不具合ではない。映画がそういう結果になってしまうことを避けるために『スター・ウォーズ』の撮影中、キャリー・フィッシャーの胸は粘着テープで押さえられ、『ジェダイの帰還』の撮影中には、ショット間に彼女の金属製のビキニの胸部をチェックする担当者がいた。それでも衣装と小道具は、3部作のなかでもっと目立つ（そして楽しい）「つながり」の問題をいくつか生んでいる。

* 『スター・ウォーズ』で、レイア姫を救出し、デス・スターから必死に逃げようとするなか、ハンとチューバッカはがむしゃらにストームトルーパーの分隊に突っ込んでいく。彼らが方向転換して逃げるとき、ピーター・メイヒューのコスチュームのゴムの靴底がはっきり見える。それはまるで、チューバッカがスニーカーを履いているようだ！ 同じことが、『帝国の逆襲』でクラウド・シティから逃げる際にも起きている。

* じっくり見れば、オリジナル作品のオビ＝ワン・ケノービとダース・ベイダーの決闘で、ケノービのライトセーバーの電源コードが見える（アレック・ギネスの袖から伸びている）。

* 『帝国の逆襲』の、有名なカーボン・フリーズ装置でのハンとレイア姫のロマンティックなやりとりの始まりで、ハンはシンプルな白のシャツ姿でジャケットは着ていない。だが、装置のなかに下りていく直前に挿入されるショットでは、彼はブルーのフライトジャケットを着ている。その後、ジャケットは再び消える。また、このくだりを通じてハンの両手は縛られている。二人のアグノートが、装置のなかに彼を下ろす前にしっかり縛られているかを確認するが、フリーズされた体が装置から出てくると、彼が逃げ出そうとしたかのように両手は離れてそれぞれ肩の高さまで上がっている。装置が動きだす寸前に自分で解いたのだろうか？

＊　『帝国の逆襲』のもう少し前の、ハン、レイア姫、チューバッカがダース・ベイ
　　ダーに捕らえられている部分で、レイアはエレガントな茶色のスーツを着ている。
　　しかし、もう一度彼女が映ると、白いフライトスーツに着替えている。彼女は尋
　　問のために厚着していたのか？

＊　『ジェダイの帰還』で、サルラックの巣に落とされるのを待っているランドは両
　　手に手袋をはめている。その後、穴へ滑り落ちるのを避けようとロープにつかまっ
　　ているときは、手袋をしていない。だがハンが彼を引き上げたときは、またして
　　いる。

おかしな科学

　ジョージ・ルーカスは『スター・ウォーズ』をSF（サイエンス・フィクション）と
いうよりむしろ「スペース・ファンタジー」と表現し、過度に科学的な正確さを求めは
しなかった。しかし、だとしてもルーカスと脚本家ローレンス・カスダンは2、3の明
白な科学的な重大ミスを犯している。

＊　オリジナル作品で、C-3PO は自身にプログラムされた役割を「人間とサイボー
　　グの仲介」と表現している。しかし、ダース・ベイダーは別として、『スター・
　　ウォーズ』にサイボーグ（部分的に人間で部分的にロボットの存在）は登場し
　　ない。『帝国の逆襲』には、賞金稼ぎのデンガーとランドの補佐ロボット（Lobot・
　　脳が直接、クラウド・シティの中央コンピューターと連動している）が出てく
　　る。さらに、正確に言えばルークも、機械の手をつけた時点でサイボーグとなっ
　　た。それでも、C-3PO のような調整役が必要なほどたくさんのサイボーグがい
　　るようには見えないし、上記のサイボーグたちは自身の力で完ぺきに人間と交
　　流できそうだ。また、C-3PO は自身の最初の仕事を「バイナリー・ロード・リ
　　フターのプログラミング」と表現しており、これは明らかに機械的な特性だ（ま
　　た「あらゆる点であなたの水分凝結機にとても似ている」とも言う）。明らかに、
　　C-3PO は自身の専門職を「人間とアンドロイドの仲介」と表現すべきだったの
　　だが、どうやらルーカスは、サイボーグとアンドロイドの違いについてはっきり
　　分かっていなかったようだ。

*　これは『スター・ウォーズ』映画における最もひどい科学的誤りかもしれないが、ハン・ソロはミレニアム・ファルコンがケッセル・ラン（超空間のルート）を「12 パーセクもかけずに」飛んだと自慢する。ここでの問題は、パーセクが天文学における距離の単位であり、時間を表すものではないということだ。だからこれは、ファルコンがインディアナポリス 500 マイル・レースを 500 マイルもかからず走った！　と豪語しているようなもの。もし彼が、ある種の違法な近道を通ったことを示唆しているのなら、ハンがずる賢いパイロットだという証明にはなるかもしれないが、ファルコンが速い宇宙船だという説明にはならない。同作のオーディオ・コメンタリーでルーカスは、ミレニアム・ファルコンがそんなに速く飛べるのは洗練されたナビゲーション・システムが 2 点間の最も短いルートを割り出せるからだと説明し、パーセクの使い方を自己弁護していた。これを受け入れるならどうぞ。しかし作家のアラン・ディーン・フォスターは『スター・ウォーズ』ノベライズ版で、「12 パーセク」を「12 標準時間単位（standard time units）」に変更している。ルーカスが単にパーセクが何だか知らなかった、と考えたからだ。

*　『帝国の逆襲』で、ハン、レイア姫、チューバッカは私服でファルコンの外に出る。彼らは巨大な宇宙ウナギのようなエクソゴスの腹のなかにいるのだが、大気のない小惑星の表面に降り立ったと勘違いしている。彼らは、呼吸装置はつけているが、大気圏外の急速な減圧と命にかかわる寒さ（摂氏マイナス 73 度にもなる）から身を守る与圧服を着ていない。これは、ニール・アームストロングが月での第 1 歩をスキューバダイビング用具と短パンで踏み出すのと同じだ。

*　エンドアに近いところにあるデス・スターを爆破することは、イウォークたちをも全滅させることになるだろう。デス・スターほど近くにある月の大きさの物体の爆発は、エンドアの大気を完全に吹き飛ばすか、その大気を残骸で満たし生命のもとである太陽光を遮断するか、エンドアに致死量の放射線を浴びせるかの結果を招き、このいずれもが居住者を破滅させるはず。ドロイドたちは大丈夫だろうし、ハン、レイア姫、チューバッカも爆発前にシャトルに戻れば生き延びられるかもしれない。しかし、すべての可愛い小さなテディベアたちは、もし大気が無事に残ったとしても核の冬に凍えて徐々に弱っていき、放射能中毒

によってむごたらしい死を迎えることになる。

* 『スター・ウォーズ』における科学的な誤りには、すでに SF 宇宙映画のスタンダードになっているものも多い。たとえば、観客はうなるような宇宙船のエンジン音を聞くが、現実では、少なくともその宇宙船の外側から見ている限りは静かなはず。音声は真空空間では伝わらないのだ。同じように、宇宙空間で発射されたレーザーを見ることは不可能。レーザー・ビームは空気が、真空では存在しない煙などの粒子で満たされているときにだけ見えるからだ。さらに、レーザーは光の速さで動くので、短く発射されれば我々の目で追うことはできない。また同様に、デス・スターが爆発するときでさえ、宇宙空間では火の手は見えないし、爆音も聞こえないだろう。宇宙ものの SF 映画の大半は、エンジン音が聞こえレーザー砲が見えたほうがはるかにエキサイティングな戦闘になるため、同じくこれらの誤りを犯している。こういったことにはドラマティックな効果があるため大目に見られているが、間違った科学であることに変わりはない。

プロットの穴

ストーリー上の論理的矛盾は物語全体の信ぴょう性を損なうため、下記のような問題は最も大きな痛手となる。『スター・ウォーズ』映画の猛烈な勢いがこのような弱点を隠す手助けをしているので、ほとんどは後になって熟考しないと気づかない。

* ケノービがルークの身元をダース・ベイダーに隠しておこうとしたなら、なぜ少年の名をラーズ（オーウェンおじさんやベルーおばさんのように）かケノービか、ビンクスでも何でもいいからスカイウォーカーでないものにに変えなかったのか？　それとも「スカイウォーカー」は、スミスやジョーンズのように宇宙ではとても多い名字なのか？

* 『スター・ウォーズ』の終盤で、同盟軍には集まって戦闘前の会議を行う時間があり、ヤヴィンの四つ目の衛星（彼らの基地が置かれている）が逆側にあるという理由だけでデス・スターを攻撃する。同盟軍の基地がデス・スターの射程圏内に入るまでどれくらい時間があるか、カウントダウンが観客に伝える。ではなぜ、惑星を破壊するために建造されたデス・スターは単純にヤヴィンを破

壊してから直接、衛星を狙わなかったのか？　また、デス・スターはミレニアム・ファルコンが到着してまもなくヤヴィン星系に達する。ファルコンは超空間を通ってそこへ移動していたので、これはデス・スターも光より速く動けることを意味する。ではなぜ、デス・スターは単純に超空間を使ってヤヴィンの逆側にジャンプし、衛星を破壊しなかったのか？

* 『帝国の逆襲』で、ルークがダゴバ星のヨーダの下でトレーニングしている間、ハンとレイア姫は小惑星帯に潜伏し、その後ベスピン星へ逃げ込む。しかし、ルークの訓練は数カ月、少なくとも数週間は続いていそうだが、ハンとレイアの冒険には最大でも２、３日しかかかっていないように見える。にもかかわらず、彼らは皆、クラウド・シティで再結集する。どうもつじつまが合わない。特に『ジェダイの帰還』で、ヨーダはルークにトレーニングは完了していると言うのだから。ルークがジェダイの訓練（通常は数年を要する）を２、３日でこなしたか、さもなければ、ハンとレイアが小惑星帯で数カ月も手を握り合っていたか。どちらにしろ、あまり理解できない。

* 『帝国の逆襲』のクライマックスで、ルークはクラウド・シティの巨大な通気孔に自ら飛び降りることでダース・ベイダーから逃げる。なぜ、ベイダーはフォースを使ってルークが飛び降りることを防ぎ、彼をもとの場所に引き上げようとしなかったのか？

* ルークとレイアを兄と妹とすることは、答えよりも多くの疑問を生んだ。この進展によって持ち上がった多くの謎の一つを挙げる。ダース・ベイダーは遠くの宇宙から（デス・スターから森の星エンドアの距離があっても）ルーク・スカイウォーカーの存在を感じることができる。ベイダーに、皇帝にさえないこの力があるのは、父と息子の間に特別なフォースのつながりがあるからだ。ではなぜ、ベイダーは『スター・ウォーズ』で何時間もレイアを拷問していた際に彼女が自身の娘だと気づかなかったのか？

* ジャバの宮殿からハンを救出するルークの計画は、数多くの信じがたい条件にかかっていた。特にこのプランは、ルークらをサルラックの巣に落とすようにジャ

バを仕向け、また R2-D2 がジャバの遊覧艇に乗って働く任務を受ける（ルークにライトセーバーを投げわたすために）必要性がある。なぜルークは、このどちらもが実現すると知り得たのか？　激怒したジャバが、その場で単にルーク、ハン、レイアを殺すほうがずっと理にかなっている。それに、ジャバが R2-D2 をウエイターとして働かせる確率がどれほどあるというのか？　R2-D2 はジャバの宇宙船でも修理しているべきではなかったか？

＊　皇帝の同盟軍を破滅させる計画は、もっとバカげている。同プランには、最初のものより弱い第 2 のデス・スター（シールド発生装置が壊れたら、この宇宙基地はまるで無防備だ）の建造が必要なばかりでなく、皇帝は自らこの無謀なワナのおとりとなる。しかも、予備のプランはまったく準備していなさそう。また、皇帝はルークの感情を読み取ることができるのに、ベイダーが寝返って彼を奈落の底に投げ込もうとしているとはまったく気づかないのだ。あーもう！

そのほかの混乱

『スター・ウォーズ』の最も面白い失敗のいくつかは、カテゴリー分けできない。下記のようなものだ。

＊　オリジナル 3 部作すべてに、編集作業で映像が裏返しにされ、撮影してもいないアングルからのものになっている例が数箇所ある。たとえば『スター・ウォーズ』のダース・ベイダーとベン・ケノービの決闘の最中、フィルムが反転したためにベイダーの胸部プレートのボタンが突然、逆の位置に移動する。同じように『ジェダイの帰還』で、ジャバ・ザ・ハットに鎖でつながれたレイア姫の背中の母斑の場所が、アングルが逆になると左右に動く。

＊　1 作目の冒頭、ダース・ベイダーはタンティヴ VI のキャプテンの息を止めて殺す。しかし、ベイダーが死体を隔壁に投げる際、その死人を演じている俳優は両腕を挙げて自分の顔が壁にぶつかるのを防ごうとする。

＊　『スター・ウォーズ』で、ルーク、ハン、チューバッカがレイア姫を救出する間、ドロイドたちが隠れている司令部にストームトルーパーたちが押し入る。3 番目

に部屋に入る兵士が、マック・セネットの「キーストン・コップス」の喜劇のように、ドアに頭をぶつける。

* クラウド・シティで解体され、コンベヤーベルトで焼却炉に向かう C-3PO のアップの映像で、C-3PO のピカピカの金属の頭部に映る撮影スタッフの姿がはっきりと見える。

このほかにも、もっとたくさんの失敗、失態、ドジが確認できる。さあ、探してみよう。

第25章

Luke, I Am Your Father
ルーク、私がお前の父だ

The Quotable (and Misquotable) Star Wars
引用された（またはされなかった）『スター・ウォーズ』

　秀逸な会話のソースとしては滅多に挙げられないものの、『スター・ウォーズ』オリジナル3部作がすっかりおなじみの、頻繁にものまねされるキャッチフレーズに溢れた20世紀で最も引用された作品であることに変わりはない。"『スター・ウォーズ』語"が人気の言葉になった、と言うのはあまりに控えめな表現だ。フォース、ジェダイのマインド・トリック、超空間などの隠喩的な引用は、誤解されることなくカジュアルに行われているだろう。ロナルド・レーガン大統領が提案した衛星拠点のミサイル防衛システムの通称（「スター・ウォーズ計画」）に勝手に用いられた（ジョージ・ルーカスにとっては実に恐ろしいことだ）タイトルそのものを含むいくつかの言葉と概念は、広く使われて追加の定義を重ねられてきた。これらすべては同作の大規模な文化的影響力を物語っているが、同時にファンたちの揺るぎない"信仰"も反映している。結局、ファンが劇場やホームビデオで同シリーズを何度も何度も見て会話を暗記し、台詞をあちこちで引用してきたから、これらの言葉、フレーズ、アイデアが新たな語彙となったのだ（もし私が、「お前から去ったとき、私は弟子だったが、ついに道を極めたぞ」と言ったら、あなたは何と言う？）。

　こういったことを踏まえたうえで、同シリーズの最も有名な台詞のいくつかをつぶさに見ていくことが正しい順序なのだろう。

"A long time ago, in a galaxy far, far away……"
「遠い昔、はるか彼方の銀河系で……」

　どの『スター・ウォーズ』映画も、真っ黒の背景にブルーの文字で書かれたこの有名なフレーズから始まる。映画の題名そのものよりも先に現れるのだ。ジョージ・ルーカスの、神話を作ろうとする自意識がここに最も顕著に表れているが、言葉は美しく選択され、その影響力はパワフルかつエレガントで、一瞬でこの後に続くすべての展開

316

に幻想的なトーンを与える。このフレーズは明らかに、「昔々……」という決まり文句に相当するものとして意図されている。また、数十年後にドリームワークスのアニメーション『シュレック』シリーズの脚本家たちが、この愛すべきオーグと仲間たちの冒険の舞台となるおとぎ話の世界を、シンプルに「遠い遠い国」としたこととの関係性もわかり切っている。またこれは最もおなじみとなった、かつ色褪せない“『スター・ウォーズ』イズム”の最たるものの一つでもある。「遠い昔、はるか彼方の銀河系で……」というフレーズを全体にしろ部分的にしろ、しばしば皮肉っぽく風刺的な目的で勝手に用いたすべての書籍、映画、テレビ番組、新聞や雑誌の記事、ウェブサイトの総合リストは、数百ページに及ぶだろう（この本を含む）。

"May the Force be with you."
「フォースとともにあらんことを」

この、ジェダイにとっての「グッドラック」、あるいはしばしば「グッドバイ・アンド・グッドラック」のように使われるフレーズは、急速に『スター・ウォーズ』を象徴するキャッチフレーズとなり、今でもそうあり続けている。これはすべての『スター・ウォーズ』映画、ほとんどすべての『スター・ウォーズ』関連本、コミック、ビデオゲームに登場する。また、Ｔシャツ、コーヒーカップ、キーホルダー、車のバンパー用ステッカー、ファンの身体に入ったタトゥなども含め、すぐに飽きられてしまいそうなすべてのものによって（一応は）不滅のものとされた。「フォースとともにあれ」の台詞は、オリジナル３部作に４度登場し、その内２度は『スター・ウォーズ』（ドドンナ将軍、ハン・ソロ）、『帝国の逆襲』（ルーク・スカイウォーカー）と『ジェダイの帰還』（アクバー提督が“May the Force be with us”と言う）で１度ずつ使われている。

このオリジナルの“May the Force be with you”ボタンは1977 年の夏に初登場。それ以来、このスローガンはＴシャツ、帽子、車のバンパー用ステッカー、コーヒーカップなど想像できるすべてのものにプリントされてきた
Photography by Preston Hewis/East Bank Images

"I have a bad feeling about this."
「イヤな予感がする」

　このキャッチフレーズ兼シリーズお約束のジョークは、『スター・ウォーズ』で2度（初めてデス・スターを見たルークが "I have a very bad feeling about this" と言い、その後ゴミ圧縮機のなかでハンが "I got a bad feeling about this" と言う）使用され、それ以降同シリーズのどの映画でも、また無数の小説版『スター・ウォーズ』、コミック、ビデオゲームその他のメディアでも繰り返し使われている。『帝国の逆襲』ではレイアが（ミレニアム・ファルコンが巨大な小惑星の怪物の腹のなかにあるとき）この台詞を言い、『ジェダイの帰還』ではC-3POとハンが（C-3POはジャバの宮殿で、ハンはルークらとイヴォークに捕らえられたときに）言う。さらに説明すると、この台詞は企画が不十分だった "Star Wars Holiday Special" には出てこないが、1980年代のテレビアニメ・シリーズ「スター・ウォーズ／ドロイドの大冒険」「スター・ウォーズ／イウォーク物語」と「クローン・ウォーズ」のアニメ・シリーズでは使用され、またもちろん、新3部作でも使われている（おそらく新たなる3部作でも繰り返されるだろう）。

　"I have a bad feeling about this" のフレーズ（もしくはちょっとだけ違う数バージョン）は、多数の『スター・ウォーズ』小説版、コミック、ゲーム、またディズニーランドとディズニー・ワールドのアトラクション「スター・ツアーズ」にも登場する。コールサインとなった『THX 1138』（ルーカス監督の最初の長編映画の題名）のように、「イヤな予感がする」の台詞も、『笑撃生放送！ラジオ殺人事件』(94)『インディ・ジョーンズ／クリスタル・スカルの王国』(08)、テレビシリーズ「インディ・ジョーンズ／若き日の大冒険」など、そのほかのルーカスフィルム作品でも使われている。さらに、テレビシリーズ「ビッグバン★セオリー　ギークなボクらの恋愛法則」「ロボット・チキン」「ファミリー・ガイ」「フィニアスとファーブ」などの "スター・ウォーズ・ジョーク" を含め、無数の作品で『スター・ウォーズ』へのオマージュとして勝手に使用されている。

"Luke, I am your father."
「ルーク、私がお前の父親だ」

　これは、幽霊のようなフレーズだ。しょっちゅう「引用」されたり、パロディで使われたりするが、実は、ダース・ベイダーは一度もこれを言ったことがない（『帝国の逆襲』

でもどこでも、完全なこの構文としては言っていない）。これは、『スター・トレック』のキャラクターたちが「転送しろ、スコッティ」と言ったことがない、『カサブランカ』に「サム、もう一度弾いてくれ」という台詞は出てこない、もしくは作家アーサー・コナン・ドイルが「初歩的なことだよ、ワトソン君」と書いたことがないのとほとんど同じの、間違った引用なのだ。『帝国の逆襲』での実際のやりとりは、こうだ。

> ベイダー「オビ＝ワンに父親の話は聞いたか？」
> ルーク「聞いたさ！　貴様が殺したと！」
> ベイダー「そうではない。私がお前の父親だ（"No. I am your father."）」

記憶に残る台詞たち

これまで挙げたキャッチフレーズに加え、『スター・ウォーズ』オリジナル３部作には印象的な台詞がたくさんある。テーマ別に紹介していこう。

キャラクターたちが表現するキャラクターたち

> ベルー叔母さん「ルークはただの農夫じゃないわ、オーウェン。彼には父親の心が宿っているのよ」
> オーウェン叔父さん「だから心配なんだ」
> ──ルーク・スカイウォーカーについての会話（『スター・ウォーズ』）

> 「彼はとても賢いよ……人間にしてはね」
> ──ルークについて C-3PO が言う（『スター・ウォーズ』）

> 「あなた、ストームトルーパーにしては背が低くない？」
> ──ルークについてレイア姫が言う（『スター・ウォーズ』）

> 「ジェダイの騎士になった？　皆、俺が寝てる間にとんだ妄想を！」
> ──ルークについてハン・ソロが言う（『ジェダイの帰還』）

> 「鼻っ柱の強い女だ。俺が殺したくなるか、それともホレるかだな」
> ──レイアについてハンが言う（『スター・ウォーズ』）

「こざかしい賞金稼ぎめ、気に入った。クソ度胸があるうえ、機転も利く」
　　──（変装した）レイアについてジャバ・ザ・ハットが言う（『ジェダイの帰還』）

「お人好しめ」
　　　──レイアについてグランド・モフ・ターキンが言う（『スター・ウォーズ』）

「うぬぼれないで、不潔でマヌケなオタンコナス！」
　　　　　　　　　　　──ハンについてレイアが言う（『帝国の逆襲』）

「確かに勇気はあるわね」
　　　　　　　　　　──ハンについてレイアが言う（『スター・ウォーズ』）

「ときどき、自分でもビックリするよ」
　　　　　　　　　　　──ハンについてハンが言う（『スター・ウォーズ』）

「誰か、この大きな歩くカーペットをどけてくれない？」
　　　　　　　　──チューバッカについてレイアが言う（『スター・ウォーズ』）

「何だか知らないけど、このトラブルは全部君のせいだ」
　　　　　　　　──R2-D2 について C-3PO が言う（『スター・ウォーズ』）

ダース・ベイダー「お前から去ったとき、私は弟子だったが、ついに道を極めたぞ」
オビ＝ワン・ケノービ「悪の道をな」
　　　　　　　　──ダース・ベイダーについての会話（『スター・ウォーズ』）

「父さんにはまだ善の心が残っている。そう感じたんだ」
　　　　　　　　──ベイダーについてルークが言う（『ジェダイの帰還』）

ルーク「ベンは偉大な人だ」
ハン「ああ、でっかいトラブルに巻き込んでくれたよ」
　　　　　　　　──オビ＝ワン（ベン）・ケノービについての会話（『スター・ウォーズ』）

320

「こういうことは、年寄りには骨が折れる」

　　　　　　　——オビ＝ワンについてオビ＝ワンが言う（『スター・ウォーズ』）

「君らは……俺にとって……家族みたいなもんだ」

　　　　　　　——ルーク、レイア、チューバッカについてハンが言う

　　　　　　　　　　　　　　　　　　　　　　（"Star Wars Holiday Special"）

フォースについて

「フォースはジェダイの力の根源だ。すべての生命体が作り出すエネルギーの場で、
　我々を覆い貫き、銀河全体を結びつけている」

　　　　　　　　　　——オビ＝ワン・ケノービ（『スター・ウォーズ』）

「惑星を破壊する力もフォースには勝てぬ」

　　　　　　　　　　——ダース・ベイダー（『スター・ウォーズ』）

「カビの生えた宗教や武器でブラスターに勝てるもんか、小僧」

　　　　　　　　　　——ハン・ソロ（『スター・ウォーズ』）

「小僧、俺は銀河中を旅して不思議なものもたくさん見たが、万物を支配する力な
　んて見なかったね……インチキに決まってる」

　　　　　　　　　　　　——ハン（『スター・ウォーズ』）

「フォースを疑うとはおこがましい」

　　　　　　　　　　——ベイダー（『スター・ウォーズ』）

「真実は多面的なものだ。自分の見方で変化する」

　　　　　　　　　　——オビ＝ワン（『ジェダイの帰還』）

「フォースは弱い心を操れるのだ」

　　　　　　　　　　——オビ＝ワン（『スター・ウォーズ』）

ルーク「信じられない」

ヨーダ「だから失敗するんじゃ」

—— （『帝国の逆襲』）

ルーク「マスター・ヨーダ、あなたが死ぬだなんて」

ヨーダ「フォースが強くても、死は免れん」

—— （『ジェダイの帰還』）

「フォースはいつも君とともにある」

——オビ＝ワン（『スター・ウォーズ』）

リーダーシップについて

「ありえない。官僚なしで皇帝はどうやって行政を仕切るんです？」

——タッグ将軍（『スター・ウォーズ』）

モフ・ジャージャーロッド「ベイダー卿、私の部下たちは全力を尽くして急いでいます」

ベイダー　「この私が急がせてやってもいいぞ」

—— （『ジェダイの帰還』）

「どこの誰か知らないけど、今後は私に従うのよ、いい？」

——レイア（『スター・ウォーズ』）

「勘違いするなよ、お姫様。はっきりさせておくが、俺は誰の指図も受けん！」

——ハン（『スター・ウォーズ』）

「心を乱すな、抑えることを学べ」

——ヨーダ（『帝国の逆襲』）

「狙い続けろ、狙い続けろ！」

——ゴールド5（『スター・ウォーズ』）

『帝国の逆襲』でレイア姫は「ウーキーとキスするほうがましよ！」と叫ぶ。製作中に撮影されたこの宣伝用写真でレイア（キャリー・フィッシャー）はチューバッカ（ピーター・メイヒュー）と実際にやって見せた

ロマンスの台詞

「キスをうまく使えばいいのに！」

——ハンからレイアへ（『帝国の逆襲』）

「悪党だからホレたんだろう。君の周りに悪党はいなかった」

——ハンからレイアへ（『帝国の逆襲』）

「私はあなたの幻想。私はあなたの経験。だから私を体験しなさい。私はあなたの喜び。楽しみなさい」

——ホログラフィック・ワウ（"Star Wars Holiday Special"）

レイア「愛してる」

ハン「わかってる」

—（『帝国の逆襲』）

ハン「愛してるよ」

レイア「わかってるわ」

—（『ジェダイの帰還』）

冒険の台詞

ハン「また一緒だな」

ルーク「腐れ縁さ」

ハン「助かるか？」

ルーク「毎度のことさ」

ハン「心強いね」

—（『ジェダイの帰還』）

「冒険やスリルなど、ジェダイには必要ない」

—ヨーダ（『帝国の逆襲』）

倫理について

「聡明であれば、未熟さは問題ない」

—ヨーダ（『帝国の逆襲』）

「私たちの見た目がどんなに違っていようと、邪悪な力と闘っているのは同じよ」

—レイア（"Star Wars Holiday Special"）

「憎しみに負けるな。暗黒面に堕ちるぞ」

—オビ＝ワン（『帝国の逆襲』）

「怒りや恐れ、敵意がフォースの暗黒面にお前を誘う。一度暗黒面に足を踏み入れ
れば、お前の運命は永遠に支配される」

—ヨーダ（『ジェダイの帰還』）

ルーク「でも、どうやって良い面と暗黒面を見分ければいい？」

ヨーダ「自然にわかる。それには冷静で心安らかにいることだ」

　　　　　　　　　　　　　　　　　　　　　　　　　—— （『帝国の逆襲』）

賢明な助言

「"やってみる"のではなく、やるのだ」

　　　　　　　　　　　　　　　　　　　　—— ヨーダ（『帝国の逆襲』）

「戦争で偉大にはなれん」

　　　　　　　　　　　　　　　　　　　　—— ヨーダ（『帝国の逆襲』）

「未来は絶えず揺れ動く」

　　　　　　　　　　　　　　　　　　　　—— ヨーダ（『帝国の逆襲』）

「気を抜くな」

　　　　　　　　　　　　　　　　　　—— ハン（『スター・ウォーズ』）

「お金だけが好きなら、得るものもお金だけよ」

　　　　　　　　　　　　　　　—— レイア姫（『スター・ウォーズ』）

「見えるものは人を欺く。目に頼ってはいかん」

　　　　　　　　　　　　　　—— オビ＝ワン（『スター・ウォーズ』）

「大きさは関係ない」

　　　　　　　　　　　　　　　　　　　　—— ヨーダ（『帝国の逆襲』）

「バカとバカに従うバカ、どっちがバカだ？」

　　　　　　　　　　　　　　—— オビ＝ワン（『スター・ウォーズ』）

第26章

Short Help Is Better Than No Help at All
こんなのでも
何の助けもないよりはマシだな

The Ewok Adventures（1984–85）and
Saturday Morning Cartoons（1985–86）
「イウォーク・アドベンチャー」と
"Saturday Morning Cartoons"

"Star Wars Holiday Special" が大失敗した後、誰もがホリデーシーズンをテーマとした「スター・ウォーズ」のテレビ番組はもう生まれないだろうと思った。にもかかわらず、一つばかりか二つも、1984年と85年の感謝祭シーズンに2年連続でそんな番組が放送された。さらに驚くべきことに、これらのテレビ企画のアイデアは最初のテレビ進出をひどく後悔していたジョージ・ルーカス自身によるものだった（第15章参照）。

いったい何がルーカスを、シリーズ唯一の大失態を演じたメディアに再挑戦する気にさせたのか？　それは一つしかない。アマンダだ。当時3歳だったルーカスの娘はイウォークが大好きで、もっと彼らを見たがっていた。小さな娘を喜ばせたい一心で、ルーカスはイウォークをフィーチャーしたホリデーシーズン用の1時間のテレビ特番を思いついたのだ。この番組はアマンダへのクリスマス・プレゼントになるだろう。もしほかの誰かがこれを好きになったら、それはそれで悪くない。

「イウォーク・アドベンチャー」
（別題「勇気のキャラバン」・84）

ルーカスに、テレビへの再挑戦を "Holiday Special" の繰り返しにする気はなかった。このイウォークのテレビ企画は、"Holiday Special" のように第3者のプロデューサーに任せるのではなく、インダストリアル・ライト・アンド・マジック（ILM）が視覚効果を手がけるルーカスフィルムの自社制作となった。ルーカスがクリエイティブ面の指揮を執り続け、個人的に制作の詳細まで気を配った。彼は原案を作り、セットとロケ地を視察し、衣装を確認し、視覚効果の合否を決め、番宣CMまでチェックし

326

た（やり直しを指示したこともあった）。ネットワーク局 ABC が放送権を獲得したが、2 時間のテレビ映画に拡大（CM 込みで）することを強く求めた。ルーカスは自身のシンプルなストーリーを放送時間いっぱいに膨らませるよう脚本家のボブ・キャロウを促した。もとのタイトルは "The Ewok Adventure"（「イウォーク・アドベンチャー」）だったが、その後放送される続編 "Ewoks: The Battle for Endor"（「エンドア／魔空の妖精」）と区別するため、ホームビデオのリリースに合わせて "Ewoks: Caravan of Courage"（「勇気のキャラバン」）と改題された。ルーカスは「イウォーク・アドベンチャー」の監督に、友人であり、『ジェダイの帰還』の後まもなく公開されたルーカスフィルムのアニメーション映画 "Twice Upon a Time" のメガホンを取ったジョン・コーティを指名した。プロデューサーには元 ILM のゼネラルマネージャー、トーマス・G・スミスを選んだ。同じく ILM スタッフのジョー・ジョンストンがプロダクション・デザイナーを務めた。この作品は、主にマリン郡のスカイウォーカー・ランチの近くで、部分的には『ジェダイの帰還』のエンドアの屋外撮影に使用したカリフォルニアのセコイアの森で撮影された。

　84 年の夏に行われた撮影には、子役の労働規制に厳しく縛られたこともあり 8 週間を要した。ウィケットに扮した子役のワーウィック・デイヴィスを含め、多くのイウォークは『ジェダイの帰還』と同じ俳優が演じたが、ケニー・ベイカーが再びパプルー役を務めることはなかった。人間のキャラクターはテレビのベテラン俳優ガイ・ボイド、フィオヌラ・フラナガン、そしてともに新顔の子役、13 歳のエリック・ウォーカー、5 歳のオーブリー・ミラーが演じた。フラナガンはミニシリーズ「リッチマン・プアマン／青春の炎」（76）でエミー賞助演女優賞を受賞していた。ミラーの女優としてのクレジットは、続編を含むこの 2 作品のみに終わっている。ルーカスは追加撮影を監督し、編集作業も手伝った。

　「イウォーク・アドベンチャー」は、子ども向けのテレビ映画の標準に照らし合わせても、つまらなかった。トーンは非現実的でプロットは弱く、メインとなる可愛い子どものトリオ（人間とイウォーク）が、本当の危険にさらされることもなくいろいろな困難をくぐり抜ける。父（ボイド）、母（フラナガン）、息子メイス（ウォーカー）、娘シンデル（ミラー）のトワニー家は、宇宙船の故障で緑の星エンドアに不時着。子どもたちと離ればなれになった両親は、コウモリのような顔で斧を振り回す体長 9 メートル以上の怪物ゴラックスに連れ去られる。メイスとシンデルが世話になった村のイウォークは、ゴラックスからトワニー家の両親を救うために、危険な遠出の旅に出る。途中でメイス、シン

デルとイウォークたちは様々な脅威（ネズミのような顔の巨大な狼の怪物など）と立ち向かいながら、小さな光る妖精（「スター・ウォーズ」版ティンカーベル）ら、頼りになる仲間を集める。シンデルは子どものイウォーク、ウィケット（デイヴィス）と仲良しになるが、シナリオは主に、ルックス、言動ともにルーク・スカイウォーカーを小さくしたようなメイスに焦点をあてている。ゴラックスの洞穴を攻撃する山場は、マンガのようなスタイルで展開し、物語は無事再会したトワニー家がイウォークの村で楽しく過ごす様子で終わる。多くの会話がイウォーク語で交わされるので、バール・アイヴスが、テレビアニメ「ルドルフ　赤鼻のトナカイ」でやったのと同じく明るく歌うようにナレーションを加えている。

　控えめな予算で制作されたものの「イウォーク・アドベンチャー」は、おおむね印象的な視覚効果（エミー賞特殊効果賞を戴冠）などを擁し、テレビ映画としては非常に豪華な作品だった。多くが『ジェダイの帰還』の使い残しだったセットと衣装も、一級品ではあった。『ジェダイの帰還』では、オリジナル3部作のクライマックスに押し込まれ、煩わしく感じられたイウォークたちの存在も、同作の文脈では生かされていた。悲しいかな、人間役のキャストの演技は揃ってひどい。このため同作は、推奨できるところも多いのだが、幼い視聴者しか満足させられない出来になっている。しかし、もちろんこれはその世代に向けられた作品だった。

　「イウォーク・アドベンチャー」は84年11月25日に放送され、この年のテレビ映画として2番目の高視聴率を獲得した。特殊効果賞を受賞したエミー賞では、子ども向け番組（プライムタイム）の作品賞にもノミネートされたが、公共放送網PBSの「アメリカン・プレイハウス」シリーズの、カート・ヴォネガットの小説をドラマ化した"Displaced Person"に敗れた。ランダム・ハウス社が「イウォーク・アドベンチャー」をもとにした子ども向け書籍のシリーズを出版し、好調なセールスを記録した。同作は高い利益をあげたため、ABCはイウォーク作品のテレビシリーズ化を提案した。ルーカスはこれを拒否したが、次の年に2作目のテレビ映画を制作することには同意した。

「エンドア／魔空の妖精」（85）

　ルーカスは2作目のイウォーク映画を作るスタッフを集め、共同で監督と脚本を担当したケンとジムのウィート兄弟が新チームを率いた。ルーカス、ウィート兄弟、プロデューサーのトーマス・G・スミス、ILMのジョー・ジョンストンとフィル・ティペットは4日間のストーリー会議でシナリオについて徹底的に話し合った。「イウォーク・

アドベンチャー」に感心しなかったウィート兄弟は、2作目をより刺激的な方向へ導こうと熱心に取り組んだ。アマンダと一緒にシャーリー・テンプル主演版の『ハイディ』(37)を見たばかりだったルーカスは、孤児の少女と年老いた男の物語にすることを提案した。1作目のキャストは続投したが、エリック・ウォーカーの役はカメオ出演に縮小された。『コクーン』(85)での演技が高評価を得たベテラン男優ウィルフォード・ブリムリー、"I Claudius"(76)など BBC のシリーズで知られるウェールズの女優シアン・フィリップス、後に『アダムス・ファミリー』の映画シリーズでラーチを演じるオランダの長身男優カレル・ストリッケンが新たに加わった。

　「エンドア／魔空の妖精」は、1作目からショッキングに方向転換した。愛すべき失敗作「イウォーク・アドベンチャー」よりも、はるかに怖くて悲しい内容となった。冒頭で、イウォークの村はサニーササン・マローダーの部隊に攻撃され、再会を果たしたばかりのトワニー家4人のうち、3人が殺されてしまうのだ。シンデル（ミラー）とウィケット（デイヴィス）は逃げるが、シンデルの両親と兄は助からず、ウィケット以外で生き残ったイウォークたちは捕虜にされる。シンデルとウィケットは、人間の漂流者で数十年エンドアに暮らしているノア（ブリムリー）と彼のペットで連れのティーク（笑ったウッドチャックのような顔でものすごい速さで動く）の家で世話になる。その後シンデルはマローダーに捕らえられ、ノア、ウィケット、ティークは彼女とイウォークたちを救うため、恐ろしいサニーササンの城へ勇敢に乗り込む。物語の山場は、『ジェダイの帰還』のイウォーク対ストームトルーパーの戦いとほとんど同様に展開される大規模な戦闘シーンだ。

　子どもが大人を助ける代わりに大人が子どもを助けるというストーリーは基本的に1作目のプロットの反転だが、こ

「イウォーク・アドベンチャー」の宣伝写真でポーズをとるシンデル役のオーブリー・ミラーとウィケット役のワーウィック・デイヴィス

イウォークのテレビ映画は、1980年代としては非常にレベルの高い視覚効果が施されていた。写真では、ILMの技術者たちがイウォークの飛行シーンに信ぴょう性を与えようと取り組んでいる

の続編のトーンは前作よりはるかに暗い。マローダーはグロテスクながい骨のようなクリーチャーで、70年代のホラー映画『エル・ゾンビ』シリーズの干からびて血に飢えた騎士と大差ない。シンデルを運び去る小さなドラゴンなど、この作品のその他の脅威も前作に登場する何者よりもずっと恐ろしい。こういった要素により「エンドア／魔空の妖精」がより大人の視聴者を夢中にさせる作品となっている一方で、1作目がターゲットとした層には、やり過ぎに映ったかもしれない。同作の初回の放送には、保護者の指導が必要とされた。作品自体は前作同様に豪華で、ストップモーション・アニメーションによるいくつかのクリーチャーなど、視覚効果の質は1作目を上回った。俳優たちの演技も同じで、ブリムリーは気持ちの入ったパフォーマンスを披露し、デイヴィスは再び輝き、ミラーは驚くべき進歩を見せて前作分を埋め合わせた。

　「エンドア／魔空の妖精」は、1985年11月24日にABCで初オンエアされた。視聴率は良かったが、「イウォーク・アドベンチャー」ほどではなかった。ランダム・ハウスはこの特番をもとに再び子ども向け書籍のシリーズを出版した。『スター・ウォーズ』公式サイトが2001年に行った調査では、2作のイウォーク映画のうち、「エンドア／魔空の妖精」のほうが好きというファンが多かった。04年、20世紀フォックスは同2作

を 1 枚にまとめた DVD を発売したが、現在は絶版となっている。

　2 本のイウォーク作品は『スター・ウォーズ』シリーズのスピンオフとされているが、いくつかの要素においては劇場用映画と整合性がとれていない。テレビ映画両作のイウォークは、いろいろな不思議な力を持っている。テレパシーや念動的なフォースの力ではないが、たとえば石をトカゲに変え、そのトカゲをネズミに変える魔法のようなものだ。こんなことはオリジナル 3 部作や、新 3 部作にさえこれっぽっちも出てこない。また劇場用映画との、時間軸上の「つながり」の問題も生じている。作品内にはっきりと述べられてはいないが、「イウォーク・アドベンチャー」と「エンドア／魔空の妖精」は、『ジェダイの帰還』の前に起きた出来事を描いたとされている。両作と『ジェダイの帰還』のウィケットが同じであるとすれば（同じ俳優が同じコスチュームを着ている）、『ジェダイの帰還』での彼らの人間に対する言動は説明がつかなくなる。両作のイウォークは人間と友だちになる。その後どうして彼らは人間を食べようとしたのか？　さらに、「イウォーク・アドベンチャー」はジョン・ウィリアムズの有名な『スター・ウォーズ』のタイトルテーマを再使用しているが、両作のほとんどの音楽はピーター・バーンスタインが書いたもので、より軽めの異なった影響を与えている。

「スター・ウォーズ／イウォーク物語」（85-86）

　一時は 3 作目のイウォーク映画も企画されたが、ABC で 85 年 9 月 7 日からキッズ向けアニメーション・シリーズ「スター・ウォーズ／イウォーク物語」の放送が始まっていたため、後にボツとなった。同シリーズをプロデュースするため、ルーカスフィルムは "Star Wars Holiday Special" で短いアニメ部分（番組全体で唯一見る価値のあった箇所）を作ったカナダのアニメーション制作会社「ネルヴァナ」と契約した。"Holiday Special" 以降、ネルヴァナは "Strawberry Shortcake"「ガジェット警部」などのアニメで成功を収めていた。「スター・ウォーズ／イウォーク物語」は、ウィケット、パプルー、チャーパ村長、マスター・ログレイら『ジェダイの帰還』とテレビ映画 2 本に登場したイウォークのほか、ウィケットの女友だち、ニーサ（初登場）ら新キャラもフィーチャーした。また初めて、イウォークたちが流暢な英語を話した作品となった（あるいは、イウォーク語の英語による吹き替えだったのかもしれない）。

　プロデューサーのボブ・カローとポール・ディニが主に脚本を執筆した「イウォーク物語」は、ABC の子ども向け番組規格を守らねばならなかった（たとえば、火は魔法によってだけ生じる）。概して同局は、幼い視聴者にアピールしそうな楽しい物語を強

く求めた。結果的にこのアニメは、「エンドア／魔空の妖精」のダークさから方向を変え、「イウォーク・アドベンチャー」のような比較的軽めのトーンになった。ルーカスのこのアニメーション・シリーズへのかかわりはイウォークのテレビ映画よりも薄く、干渉しなかった。結果として、「イウォーク物語」は『スター・ウォーズ』をもとにしながらも、典型的な土曜朝の陳腐な内容に素早く姿を変えていった。ストーリーは、ユーモアと魔法に重きが置かれがちだった。いくつかのエピソードでは、イウォークが邪悪な魔女、ドラゴン、世話の焼ける巨大な赤ん坊、マッドサイエンティスト、デュロクスと呼ばれる陰険な湿地のクリーチャーの部族といった脅威に立ち向かうが、ほとんどの時間はベリーを摘み集めたり、ゲームをして遊んだり、陽気なお祭りや木にまつわる儀式に参加したりして過ごすのだ。第2シーズンの同作は、ABCがほとんどの放送回を一つの22分間の冒険ではなく、11分ずつの物語2話で構成するよう求めたため、さらに軽い内容になった。

　「スター・ウォーズ／イウォーク物語」は数字が良かったためリニューアルされ、1986年12月まで続いた。全部で35エピソードが制作されたが、最後には、同作の1週間後から同局で始まり、はるかにいい視聴率を記録していたネルヴァナのオリジナル作品"Care Bears（ケアベア）"（別の愛らしい動物たちの物語）につぶされる形となった。ケナー社は「イウォーク物語」のアクション・フィギュアを発売し、マーベルは同作をもとにしたタイアップ・コミックを出版し、ランダム・ハウスは同作のキッズ向けストーリーブック・シリーズを出した。「スター・ウォーズ／イウォーク物語」が全体としてホームビデオ化されることはなかったが、少数のエピソードのビデオカセットはアメリカとヨーロッパで発売され、04年にはフォックスが8エピソードを無理やり88分間のアニメ"映画"2本としてまとめたDVD（日本発売タイトル「イウォーク村の災難」「エンドアの森の物語」／現在は絶版）をリリースした。

「スター・ウォーズ／ドロイドの大冒険」（85-86）

　2番目のアニメーション・シリーズ「スター・ウォーズ／ドロイドの大冒険」の放送は、ABCで「スター・ウォーズ／イウォーク物語」と同じ日の朝に始まった。この2番組は86年に"Ewoks and Droids Adventure Hour"として統合された。「ドロイドの大冒険」は1シーズンで終了したが（13話と1時間の特別版が制作された）、より長く続いた「イウォーク物語」よりもしっかりした内容だった。やはりネルヴァナが制作した「ドロイドの大冒険」は、『スター・ウォーズ』のオリジナル映画以前の出来事として、

次々と主人が変わっていく C-3PO と R2-D2 が様々な困難や冒険に巻き込まれる様子を描いた。「イウォーク物語」同様、脚本は ABC のガイドライン審査を通らねばならず、キャラクターは互いに押したり突っついたりはできるが殴るのはダメ、どのキャラクターも頭をたたいてはダメ、ブラスターは本物の銃のように見えてはダメ、ランドスピーダーに乗っているキャラクターは常にシートベルトを着用していないとダメなどの規制を受けた。しかし同局は、編集段階においては「ドロイドの大冒険」には「イウォーク物語」ほどの影響力を行使しなかった。

　「ドロイドの大冒険」では、一連の物語それぞれが複数のエピソードにまたがって展開した。第 1 話から第 4 話では、C-3PO と R2-D2 がタトゥイーンのような砂漠の世界インゴで、スピーダーバイクのレーサーの集団と知り合う。その後彼らは秘密の武器に巡り合い、反乱同盟軍のスパイと冷酷な犯罪組織のボスの対立に巻き込まれる。第 5話から第 8 話でドロイドたちは、退陣させられた王子がホームワールドでその座を奪還し、侵略を試みる宇宙海賊団を撃退する手助けを行う。第 10 話から第 13 話では、ドロイドたちと「商人の学者」が謎のルーン・ストーンを探す。『レイダース／失われたアーク《聖櫃》』のような展開のなか、帝国軍の手にわたる前に、彼らはそのパワフルな石を見つけなければならない。1 時間の特別版 "The Great Heep" では、C-3POと R2-D2 が、廃棄されたドロイドで形成され、R2 ユニットの動力をエネルギーとする邪悪で巨大なドロイドに立ち向かう。ほとんどのエピソードの脚本は、ともにプロデューサーでもあるピーター・ソウダーとポール・ディニが執筆した。音響デザイナー、ベン・バートも一連の物語 "Hidden Planet" と特別版 "The Great Heep" の脚本を手がけた。「イウォーク物語」同様、ジョージ・ルーカスはこのシリーズでもペンを取ることはなかった。「ドロイドの大冒険」のオープニング・テーマは、ロックバンド「ポリス」のドラマーとして最も知られたスチュワート・コープランドが作曲した。

　同シリーズのアニメーション自体のクオリティは「イウォーク物語」やこの時期の典型的な土曜朝のアニメ番組と大差なかったが、キャラクターのデザインと背景はとても想像力に富んでいた。C-3PO の声を担当したアンソニー・ダニエルズの親しみやすく軽妙なパフォーマンスは、このシリーズの最も貴重な財産だった。R2-D2 の"声"は、『スター・ウォーズ』映画の音響効果ライブラリーから提供された。児童向けでときにはたわいない内容もあった「ドロイドの大冒険」だが、各エピソードのペースは速く、宇宙の王族と質素な農園の少年たちが賞金稼ぎ、盗賊などのならず者と戦う冒険譚、また採掘場、酒場、海賊のアジトなどを舞台とした物語は、どのイウォークのプロジェクト

（実写とアニメ）よりも "スター・ウォーズ" のシリーズとしてふさわしかった。アンドロイドの賞金稼ぎ IG-88 やマックス・レボ・バンド（ジャバ・ザ・ハットの宮殿で演奏していた）といったオリジナル3部作のマイナー・キャラたちもときどき登場した。「ドロイドの大冒険」シリーズに出てくるキャラクター、出来事、場所のいくつかは後の新3部作にも登場し、多くの『スター・ウォーズ』小説版、コミック、ゲームに使われるものもあった。

　ケナー社は同シリーズのアクション・フィギュアを発売し、マーベルはコミック版を出版した。88 年には同シリーズのコンピューター・ゲームが登場したが、このときすでに放送は終了していた。「イウォーク物語」同様、悲しいかな「ドロイドの大冒険」もシリーズ全体としてはどのフォーマットでもホームビデオ化されることはなかった。特別版 "The Great Heep" といくつかのエピソードのビデオテープはアメリカ、イングランド、ドイツで発売された。その後、第5話から第8話の物語（"The Pirate and the Prince（日本発売タイトル「王子とスペース・パイレーツ」）"）と第 10 話から第 13 話（"Treasure of the Hidden Planet（日本発売タイトル「戦え！マンゴ・バオバブ」）"）を2本のアニメ "映画" としてまとめた DVD がリリースされた。そのほかの5エピソードと特別版 "The Great Heep" は収録されなかった。この不完全な DVD も、2015 年初期現在では絶版となっている。今、入手困難なすべての『スター・ウォーズ』関連ソフトのなかで「ドロイドの大冒険」は、きちんとした形での DVD、Blu-ray の発売が最も期待される作品である。

アニメーション・シリーズ「ドロイドの大冒険」は（「イウォーク物語」同様）全体としてホームビデオ化されることはなかった。2004 年に発売されたこの DVD（現在は絶版）が、公式にリリースされたなかでは最も入手しやすい同シリーズの記録となっている

第27章

Stay on Target
このまま行くんだ

A Star Wars Miscellany
『スター・ウォーズ』雑記

　もしこの本が DVD だったら、この章は未公開シーン集になる。『スター・ウォーズ』のように広範囲にわたってたくさんの文献が書かれてきた主題の簡潔な歴史的要約を整理するには、賢明な選択と圧縮を重ねることが必要だ。この本で1章分かそれ以下にまとめているテーマについて、まるまる1冊分述べている研究本も少なからず出版されている。この本を含むどんな1冊の本が紹介している内容以外にも、興味をそそり、明快あるいは愉快な話はたくさんある。この章には、ほかの37章のどのテーマにも合わなかった事柄を集めたが、編集室の床に捨ててしまうにはあまりに魅惑的、あるいは為になる話の数々だ。

ウェッジ・アンティリーズ（と仲間たち）

　主な出演者以外にもう一人、オリジナル3部作すべてにおいて台詞のある役を得た役者がいた。デニス・ローソンだ。ルークらとともに出撃するパイロット、ウェッジ・アンティリーズを演じた。1947年9月27日にスコットランドのパースシャーで生まれたローソンは、英国王立スコットランド音楽院で演技を学び、69年にウエストエンドの演劇 "The Metamorphosis" でプロとして最初の役をもらった。これ以降、英国の舞台で活動しながら、BBC のテレビドラマと長編映画にも出演し、数年で頭角を現した。チャールズ・ディケンズの「荒涼館」をドラマ化した BBC のミニシリーズ（2005）では主役を務め、エミー賞にノミネートされた。当初、『スター・ウォーズ』ではその場かぎりの端役のはずだったが、彼は同シリーズと密接に関係していくことになる。ウェッジ・アンティリーズはさほど目立たないものの、ヤヴィン、ホス、エンドアでの戦いに参加し（そして生き残る）、彼の存在は、いつもいる人材として反乱同盟軍が大きな戦闘部隊だと錯覚させるのに一役買った。この控えめなパイロットはファンのお気に入りキャラとなり、多くの「拡張世界」小説、コミックなどで肉づけされていった。

　ローソンは『スター・ウォーズ エピソード5／帝国の逆襲』『スター・ウォーズ エピソード6／ジェダイの帰還』でもウェッジを演じたほか、『スター・ウォーズ』オリジナル作品では彼の声が米俳優デイヴィッド・アンクラムに吹き替えられていたにもかかわらず、ビデオゲーム"Star Wars: Rogue Leader"と『LEGOムービー』（2014）でウェッジの声を担当した。また、ティモシイ・ザーンによる小説「スター・ウォーズ 帝国の後継者」「スター・ウォーズ 暗黒の艦隊」のオーディオブック版の朗読も務めた。しかしローソンは、新3部作におけるレイマス・アンティリーズ役のオファー、また最新作『フォースの覚醒』でウェッジ役に復帰するオファーを断った。報道によれば、彼は役がもっと大きくなり、ウェッジが

『帝国の逆襲』でのマーク・ハミルのクローズアップ。彼は、このホスの戦いのシーンで緊張感のあるパフォーマンスを見せた

より目立つ存在にならないかぎりキャストに加わる気はなかったという。彼にはもう一つ、『スター・ウォーズ』シリーズとの重要なかかわりがある。新3部作でオビ＝ワン・ケノービを演じたユアン・マクレガーは、実生活におけるローソンの甥なのである。

　オリジナル3部作には、ローソンのほかにもそれぞれに小さいが記憶に残る役を演じた俳優が数人登場する。

＊　ギャリック・ヘイゴンが演じた、『スター・ウォーズ』で命を落とすルークの幼なじみ、ビッグス・ダークライターはもっとずっと大きな役になるはずだった。だが、作品のペースを改善するためと、ジョージ・ルーカスがヘイゴンの演技を好まなかったために編集段階で出番が減らされた。1939年9月27日にロンドンで生まれ、トロントで育ったヘイゴンは、オンタリオ州のストラトフォード・シェイクスピア・フェスティバルで7シーズン演じ、ここでの「リチャード三世」でアレック・ギネスと共演したこともあった。70年代までにイングランドに戻り、

映画、テレビ、ラジオの仕事で生計を立てた。ビッグスの登場場面が減らされていなければ、『スター・ウォーズ』は彼のキャリアを大きく押し上げていたはずだ。2014 年までにヘイゴンは「ドクター・フー」(72)、ティム・バートン監督の『バットマン』(89) など 150 本以上の映画とテレビドラマに出演しているが、ほとんどの役は大きくない。

* 太めの俳優ウィリアム・フットキンスは、『スター・ウォーズ』でポーキンズ（レッド 6 としても知られる）というコミカルな名の不運なパイロットを演じた。1948 年 7 月 5 日にダラスで生まれたフットキンスは、この地で 10 代の頃にジョン・F・ケネディ大統領暗殺事件の捜査に関係している。彼は実行犯とされるリー・ハーヴェイ・オズワルドの妻をかくまったとして非難されたルース・ペインという女性について、FBI に聴取された。語学が好きだったフットキンスはペインにロシア語のレッスンを受けていたのだ。ハイスクールを卒業した後、彼はプリンストン大学で東洋学を専攻し、流暢な中国語を話した。また同大学の学生が主催した「インタイム・シアター」にも携わった。70 年代初期にイングランドに転居し、王立演劇学校に学んでウエストエンドの舞台、映画、テレビドラマで働き始めた。出演した 100 本以上の映画、テレビシリーズの中には、『フラッシュ・ゴードン』(80)『バットマン』(89) があり、『レイダース／失われたアーク《聖櫃》』(81) では、政府が聖櫃を「トップの男たち」に調査させているとジョーンズ博士に断言する米陸軍少佐を演じた。また、03 年のウエストエンド演劇"Hitchcock Blonde"では、アルフレッド・ヒッチコック役で主演した。同作はブロードウェイでも上演される予定だったが、フットキンスがすい臓がんと診断されたため、キャンセルされた。フットキンスは 05 年に亡くなった。

* 『帝国の逆襲』『ジェダイの帰還』でピエット提督に扮したケネス・コリーは、『スター・ウォーズ』映画 2 本にわたり同じ帝国の将校役を演じた、ただ一人の俳優となった。1937 年 12 月 7 日にイングランドのマンチェスターで生まれた彼は、ほとんどが端役だが舞台と映画で多くの経験を積んだシェイクスピア劇の熟練俳優。『モンティ・パイソン／ライフ・オブ・ブライアン』(79) では、（とても短いが）イエス・キリストを演じている。

＊ 1947 年 4 月 6 日にコネティカット州ブリッジポートで生まれたジョン・ラッツェンバーガーは、テレビのコメディシリーズ "Cheers"（82 〜 93 年）のビールをがぶ飲みする郵便配達員クリフ役で最も知られている。彼はコネティカット州フェアフィールドのセイクレッド・ハート大学に通い、22 歳の時には伝説のウッドストック・フェスティバルでトラクター運転手として働いた。71 年にロンドンに移り住み、ここで『帝国の逆襲』の反乱同盟軍のダーリン少佐の役を得た。これは、出世作 "Cheers" 以前に彼が演じた多くの端役の一つだった。ラッツェンバーガーは全部で 130 本以上の映画に出演。ピクサーのアニメーションで頻繁に声優を務めることでも知られる。これまで、『トイ・ストーリー』シリーズのブタの貯金箱ハム役などで 14 本のピクサー映画に声で出演している。

＊ 1935 年 3 月 27 日にイングランドのヘムステッドで生まれたジュリアン・グローヴァーは、ロイヤル・シェイクスピア・カンパニーのベテランで、初めは主に舞台の仕事をしていた。彼は『帝国の逆襲』で、帝国軍のホスへの攻撃を指揮したヴィアーズ将軍を演じた。59 年からスクリーンでのキャリアを重ね、現在も活躍中。これまで 160 本以上に出演し、今は HBO のドラマシリーズ『ゲーム・オブ・スローンズ』（11 年〜）でグランド・メイスターのパイセル役でお馴染み。グローヴァーはまた『007 ／ユア・アイズ・オンリー』（81）にも出演し、『インディ・ジョーンズ／最後の聖戦』（89）ではナチの悪役に扮している。

＊ 『スター・ウォーズ』の俳優たちで、ワーウィック・デイヴィスほど多くのヒット大作映画に出演した者はいない。ハリソン・フォードでさえだ。1970 年 2 月 3 日にイングランドのサリー州で生まれた彼は、低身長の俳優として『ジェダイの帰還』のイウォーク、ウィケット役でスクリーンデビュー。同じ役で『イウォーク・アドベンチャー』（別題「勇気のキャラバン」）と『エンドア／魔空の妖精』にも出演した。これ以降、デイヴィスは映画界で目を見張る活躍を続け、ジョージ・ルーカスのファンタジー大作『ウィロー』の主役（第 37 章参照）、説得力があり感動的な演技を披露している『ハリー・ポッター』シリーズのフリットウィク先生役など、70 本近くの映画に出演している。同シリーズの最終章である『ハリー・ポッターと死の秘宝 PART 1』と『2』では、小鬼のグリップフックとの二役をこなした。デイヴィスはまた『スター・ウォーズ エピソード 1 ／ファン

トム・メナス』（99）にカメオ出演し、最新作『フォースの覚醒』にも登場している。身長約1メートルの彼は、ホラー映画シリーズ『レプリコーン』にも主演し、BBCのテレビシリーズ「ナルニア国ものがたり」にも登場。大部分は『スター・ウォーズ』シリーズと『ハリー・ポッター』シリーズからだが、デイヴィスが『ジェダイの帰還』の後に出演したすべての映画は合計で115億ドル以上の興行収入を稼ぎ出しており、これはフォードの出演映画の成績より30億ドルも多い。デイヴィスは91年に妻のサマンサと入籍。息子ハリソンと娘アナベルをもうけた。もう一人の息子ロイドは、生まれて間もなく亡くなった。デイヴィスはまた、低身長俳優のタレント・エージェンシー「ウィロー・パーソナル・マネジメント」を経営している。

『帝国の逆襲』ホットライン

今日では、期待の大作映画の公開時にポスター、予告編、テレビCMばかりでなく、公式サイトや代表的なソーシャルメディアでも宣伝が行われる。パソコンや携帯電話がまだ黎明期にあった1980年、先進的なルーカスフィルムの広報部門は、"旧式のソーシャルメディア"を使った宣伝キャンペーンを立ち上げた。固定電話だ。ファンが1-800-521-1980（下7桁は映画の全米公開日になっている）に電話すると、『スター・ウォーズ』の人気キャラからのメッセージが流れる仕組みだった。

ルーク・スカイウォーカー（マーク・ハミル）、ハン・ソロ（ハリソン・フォード）、レイア姫（キャリー・フィッシャー）、C-3PO（アンソニー・ダニエルズ）、そしてダース・ベイダー（ジェームズ・アール・ジョーンズ）の5キャラクターからのメッセージは、映画用のアフレコを行っている間に録音された。当時、電話システムは完全にコンピューター化されておらず、局番は特定の地域用に確保されていた。521はイリノイ州にある地方の番号だったので、この『帝国の逆襲』ホットラインはその地域に拠点を置いた。キャンペーンは80年2月から開始され、ファンはこのホットラインに電話してローテーションで流れるメッセージを聞いた。どのメッセージに当たるかはわからなかったので、何度も何度も電話してすべてのメッセージを聞こうとしたファンもいた（この本の著者を含む）。80年にルーカスフィルムのファン担当広報を務めていたクレイグ・ミラーは、その後に何が起きたかを"StarWars.com"のインタビューでこう語っている。

「システムが作動した最初の週、AT&T（電話会社）が対応できないほどたくさん

ほかのどの章のテーマにも合わなかった話に加え、この章では掲載しないでおくにはもったい
ない写真もランダムに紹介する。この『スター・ウォーズ エピソード6／ジェダイの帰還』か
らの一枚は、チューバッカに扮したピーター・メイヒューの最高の宣伝用写真かもしれない

の電話がきました。負荷がかかり過ぎて、システムが"話し中"の音すら流せなくなっ
たんです。イリノイ州の 800（フリーダイアル）システムが故障して、何時間も停止し
ました。AT&T は私たちに、別のラインを追加して、この状況の責任を取るプレスリ
リースを出すよう強く求めてきました。私たち、可哀想でしょう？　頭を下げて同意して、
すべてのメディアに、残念ながら続編の情報を得ようとする『スター・ウォーズ』ファ
ンからの電話が殺到し……電話会社への負荷が過剰になりました。番号を追加しまし

たので、そちらでメッセージを聞いてください、というプレスリリースを出しました。この話はもちろん、いたるところで取り上げられましたよ。最高の宣伝になりました」。

80 年にこのホットラインに電話できなかった方のために、ここで活字におこしたメッセージを紹介する（今、上記の番号にかけても聞けないので注意）。

* C-3PO の声：「ハロー、私は C-3PO です。そして、これはスペシャル『スター・ウォーズ』テレフォンの最初のメッセージです。地球のあなた方がこの番号に電話するたびに、『スター・ウォーズ』サーガの続き、『帝国の逆襲』についての情報が入ったメッセージが流れます。『スター・ウォーズ』の後、私の冒険はすべて終わり、R2-D2 はもう秘密の任務によるトラブルに我々を巻き込まないことを願いました。しかし、『帝国の逆襲』で状況は悪化しました。第一に、非常に雪深い惑星がありました。私は二度と暖まることができないかと思ったほどです。それから、我々は帝国のストームトルーパーに攻撃され、クラウド・シティに到着すると、私の体はバラバラになってしまいました。ああ、もう続けられません。この話は辛すぎます。あなた自身が近くの劇場で『帝国の逆襲』を見て確かめてください。公開日は 1980 年 5 月 21 日ですよ」

* ハン・ソロの声：「ベン・ケノービとルーク・スカイウォーカーに出会う前、俺は自分でうまくやってたんだ。彼らがオルデラーンまで行きたがって、たっぷり払うって言うから、何もきかずに乗せてやったよ。気がついたら反乱軍の一員になってた。今、時間の半分は帝国軍の艦隊をかわし、残りは"神聖な彼女"をかわす毎日だ。それだけじゃない、ジャバ・ザ・ハットが俺の首に賞金をかけ、ボバ・フェットを送ってよこした。『帝国の逆襲』では、良くないことばかり起きそうだぜ」

* レイア姫の声：「デス・スターの破壊は、反乱軍にとって大きな勝利でしたが、私たちの戦いはまだ終わりません。ダース・ベイダーと、皇帝の邪悪な軍隊は銀河を苦しめ続けています。しかし、反乱同盟軍は必ずや、銀河を彼らの支配から永遠に解放します。今も氷の惑星ホスの地下秘密基地で、新たな戦略を練っています。あなたの目で『帝国の逆襲』を見て確認してください」

＊　ルーク・スカイウォーカーの声：「R2-D2 と C-3PO が来るまで、タトゥイーンはただの大きなホコリの球だった。でもあれから、僕の人生は変わったんだ。辺ぴな砂漠の星の水分抽出農夫から、銀河中で自由のために戦う反乱同盟軍のリーダーへとね。でも今、反乱軍はより大きな危機に直面し、僕も準備しなければいけない。ダース・ベイダーに立ち向かう日がくるとしたら、僕はベン・ケノービの教えに従ってもっとフォースの力を学び、ジェダイの騎士にならなければならないんだ。"帝国が逆襲"してきた時に、また会いましょう」

＊　ダース・ベイダーの声：「奴らは姫を助け出し、デス・スターを破壊したが、あの時は反乱軍がツイていた。フォースの力に比べれば、デス・スターの力など取るに足らない。そして、もうオビ＝ワン・ケノービはいない。私こそが道を極めた男だ。『帝国の逆襲』をしかと見よ」

THX

　ジョージ・ルーカスは、『スター・ウォーズ』の音響デザインと音楽について十二分に配慮した。しかしその気配りにもかかわらず、70 年代後半と 80 年代前半のほとんどの観客は、当時多くの映画館がお粗末な状態だったため、彼が意図したような形の映画体験をしたことがなかった。まだ第二次大戦中のスピーカーを使用していた劇場もあったし、経営者の多くは（特に、ほかの映画館が近くにないような小さなマーケットでは）、音響の質といった細かい点に無頓着なままだった。上映する映画のピントが合って、大体の会話を観客が理解できれば、それで十分だと見なされていた。20 世紀フォックスも、ルーカスの尽力にさほど協力的ではなかった。同スタジオは、モノラル音声とドルビー・ステレオ音声の両方で映画をマスタリングしフィルムをプリントするのはコストがよりかかるため、『スター・ウォーズ』をモノラルのみで公開するようルーカスを説得しようとした。当時はまだ、大半の映画館にステレオ音響設備がなかったため、ほとんどの映画がモノラルのみで上映されていた。

　『帝国の逆襲』が公開されるまでにはステレオの映画館数は増え、『スター・ウォーズ』の革新的な音響デザインと壮大な音楽は、熱心なファンたちに可能な限りステレオ版で同作を見ようと努力させた。それでもルーカスはまだ満足していなかった。『帝国の逆襲』の公開後間もなく、彼はエンジニアのトムリンソン・ホールマンを雇い、オリジナル3部作の最終章とそのほかのルーカスフィルム作品を、音響デザイナーのベン・

バートと作曲家ジョン・ウィリアムズのように才能ある人材の見事な仕事にふさわしい形で仕上げるための品質保証システムを構築させた。

　その結果が、今ではおなじみとなったTHXシステム。映画館が作品本来の音響のクオリティで上映することができることを認証する業界制度である。THXの認定を受けるために、劇場は厳しい音響面、技術面、建築面の基準をクリアする必要がある（たとえばスピーカーは観客席のある館内に設置する、外部の雑音を規定レベル内に保つ、など）。これらの条件をクリアした映画館には、THXからホールマンが最初の開発を手がけた特別サラウンド音響クロスオーバー回路が提供され、劇場側はこれを使用しなければならない。一般に「THX」という名前は、ルーカスが初めて監督した長編映画『THX 1138』に由来していると思われているが、実はトムリンソン・ホールマン・クロスオーバー（Tomlinson Holman Crossover、CrossをXに置き換える）の頭文字を並べたものだ。

　「以前は、フィルムメイカーが数百万ドルかけて新しいコンピューター技術を駆使し、編集スタジオで映画の音響と映像を完ぺきに仕上げても、そのクオリティが観客に対しては失われていました」とTHXの常駐史家ジョン・ダールは同社のウェブサイトで述べている。「劇場デザインの基準を設けて上映設備のパフォーマンス・レベルを上げることで、THXはスタジオからすべての劇場へ映画体験が正しく伝えられるよう保証してきたのです」。主な関与は音響面だが、THXは映像面のクオリティが保たれるよう、鑑賞アングルや照明レベルの基準も設けている。

　こういった新しい上映仕様を促進するために、ルーカスフィルムの子会社「スプロケット・システムズ」（THXはまだ独立した企業体ではなかった）は83年3月に「シアター・アラインメント・プログラム（劇場支援制度）」を開始した。数千の劇場経営者に、THXの認定を受けるメリット、特に『ジェダイの帰還』のようにとても期待されている作品を上映する際の利点を説明したキットが郵送された。スプロケット・システムズの社員はまた、実際にアメリカ中の100館以上に足を運んだ。熱心に改善に取り組もうとする劇場経営者もいたが、多くは懐疑的なままだった。

　ルーカスによる、自身が作った映画をより正しい形で体験してもらうためのキャンペーンの副産物は、知識を深めた要求の厳しい観客たちだった（少なくとも、音響と映像のクオリティに関して）。THX認定の劇場で作品を見た（そして聞いた）映画ファンは、THX認定館をひいきにし、ほかの映画館に行かなくなり、特に急速に業界の流行となった視覚効果と音響効果が派手に盛り込まれた作品には、長い列ができた。

いや応なく、より多くの映画館が認定を求め、新たな劇場は初めから THX 認定を念頭に建設されるようになった（80 年代後半に急激に増えたシネコンがいい例）。後年、THX 認定はホームシアター設備、ホームメディア（DVD やブルーレイなど）、カーステレオ設備、コンピューターのスピーカー、ゲームのコンソールのガイドラインに至るまで拡大された。ルーカスは 2001 年に、THX 株の過半数をコンピューター・サウンドカード製造会社「クリエイティヴ・ラブズ」に売却したが、それまでに彼は、お粗末な劇場音響についての戦争に勝利していたのだ。

ルーカスフィルム帝国の会社

ジョージ・ルーカスの父親は、息子に家業の文房具店を継いで欲しかった。しかし 10 代のルーカスは、自分以外についての責任を負いたくなかった。代わりに彼は根本的に違う仕事、映画製作の道を進んだ。皮肉にも、フィルムメイカーとしての成功によって結局、場合によっては仕方なく、ルーカスは立派なビジネスマンになり、映画界で最も成功したいくつかの企業を創設し、統率することになった。ルーカスが設立した会社のいくつかを紹介していこう。

* 自身のハリウッド帝国を築き始める前に、ルーカスは、友人のフランシス・フォード・コッポラがメジャースタジオに取って代わる組織にしようと夢見たアメリカン・ゾエトロープ社の創設を手伝った。様々な理由（その多くは使い放題に使うコッポラの金銭問題）により、夢はかなわなかった。それでもアメリカン・ゾエトロープは事業を継続し、69 年以降、ジャン＝リュック・ゴダール、黒澤明、ポール・シュレイダー、ティム・バートン、ケネス・ブラナーらが監督した作品、またコッポラ自身と娘のソフィアが監督したすべての作品を含め、60 本以上の映画を製作してきた。

* ジョージ・ルーカスは、彼が創設した最も有名な企業、ルーカスフィルム社を 1971 年に立ち上げた。当時、従業員はルーカス、カーツと秘書のルーシー・ウィルソンとバニー・アルサップの 4 人しかいなかった。それ以降、同社（現在は 1000 人近くを雇用している）は 24 本の映画を製作し（第 37 章参照）、2015 年にも『スター・ウォーズ／フォースの覚醒』を含む 2 本を送り出す。長年にわたり、二つの異なる製作会社「ルーカスフィルム・シンガポール」（文字通りアジアで

営業を行う）と「ルーカスフィルム・アニメーション」など、ルーカスフィルムから多くの会社が派生していった。またルーカスは、それぞれのルーカスフィルム製作映画のために別々の有限責任会社を設立し、彼自身とルーカスフィルムを個々のプロジェクトが被りかねない多大な損失から守った。オリジナル3部作におけるこういった会社は「ザ・スター・ウォーズ・カンパニー」「ザ・チャプターⅡカンパニー」（『帝国の逆襲』用）「ザ・チャプターⅢカンパニー」（『ジェダイの帰還』用）と呼ばれた。これらのすべては当該作品の公開後に解散した。ルーカスフィルム社と、営業を続けるすべての関連会社は12年にウォルト・ディズニー・カンパニーに売却された。ルーカスフィルムは、マーベル・コミックス同様、近年のディズニーによる大型買収の対象となり、その企業のアイデンティティは保ち続けるものの、ディズニーの子会社となったのだ。売却前にルーカスは、後継者としてかつてスティーヴン・スピルバーグの製作会社「アンブリン・エンタテインメント」を率いたキャスリーン・ケネディを選出した。

＊　ルーカスフィルムはまた、ピクサー・アニメーション・スタジオズにとって"保育器"のような働きをした。ピクサーは79年に、ルーカスフィルムの「コンピューター・ディヴィジョン」の一部、「グラフィックス・グループ」として誕生した。最初のリーダーは、ルーカスがニューヨーク工科大学からリクルートしたエド・キャットマルで、彼は主にコンピューター・アニメーションを使った視覚効果シーン（82年の『スター・トレック2／カーンの逆襲』のILMによる画期的な視覚効果を含む）のための高性能ハードウェア、また革新的なデジタル・フィルムと音響デザイン・システムの開発を手がけた。83年にアニメーターのジョン・ラセターがグラフィックス・グループに参加し、同部門の製作能力を披露するための短編アニメーション映画を作り始めた。3年後、ルーカスはグラフィックス・グループをアップル・コンピューターの故スティーヴ・ジョブスに売却した。離婚のため現金の必要に迫られていたルーカスは、同部門をジョブスに500万ドルで売った。ジョブスはこの会社に500万ドルを追加投資し、ピクサー・アニメーションと改名した。同社は設備開発から映画製作へと舵を切った。それから間もなく、ピクサーはラセターの短編アニメ「ルクソーJr.」（86）で初めてアカデミー賞にノミネートされた。同作の主人公である卓上ランプのルクソーは、ピクサーの会社ロゴの一部となった。そのほか高く評価された数本の短編

ジョージ・ルーカスは、当初の『スター・ウォーズ』を作る主なモチベーションは、ミレニアム・ファルコンと TIE ファイターの戦いのような宇宙空間での戦闘場面を創造することだったと語っていた。写真は、敵の攻撃に備えるハン・ソロ（ハリソン・フォード）

　を作った後の 91 年、ディズニーがピクサー製作の長編映画配給に名乗りを上げた。そして 4 年後、『トイ・ストーリー』が公開された。同作は 3 部門でアカデミー賞を受賞したうえ、3 億 6200 万ドルの世界興行収入を記録し、この年最も稼いだ映画となった。06 年、ディズニーはピクサーを買収すると発表。この時までにピクサーは『トイ・ストーリー』に続き、『バグズ・ライフ』『ファインディング・ニモ』『モンスターズ・インク』『Mr. インクレディブル』などの大作を次々と公開していた。ジョブスはピクサーを売り、74 億ドル相当のディズニー株を得た。12 年のディズニーによるルーカスフィルム買収で、ピクサーとルーカスフィルムは再び同じファミリー企業の一部となった。

＊　『スター・ウォーズ』に必要な視覚効果を生み出すために、ルーカスは、彼の

最も成功した副業ベンチャーの一つ、インダストリアル・ライト＆マジックの立ち上げを強いられた（第5章参照）。06年、模型と特殊効果の制作部門だった「カーナー・オプティカル」がILMから独立したが、CGに押されて特殊効果の需要が減ったことが主因で11年に倒産した。

* ILMとほとんど同時によく似た理由で創設されたのが、当時「スプロケット・システムズ」として知られた会社だった（しばらくの間、ILMとスプロケット・システムズの両方が「ルーカス・デジタル」という会社に統合されていた）。スプロケット・システムズは、すべての『スター・ウォーズ』映画など多くの作品の音響効果を手がけた最先端の音響ミキシングと編集のための施設だった。この子会社は87年、もともとのサンアンセルモからスカイウォーカー・ランチに拠点を移した際に「スカイウォーカー・サウンド」と名前を変えた。ILM同様、同社も業界内における技術革新の原動力となり、とても有益な投資先でもあった。先に述べたように、THX社は83年にスプロケット・システムズから誕生した。

* 78年初頭、ルーカスは様々な『スター・ウォーズ』関連商品のライセンスを管理するために、「ブラック・ファルコン」社を立ち上げた。同社は飛び抜けた成功を収め、『帝国の逆襲』の製作が危機に瀕した際、チャプターⅡカンパニーに融資を行い同作を救った（第17章参照）。79年12月、ブラック・ファルコンはルーカスフィルムに統合された。しかし、90年代に『スター・ウォーズ』の書籍そのほかの関連商品の新たな波が到来し、同社は「ルーカス・ライセンシング」として再び独立した。出版社「ルーカスブックス」は、ルーカス・ライセンシングの傘下にある。

* 82年に創設されたビデオゲーム会社「ルーカスアーツ」も、80年代前半から2010年代初期まで多数の人気ゲームを開発、発売し大きな成功を収めた（第31章参照）。13年、ルーカスアーツはゲームの自社開発からは撤退したが、制作委託をベースとしたゲームの販売とライセンス事業は引き続き行っている。

* 97年に設立された「ルーカス・オンライン」は、"starwars.com" "indianajones.com"、そして "lucasfilm.com" といったルーカスフィルムのウェブサイトの

内容から e コマースまですべてを管理している。

＊　ルーカスはまた、教育の革新を支援する「ジョージ・ルーカス・エデュケーション・ファウンデーション」も立ち上げ、彼の膨大なコミック、ポップアートのコレクションなどを収容、展示する「ルーカス・カルチュラル・アーツ・ミュージアム」の建設も計画中。さらに、彼はこれまで数億ドルを母校である USC の映画芸術学科に寄付し、同学科には「ジョージ・ルーカス・インストラクショナル・ビルディング」が建っている。ルーカスフィルムをディズニーに推定 40 億ドルで売却した（半分は現金、半分はディズニー株で）後、ルーカスはその利益の大部分をチャリティ基金に寄付すると発表した。

アクションフィギュアはまだある！　ケナー社のおもちゃのデューバックに乗った（というか、実際は背中の穴に入っている）ストームトルーパー
Photography by Preston Hewis/East Bank Images

第 **28** 章

Mind Tricks

マインド・トリック

The Science of Star Wars
『スター・ウォーズ』の科学

　ジョージ・ルーカスが『スター・ウォーズ』を、より格式高い言葉「サイエンス・フィクション」と呼ばず、「スペース・ファンタジー」としたのは当然だった。当時、SF（サイエンス・フィクション）は暗く悲観的な映画を連想させ（第 10 章参照）、彼の意図とアプローチとは真逆の方向性だった。またおそらく、さらに重要なことに、『スター・ウォーズ』を SF と分類することは、現実の、実世界の科学に忠実であることを示唆した。辞書「メリアム・ウェブスター」はサイエンス・フィクションを「現実や想像上の科学が社会、個人や本質的に正しい要素として科学的事実を有することに与える影響を主に扱ったフィクション」と定義している。ルーカスは、そういった保守派の「ハード SF」的アプローチには全く興味がなかった。彼は神話的なものを目指していて、科学的なもっとももらしさといった些細な事柄で身動きが取れなくなることを嫌った。このことはいくつかの気恥ずかしい失敗も生んだが（第 24 章参照）、脚本家兼監督だった彼の、壮大で鮮やかに描写され、広く愛される銀河の夢の世界、つまり『スター・ウォーズ』の世界を開発するための想像力を解き放った。

　しかし、『スター・ウォーズ』の公開から 40 年近くが経ち、予想しなかったことが起こり始めた。最近の科学的理論が、ルーカスが描いた世界は当初思われたほど非現実的ではないかもしれないと示したのだ。「スペース・ファンタジー」と呼ぶのが同シリーズに最もふさわしいことに変わりはないが、少なくともいくつかの点において『スター・ウォーズ』と科学の隔たりは狭まっているようだ。

クリーチャーとエイリアンの世界

　『スター・ウォーズ』が正しかったこと：『スター・ウォーズ』では、銀河は生命に満ちている。少なくとも、これぐらいは本当かもしれない。2014 年 5 月に発表され広く報じられたテキサス大学エルパソ校のルイス・アーウィンによる研究は、天の川銀河

には複雑な生命体がいる星が、少なくとも 1 億個はある可能性があるとしている。これは、我々の銀河系いっぱいに生物が住んでいるかもしれないと示す最新の研究の一つに過ぎない。複雑な生命体のいる星が、アーウィンによる推定の 10 倍ある可能性を主張する科学者もいる。

『スター・ウォーズ』が正しくなかったこと：そうだとしても、我々の銀河系の（あるいは、"はるか彼方の銀河系"でも）生命体は様々な理由で『スター・ウォーズ』の宇宙観のようには存在しないようだ。まず第一に、研究者たちの言う「複雑な生命体」は、必ずしも知能を持った生物というわけではなく、細菌や単なる微生物よりも大きく、より複雑な有機体のことを意味している。そして、もし知覚を持つ種がほかの星に存在したとしても、おそらく『スター・ウォーズ』の世界はそれらの外観について十分に想像できていない。同シリーズのエイリアンたちは、まったくエイリアンらしくないのだ。未来学者のクリフォード・ピックオーヴァー博士は「タコ、ナマコ、チューブワーム、松の木がすべて我々と密接に関係していることを考慮すると、異星人はイカよりも我々に似ていないだろう」と語ったとジーン・カヴェロス著「スター・ウォーズ最新科学読本」に引用されている。『スター・ウォーズ』映画に登場する人間そっくりの種の数は多過ぎるようであるばかりでなく、同じ大気中で存在できる様々な星からの生物の数も著しく多過ぎることになる（モス・アイズリーの酒場に集まる人数もはるかに少ないはずだ）。

　『スター・ウォーズ』のエイリアンたちの出身地もまた、一つの惑星大の生態系を想像しがちなルーカスの傾向のために、信ぴょう性に欠けている。いかなる居住可能な惑星も、全体が砂漠あるいは雪、沼地、森で覆われているとは極めて考えにくく、地球のように地域ごとに多様な生態学的環境を擁している可能性がはるかに高い。

　しかし、科学の標準に達していないとしても、『スター・ウォーズ』はサイエンス・フィクションの標準は楽にクリアしている。異星人の生態を想像することは、SF ライターにとって最も大きな挑戦の一つだ。伝説的な SF 作家で、熟練した化学者、尊敬される科学者でもある偉大なアイザック・アシモフでさえ、初期の作品では大抵この課題に前向きではなく、人気小説シリーズ「ファウンデーション」「ロボット」には人間と機械のキャラクターしか登場させなかった（後に 72 年の独立した作品「神々自身」でアシモフは、三つの性を持ち、主に気体として存在し、光合成で育ち、交尾するときだけ個体になるという、すべての SF のなかで最も想像力豊かな異星人を生み出した）。『スター・ウォーズ』は、ほとんどの SF 映画とテレビ番組よりも多様で独創的な多くのエイリアン・クリーチャーたち（驚くほどバラエティに富んだ知性のある種、荷役用

動物、モンスターを含む）が登場していることでも評価されるべき作品なのだ。『スター・ウォーズ』を、人間と異星人が主に額の形によって区別されている『スター・トレック』と比べてみてはいかがか。

ドロイド

『スター・ウォーズ』が正しかったこと：ロボットたち（あるいはドロイドたちと言うべきか）は、もう一つ『スター・ウォーズ』の世界でおなじみとなったキャラクターで、数え切れない機能を持ち、あらゆる形、大きさで登場する。77 年以降、ロボットは現実の世界でも次第に普及していった。国際ロボット連盟の統計によると、2013 年だけでも 17 万 8000 体の産業ロボットが世界中で売れている。そして、この合計には医療、軍事、個人的サービスそのほか専門的用途のためにつくられたロボットは、含まれていない。職場のみでのロボットの数は、より多くの業界が自動システムを採用するに連れて増加している。たとえば 14 年、ファストフードの従業員が店頭でピケを張り賃上げを要求する一方で、サンフランシスコ拠点の「モーメンタム・マシンズ」社は、1 体でハンバーガーの材料を準備し、作り、調味料をかけ、ラッピングしてバッグに入れるまでの工程を 1 時間に 360 個分行えるというロボットを発表した。

『スター・ウォーズ』が正しくなかったこと：そうだとしても、技術者たちが C-3PO や R2-D2 のようなロボットを作り出すまでの道のりはまだ遠い。ホンダは、04 年に発表され「世界で最も進んだ人型ロボット」と銘打たれた「ASIMO（アシモ）」という名の 2 足歩行のしゃべるロボットの開発に 20 年を費やした。"Advanced Step in Innovative Mobility"（革新的モビリティの前進）の頭文字を並べ、作家アシモフにちなんで名付けられた ASIMO は、多くの優れた能力を誇る。ホンダの ASIMO 公式サイトによると、体長 130 センチ、体重 48 キロの同ロボットは（宇宙服を着た子どものように見える）、「段差のある地面や傾斜での走行、歩行が可能で、スムーズに方向を変え、階段を上り、手を伸ばして物を取ることができる——選択した集団の人間の顔を識別する能力があり、目はカメラとなり——環境をマッピングし、静止物体を検知できる」とされている。

しかし ASIMO でさえ、『スター・ウォーズ』のドロイドたちには遠く及ばない。ホンダによれば ASIMO は「簡単な音声の指示を理解し、返事できる」という。しかし C-3PO には、幅広い語彙があるばかりでなく、非凡な感情的な鋭さもある。カヴェロスは「優秀な通訳であるために、C-3PO は話し手の感情を認識し、発言を別の言語

1977 年の『スター・ウォーズ』公開時からロボット科学は大きな進歩を遂げたが、いまだ C-3PO や R2-D2 といったドロイドの性能にははるかに及ばない

に訳し、感情も別の言語における同等の抑揚、リズム、音程に変換し、訳文を特定のイントネーションで話す」と自身の本で指摘している。600 万の言語を話すようロボットにプログラミングすることは、理論上は可能だが、読み、理解し、人間の感情に合わせて反応するようプログラミングすることは、現在の科学をはるかに超えている。

さらに印象深いのは、『スター・ウォーズ』のドロイドたちが自由に考え、複雑な性格を持つことだ。C-3PO と R2-D2 には、自主的に問題を解決する能力があり、基本的には正直だが、必要な状況ではウソをつくこともできる（彼らが隠れていたデス・スターの制御室にストームトルーパーが押し入ってきたときのように）。彼らはまた、不安、いら立ち、高揚感、愛情といった多種多様な本物の感情を持つように見える。C-3POと R2-D2 が口論ばかりしていても、彼らはお互いに、相手のために自分を犠牲にする意思を表してもいる。C-3PO は『スター・ウォーズ』の終盤で、損傷した R2-D2 を見て「私の回路や部品が助けになるなら、喜んで提供する」と申し出る。これらのすべては、現在、可能な限り最新の人工知能を持ったロボットやコンピューターと比べても、何光年も先の技術なのだ。事実上、『スター・ウォーズ』のドロイドたちは、構造上は生物でない機械であっても感情で理解できる存在なのだから。

武器

『スター・ウォーズ』が正しかったこと：ブラスターかそれによく似た武器は、もうすぐ現実のものになるかもしれない。90 年代から米軍は、可変パワーの指向性エネルギー兵器の開発に向けた複数のプロジェクトを立ち上げている。"Phased Hyper-Accelerated for Shock, EMP, and Radiation"（PHASER ／衝撃、電磁パルス、放射線のための段階的なハイパー加速）計画は、気絶させたり、殺したり、電子機器を故障させたりし得る、光の玉を発砲できるライフルを作る試みだ。一方、"Multimode Directed Energy Armament System"（MDEAS ／マルチモード指向性エネルギー兵器システム）計画は、標的に向けて発した電気ショックが通過するイオン化経路を作るレーザーパルスを使う武器を製造する試み。これによる攻撃も、電圧によって気絶させるか殺すか、電子機器を故障させ得るもの。「WIRED」誌の記事によれば、これら両方のプロジェクトは 09 年にスタートした。現在も継続中であるかどうかはわからない。別の試み、"Pulsed Energy Projectile"（PUP ／波動エネルギー弾）計画は、1400 万ドル以上と 6 年を費やした後、2000 年代前半に中止された。通常、軍事研究と開発活動の詳細は機密扱いだが、どうやら米軍はそのうちに『スター・ウォーズ』のブラスターで武装した兵士を送り出すことを真剣に考えていたようだ。

『スター・ウォーズ』が正しくなかったこと：しかし、不可能に見えるため、誰もライトセーバーは作ろうとしていない。まず、頻繁に「レーザーの剣」と呼ばれるが（ジョージ・ルーカスの脚本メモにもそうある）、レーザー光でできた刃をつくるのは不可能だ。

レーザーは、何か別の物と接触するまでまっすぐに進む超収束光線を放つ。レーザー光線は、その他の光線同様、止まったままでいることは絶対にできないのだ。またレーザー光線は、空気にガスなどの浮遊粒子が満ちていない限り、目に見えない。それに加えて、レーザー剣による決闘が可能かどうかもよくわからない。通常、レーザー光線同士は、懐中電灯やサーチライトと同じように、お互いを通過する。しかし、ハーバード大と MIT による "Center for Ultracold Atoms"（超低温原子センター）は 13 年、別の研究中に偶然、光子（光を構成する粒子）を、互いにぶつかり合える硬化した分子に変換したと発表した。ミハイル・ルーキン教授は「これとライトセーバーを比較することは、不適切な例えではない」とハーバード大の公式ニュースサイト「ハーバード・ガゼット」で述べている。「これらの分子に起きている現象は我々が映画で見るものと似ている」。

　しかし概して、ライトセーバーを作るにはレーザー技術よりプラズマを使ったほうが

近い未来にデス・スターが実際に建造されることは期待しないほうがいい。ホワイトハウスのスポークスマンによれば、オバマ政権は「惑星の破壊を支援しない」そうだ（2016 年の大統領選挙後には方針が変わるかも）

簡単かもしれない。プラズマは、磁場の影響下でフィラメントや光線の形になることができる。だが悲しいかな、プラズマ自体も同じような問題を抱えている。つまりプラズマ光線の長さを制限する方法がわかっていないのだ。おそらく『スター・ウォーズ』の銀河の居住者たちは、磁場を制御するより洗練された手段を持ち、これを可能にできるのだろう。あるいは、ジェダイの騎士たちはフォースを使って光線を制御できるのかもしれない。しかし地球の科学者たちがその秘訣を学ぶまで、使用可能なライトセーバーは我々の手には届かないままだ。

　デス・スターの開発も、近い未来には期待しないほうがいい。ブロガーのショーン・グッドウィンは、デス・スターの建造には1000兆メートルトンの鋼鉄が必要で、その採掘と製造には現在の生産速度で83万3000年かかると計算した。13年、ホワイトハウスの公式サイトにアメリカによるデス・スター建造を求めた冗談の（だといいが）請願に対し、ホワイトハウスの行政管理予算局科学宇宙部部長ポール・ショウクロスは、デス・スターの建造費を「85京ドル（1京は兆の1万倍）」と見積もったうえで、同国の緊縮予算にはコストがかかり過ぎると回答した。またショウクロスは「現政権は、惑星の破壊を支援しない」とつけ加え、「無数の市民からの税金をどうして、一人乗り戦闘機の攻撃に弱いという根本的な欠陥のあるデス・スターに費やせるというのですか」とも述べた。

ハイパースペース（超空間）

『スター・ウォーズ』が正しかったこと：うーん……。

『スター・ウォーズ』が正しくなかったこと：1905年に発表されたアルバート・アインシュタインの特殊相対性理論は、光より速く進むことは不可能だと断じた。しかしこのことは、彼の考えを回避し、宇宙船に光より何倍も速く宇宙空間を疾走させる様々な方法を提案する多くのSFライターたちを止めることはできなかった。光より速い移動は、非常に有益なストーリーテリングの仕掛けになるからだ。これなしには、物語が我々の太陽系内に限定されている場合を除き、宇宙旅行を扱ったSFを書くことはほとんど不可能だ。光に近い速さでさえ、お隣の星系まで数年かかり、もっと遠い目的地までは何世代もかかってしまう。これでは、明らかに銀河中で展開する宇宙オペラには向いておらず、アインシュタインの速度規制に違反する方法をあれこれ模索することが必要になる。たとえば『スター・トレック』のエンタープライズ号は、エンジンが宇宙船の周りの空間を文字通りワープする（前の空間を縮小させ後ろの空間を拡大し、時

空の波の力で宇宙船を前方へ動かす)「ワープ・ドライブ」を採用している。フランク・ハーバートの小説「デューン」シリーズでは、「ホルツマン効果」が空間を折り曲げることで宇宙での移動時間の短縮を可能にしている。また多くの作品に、アインシュタインの理論で提示された時空の特異点「ワームホール」を使った長距離移動が登場する。

『スター・ウォーズ』では、ミレニアム・ファルコンのように光の速さを超えた宇宙船は、時空の連続体のひだが見える「ハイパースペース（超空間）」に入る。ハン・ソロらパイロットは、こういったひだのエリアに沿って注意深く予定のルートを進み、正確に計算されたジャンプで複数のひだを越えて途方もない距離を移動する。現在、時空におけるワームホールやひだのような特異点の存在は、広く認められている。カリフォルニア大学デイヴィス校の二人の数学者による 2014 年の発表は、二つの衝撃波がぶつかると時空にひだが生じることを立証している。しかしこれらの特異点は短命で安定せず、顕微鏡でしか見えない大きさで、宇宙船を導けるようなものではないと信じられている。

どの『スター・ウォーズ』映画も、超空間の裏にある（フィクションの）科学を詳しく説明していない。最新の規範的に正しい説明は、新 3 部作から始まる。しかし、1990 年代前半のエクスパンデッド・ユニバース（拡張世界）の様々な作品は異なる説明をしており、ミレニアム・ファルコンのような宇宙船は超空間に飛び込む際、我々の物理的法則が適用されないパラレルな次元に移り、そこでは物体は光より速く動け、移動が完了すると通常の空間に戻ることができると述べている。改訂後の規範的な説明同様、この古い概念は部分的に、権威ある科学的理論をもとにしている。1957 年にプリンストン大の博士号取得候補者ヒュー・エヴェレットにより最初に提言され、現在は多世界理論として知られているパラレルワールドの概念は、勢力を増して量子力学への主流なアプローチの一つとなった。エヴェレットは、我々は単一の世界ではなく、無限の多元的世界の一部として存在する（二つ以上の結果を生じ得るすべての行動は相違点を生み、「現実」はそれぞれの結果によって異なるパラレルワールドへ滑り落ちる）とした。もしあなたが、結果にあなたの死が含まれる行動に参加したら、一つ（あるいは複数の）の現実において死ぬ（宝くじを買えば、少なくとも複数の結果における現実で金持ちになる）というようなことだ。エヴェレットの理論を否定する科学者もいるが、数学的には反証できず、これまで繰り返し主張された反対意見に対しても持ちこたえてきた。しかし、まだ誰もエヴェレットの言う世界から世界への移動がどう起こるのか提言できていない。また、そういったすべての世界が別々の物理的法則下にあるというのも理解しがたい。だから結局、超空間についてのどちらの説明も科学的可

能性においてほとんど威厳がないのだ。

フォース

　『スター・ウォーズ』が正しかったこと：フォースについては、『スター・ウォーズ』はすべて正しかった……見方によっては。

　『スター・ウォーズ』が正しくなかったこと：「銀河全体を結びつけている」エネルギーの場の存在を裏づける証拠はどこにもない。これはアリストテレスの時代（紀元前384年から322年）まで遡るとても古い考えだ。古代ギリシャ人は、世界が土、水、火、空気の四元素から成ると信じていた。アリストテレスは人間同士、人間とそのほか世界のすべてのものを結びつける第五元素、エーテルの存在を提言した。特にアリストテレスは、エーテルが天体の非対称運動の主な原因であると信じており（重力の概念はまだ未知のものだった）、星占いの“科学”の基礎をもたらした（彼は、星の動きによって生まれるエーテルの波が地球上の人間に影響すると主張した）。驚くべきことに、エーテルはその後2000年にわたり科学の重要な理論であり続けた。そして1887年、動いている物体へのエーテルの影響を測ろうと試みていたオハイオ州クリーブランドのケース・ウェスタン・リザーブ大学の研究者たちが、エーテルの存在を示す証拠がないことを発見した。アルバート・A・マイケルソンとエドワード・W・モーリーが指揮をとったこの実験は間接的に、アインシュタインの一般相対性理論と特殊相対性理論の進歩を導きだした。

　テレパシー、念力、予知、霊といった、我々が『スター・ウォーズ』映画でフォースの外的象徴として見る現象の存在を裏づける証拠もない。しかしそれが、そういうものを信じる人々を止めることにはならない。ベイラー大学で2006年に行われた研究では、アメリカ人男性の28％と同女性の31％が念力を信じ、男性の39％と女性の47％が予知夢を信じ、男性の17％と女性の25％が霊の存在を信じているという結果が出た。その他を含む超常現象を扱う“ノンフィクション”本やテレビ番組の、目まいがしそうな数を考えれば、こういった割合は低いと言えるのかもしれない。

　新3部作に「ミディ＝クロリアン」などの疑似科学的たわごとが登場する以前、オリジナル3部作ではフォースは信仰として扱われ、そう呼ばれてもいた（第29章参照）。超常現象を信じることのような信仰は、経験科学の範囲や限界を超えて存在している。そして、リサーチ会社「ハリス・インタラクティヴ」による2013年の統計によれば、自身を宗教的だと考えるアメリカ人の数は減少している一方、神を信じているという人の

割合は 74% と高いままだ。神の存在は数学的公式や科学的実験では証明も反証もできないが、信じる人々は、彼らにとって大事な真実を意味するレンズを通して世界を見ている。だからおそらく、フォースには科学的観点よりも神学的見地からの研究のほうが有効なのだろう。

29_章

Hate Leads to Suffering

憎しみは苦痛へつながる

The Ethics of Star Wars
『スター・ウォーズ』の倫理

　最初から『スター・ウォーズ』はメッセージ性のある物語を意図して作られた。ジョージ・ルーカスは「昔ながらの道徳的教訓を備えた作品にしたかった……いつでも学ぶべきレッスンはある」と"The New Yorker（ザ・ニューヨーカー）"誌に語っている。だけど、そのレッスンて何だったんだ？

　『スター・ウォーズ』に否定的な人たちは最初、同作には中身がないと主張した（第10章参照）。最近になり、研究者たちは同作が、ルーカスが決して（意識的には）意図しなかったあらゆる種類のもの、つまり性差別主義、人種差別主義、反ユダヤ主義、隠れファシストその他の意味を含んでいるとする論文を発表した。たとえば、批評家のダン・ルーベイはウェブサイト"JUMP CUT"でオリジナル作品についてこう指摘している。「結局『スター・ウォーズ』は暗に、反対していると装っているすべてのものを信奉している」「ニュルンベルグ決起集会のようなシーンは、同作のスピード、大きさ、暴力の魅惑と、また作品の男性支配的な権力構造を覆い隠す神秘主義と合致したふさわしい結論だ。ロマンスの部分は性差別と人種差別を具現化し、トップにいる者たちを美化し底辺にいる者たちを文字通り機械化する階級的社会制度を支持している」。

　これと正反対の立場では、すべての政治的傾斜と宗教的指向を持つ人々が『スター・ウォーズ』は自分たちのイデオロギーを支持していると主張している。リベラル派も保守派も、キリスト教徒もユダヤ教徒もイスラム教徒も仏教徒も一様にだ。作家のロバート・ジューエットは自著"Saint Paul at the Movies"で、「この映画（『スター・ウォーズ』）には感動的な福音がある。ローマ書のパウロの言葉と比べられる価値がある」と断言している。

　こういったあり得る解釈はすべて、他者にも当てはまらないわけではない。あからさまな「メッセージ映画」やプロパガンダ映画は別として、映画というものは、特にSF

とファンタジーは、異なる観客による様々な主題解釈に門戸を開いている。おそらく、それらは我々の想像力とつながっているからで、SF 映画はしばしばインクブロット検査（心理テスト）のように作用し、観客は自分がそのなかに最初に持ち込んだ考えで作品を見る傾向があるのだ。

ライターのピーター・クレイマーは 99 年に "History Today（ヒストリー・トゥデイ）" 誌の記事で、『スター・ウォーズ』がまさにそのいい例だと指摘している。彼は、ほとんどの観客が銀河帝国を悪の権化と考えているが、帝国を右翼の独裁者たちの象徴と見なしている人々、また共産主義の象徴と見なしている回答者もいるという 86 年の調査を引用した。「この映画が、"軍事力による平和" という保守的な思想を支持しているかどうかと問われたときに、保守派の回答者は圧倒的多数がイエスと言う一方で、穏健派やリベラル派の大半はノーと答える」とクレイマーは報告している。「この調査は、『スター・ウォーズ』を見たすべての人が自分が最も安心できる政治的な意味をはっきりと見出すことを示唆している」。

これらすべてが、オリジナル 3 部作の "本当の" メッセージを定義することを、ゼリーを壁にクギで打ちつけるぐらい簡潔な任務にしている。私は、ルーカスそのほか同作の製作にかかわった人々の証言をもとにした私の見解を紹介することしかできない。

私の見るところでは、当時オリジナル 3 部作に反映された価値観のいくつかは今日、リベラル派に分類され、そのほかは保守派に分類される。これは、同シリーズの根本的なイデオロギーが、そういった政治的区分けの理解が異なっていた時代のものだからだ。『スター・ウォーズ』は、最初の段階でルーカスに着想を与えた 40 年代、50 年代の古典的ウエスタンや第二次大戦映画が信奉した古風なアメリカの考えを表現している。六つの関連するテーマがオリジナル 3 部作で繰り返されているのだ。

自由は責任と切り離せない

一見するとオリジナル 3 部作の主要な対立は、反乱同盟軍が圧政的な銀河帝国を転覆させるために戦う、自由と全体主義の争いに見える。しかし、これはアルフレッド・ヒッチコックが「マクガフィン」と呼んだ、物語を推進する仕掛けではあるが、その映画のより深い実際のテーマとはほとんど関連のないものだ。『エピソード 4』から『エピソード 5』にわたり、我々は帝国の政策についてほとんど何も学ばない（これはおそらく良いことだ。異なるアプローチとして新 3 部作を見るといい）。同盟軍は同盟規約の宣言に署名したり、それを作成したりしないし、代表なき課税や公民権の侵害について激

しい口調でスピーチしたりもしない。惑星間を忙しく飛び回る物語にもかかわらず、『スター・ウォーズ』の本当のドラマは銀河的スケールではなく、私的で個人的な規模で展開するからだ。同作のキャラクターたちが直面する主要な問題の一つは、自身の命と運命の責任、また同胞に対する責任を負うかどうかだ。独裁政治の誘惑は、そういった責任からの解放にある。チェコ出身の小説家ミラン・クンデラの言葉によれば、最終的に自分の命がほかの誰かのコントロール下にあるという認識は「存在の軽さ」をもたらす。独裁的な支配下では、難しい決断はほかの誰かが心配することなのだ。仲間の世話も国がやるべきことだ。民主主義は我々に、こういった問題に自ら対応し、自らの命と政府の方向性を決めることを強いる。

オリジナル作品でルーク・スカイウォーカーには、こういう事柄を対立する視点で見る二人の手本となる人物がいる。オーウェン叔父さんはルークに、家に身をひそめて静かにしているよう望む。オビ＝ワン・ケノービは彼に、戦いに参加し「フォースの道を学び、父親のようなジェダイになれ」とせき立てる。ルークは「僕も帝国が好きなわけじゃない。憎んでいる。でも、今僕にできることはない。すごく遠くのことだ」と拒絶する。ケノービは「それはお前の叔父さんが言っていることだ」と言う。オーウェン・ラーズは、おそらくほとんどの帝国の人間のように、うまくやっていくために進んで相手に従い、正しいことや好きなことを犠牲にする。彼にとって戦争は自分が心配することではなく、ただ生計を立てることだけを考えている。そして帝国はルークを、ケノービとともに反乱軍に参加せざるを得なくさせる。だが、いったんこの道を進み始めたルークは、自分に対しても他者に対しても2度と責任を回避しようとしない。

同じように、ハン・ソロとランド・カルリジアンのどちらも彼らの冒険を通じて責任を学んでいく。最初は二人とも、帝国が好きではないものの、オーウェン叔父さん同様に自由のための戦いはほかの誰かの争いだと見ている。彼らは法律ぎりぎりのところで生きているため、彼らの個人財産は政権が変わっても大した影響を受けない。はじめは欲がモチベーションとなるが、ハンもランドもやがては、仲間を思う気持ちが自分の財政的利益よりも大事であることに気づく。彼らそれぞれの物語は、3作品の主要テーマをつないでいる。

ルーカスはしばしば、『スター・ウォーズ』に求めた教訓の一つは、神話学者のジョーゼフ・キャンベルが書いているように「自分の至福に従う」べきだということだと語っている。そうするための最初のステップは、ルーカスが99年に公共放送網PBSのビル・モイヤーズとのインタビューで説明したように、進んで責任を受け入れることだ。

「神話は、自分のヒーローの旅を授けてくれ、自分の個人性、世界における自分の場所を探す手助けをしてくれる。でも願わくば、自分は全体の一部であり、また社会の一部でなくてはならず、自分の幸福よりも社会福祉について考えなければいけないと気づかせてくれるものでもあるんだ」とルーカスは語っている。

愛は恐れより大きい

　『帝国の逆襲』でヨーダは、「恐れは暗黒面への道だ」と警告する。「恐れは怒りへつながる。怒りは憎しみへつながる。憎しみは苦しみへとつながる」。帝国は恐怖を通じて支配を行なっている。帝国元老院の解散後、グランドモフ・ターキンは「恐怖が地域の秩序を保つ。このデス・スターの恐怖が」と露骨に述べる。しかし『スター・ウォーズ』映画では、何度も何度も愛（思いやりの形で表現されることが多いが、ときどきは恋愛としての）を選ぶ者たちが最終的に恐怖と悪の力に打ち勝つ。フォースのダークサイドとは恐怖で、グッドサイドとは愛だと言っても誇張ではない。

　ハン・ソロは、ルークを放っておけない優しさから土壇場でヤヴィンの戦いに参加し、ルークがデス・スターを破壊する道を開く。ルークは、敬愛する指導者ベン・ケノービの助言を信じているから、デス・スターを爆破することができる。ヨーダは、ルークがクラウド・シティでダース・ベイダーに立ち向かう準備ができていないことを恐れる。それ以前の現実でないベイダーとの対決で、ルークは恐怖と憎しみに屈し、自分の顔がベイダーの仮面から現れる幻を見ていた（彼が恐れへの道を進めば、ベイダーに取って代わる存在となることを暗示している）。しかし、彼は友人たちへの愛によって行動したため、初めてのベイダーとの決闘で、ベイダーが二人の関係の真実について告げ、ルークの感情を操ろうとしたときでさえ、暗黒面への誘惑に抗うことができた。一方ハンとレイアは、それぞれを感情的に孤立した人生へと追いやる深い関与への恐怖に打ち勝つ。そしてランド・カルリジアンは、仲間を助け自分の下で働く人々の命を守るために、数年をかけて築き上げた儲かる事業活動を断念し、私欲に逆らって行動することで名誉を回復した。その後エンドアで、反乱軍はイウォークの力添えを得て帝国のシールド発生装置の破壊に成功する。これは彼らが、最初はイウォークに食べられそうになりながらも（ハンは自分のブラスターに手を伸ばしたが、ルークが止めた。もしうろたえたソロがテディベアたちを虐殺し始めていたら、エンドアの戦いは別の展開になっていたかも）、この毛皮の原住民に思いやりと寛大さをもって接したために得られた支援だ。最後に、ルークの父親に対する揺るぎない慈悲心と、ベイダーの心の深い

ヨーダは『スター・ウォーズ エピソード5／帝国の逆襲』で「恐れは暗黒面への道だ」と警告する。「恐れは怒りへつながる。怒りは憎しみへつながる。憎しみは苦しみへとつながる」

ところに善良さのきらめきが残っているという信念が、このシス卿が皇帝を倒して苦しみから解放されるよう導き、反乱同盟軍に勝利をもたらす。ルーカスは『帝国の逆襲』のDVDのオーディオ・コメンタリーで、「彼ら（ルークとレイア）がともに進むとき、彼らの思いやりはほかの人々の心を優しくする」と語っている。

　『帝国の逆襲』のアーヴィン・カーシュナー監督は広報担当のアラン・アーノルドによるインタビューで、『スター・ウォーズ』映画のテーマをこのように要約した。「愛があれば戦える」。

多様性は強さだ

　『スター・ウォーズ』が人種差別的だという非難は、77年夏、オリジナル作品を中傷する人々が、登場する有色人（person of color／色がある人）は悪党のダース・ベイダーだけだと訴えたことに遡る（アフリカ系アメリカ人が声優を務めただけでなく、

ベイダーは文字通り黒かった）。この批判に対抗するために、ルーカスはビリー・ディー・ウィリアムズにランド・カルリジアンを演じさせた。そして『スター・ウォーズ エピソード6／ジェダイの帰還』で、観客はついに黒人、アジア人、そして女性のパイロットで占められたXウイングの操縦席を目にする。非常に喜ばしいことだが、このようなステップがどうしても必要というわけではなかった。同作が人種差別的だと責めた人々は、ピントがずれている。彼らはサイエンス・フィクションの観点からではなく、現実世界として考えているのだ。実際『スター・ウォーズ』映画には差別に反対する強い表現もあるが、それはスペース・ファンタジーとしてである。

　オリジナル3部作において、邪悪な帝国は人種差別の象徴だ。すべての将校の肌は真っ白で、ほとんどが英国のアクセントでしゃべるが、最も重要なのは彼らがみんな人間だということだ。たまにエイリアンの賞金稼ぎ（帝国の将校たちは「クズ」とののしる）を雇ったりするが、帝国は明らかに排他的で種差別的な組織である。オリジナルの『スター・ウォーズ』では反乱同盟軍にも有色の人間はいないが、人間でないチューバッカを自分たちの一員として歓迎する（不思議なことにヤヴィンの戦いの後、彼にはメダルが授与されないのだが）。その後の映画では、より多くの種の兵士が登場し反乱軍はさらに多様化する。これはカラマリ出身のアクバー提督と、エンドアの戦いにおいてミレニアム・ファルコンでランドの副操縦士を務めるサラスト出身のナイン・ナンに最も顕著だ。「この映画のメインテーマの一つは、多くの生命体に、お互いの利益のためにともに生きなければいけないと気づかせることです」と99年にルーカスはモイヤーズに語っている。「人間だけでなく銀河で生きるものすべてがそれぞれ、より大きな全体の一部なのです」。

欲は弱さだ

　強欲さを主なモチベーションとする、特に他者の命よりも財務利益に価値を見出すキャラクターは『スター・ウォーズ』映画ではうまくやっていけない。ジャバ・ザ・ハット、ボバ・フェット、そして名前からして欲深そうなグリードはすべて不名誉な死を迎える。一方、ハン・ソロとランド・カルリジアンは、後に個人的財務の見通しよりも他者の幸福を重んじ、真のヒーローとなる。「あなたにはお金より大事なものがあるとわかっていたわ！」とレイア姫は、ハン・ソロがヤヴィンの戦いから帰還した際に大声で言う。ソロは、ルーク・スカイウォーカーを救い、反乱軍に勝利をもたらすために、自分の命を危険にさらした（お宝でいっぱいの積み荷も）。その続編映画でカルリジアンは、帝国

排他的な銀河帝国は IG-88（一番左）、ボスク（一番右）ら人間でない賞金稼ぎを進んで雇ったが、彼らを「クズ」と見なした

と取引をする。彼は、自分の儲かる採掘事業の安全な未来を確保するために進んで、会ったことのないスカイウォーカーを犠牲にする。だがランドは、旧友のハン・ソロがダース・ベイダーからボバ・フェットに引き渡されると、罪の痛みを感じる。「この取引はどんどん悪くなっていく」と彼は不満を漏らす。ついに、ベイダーがレイアとチューバッカを預かると告げたとき、ランドはキレた。彼は取引を無視し、経済的な利己心を捨ててハン、チューバッカ、レイアを救おうとする（同シリーズの私欲に抗うテーマは、腐敗した貿易連合が善意ある共和国を邪悪な帝国へと変えていく新3部作で、さらにはっきりする。）。

ハイスクールの英語教師ダン・ツェール氏は"starwars. com"に掲載されたエッセイで、『スター・ウォーズ』サーガと、守銭奴のつぐないについての偉大な物語、チャールズ・ディケンズ著「クリスマス・キャロル」との類似点をいくつか指摘している。ディケンズの小説で、エベネーザ・スクルージは「3人の幽霊に訪問され、その素晴らしい三つの出会いを通じて思いやりを持つこと、自分自身や自分の苦労の先を思い描くことを学ぶ。長い間彼のなかに潜んでいた善意と慈悲心は喜びにあふれてよみがえり、彼の本質を明らかにする」とツェールは書いている。「同じことが、ダース・ベイダーの自己発見の旅についても言える。この暗黒卿も自分の本質を光に向けるために、自身の人間らしさを受け入れ、自分の痛みやそれまでの人生の選択の先を思い描くことを学ばなければならない」。

だがジョージ・ルーカスの場合、このテーマはディケンズよりもディズニーがもとになっているようだ。ルーカスは子どもの頃からずっと、漫画家カール・バークスによる「アンクル・スクルージ」のコミックシリーズの熱烈なファンである（第3章参照）。エベネーザ・スクルージ（83年の短編映画『ミッキーのクリスマスキャロル』ではアンクル・スクルージがこの役を務める）にちなんで名付けられた、このドナルドダックの伯父さんはどケチで「世界一金持ちのアヒル」として知られるが、常にお金よりも自分の身内と冒険のスリルに価値を見出している。彼の遠方への冒険の多くは、財産を増

やすことには役立たなかった。後に物語は、スクルージは富そのものを愛していたのではなく、自分の莫大な財産のコインひとつひとつにある情緒的価値を愛していたのだと知らせる。彼はどのようにしてそれぞれのコインを稼いだのか、いちいち細かく思い出すことができた（通常、何かしら信じがたい功績が絡んでいる）。そして彼にとって最も大事なコインは単なる 10 セント硬貨で、それは彼が初めて稼いだお金だった。スクルージの姿勢は、極悪なビーグルボーイズや、お金だけを愛し金儲けのためなら何でもするライバルの守銭奴フリントハート・グロムホールドと対比的に描かれた。

　ルーカスは、このお金に対する姿勢を『スター・ウォーズ』映画に盛り込んでいるばかりでなく、実生活でも模範としている。ジョージ・ルーカスは、アンクル・スクルージと肩を並べるほどの財を築き始めると同時に、多くの意義深い社会奉仕活動も始めた（第 27 章参照）。2012 年にルーカスフィルムをディズニーに売却したとき、彼は代金 40 億ドルの大半をチャリティに寄付すると発表した。このようなルーカスの姿勢は、たくさんのお金を持つことだけが大事だと思わなければ、たくさんのお金を持つことは間違っていない、というアンクル・スクルージの考え方を反映しているようだ。

神は実在する

　『スター・ウォーズ』が多くの議論を呼ぶ要素の一つが、その明らかに神学的な世界の捉え方だ。あらゆる種類のサイエンス・フィクションの小道具が並んでいるが、『スター・ウォーズ』の銀河で最もパワフルなものは、精神的訓練を通じて得る霊的な力、フォースだ（ある帝国の将官は「そんな古代宗教」と呼んだ）。周知の通り、ダース・ベイダーは「惑星を破壊する力もフォースには勝てぬ」と警告する。この概念は、ほとんどのサイエンス・フィクションに逆行するものだ。文学や映画におけるより典型的な SF は、人類は偏見や、宗教を含む迷信を拒絶して初めて奇跡を起こせると信じた『スター・トレック』のクリエイター、ジーン・ロッデンベリーの姿勢に沿っていた。

　これに対して『スター・ウォーズ』は、99 年にルーカスがビル・モイヤーズに語ったように、観客に信仰的好奇心を抱かせることを意図して作られた。「若い人たちのなかに、ある種の高い精神性、特定の宗教システムへの信仰というよりも神への信仰を呼び起こすために、フォースを取り入れた」と彼は述べている。「『スター・ウォーズ』は、宗教についてのすべての問題に異議を唱え、それらを何か……もっと簡単にアクセスできる、人々が世のなかにはもっと大きな謎があるという事実を受け入れられるようなものに形を変えよう、という試みなんです。……私は神がいると思う。その神が何なの

か、または私たちが神について何を知っているのか、それはわからない。……それは神学理論の基盤の弱さなので、私はフォースを神と呼ぶことをためらったのです」。

善と悪は有効な概念であり続ける

80年、USC映画芸術学科の「ジョージ・ルーカス・インストラクショナル・ビルディング」の起工式演説でルーカスは、映画には道徳教育を提供する責任があると主張した。「かつて全能だった教会の影響力は、映画によって損なわれました」と彼は述べた。「映画とテレビは私たちに生活を律する方法、何が正しくて何が間違っているかを教えます。かつては映画が守らなければならない『十戒』がありましたが、今残っているのは、ヒーローは決して背中を向けている者を撃ってはいけない、など少数のものだけです」。

これまでこの章で要点を説明してきた五つのテーマを総合的に合わせたもう一つの、最も重要な教訓は、長年大切にされてきた正しいことと間違ったことの概念、善と悪についての基本的な考えは無意味になどなっていない、ということだ。もし今日、これが安直で過度に単純化されているように思えるとしても、77年夏のアメリカの観客にとってはパワフルなメッセージだった。この国は、アメリカ人兵士がベトナムでミライの虐殺のような残虐行為に参加したことや、米政府の工作員が犯罪を実行し隠蔽していたウォーターゲート事件の発覚に震撼していた。公民権運動や女性解放運動の成功と同性愛者の権利運動の始まりは、それまで多くのコミュニティに染み付いていた権力構造を揺るがし、突然の景気低迷（世界的な燃料不足を含む）はさらに国家を混乱させた。こういった国のムードを反映し、70年代前半と半ばの多くのハリウッド映画にはシニカルで疑心暗鬼的な傾向があった。ヒーローと悪役のストレートな物語は人気を失ったばかりか、くだらない、ひどくウブな過去の時代の遺物とみなされた。

『スター・ウォーズ』は、一つには、モラルを明確にすることはまだ可能であると提示したため、観客を鼓舞した。ロナルド・レーガン、マーガレット・サッチャーのような保守派の政治家はこれを見て、その考えを取り入れた（第10章参照）。さらに同作は、時代を問わない神話的構成によって、作品の道徳性の秩序整然とした確かさを暗示した。『スター・ウォーズ』は、愛は憎しみより強く、そして善は常に悪に打ち勝つといった自明の真理を擁している。これらは古い映画シリーズ、ウエスタン、戦争映画の教訓で、善悪の感覚の強化をひどく必要としていた新たな世代のために、ホコリをはらって再梱包されたのだ。

ジューエットは"Saint Paul at the Movies"で、「ほとんどの近代アメリカの人気

映画、特に観客に何度も見たいと思わせる作品と同じように、『スター・ウォーズ』は文化の形成的価値を提示し、ある程度そういった価値を形成してもみせた」と書いている。"The Washington Post（ワシントン・ポスト）"紙の評論家ゲイリー・アーノルドは 83 年に『ジェダイの帰還』の批評で、オリジナルの『スター・ウォーズ』は「政治的忠誠を超えた感覚的な深みに入り込んだ」ため、観客とつながり、「政治的に率直な切なる思い、つまり正しくあることや、独裁政治に対し正義を支持して戦うこと」を反映していると述べた。言いかえれば、同作は、まだ世界はいい者と悪い者に分けられると提言しているのだ。また、我々が正義の道を進み、世界の主な宗教が支持する価値とともにあり、我々自身の行動と他者（すべての人種とすべての背景を持つ人々）への態度に慈悲の心をもって責任を負い、富の獲得よりも隣人の幸福に価値を見出している限り、我々はいい者であり続けるということも。

ベトナム戦争やウォーターゲート事件により道徳が淀んだ数年間の後、『スター・ウォーズ』は、世界は良い者と悪い者（この写真の場合はジェダイの騎士とシス卿）に分けられるという考えに再び光を灯した

第30章

Splinters of the Mind's Eye
侵略の惑星

独創的な「スター・ウォーズ」の小説

　過去30年以上の間に、200作以上の『スター・ウォーズ』関連小説が出版されてきた。これらの書籍は、コミック、ビデオゲーム、そのほかのスピンオフとともに、一般にエクスパンデッド・ユニバース（拡張世界）と呼ばれる、2万5000年近くにわたる同シリーズの神話と、その多くが映画ではなく小説版で誕生した何千ものキャラクターがかかわる壮大なフィクションの世界を形成した。これらの小説は熱狂的なファンを生み、しょっちゅう"The Newyork Times（ニューヨーク・タイムズ）"紙のベストセラー・リストに入った。「ウォールストリート・ジャーナル」紙にルーカスブックス社に関する記事を書いたアレクサンドラ・オルターが、公共ラジオ放送 NPR のリポーターに「実はもう、筋金入りの『スター・ウォーズ』ファンは映画よりも小説を好むようになっている」と話したほどの人気だった。ルーカスフィルムの出版部門であるルーカスブックスは、毎年60作から70作という驚くほどの数の『スター・ウォーズ』関連書籍を出版し、その内容はルーカスフィルムの編集スタッフと、「ホロクロンの番人」と呼ばれた一貫性のチェック担当者によって厳しくコントロールされていた。ホロクロンは、すべてのメディアで展開されるすべての「スター・ウォーズ」ストーリーを追跡している膨大なデータベースで、それらの物語はホロクロンの規範によって分類される（そう、現在の「ホロクロンの番人」はリーランド・チーという名の男性だ）。しかし、常にこういったことがうまくいくわけではない。膨大な「スター・ウォーズ」文学シリーズの起源は、比較的お粗末だった。

マーベル・コミックス

　最初に登場した『スター・ウォーズ』のスピンオフは、追い詰められていたマーベル・コミックス社の倒産回避を援護した（第12章参照）長期にわたる大人気コミックシリーズだった。マーベルの「スター・ウォーズ」コミックの成功は、大好きなキャラクター

たちの新しい物語を熱烈に求めたファンの貪欲さによるところが大きい。その最初のオリジナルの物語（映画をコミック化した 6 作に続いた）は、原作ロイ・トーマス、作画ハワード・チェイキンによる、ほとんど黒澤明監督の『七人の侍』（もしくは、より正確に言えばそれをリメイクしたジョン・スタージェス監督の『荒野の七人』）の焼き直しだった。4 作で一つの物語になっており、ハンとチューバッカが雇われ兵やはみ出し者を集め（体長 2.1 メートルのジャックスという緑の肉食ウサギを含む）、遠く離れた惑星の農村を賊の襲撃から守る。

　その後 2、3 年間に、ルーク、レイア、ハン、チューバッカとドロイドたちが宇宙海賊や賞金稼ぎなどと戦う、キャラクターの過去にまつわる「秘話」とされたコミック（ほとんどが原作アーチー・グッドウィン、作画カーマイン・インファンティーノ）が出版された。反乱同盟軍のヒーローたちは、18 作目まで再び帝国軍と戦うことはなく、21 作目のカメオ登場まで(回想場面を除き)ダース・ベイダーが再び現れることもなかった。マーベルが 6 作の『スター・ウォーズ エピソード 5／帝国の逆襲』コミック版を出すまで、ほとんど思いもよらぬほど、ベイダーはシリーズ内の 4 作（22、23、29、37 作目）のみでしか大きな役を与えられていなかった。

　マーベルのコミックには、「つながり」の穴や用語の間違いがあった（宇宙船はときどき、超空間を通らず「ワープ・ドライブ」で高速移動し、ドロイドたちはしょっちゅう「ロボット」と呼ばれた）。また、これらのコミックは当時理解されていた範囲の「つながり」に従っていた。ルーカスは、公開前には誰にも『スター・ウォーズ』の続編映画のあらすじを知らせたがらなかったため、初期のマーベルのコミックにおけるジャバ・ザ・ハットや、ルークとレイアのロマンスの描写はその後の映画とかなり異なり、ルークの父親とベイダーも別々の人物として登場していた。こういったすべてのことから、これらのマーベルのコミックは、もっと後の『スター・ウォーズ』スピンオフの原作者は信頼できる物語に沿っているが、それ以外は無視しなければいけない、という意味で"2 次的な流派"と見なされた。いずれにしろ、マーベルの物語のクオリティは徐々に改善されていき、画力は常に洗練されたプロの仕事であり続けた（インファンティーノらに加えアル・ウィリアムソン、ウォルト・サイモンソンらの尊敬に値する才能によって）。

　一方、79 年から 84 年まで、"Los Angeles Times（ロサンゼルス・タイムズ）"紙とのコラボによる「スター・ウォーズ」の連載コミックが毎日、全国紙に登場した。79 年 3 月 12 日に開始されたこの連載は当初、長期にわたる「ターザン」のコミック・アーティストだったラス・マニングが原作、作画ともに担当していた。80 年夏、八つの物語を

かき終えたマニングは、健康の問題でこの連載から離れた。代わって原作アーチー・グッドウィン、作画アルフレッド・アルカラのチームが二つの物語を担当した（ブライアン・デイリーの小説"Han Solo at Star's End"のコミック版を含む）。81年2月にアルカラの仕事をアル・ウィリアムソンが引き継いだ。ウィリアムソンとグッドウィンのチームは同連載の残りの16の物語を担当した。連載の最終回は84年3月11日だった。後にダーク・ホース・コミックス社が同連載をまとめた大型ペーパーバック本のシリーズを出版した。

マーベルは86年に「スター・ウォーズ」コミックの出版権を失い、この権利はルーカスブックスに戻った。90年代初期にダーク・ホース・コミックスが同出版権を獲得し、高評価を受けたトム・ヴィーチ原作、キャム・ケネディ作画の「スター・ウォーズ ダーク・エンパイア」（91-92）といった連続ミニシリーズで「スター・ウォーズ」コミックシリーズを復活させた。『スター・ウォーズ エピソード6／ジェダイの帰還』の出来事から6年後を舞台とした「ダーク・エンパイア」は、後に皇帝パルパティーンのクローンだとわかる悪役を登場させるなど、拡張世界の一貫性の基礎的要素となった。ハン・ソロとレイアの息子、アナキン・ソロが登場する続編「スター・ウォーズ ダーク・エンパイアⅡ」（94-95）も拡張世界の主要な作品となった。一般に、ダーク・ホースのコミックはマーベルのものより洗練され、映画だけでなく「スター・ウォーズ」小説やビデオゲームからも興味深い物語の要素を取り入れていた。ダーク・ホースの物語の数々は"主流"と見なされた。しかしそれらは、全面的にマーベルの初期のややだらしない物語よりも純粋に面白いというわけではなかった。

アラン・ディーン・フォスター著「侵略の惑星」

このドングリが、拡張世界というカシの大樹に成長した。まだ多くの劇場で『スター・ウォーズ』の上映が続いていた78年2月12日にデル・レイ・ブックスが出版した「侵略の惑星」は、最初のオリジナルの「スター・ウォーズ」小説だった。76年、当時"Icerigger"（74）、全10巻の"Star Trek Logs"シリーズ（74-78、テレビアニメの「スター・トレック」の脚本のノベライズ版）などの小説で最も知られていたSF作家アラン・ディーン・フォスターは、ジョージ・ルーカスに雇われ、「スター・ウォーズ ルーク・スカイウォーカーの冒険より」のゴーストライターを務めた。そのほかすべての『スター・ウォーズ』関連アイテム同様、このノベライズ版は大ヒットした。そしてフォスターとの取り決めは、2作目の『スター・ウォーズ』映画の物語になるかもしれなかった続

編の執筆も求めていた（第 14 章参照）。

　まだ『スター・ウォーズ』の財政的見通しに懐疑的だったルーカスはフォスターに、映画がまあまあの成功（少なくとも低予算の続編を製作するために十分な利益が出る）を収めた場合に安く映画化できるストーリーを考えるよう依頼した。彼はフォスターに、ロケ地の数を少なく抑え（全体の物語が一つの惑星で展開する）、ハン・ソロとチューバッカを登場させないよう指示した（ハリソン・フォードとは 2 作目の出演契約を結んでいなかったため）。『スター・ウォーズ』が衝撃的な興行成績をマークした後、ルーカスのプランははるかに大きく野心的なものに変わり、「侵略の惑星」を映画化する考えは捨てられた。

　フォスターは、ルーカスによるすべての脚本草稿とストーリーのあらすじに目を通していたものの、自分の好きなように物語を作ることになっていた。フォスターはある E メールで、ルーカスは単に「低予算で映画化できるもの」を求めていたと説明している。「彼は基本的に、続編小説を書いてくれと言ったので、私はそうした」。ルーカスが要求したストーリーの変更は一つだけ、映画化する際に高くつきそうな、冒頭の宇宙での戦闘を削除することだった。でき上がった物語はアクションいっぱいで、1 作目の映画のスタイルと活力を反映していた。ルーク、レイア、C-3PO、R2-D2 は重要な外交上の任務についていたが、わびしい沼の惑星ミンバンに不時着する。ここで彼らは、サディスティックなグラメル査察官が監督する帝国の秘密の採掘作業を発見し、フォースを操れるという老婆、ハラと親しくなる。ハラは、フォースの力を増幅させるという失われた伝説のカ

アラン・ディーン・フォスター著「侵略の惑星」はもともと、ジョージ・ルーカスが『スター・ウォーズ』の続編となり得る物語として依頼したものだった

イバー・クリスタルの探索を手伝うよう彼らを説得する。彼女はルークにこのクリスタルのかけらを授けるが、それはグラメルの手にわたり、後にダース・ベイダーの注意を引く。ハン・ソロとチューバッカは物語に登場しないが、ルーク、レイア、ハラは、外見も行動もとてもウーキーに似た半人半獣の巨人、ヒンとキーを味方にする。

「侵略の惑星」は面白い小説であるだけでなく、その後の映画に出てくる要素を前もって取り入れ、また逆に、もともとは『スター・ウォーズ』で採用されるはずだったが最終的な脚本から削られたアイデアを復活させている。沼の惑星は『帝国の逆襲』から登場するダゴバを暗示し、フォースを操る老婆の存在はヨーダを思わせる。途中でヒーローたちはワンドレラというクリーチャーに出会うが、これは「デューン／砂の惑星」の巨大な虫と『ジェダイの帰還』のサルラックの怪物を足して2で割ったような存在だ。ルーク、レイア、ハラはコウェイという原始的な毛皮の先住種の支援を得るが、これは初期の脚本でルーク・スターキラーが得るウーキーの支援と、また後の『ジェダイの帰還』でのイウォークの役割にもつながっている。つづりは異なるものの、カイバー・クリスタルもまた、初期の脚本に起源がある（ジョージ・ルーカスの初期の脚本については第4章参照）。『帝国の逆襲』同様、物語のクライマックスはルーク対ベイダーのライトセーバーの決闘で、どちらかが体の一部を失って穴に落ち（でも生き残る）、決着がつく。「侵略の惑星」が書かれたとき、ルークとレイアは双子だというアイデアはまだ生まれていなかったので、物語を通じて二人の関係はドキドキものである。

フォスターによる『スター・ウォーズ』ノベライズ版と同じく、「侵略の惑星」はたちまちベストセラーとなり、その後も最も夢中にさせる、愛すべき拡張世界の書籍の一つであり続けている。映画化はされなかったものの、作家テリー・オースティンとアーティストのクリス・スプラウスによってグラフィック・ノベル化され、96年にダーク・ホース・コミックスから出版された。「侵略の惑星」は、幻の続編映画をうっすらと思い浮かべるためだけでも、すべての『スター・ウォーズ』ファンが読むべき拡張世界小説の1作なのだ。

ブライアン・デイリーのハン・ソロ小説とL・ニール・スミスのランド・カルリジアン小説

「侵略の惑星」の成功は、少しの疑いはあったにしろ、『スター・ウォーズ』スピンオフを強く求める読者の存在を証明した。すぐに作家ブライアン・デイリーは、『スター・ウォーズ』以前の出来事としてハン・ソロとチューバッカをフィーチャーした冒険小

説3部作の執筆を依頼された。デイリー
はそれまでに小説2作を発表していた若
い SF 作家だった。彼のペーパーバック
小説 "Han Solo at Star's End" "Han
Solo's Revenge"（ともに 79）、"Han
Solo and the Lost Legacy"（80）はフォ
スター作品ほどの技巧はなく、ときに不
合理なプロットの仕掛けを用いて物語の
信憑性を損ねたものの（空想的な「ス
ター・ウォーズ」世界の文脈においてさ
え）、活気に溢れたアクションたっぷりの
物語である。デイリーの小説でハン・ソ
ロとチューバッカは、まん延した拉致と
奴隷制度など、コーポレート・セクター
政府（腐敗した "帝国のなかの帝国"）
内の不正を暴く。これらの本はよく売れ、
92 年には3部作全体をオムニバス形式
にしたものが再出版された。デイリーは
続けて『スター・ウォーズ エピソード4
／新たなる希望』『帝国の逆襲』『ジェダ
イの帰還』のラジオドラマ版の脚本を手

ブライアン・デイリーのハン・ソロ小説と L・ニール・スミス
ランド・カルリジアン小説は好調な売り上げをマークしたが、
「スター・ウォーズ」文学シリーズは 87 年から 91 年まで昏睡
状態に陥る
Photography by Preston Hewis/East Bank Images

がけ、またジェームズ・ルシーノとの共著による長期にわたる "Robotech" 小説シリー
ズ（ジャック・マッキニーのペンネームで）、4巻の "Black Hole Travel Agency" シリー
ズなどの作品を執筆した。彼は 96 年にすい臓がんで亡くなった。48 歳だった。

　『帝国の逆襲』と『ジェダイの帰還』の公開の間に、作家 L・ニール・スミスは同シ
リーズのもう一人の愛すべきならず者、ランド・カルリジアンにまつわる、デイリーの
ハン・ソロ小説に似た3部作小説の執筆を依頼された。デイリー同様、スミスは有望
な若手 SF ライターだった。"Lando Calrissian and the Mindharp of Sharu" "Lando
Calrissian and the Flamewind of Oseon" "Lando Calrissian and the Starcave of
ThonBoka"（いずれも 83）は、彼が発表した初期の作品に入る。これらの小説に登
場する映画からのキャラクターは、同映画シリーズの主要キャラのなかでは最も人物

描写が薄く、白紙状態に近かったランドだけだった。3部作小説では、ランドと彼のドロイド、ヴァフィ・ラーが、銀河の支配を狙う魔術師、復讐に燃えるレンタジアンたち（彼らの仲間の3分の2が失われた虐殺をヴァフィのせいだと勘違いしている）、帝国内の半自治地域政府セントラリティの軍隊と知恵比べをする。想像力に富んで面白いのだが、スミスの小説は同シリーズを象徴するようなアクション場面に欠け、親しみあるキャラと設定の不足も加わって名前だけの「スター・ウォーズ」になってしまった感がある。たとえば、主要な敵対者は邪悪な魔術師なのだが、スミスは決してフォースを登場させないのだ。スミスは、これまでに "North American Confederacy" シリーズ（今のところ9冊が出版されている）など、30作以上の小説を発表している。彼はまた、自由主義の政治活動家としても関心を集め、自由党の大統領候補指名争いに2度出馬したがどちらも敗れている。「侵略の惑星」同様、デイリーのハン・ソロ3部作とスミスのランド・カルリジアン3部作はともにデル・レイ・ブックスから出版され、「ルーク・スカイウォーカーの冒険より」のサブタイトルがつけられた。これら6作品のどこにもルークは登場しないのだが。

ティモシイ・ザーンの「スローン」3部作

フォスター、デイリー、スミスの本は非常によく売れたが、最後のランド・カルリジアン小説の後、『スター・ウォーズ』のスピンオフは7年間も出版されなかった。その沈黙を破ったティモシイ・ザーン著「スター・ウォーズ 帝国の後継者」は、「スター・ウォーズ」文学シリーズに革命をもたらした。「帝国の後継者」は、新しい『スター・ウォーズ』映画も小説版もなかった長い期間に関連コンテンツに飢えていた大衆に向け、91年5月1日に出版された。同作はあっという間に "New York Times（ニューヨーク・タイムズ）" 紙のベストセラー・リストのトップに駆け上った。『スター・ウォーズ』のコアなファンだけでなくSFファン全般、また通常SFは読まないがルーク、レイア、ハンと彼らの仲間たちのその後が気になる読者をも引きつけたのだ。これは、『ジェダイの帰還』に続く出来事を描いた最初の「スター・ウォーズ」小説だった。

「帝国の後継者」は、「スター・ウォーズ 暗黒の艦隊」（92）「スター・ウォーズ 最後の指令」（93）に続く「スローン」3部作の第1章となった。『ジェダイの帰還』の5年後を舞台に、ルーク、レイア、ハン、チューバッカ、ランド、ドロイドたちが新たな脅威となる新指導者、スローン大提督と戦う。スローンは、シボースという名のジェダイ・マスターの邪悪なクローンと手を組み、力は衰えたが滅亡したわけではない銀河帝国

を復興させようとする。同作には、ルークに個人的恨みを持つ帝国の元工作員マラ・ジェイド、レイアの幼なじみのウィンター、宇宙犯罪の大物タロン・カード、暗殺者の種族ノーグリなどの新キャラが登場する。また、アクバー提督やウェッジ・アンティリーズといった『スター・ウォーズ』映画の端役たちを活躍させもした。これらすべてのキャラクターは、拡張世界を構成する重要な要素となった。ザーンは、その後の映画の新 3 部作にも登場する銀河帝国の首都惑星、コルサントの名付け親でもある。

　ルーカスフィルムは、バンタム・ブックス社と「スター・ウォーズ」文学シリーズを復活させることで合意し、バンタムが提示した候補作家リストから、すでに有名だった SF ライターのザーンを選んだ。ルーカスフィルムは、執筆の過程においてある程度の編集権を行使した。たとえば、はじめザーンは邪悪なジェダイをオビ＝ワン・ケノービのクローンにしようと考えていたが、この案は却下された。しかし 91 年のインタビューで語っているように、ザーンはほとんどの部分で「基本的には、自由な裁量で書きたいものを書かせてもらっていた」という。

　心を奪う物語を鮮やかに表現したスローン 3 部作は、世界中で合計 1500 万部以上を売り上げ、「スター・ウォーズ」文学を大きく前進させた。初版の 6 万部は発売週に売り切れたという。それまでは、『スター・ウォーズ』のタイアップ商品で構成されていた拡張世界に小説が加わっていたのが、ザーンの 3 部作によって「スター・ウォーズ」が大人気 SF 小説の仲間入りを果たしたのだ。2011 年、公共ラジオ放送 NPR がリスナーのお気に入りのファンタジーと SF の小説について調査した。スローン 3 部作はそのトップ 100 の 88 位にランクインした

作家ティモシイ・ザーンによるスローン 3 部作の第 1 章となったスリリングな「帝国の後継者」は、より多くの「スター・ウォーズ」物語を強く求めた読者の存在を証明し、拡張世界の主要な構成要素となった

（J・R・R・トールキンの「指輪物語」が1位、ダグラス・アダムズの「銀河ヒッチ
ハイク・ガイド」が2位）。その後スローン3部作は、ダーク・ホース・コミックスのミ
ニシリーズやロール・プレイング・ゲームにもなった。同3部作また、「スター・ウォーズ」
小説作家への報酬にも変化をもたらした。それまでは業界の慣例的基準に従い、ライ
ターたち（ザーンを含む）は小説の売り上げ部数に基づく印税を得ていた。だがルー
カスフィルムは一歩進んで、印税ではなく比較的気前のいい一律料金を支払うことに
した。

　ザーンは、「ハンド・オブ・スローン」2部作（97年の「スター・ウォーズ　過去の亡霊」、
98年の「スター・ウォーズ　未来への展望」）として知られる続編を執筆し、ついに帝
国との戦争を終わらせ、敵同士だったルーク・スカイウォーカーとマラ・ジェイドを結
婚させた。その後マラはルークの息子、ベン・スカイウォーカーを産んだ。そのほかザー
ンは、これまでにスローン・シリーズ以外の「スター・ウォーズ」小説も5作書き、また「ス
ター・ウォーズ」のグラフィック・ノベルの原作も数作手がけている（その内のいくつ
かはスローン・シリーズとのつながりがある）。「スター・ウォーズ」以外の彼の作品に
は、長期にわたる「コブラ戦隊」シリーズ（8冊）、"Dragonback"シリーズ（6冊）、
"Quadrail"シリーズ（5冊）そのほか多くのSF小説、短編、コミックの原作がある。

　ザーンによる小説の堅調な売り上げは、そのほかの「スター・ウォーズ」小説の急
速な増加を呼び込んだ。92年のポール＆ホレス・デイヴィッズ著「スター・ウォーズ
帝国の復活」は、ザーンのスローン・シリーズ2作目のわずか1カ月後に出版された。
同作は「ジェダイ・プリンス」シリーズとして知られることになる全部で6冊のペーパー
バック・シリーズの1冊目となった（93年、スローン3部作の最終章が発売される1カ
月前に6冊目が出版された）。さらに93年から、新たな映画『スター・ウォーズ　エピソー
ド1／ファントム・メナス』が公開された99年までに、70作近くの「スター・ウォーズ」
小説と短編集が発売された。

　『エピソード1』の公開後、年間に出版される文学作品の数は爆発的に増えた。これ
らの新しい小説は『エピソード1』と同じかその前の時代、また映画新3部作とオリジ
ナル3部作の間の時代、あるいはオリジナル3部作の後の時代を舞台としていた。

　「スター・ウォーズ」文学作品の急増に伴い、アクション・フィギュア、ビデオゲー
ム（そのいくつかには小説のキャラクターが登場した）など『スター・ウォーズ』関連
商品も再び売り上げを伸ばしてきた。87年後半に解散した『スター・ウォーズ』公式ファ
ンクラブも再始動した。こういった思いがけない復興は、ルーカスが遅れに遅れた新

3部作の計画を前に進める後押しになったかもしれない。

しかし、90年代の拡張世界の小説は主に、エンドアの戦い直後の余波（93年のキャシー・タイアーズ著「スター・ウォーズ　バクラの休戦」）からその14年後（95年のロジャー・マクブライド・アレンの「コレリア」3部作）までの、『ジェダイの帰還』に続く『スター・ウォーズ』サーガを扱っていた。これらの小説は帝国との最後の戦いと新共和国の建国を描き、その後は焦点を映画の主人公たちからハンとレイアの双子の子どもであるジェイナとジェイセン、その弟アナキン・ソロ（同名の祖父のようにダークサイドの脅威にさらされる）、ベン・スカイウォーカー、そのほか拡張世界で生まれたキャラクターの物語へと移した。96年のマイケル・スタックポール著"X-Wing: Rogue Squadron"（複数の作家による10巻の「Xウイング」シリーズの初巻）は、映画のキャラクターが一人も登場しない最初の「スター・ウォーズ」小説となった。

「帝国の影」

90年代後半における『スター・ウォーズ』スピンオフの氾濫のなか、登場した最も野心的な作品は、小説、コミックのミニシリーズ、ビデオゲーム、ロール・プレイング・ゲーム、トレーディングカード、サウンドトラック・アルバムまで、基本的に映画以外のすべてにまたがったメディアミックス・イベント「スター・ウォーズ　帝国の影」（96）だった。「帝国の影」では、『帝国の逆襲』と『ジェダイの帰還』の出来事の間に起きた、それまで語られなかった冒険譚が展開された。そのようにダース・ベイダーが主要キャラクターになり得る設定だったため、「侵略の惑星」以来初めてベイダーが登場する拡張世界の物語となった。ハン・ソロはまだカーボン・フリーズされているため、このストーリーには登場しない。

活力に溢れた面白いストーリーなのだが、「帝国の影」は最も魅力的な「スター・ウォーズ」物語の仲間入りはできなかった。大部分においてその理由は、いら立たしいそのコンセプトにある。「帝国の影」は『エピソード5』と『エピソード6』の間の話なので、すでにあるシリーズの一貫性を崩さない限り、何も結論が出ない。レイア、ランド、ルークは、賞金稼ぎのボバ・フェットがジャバ・ザ・ハットに引きわたす前にハンを救出しようとするが、読者はその試みが失敗すると知っている。フェットは、凍ったハンを奪って褒美を得ようとするライバルの賞金稼ぎたちの攻撃を受けるが、フェットがそれらをすべてかわすこともわかりきっている。ベイダーは必死でルークを探すが、映画を見た人々にとって二人がエンドアの戦いまで再び顔を合わさないことは周知の事実なのだ。

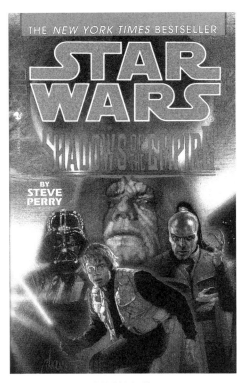

スティーヴ・ペリーの小説「帝国の影」は、コミックのミニシリーズ、ビデオゲーム、ロール・プレイング・ゲーム、トレーディングカード、サウンドトラック・アルバムまで、基本的に映画以外のすべてが連動したメディアミックス・イベントの一部だった

また「帝国の影」には、ベイダーの地位をねたみ、評判を落として自分が代わりに皇帝の右腕になろうと仕組む帝国の権力者プリンス・シズールという新キャラが登場する。だが我々は、それがどのような結末になるかも知っている。

　小説（多作の SF 作家スティーヴ・ペリーが執筆した）、コミック（原作ジョン・ワグナー、作画キリアン・プランケット、ジョン・ナドー、P・クレイグ・ラッセル）、そのほかすべてのメディアが連動し同じ物語を展開したが、それぞれのプラットフォームは独自のストーリーの要素も提供した。小説はルークから、レイア、ベイダー、シズールへと視点を移しながら展開する。コミックは違った視点に立ち、ともにペリーの小説ではほとんど目立たないボバ・フェットとベイダー配下のスパイ、ジックスにかなりの注意を向けている。

　コンセプトの欠点にかかわらず、「帝国の影」の様々なコンテンツはよく売れ、この試みは『スター・ウォーズ』シリーズが、新作映画なしにさえ、大きな"イベント"を行えることを証明した。2000 年には、コミックのみの続編 "Shadows of the Empire: Evolution" が出版された。さらに重要なことに「帝国の影」は、『エピソード２』と『エピソード３』の間を舞台設定とし、はるかに大きな成功を収めたメディアミックスの「スター・ウォーズ：クローン・ウォーズ」プロジェクトに雛形を提供した。オリジナルの同プロジェクト（03-05）には、エミー賞を受賞したテレビアニメシリーズ「スター・ウォーズ／クローン大戦」、オンラインのシリーズ、コミック、ビデオゲームが含まれる。２番目の「クローン・ウォーズ」シリーズ（08-14）は、テレビアニメ映画でスタートし、現在も続くテレビアニメシリーズ、小

説、二つのコミックシリーズ（一つは若い読者向け、もう一つは大人向け）、五つの異なるビデオゲーム、そのほかのメディアで展開された。

　『スター・ウォーズ』シリーズの新オーナーであるディズニーもすでに、15 年から公開される新たなる映画 3 部作と連動する「帝国の影」のようなメディアミックス・プランを発表している。『スター・ウォーズ エピソード 7 ／フォースの覚醒』の公開に併せて、テレビアニメーションシリーズ、小説、コミックその他がリリースされる。ファンは、ディズニーが傘下のマーベル・コミックスの所有コンテンツ（「アイアンマン」「キャプテン・アメリカ」「マイティ・ソー」「アベンジャーズ」「ガーディアンズ・オブ・ギャラクシー」などなど）で展開しているような、集中爆撃にも似たやり方に備えたほうがいい。

　しかし、これら新作映画の公開とその関連タイアップは、1978 年から 2014 年まで非常に多くのファンに愛されてきた広大な拡張世界の終わりを意味する。ジョージ・ルーカスは、自身が『スター・ウォーズ』の新たなる 3 部作のメガホンを取らない理由の一つとして、苦心の末に広い人気を得た拡張世界を壊したくなかったことを挙げている。だが、確立された拡張世界の一貫性に恩義を感じていても、それに沿って物語を進めることもできない。そうしたら小説の読者は皆、事前に映画のストーリーをすべて知っていることになってしまう。『フォースの覚醒』のプロデューサー兼監督である J・J・エイブラムスは、『スター・トレック』映画 2 本の製作において、大作 SF シリーズの一貫性にこだわらないやり方を実演してみせた。14 年 4 月、ルーカスフィルムは、全体としての拡張世界を規範とはしないと公式発表した。新たな「スター・ウォーズ」の“正典”が、エピソード 7 からエピソード 9 の映画、それに関連する映画、テレビシリーズその他のプロジェクトによって構築される。これは、少なくともさしあたって、ファンたちはスローン大提督、マラ・ジェイド、ジェイナ・ソロとジェイセン・ソロら拡張世界のキャラクターに、さよならしなければならないことを意味する。続いているうちは楽しかった。

第31章

Let the Wookiee Win
ウーキーに勝たせてやれ

Star Wars Games
「スター・ウォーズ」のゲーム

　1977年夏、『スター・ウォーズ』がプレミアとなった頃には、家庭用ビデオゲーム産業というものは存在しなかった。電子ゲームといえば、1972年にアタリから発売された卓球ゲーム「ポン」と同程度のものばかりだった。しかし、1978年、日本のゲームメーカー、タイトー社が『スター・ウォーズ』を彷彿とさせるゲーム「スペースインベーダー」を発売すると、状況は一変。同ゲームは全世界で20億ドルを売り上げ、多くの企業がゲーム市場に参入し始めたのだ。『スター・ウォーズ』シリーズは、ビデオゲーム・ビジネスの台頭とともに成長を遂げた。同シリーズとゲームビジネスの相性はぴったりのようだった。『スター・ウォーズ』が電子ゲームの巨大なファン層を築いたというのは言い過ぎかもしれないが、なくてはならない存在であったことは事実だ。『スター・ウォーズ』シリーズの各作品には、ゲームのシナリオに適する複数のアクションシーンがあり、成長するゲーム文化の象徴となるにふさわしい要素を備えていた。加えて、熱烈なゲーマーの多くは、『スター・ウォーズ』ファンであったのだ。

　『スター・ウォーズ』がビデオゲーム産業の形成に貢献する一方で、ビデオゲームもまた、『スター・ウォーズ』に影響を与えた。2014年1月時点で、同シリーズのビデオゲームは29億ドル稼いでいる。これは、同映画シリーズの興行収入、ホームビデオ収益、さまざまな関連商品の売上に次ぐものだ。大ヒットとなった同シリーズの書籍の売上（前章参照）を10億ドルも上回る数字でもある。そして、この29億ドルはビデオゲームだけの売上であり、ボードゲームやトレーディングカードゲーム、ロール・プレイング・ゲームをはじめとする、そのほかのゲーム関連商品を含むものではない。その売上は、ルーカスの膨大な離婚金の支払い（第37章参照）にあえぐルーカスフィルムの金庫を満たし、1990年代後半に『スター・ウォーズ』映画シリーズを再始動することを可能にした。オリジナル3部作の時代から、ビデオゲームと映画業界は密接な関係で成長し合い、ゲームがより映画化し、映画がよりビデオゲーム化していった（特にCGIの出現によっ

て）。今日の娯楽大作は、ビデオゲームを視野に入れて製作されている。『スター・ウォーズ エピソード1／ファントム・メナス』（99）のポッド・レースのように、新3部作にはゲーム化しやすい要素が詰まっている。

　しかし初期の"スター・ウォーズ"ゲームは、今とは全く異なるものだった。

ボードゲーム

　"スター・ウォーズ"初の家庭用ビデオゲームが登場したのは1982年だが、ボードゲームは根強い人気を誇っており、米玩具メーカーのケナー社は、アクション・フィギュアやそのほかの玩具とともに、オリジナル3部作それぞれと連動した、少なくとも2種類ずつのゲームを発売していた。『新たなる希望』においては、"Escape from the Death Star"、"Adventures of R2-D2"、"Destroy the Death Star"、『スター・ウォーズ エピソード5／帝国の逆襲』においては、"Hoth Ice Planet Adventure"と"Yoda: Jedi Master"、そして、『スター・ウォーズ エピソード6／ジェダイの帰還』においては、"Battle at Sarlacc's Pit, Wicket the Ewok"と"Ewoks Save the Trees"というように。　また、"The Adventures of R2-D2"を含む8種類のボードゲームが、1970年代後半から80年代前半にかけて、ケナー社より発売された。

　これらの商品のほとんどは単純な"レース"ゲームで、プレイヤーがスピンを回し、サイコロを転がすか、カードの山からカードをひき、さまざまな障害物を乗り越えてスタートからゴールまで到達する早さを競うというものだ。たとえば、人気商品となった"Escape from Death Star"（後に同名のロール・プレイング・ゲームが発売となるため、混乱しないように）の場合、各プレイヤーは、好きなキャラクターがペアになった駒セット（組み合わせは、ルーク＆レイア、ハン＆チューバッカ、C-3PO ＆ R2-D2、ダース・ベイダー＆ストームトルーパーといったもの）を選び、ひいたカードの数字分だけ、先に進んだり、後ろに戻ったりする。プレイヤーは駒を進めながら、はじめにデス・スター・コントロール・ルームでデス・スター計画書（映画のシナリオとは違うが、ゲームなので何でもあり）を受け取り、トラクター・ビームでビームとミレニアム・ファルコンを無力化し、最終的に、TIEファイターと"バトル"を繰り広げ（つまり、TIEファイターの絵が描かれた不運なスペースには止まらないほうがいい）、レベルベースでプランを遂行する。一番最初にプランを遂行できたプレイヤーが勝ちだ。ほかのゲームでは、ポイント数を競うものもあった。たとえば、"Battle at Sarlacc's Pit"では、プレイヤーは"ジェダイ・ポイント"を稼ぐことにより、ガモーリアン・ガードやボバ・フェッ

1970年代後半から80年代前半にかけて、ケナー社から発売された8つの"スター・ウォーズ"ボードゲームのうちの一つである"The Adventures of R2-D2"

ト、ジャバ・ザ・ハットらを、砂漠のモンスター、サーラックの巨大な口に放り込むことができる。すべての敵が倒れた時点で、最もポイントが多いプレイヤーの勝ちだ。

　その後、「モノポリー」、「リスク」、「人生ゲーム」、「トリビアル・パスート」、「オペレーション」などの定番ボードゲームがライセンスを受け、"スター・ウォーズ"バージョンを発売するようになった。「オペレーション」では、プレイヤーがR2-D2から不良部品を取り除くという仕掛けだ。タイガー・エレクトロニクスの"Star Wars: Electronic Galactic Battle"ゲームは公式ライセンスを受けたものではなかったが、基本的に、「電子版バトルシップ」のスター・ウォーズ版であり、プレイヤーが敵の宇宙船を発見し、破壊するというものだ。プレイヤーは、Xウィング、Yウィングらとともに反乱同盟軍として戦うか、TIEファイターやスター・デストロイヤーらとともに帝国軍として戦うかを選ぶことができる。惜しいことに、デス・スターは出てこない。この間、"スター・ウォーズ"のチェスセットも、数社から発売されている。残念ながら、デジャリック・

ホログラムチェス（チューイーと C-3PO がファルコンでプレイしていたホログラフィック・チェスゲーム）の公式ライセンスを受けた家庭用ゲームは、いまだに発売されていない。しかし、ファンたちは各々にゲームのルールを作り、木製や金属の駒を使った自己流のゲームを作ったり、なかには、自家製コンピューター・ゲームを作った者もいる。

ビデオゲーム

　家庭用コンピューターを持っている『スター・ウォーズ』シリーズのファンは、自家製の "スター・ウォーズ" コンピューター・ゲームをカスタム制作した。こうしたなか、最初にルーカスフィルムから正式ライセンスを受けた電子ゲームは、パーカーブラザーズ社による "Star Wars: The Empire Strikes Back" (82) で、アタリ 2600 用に作られた。一年後、マテル社によるインテレビジョン用版も登場した。"Star Wars: The Empire Strikes Back" は、原始的なグラフィックによるきわめて単純なスクロール・シューティングゲームだった。映画のなかのホスでの雪中のバトルシーンに見られるように、プレイヤーがスノースピーダーを飛ばし、AT-AT ウォーカーを攻撃するというものだ。5 人のウォーカーを倒したプレイヤーが勝ち。もし、ウォーカーエコー基地に辿り着き、破壊してしまったら、負けとなる。

　"Star Wars: The Empire Strikes Back" は大ヒットにはならなかったものの、各社がより多くの商品を開発するモチベーションを高めた。パーカーブラザーズ社は 1983 年、"Return of the Jedi: Death Star Battle" と "Return of the Jedi: Jedi Arena" を発売した。アタリ 5200 とアタリ XE 用に作られた "Death Star Battle" では、プレイヤーは、ミレニアム・ファルコンを操縦し、TIE ファイター一団の間を飛び抜け、第 2 デス・スターを破壊する。アタリ 2600 専用に作られた "Jedi Arena" では、プレイヤーがライトセーバーで闘い合う。3 つ目のゲームとして "Return of the Jedi: Ewok Adventure" も試作されたが、発売には至らなかった。

　1983 年には、単純に "Star Wars" と名付けられた同シリーズ初のアーケードゲームが、アタリから発売された。こちらは洗練された（80 年代初期のレベルにおいて）、一人称視点のシューティング／ファイティング・シミュレーション・ゲームで、3-D ベクター・グラフィックが使用された。プレイヤーは、スター・ウォーズのクライマックスで生き返り、X ウイング・ファイターのコックピット内からデス・スターの攻撃に参戦する。

プレイヤーは3つのレベルをクリアすれば勝ちとなる——TIE ファイターとの最初の戦いを制し、宇宙ステーションの表面にある砲塔を破壊し、最終的に敵陣に乗り込み、排気口に雷撃を放ち、デス・スターを破壊する。プレイヤーは第2、第3レベルでも、TIE ファイターの妨害を受け続ける。同ゲームでは、マーク・ハミルやハリソン・フォード、ジェームズ・アール・ジョーンズ、アレック・ギネスらの声を始め、映画内の断片的な会話やサウンド効果を楽しむことができる。ベーシック版として、立ったままプレイできるバージョンが販売されたが、デラックス版として、コックピットに座ってプレイできるバージョンも登場。両バージョンとも大ヒットし、5年間にわたって製造され続けた。同ゲームは、米国や英国の多くのゲームセンターで不動の地位を確立し、ファンはビデオゲームの連続プレイ記録を樹立したほどだ（ギネスブックで世界記録に認められた）。

　パーカーブラザース社は1984年、スケールを小規模化した家庭用バージョンをアタリとコレコのゲーム機、コモドール 64 コンピューター用に発売。87年、88年には、さらに9種のゲーム機用に書き換えられ、再発売された。ビデオゲーム・ファンや専門家のオンライン・コミュニティである「キラー・リスト・オブ・ビデオゲーム」というウェブサイトでは、"スター・ウォーズ"が優良な歴代コイン式ビデオゲームの第4位に選ばれた（上位3本は「パックマン」「ドンキーコング」「ギャラガ」）。アタリは1984年に、"スター・ウォーズ"のアーケード・ゲーム第2弾となる "Return of the Jedi" を発売。同ゲームには、よりリアルなラスタ・グラフィックスが使われており、スピーダーバイクの追跡シーンや、クライマックスのデス・スター・バトルを再現したものなど、4段階のレベルがある。家庭用バージョンも発売された。アタリは1985年に、"スター・ウォーズ"アーケードゲームの真の続作として、"The Empire Strikes Back" を発売。こちらも、3-D ベクター・グラフィックスによる一人称視点のシューティング／飛行ゲームで、"Star Wars: The Empire Strikes Back" のように、ホスでの AT-AT とスノースピーダーのバトルが基となっている。アタリの続作はどちらも、オリジナルの"スター・ウォーズ"アーケードゲームほどヒットしなかった。

　日本のゲームメーカー、ナムコは1987年、任天堂の初期のファミコン機器用に、単純に "Star Wars" と名付けられたアドベンチャー・ゲームを発売。同ゲームのデザイナーは、原作への忠実性には無関心だったと思われる。ルーク・スカイウォーカーがファルコンを操縦し、さまざまな惑星に向かって、ベン・ケノービ、レイア姫、ハン・ソロ、チューバッカ、ドロイドたちを救出する。各惑星は異なるダース・ベイダーによって守

られており、そのうちのいくつかは、さま
ざまな生き物に変身する（サメ、サソリ、
ワンパ、恐竜）。ルークは黒髪で、チュー
バッカは英語を話す。一年後、英マスター
トロニック社が、テレビアニメーション・
シリーズ「ドロイドの大冒険」を基にし
た "Droids: Escape from Aaron" とい
うコンピューター・ゲームを発売。これは、
C-3PO と R2-D2 が、ジャバ・ザ・ハッ
トのようなフロム・ギャングの支配から
逃れる冒険ゲームだ。ゲーム内で起きる
出来事はテレビシリーズから抽出された
ものではないものの、番組との継続性は
保っていた。

　1980 年代、ルーカスフィルムは同シ
リーズのライセンスをさまざまなゲーム
メーカーに売っており、商品における専
門的なクオリティ・コントロールを完全
にはできていなかった。これらのゲーム

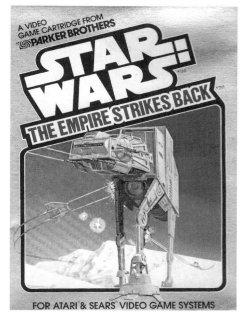

"スター・ウォーズ" シリーズ初の家庭用ビデオゲームとし
て、パーカーブラザース社からアタリ 2600 用に発売された
"Empire Strikes Back"
Photography by Preston Hewis/East Bank Images

の散々なクオリティを見かねたジョージ・ルーカスは、ルーカスフィルムのゲーム部門
を改革し、社内でゲーム開発・製造を行うルーカスアーツを立ち上げた。当初、ルー
カスアーツはアタリと提携し、『ラビリンス／魔王の迷宮』(86) や『インディ・ジョー
ンズ／最後の聖戦』(89) を基にしたゲームを制作した。その後、さまざまなゲーム機
やコンピュータ・プラットフォーム用に、ロングランとなる「モンキー・アイランド」シ
リーズ（90–11）を始めとするアドベンチャー・ゲームをオリジナル開発した。ルーカ
ス自身、ルーカスアーツが軌道に乗るのを待っていたのか、"スター・ウォーズ" のゲー
ムは 1993 年まで発売されなかったが、それは正解だった。"Star Wars: X-Wing"（プ
レイヤーが反乱同盟軍の戦士として、帝国軍と戦うという戦闘航空シミュレーター／
冒険ゲーム）は爆発的ヒットとなり、拡大版、コレクターズ版、続編と展開された。

　1999 年に『スター・ウォーズ エピソード 1／ファントム・メナス』が公開されるまでに、
1994 年の "Star Wars: TIE Fighter"（初めて帝国軍視点で描かれたゲーム）、1995 年

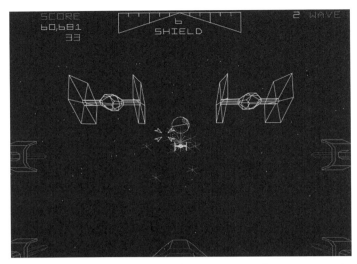

大ヒットとなったオリジナル版の"Star Wars"アーケードゲームが誇る 3-D ベクター・グラフィックは、1983 年当時としては最先端のものだった
Screen capture courtesy of Killer List of Video Games website, KLOV.com

の"Star Wars: Dark Forces"、1996 年の"Shadows of the Empire"（マルチメディア・イベントの一部として発売された経緯については前章参照）、1998 年の"Star Wars: Rogue Squadron"を含む、20 本以上の"スター・ウォーズ"ビデオゲームが発売され、すべて大成功となった。90 年代半ば以降、"スター・ウォーズ"ゲームは、ルーカスアーツの主軸となったのだ。

　そして近年、同社はリアルタイム対戦ゲームやロール・プレイング・ゲーム（RPG）を手がけ、ついに、"Star Wars Galaxies"（03）、"Star Wars: Clone War Adventures"（10）、"Star Wars: The Old Republic"（12）といった多人数参加型オンライン・ロール・プレイング・ゲーム（MMORPG）をリリースすることになる。

　ルーカスアーツは、プレイヤーがオンラインで相互交流できるダウンロード課金制のゲーム"The Old Republic"に、当時としては記録的な 2 億ドルの開発資金を投入。同ゲームはリリースから 3 日以内に 100 万人のユーザーを獲得し、"Star Wars" MMORPG シリーズの 3 本すべてがマルチメディア展開に発展し、小説やコミック本、玩具とタイアップされることになった。

ロール・プレイング・ゲーム

　1987 年に、"スター・ウォーズ"の公式ライセンスを受けた初のロール・プレイング・ゲーム（RPG）が登場するはるか前から、RPG の熱烈なファンたちもまた、独自にスター・ウォーズのゲーム・シナリオを書き始めていた。10 年もの間、多くのファンが待ち望み続けたところで発売となったウエスト・エンド・ゲームズの卓上用ゲーム "Star Wars: The Role-Playing Game" は、驚異的な成功を収めた。同ゲームを一層楽しむための 80 以上の攻略本や原典が生み出されたほか、"Star Wars: Star Warriors"（87）、"Star Wars: Assault on Hoth"（88）、"Star Wars: Battle for Endor"（90）、"Star Wars: Escape from the Death Star"（90 ／同名のケナー社のボードゲームと混乱しないように）という 4 つのスピンオフ・ボードゲームも発売された。

　さらに重要なことに、"Star Wars: The Role-Playing Game" は、その後、エクスパンデッド・ユニバース（拡張世界）となるものの背景を築いた。作家ティモシイ・ザーンは、影響力のある「スローン」3 部作（前章参照）を執筆する際に、ルーカスフィルムより、ウエスト・エンド・ゲームズの原典にある参考資料をストーリーに盛り込むように指示されていたのだ。ザーンの著書がベストセラー・リストの第一位となると、今度はウエスト・エンド・ゲームズが、ザーンの作り出したストーリー要素を組み込んだ新しいゲームを生み出した。こうした状況のなか、"ホロクロンの記録係" として知られるルーカスフィルムの記録監督者は、小説やロール・プレイング・ゲーム、ビデオゲームなど、さまざまなメディアを横断し、急速に拡大するフランチャイズ神話に一貫性を保つために尽力した。"スター・ウォーズ" 商品の成功にもかかわらず、ウエスト・エンド・ゲームズは 1998 年に倒産し、ハスブロの子会社であるウィザーズ・オブ・ザ・コースト社が "スター・ウォーズ"RPG シリーズの制作を引き継いだ。 2011 年、ファンタジー・フライト・ゲームズ社が、"スター・ウォーズ" の RPG やカード、ミニチュアゲーム商品のライセンス権を獲得した。

　ロール・プレイングのコンセプトと実体験型コンピューター・アニメーションの環境を合体させたコンピューター RPG と MMORPG の出現によって、従来の卓上用の RPG とビデオゲームとの境界線は曖昧になった。"スター・ウォーズ" のコンピューター RPG の先駆けとなった "Star Wars: Knight of the Old Republic"（03）と続編 "Star Wars: Knights of the Old Republic—Sith Lords"（04）は、ウィザーズ・オブ・ザ・コーストの "スター・ウォーズ"RPG を基にしたものだ。

スター・ツアーズ

オンライン・ロール・プレイング・ゲームは、ゲーマーたちの"スター・ウォーズ"体験を深めたが、「スター・ツアーズ」のアトラクションは、オリジナル短編映像と本格的な航空シミュレーターを組み合わせることにより、ゲストたちに、"スター・ウォーズ"の宇宙を目的地に向かって飛び回るという幻想を体感させた。ルーカスフィルムとディズニーの提携で、「究極の"スター・ウォーズ"アドベンチャー」と謳われた「スター・ツアーズ」は、1986年12月、米カリフォルニア州アナハイムのディズニーランドの「トゥモローランド」内にオープンした。1989年にはオーランドのディズニー・ハリウッド・スタジオと東京ディズニーランドに、92年にはパリのディズニーランド・パークにオープンした。「スター・ツアーズ」のゲストは、宇宙船"スタースピーダー"の巨大な模型に乗り込み、C-3POとR2-D2のガイドを受けて、銀河系のさまざまな"観光地"へのツアーを体験する。当初は、ゲストはエンドアに向かうのみだったが、後に、オリジナル3部作からオルデラン、ベスピン、ダゴバ、ホス、タトゥイーン、ヤヴィン、さらにデス・スターまでも含む50以上の目的地が追加された。これらすべての旅には危険が伴い、スタースピーダーのパイロットはTIEファイターと戦い、帝国軍のデストロイヤーから逃げるか、そのほかの脅威と戦うことになる。

　同アトラクションの開発には、約1年の期間と3200万ドルの費用がかけられた。それは、ウォルト・ディズニーが、1955年にディズニーランド全体を建設した際の費用の約2倍である。ルーカスフィルムが、一人称視点の短編映像を制作し、ディズニーの"イマジニアたち（夢を形に変える人たち）"が、50万ドルもする軍事使用レベルのフライト・シミュレーターを4機購入し、アトラクション用にカスタマイズした。映像とモーション・シミュレーターが合体し、星間トラベルの幻想を作り出す。アンソニー・ダニエルズがC-3POとして登場する。また、「スター・ツアーズ」のオリジナル短編映像には、スタースピーダー操縦士としてポール・（ピーウィー・ハーマン）・ルーベンスが登場するほか、ウィケット・ザ・イウォークとしてワーウィック・デイヴィスがカメオ出演している。ジョン・ウィリアムズは、「スター・ツアーズ」のオリジナル曲を作ることを申し出たが、すでに自身が作曲した交響曲のほうが適していると判断した。

　2010年代初期に、「スター・ツアーズ」のアトラクションは、米国と日本において、「スター・ツアーズ：ザ・アドベンチャーズ・コンティニュー」に差し替えられた。リニューアルされたライドは、高解像度の3-Dグラフィックとグレードアップしたサウンド、改良されたモーション・シミュレーターを搭載している。フランスではいまだ、オリジナル版「スター・ツアーズ」が稼働している。オリジナル版の冒険は『ジェダイの帰還』

に続く設定だが、「ザ・アドベンチャーズ・コンティニュー」の飛行は『シスの復讐』と『新たなる希望』の間に起きている設定だ。つまり、同ライドは（複数のシナリオの一つに）ダース・ベイダーを登場させ、宇宙船基地を飛び立とうとするゲストを脅かすことができるのだ。ジョージ・ルーカスがシナリオ監修をしたアトラクション内の映像は、インダストリアル・ライト・アンド・マジック（ILM）の視覚効果が特徴だ。ライドは収容数 40 人で、運行時間は 4 分半ほど。ライドが終わると、ゲストは下船し、スター・トレーダーのギフトショップに入る（しかない）。

　2014 年 8 月、ディズニー社のボブ・アイガー CEO は、同社のテーマパークに、"スター・ウォーズ"関連の新アトラクションを導入する計画を発表。これはディズニーが 2012 年にルーカスフィルムを買収したときから、多くの人々が予測していたことだ。同著を執筆している 2015 年初めの時点で、同計画についての詳細は発表されていない。新しいアトラクションが「スター・ツアーズ：ザ・アドベンチャーズ・コンティニュー」に替わるものなのか、補足するものなのかということも明らかではない。しかし、アイガー氏は「ヴァラエティ」紙に、ディズニーが「パーク内に、はるかに素晴らしい"スター・ウォーズ"の存在感をもたらすようなデザインを開発中」であると語った。

第32章

Laugh It Up, Fuzzball
ほくそ笑んでろ、この毛玉野郎が

Memorable Star Wars Parodies
有名な「スター・ウォーズ」のパロディ

　『スター・ウォーズ』ほど頻繁に風刺化されている映画はない。数々のパロディ映画や番組が登場し、スタンダップ・コメディアンやトーク番組司会者、コミックブック風刺作家ほか、ありとあらゆる分野の識者たちのネタとなっているのだ。ジョージ・ルーカスはその間ずっと、見事なほどにジョークを受け入れてきた。それは多分、パロディの増殖が、同フランチャイズの文化的な功績を証明するものだと理解しているからだ。結局のところ、コメディアンは、誰も見たことがない映画をネタにしても笑いをとることができない（『アメリカン・グラフィティ2』のパロディが皆無に近いことを考えればわかる）。『スター・ウォーズ』がいつでも気軽にターゲットにされてきた理由は、たくさんの独特かつバラエティ豊かで、普通に考えればあり得ない要素（ローレル＆ハーディ風のロボットたち、犬と猿と熊が合体したような巨大な宇宙船の副操縦士、レイア姫の奇妙な髪型など）を備えていることに加え、観客がジョークを理解できるかどうか心配する必要が一切ないということだ。"誰も"が、『スター・ウォーズ』を知っているのだから。

米「マッド」誌（77-97）

　米「マッド」誌にとって、『スター・ウォーズ』はコメディ・ネタの宝庫であり、同フランチャイズが誕生してから20年にわたり、同誌は一年に約一本のペースで、オリジナル3部作すべてのパロディと、そのほか多数の風刺特集を展開した。そのほかに、別のコンテンツのパロディに『スター・ウォーズ』の要素が引用されたケースも多々ある。ドン・マーティンやセルジオ・アラゴネス、モート・ドラッカーら、同誌で有名なアーティストのほぼ全員が、1〜2回は『スター・ウォーズ』のパロディに挑戦した。同誌を愛読して育ったルーカスは喜び、ドラッカーに『アメリカン・グラフィティ』のポスター・イラストを依頼したほどだ。1977年後半（78年1月号）、同誌による最初の『スター・

米「マッド」誌は 2007 年、長年にわたって展開してきた多くの『スター・ウォーズ』パロディ
をまとめて、トレード・ペーパーバッグ版を出版した。同誌の愛読者であったルーカスはときに、
自身の映画に対する同誌の批判にすら、喜びのメッセージを寄せた

ウォーズ』パロディとなった "Star Bores" が発表されると、ルーカスは歓喜のメッセー
ジを綴った手紙を編集者に贈り、すぐに特集用に描かれたオリジナル・イラストを購
入した。その後も長年にわたり、『スター・ウォーズ』やそのほかのルーカスフィルム
作品のパロディにおいて、マッド誌のスタッフに祝福のメッセージを贈っている。なか
でもルーカス自身が、同誌の『スター・ウォーズ』関連特集を集めた本 "Mad About
Star Wars" に、「私はいつも、弁護士からマッド誌を守ってきた」と紹介文を書いた

ことは、"おそらく最も重要な"行動であった。

　マッド誌のほかのコンテンツと同様に、『スター・ウォーズ』のパロディも、うまく行くときもあれば失敗するときもあり、たいていは未熟で、ときには粗削りなものであったが、遊び心と鋭い洞察力に富んでいた。ほぼすべてのパロディに、一つや二つ、記憶に残る気の利いた台詞があった。1978年12月に出版された"The Mad Star Wars Musical"のなかで、オビ＝ワン・ケノービは「風のささやき」に合わせて優しく歌っている──「ダース・ベイダーに出会い、その直後に死ぬことを知っている／全体的には（自分のもう一つの代表作である）『戦場にかける橋』のほうがマシだったとさえ思う」。この歌詞は、オビ＝ワンというキャラクターが物語の初期で消えることと、映画が圧倒的な人気を博したことへのアレック・ギネスの疑念を見事に表現したものだった。1997年2月にリリースされた"Star Wars Playsets You May Have Missed"は、服装倒錯のアクション・フィギュア"The Dizzy Droid Drag Cantina"やジャバ・ザ・ハットのお風呂といったプレイセットのアイデアを提案するもので、絶え間ない同フランチャイズの商品化戦略を揶揄したものだ。

　同誌の『スター・ウォーズ』パロディのうち、最も効果的だったのは、1983年10月に発表された"Re-Hash of the Jeti（ジェタイの改作）"だった。『スター・ウォーズ　エピソード6／ジェダイの帰還』には、同誌スタッフが遊べる素材が豊富にあったため、ドラッカーとライターのディック・デ・バートロが、ファンや批評家たちの不満を集めた『ジェダイの帰還』の弱点の多くを、絶妙に強調してみせた。たとえば、デス・スターの攻撃に先立ち、"スナックバー提督"が兵士たちに作戦を話す場面で、「これから遂行するのは、ほかの"Star Bores"で遂行したのと同じトップシークレット攻撃作戦だ！」と言う。それから提督は、（コミックのこまに描かれた）観客たちを招いて、ともに作戦を復唱するのだ。"レイダップ姫"がテディベアのような"イヤーワックス"に会う場面では、種族の長が「我々は"Star Bores"グッズの新世代だ！」と告げる。同パロディはまた、"ルーブ・スカイストーカー"とレイダップ姫が兄妹であるという設定を風刺し、すべてのキャラクターも何らかの形で親族関係にあるように描いた。物語の最後に、とうとう"ハム・ヨーヨー"がレイダップ姫に求婚すると、彼女は「どうしていいかわからない！あなたはきっと、私のおじさんなのよ！」と答えるのだ。

テレビのパロディ番組（77-78）

　現在と同じように1970年代にも、新作プロモーションのために映画のスターたちが

記者会見やプレミア試写会、トーク番組ほか、さまざまな場面に登場するしきたりがあった。『スター・ウォーズ』シリーズの場合、マーク・ハミルやハリソン・フォード、キャリー・フィッシャーはもちろん、C-3P0 や R2-D2、ダース・ベイダー、チューバッカといったコスチュームを来たキャラクターたちも、ショッピングモールやコミックブック店、映画館（有名な所ではハリウッドのチャイニーズ・シアターなど）、さらには、「ヴォーグ」誌の撮影現場（第 10 章参照）にまで登場した。こうした場所に登場するキャラクターたちは、ほとんどの場合、映画の俳優とは別の人がコスチュームを着たものだった。そのため、1977 年から 78 年にかけて、さまざまなキャストたち（コスチューム装着の有無にかかわらず）が一連のテレビのコメディ・バラエティ・シリーズや特番に登場したが、皆、平然としていた。もしかしたら、ときには、顔色を変えていたのかもしれないが。これらの番組のほとんどは、ホームビデオとして公式リリースされることはなかったが、多くはオンラインに投稿されていたり、Google 検索で見つかる動画サイトで視聴できる。

　1977 年 9 月 23 日、バラエティ番組「ダニー＆マリー・ショー」の第 3 シーズン・プレミアの一部として放送されたコントは、同フランチャイズのテレビ露出の先駆けであり、最も異様なものだった。C-3P0 と R2-D2、ダース・ベイダー、チューバッカが勢ぞろいし、（珍しいことに）アンソニー・ダニエルズとピーター・メイヒューがともに、映画の役を再演したのだ。共演したのは、シンガー・ソングライターのクリス・クリストファーソン、コメディアンのレッド・フォックス（直近に打ち切りとなったシットコム "Sanford and Son" の主演）、ゲーム番組の人気者であるポール・リンドほか、番組の司会者たちで、コントのタイトルすらもない、直視しがたい 10 分間の歌とダンスのパロディだった。いまだに "The Star Wars Holiday Special" に次ぐ交絡的な見世物として君臨している同コントは、ほとんど脈絡のないものである―― ルークとレイア（ダニー＆マリー・オズモンド）とドロイドたちが、ハン・ソロ（クリストファーソン）とチューバッカの助けを得て、帝国軍の惑星からの脱出を図るものの、再びダース・ベイダーに捕まってしまう。フォックスが、肉体のない、軽口の魂であるジェダイ・マスター "オビ＝ベン・オキフェノーキー" を演じ、リンドが怒りに満ちた帝国軍士官に扮している。ダース・ベイダーは、ジェームズ・アール・ジョーンズの代わりに、リー・マーシャル（ケロッグ社のキャラクター "トニー・ザ・タイガー" の声で知られる）に似た声の誰かによって演じられている。ダニー＆マリー、クリストファーソン、リンドらは、ディスコ・ダンスをするストームトルーパーたちとともに 6 曲の（くだらない）音楽パフォー

マンスも披露する。ダニエルズとメイヒューは威厳を持って振る舞っているが、それ以外はひどくお粗末なものである。

その後すぐ、1977年秋に4話のみで打ち切りとなった「リチャード・プライヤー・ショー」で、モス・アイズリーの酒場シーン用にリック・ベイカーが作った本物のマスクや衣装のうちいくつかが使われた。「スター・ウォーズ・バー」と題された5分間のコントのなかで、プライヤーは宇宙ナイトクラブの経営者に扮している。ジョークの多くは、エイリアンたちのグロテスクな見かけをネタにしたものだ（プライヤーは、ある生き物に「お前はデトロイトから来た知り合いの黒人にそっくりだ」と言う）。

1977年の「ボブ・ホープ・オールスター・コメディ　クリスマス・スペシャル」には、マーク・ハミルがルーク・スカイウォーカーとして登場した。8分のミュージカル・コント「スカー・ウォーズ」のなかで、バート・ベイダー（ホープ）が身代金目当てに、陽気で年老いたサンタクロースを誘拐する。ホープと、ゲスト出演者のペリー・コモ、オリビア・ニュートン＝ジョン（レイア姫の衣装を着用）のくだらない掛け合いに続き、全身に衣装をまとったハミルが駆けつけ、フォース（ロサンゼルス市警フォース）を用い、"傑作映画に対する悪意ある損傷"の罪でホープを逮捕する。ベイダーはワッハッハと笑う。

1978年には、キャリー・フィッシャーが「サタデー・ナイト・ライブ」の司会を担当し、レイア姫の衣装でオープニングのモノローグを行い、ビーチパーティーを舞台とした歌のコント "Beach Blanket Bimbo from Outer Space" にも登場した。同コントには "Not Ready for Prime Time" のキャスト全員が登場し、ビーチ映画と性慣習の変化に対する風刺を披露する。たとえば、レイアの名前の発音（"Lay-uh" は "横たわって喘ぐ" という表現にも聞こえる）を、ビーチの男たちがからかうシーンでは、アネット・ファニセロ（ギルダ・ラドナー）が「今は50年代よ。いい女は最後までいかないのよ」と説明する。恋人のフランキー・アヴァロン（ビル・マーレイ）も助け舟を出すように「俺たちはムンムンしてるから、みだらに "聞こえる" ことなら、何でも笑っちゃうんだぜ！」と付け加える。

同フランチャイズ上、最も愛すべきテレビ露出といえば、1980年にハミルがC-3PO（ダニエルズ）とR2-D2、チューバッカ（メイヒュー）とともに「ザ・マペット・ショー」のゲスト司会を務めたものだろう。ハミルはルーク・スカイウォーカーと、スカイウォーカーの "いとこ" であるマーク・ハミルの二役で登場した。ルークとドロイドたちが、誘拐されたチューイーを探しているという設定だ。献身的なルークを演じるハ

ミルは「オルデランの悲劇を忘れるな！（Remember Alderran!)」といった台詞を叫びながら、舞台裏を走り回る。彼自身の役では、物まねから歌、ダンス、ジョーク（出来は悪い）までこなし、ヒット曲に合わせてガラガラ声で歌ったかと思うと、カエルのカーミットによって劇場から連れ出される。ルークは最初、舞台に上がることを拒否するが（「俺たちは今、任務遂行中なんだ。三流のくだらないバラエティ番組に出ている場合じゃない」）、最終的に『スター・ウォーズ』キャラたちが、8分間に延長された「ブター・トレック」寸劇に登場することに。ミス・ピギーは、自慢のブロンド髪を団子にして両サイドにまとめている。宇宙船"ブター・トレック"の乗員たちが、ルークとドロイドたちがダース・ネイダー（ダース・ベイダーのようなマスクとヘルメット、マントをまとったゴンゾ）の支配下にあるチューバッカを救出する手助けを

1970 年代後半、コスチュームを着た『スター・ウォーズ』キャラクターたちは、数々のテレビ番組や、ウォルマートを含む多くの場所に登場した。しかし、これらのイベントでコスチュームを着たのは、ほとんどの場合、映画で実際に同キャラたちを演じた俳優ではなかった

し、皆がエンディングの音楽メドレーに合わせて歌って踊る。C-3PO は、「ユー・アー・マイ・ラッキースター」に合わせてタップダンスを披露する。同年、C-3PO（ダニエルズ）と R2-D2 は、「セサミストリート」の二話にも登場した。うち一話では、R2-D2 が消火栓と恋に落ちる。もう一話は、ドロイドたちがビッグバードとともに数え歌を歌うというものだ。

　最も野心に満ちた同フランチャイズのテレビ版パロディといえば、有名スパイ・パロディ「それ行けスマート」(65-70) のクリエイターであるユーモア作家／脚本家のバック・ヘンリーが生み出した継続的なシリーズ「クォーク」(77-78) である。同シリーズでは、リチャード・ベンジャミンが、星間でゴミを運ぶ大型平定船の船長アダム・クォークを演じた。パイロット版の時点では『スター・トレック』のパロディであったが、NBC

が企画を買ったときには、『スター・ウォーズ』ブームが世界中を席巻しており、番組もより『スター・ウォーズ』色が強いものに一新されていた。第二話の"May the Source Be with You"のなかで、クォーク船長は、惑星ほどのサイズの邪悪なゴルゴンズ（ダース・ベイダーのような身なり）の超強力兵器を探し出し、破壊する任務を負う。後に、同シリーズは『2001年宇宙の旅』と"Flash Gordon"をネタにするようになった。「クォーク」はシーズン半ばに代替シリーズとして放送開始されたが、高い制作価値（素晴らしい視覚効果とエミー賞にノミネートされた衣装を含む）と急上昇するSF人気にもかかわらず、視聴者の支持を得られず、わずか八話にて打ち切りとなった。

パロディ映画：『ハードウェア・ウォーズ』（78）から『スペースボール』まで（87）

その間、多くのフィルムメイカーたちが『スター・ウォーズ』のパロディ映画製作に乗り出した。その先駆けで、最も面白く、永続的に愛されている作品の一つが、脚本家／監督のアーニー・フォセリアスが、長い予告編（12分）という設定で作った超低予算映画『ハードウェア・ウォーズ』（78）だった。フォセリアスは予算不足を逆手に取り、宇宙船を家庭用器具で代用するなどしながら、見事なコメディに仕立て上げた。ファンたちはいまだに、スチームアイロンやトースター、卵泡だて器、カセット・レコーダーなどの"宇宙船"が宇宙空間を飛び回るシーンで爆笑している。衣装や小道具もまた、滑稽なほどに安っぽい―― C-3POのようなロボット"4-Q-2"は（『オズの魔法使い』に出てくる）ブリキの木こりのような衣装を着ており、R2-D2のような"アーティ・デコ"はキャニスター型掃除機によって"演じられた"。"チューバッカ：ザ・ウーキーモンスター"は茶色に染められたクッキーモンスターであり、"フルーク・スターバッカー"のライトセーバーは懐中電灯だった。イタズラ満載の台詞や大げさな演技もまた、最高に面白い。スチームアイロンの"宇宙船"がワッフルアイロンの"宇宙ステーション"に吸い込まれると、"ハム・サラダ"がパニくったフルークを「気楽にやれよ。たかが映画だぞ（Take it easy, kid. It's only a movie）」と諭す。予算が限られていながらも、フォセリアスは、『スター・ウォーズ』第1作の予告編でナレーションを担当した伝説の声優ポール・フリースに、『ハードウェア・ウォーズ』の予告編ナレーションを依頼した。フリースの真面目くさったナレーションによって、すべてが一層滑稽に感じられるのだ。

『ハードウェア・ウォーズ』は数々の映画祭で最高賞を受賞し、巨額の利益を出した。

わずか 8000 ドル予算で製作され、100 万ドル以上を稼いだのだ。1997 年には、『ハードウェア・ウォーズ』スペシャル・エディション（もちろん、ルーカスによるオリジナル3 部作の特別篇を風刺したもの）が DVD リリースされた。フォセリアスが関与することなく作られた同エディションには新しいシーンが盛り込まれ、デジタル視覚効果が強化された。1999 年のインタビューでルーカスは、個人的に一番好きな『スター・ウォーズ』パロディ作品として、『ハードウェア・ウォーズ』を挙げた。同作は 2003 年、公式スター・ウォーズ・ファン映画賞にてパイオニア賞を受賞したことで、ルーカスフィルムから公式に認められた。

　フォセリアスが愉快な短編映画を製作していた頃、ブラジル人フィルムメイカー、アドリアーノ・スチュアートは、今ではブラジル版『スター・ウォーズ』として知られている長編映画 "Os Trapalhões na Guerra dos Planetas (The Bunglers in the War of the Planets)" を撮影していた。トルコ版『スター・ウォーズ』（第 13 章参照）とは異なり、こちらはパロディではなく模倣作品であった。ロケーション（砂漠の惑星や宇宙の酒場など）や衣装（ダース・ベイダーのような邪悪なエイリアンなど）、小道具などは『スター・ウォーズ』を模倣しているようだが、実際には純粋なドタバタ喜劇である。残念ながら、ギャグの多くは滑っている。主な原因は、監督が "面白い" シーンで、ひっきりなしに、気が散るようなスローモーションを多用しているからだ。全体的に見て、表向きは真面目なトルコ版映画のほうが、コメディと謳っているブラジル版よりも面白い。"Os Trapalhões na Guerra dos Planetas" は、ブラジルの長寿テレビ番組（77-93）に主演していた 4 人組コメディアン「バングラーズ」（「トランプス」と訳されることもある）が主演する 13 本目の映画であった。おそらく、サン・パウロでは受けたのだろう。

　1980 年代には、そのほか多くの SF パロディ映画が登場。それらのほとんどに、『スター・ウォーズ』のトレードマークともいうべき要素が見られた（神経質なロボットやエイリアンに溢れる宇宙酒場、両サイドに饅頭を付けたようなヘアスタイルは、繰り返しネタにされた）。しかし厳密に言うと、これらの多くは『スター・ウォーズ』のパロディではなかった。ウィリアム・サックスが脚本・監督を手がけ、「プレイボーイ」誌の元「プレイメイト・オブ・ザ・イヤー」であったドロシー・ストラットンがセクシーなアンドロイド役で主演した『ギャラクシーナ』(80) は、どちらかというと『バーバレラ』(68) の改作であった。悲劇的なことに、ストラットンは同作公開直後に殺害された。脚本家／監督のブルース・キンメルがメガホンをとり、レスリー・ニールセンとシンディ・ウィ

脚本家／監督のメル・ブルックスが『スター・ウォーズ』を風刺した『スペースボール』。左より、チューバッカ風のバーフ（ジョン・キャンディ）、C-3PO風のドット・マトリックス（声の担当はジョン・リバース）、レイア姫風のベスパ姫（ダフネ・ズニーガ）、ハン・ソロ風のローン・スター（ビル・プルマン）

リアムズが主演した"Naked Space"（83）は、『フライングハイ』（80）が空の旅で描いたものを宇宙の旅で描こうとしたものであり、日本の怪獣映画の楽曲や映像とともに、駄洒落や視覚的ギャグをやたら適当に組み合わせたものであった。駄作ともいえる『フライングハイ２／危険がいっぱい月への旅』（82）はスペースシャトルを舞台とし、ほぼ同じような内容であったものの、興行成績はわずかに上回った。

1987年に登場したメル・ブルックス監督による『スペースボール』は、評価の面ではいまいちでありながら、最も完璧に近い『スター・ウォーズ』のパロディ映画といえる。邪悪なダース・ヘルメット（リック・モラニス）の支配下にあるレイア姫（ダフネ・ズニーガ）を、宇宙のカウボーイ（ビル・プルマン）が救出するというシナリオは、『スター・ウォーズ エピソード４／新たなる希望』に限りなく忠実であろうとしながらも、脚本・監督・製作・主演を務めたブルックスが『スター・ウォーズ エピソード５／帝国の逆襲』と『ジェダイの帰還』、そのほかの人気SF映画を批判する要素もあった。ジョン・キャンディが、カウボーイ（プルマン）が宇宙旅行に使うウィニーゴーの副操縦士である、半分人間

で半分犬のバーフを演じている。ブルックスは、邪悪なスペースボール惑星の支配者
である能率の悪いスクルーブと、シュワルツとして知られる魔力を持った小柄のエイリ
アン支配者であるヨーグルトの二役を演じている。ジョアン・リバースが、レイア姫の
相棒であるロボット（女性版 C-3PO）のドット・マトリックスの声を担当している。さ
らに、ドム・デルイーズが、チーズとサラミに包まれた宇宙の海賊、ピザ・ザ・ハット
としてカメオ出演している。

　『スペースボール』は、豪華キャストと高い製作価値にもかかわらず、笑いをとるた
めに汚い言葉や無分別で性的な当てこすりを連発しすぎており、ブルックスの代表作
（『プロデューサーズ』『ヤング・フランケンシュタイン』『ブレージングサドル』）が築
き上げた見事なまでの狂気の高みに達することはなかった。とはいえ、同作にも素晴ら
しいシーンがいくつかある。ベストの状態においては、マッド誌のパロディのレベルに
匹敵する。ある愉快なさりげないシーンのなかで、スターとバーフが宇宙空間のレスト
ランに座っていると、俳優のジョン・ハートが『エイリアン』（79）のなかの有名な“チェ
ストバスター”の場面を再現する。ただここでは、エイリアンが胸部から出た後に、ワー
ナー・ブラザースの古典アニメ『魅惑の蛙』（55）のミシガン・J・フロッグのように歌
い踊り始めるのだ。

　『スペースボール』はまずまずの利益を出したものの、ブルックスが期待したような
ヒットにはならなかった。評価も中途半端なものだった。「シカゴ・サン・タイムズ」
紙のロジャー・エバートは、同作が「『スター・ウォーズ』パロディを欲するファンの
情熱が完全に冷める前、つまり数年前に作られるべきであった」と不満を述べた。公
開後には、ルーカスがブルックスに祝福のメッセージを贈った。ルーカスは、『スペー
スボール』を見ながら「笑いすぎて、何かを壊してしまうんじゃないか」と思うぐらい
だったと綴った。同作は長年にわたり、カルト的な人気を誇っている。“Spaceballs
III: The Search for Spaceballs II”という仮題の続編企画も提案されたが、これまで
のところ、企画開発には至っていない。新たなる 3 部作を待ち望む 2015 年初め、ブルッ
クスは『スペースボール』の続編に関する話題を再び口にするようになった。2008 年
にはカナダのテレビ局で、ブルックスとズニーガ、リバースが映画内の役柄をもう一度
演じた“Spaceballs: The Animated Series”が放映された。同シリーズは 13 話しか
続かなかったものの、パイロット版に続く第一話（“Revenge of the Sithee”）では、『ス
ター・ウォーズ』新 3 部作を激しく風刺した。

『リターン・オブ・ザ・イウォーク』(82)

　1982 年に『ジェダイの帰還』の製作が開始される頃までに、『スター・ウォーズ』の
パロディがあまりにも多く作られたため、ルーカスフィルムのスタッフも自分たちでパロ
ディを作ることにした。『スター・ウォーズ』に関する初の"モキュメンタリー"とい
う形をとった同作は、『ジェダイの帰還』のウィケット・ザ・イウォーク役として映画デ
ビューを飾る、当時 11 歳のワーウィック・デイヴィスにまつわる風刺的伝記映画だっ
た。デイヴィスとアシスタント・ディレクターのデイヴィッド・トンブリンが原案、脚本、
監督を手がけた 24 分の『リターン・オブ・ザ・イウォーク』は、ジョージ・ルーカス
の恩恵（と資金）を受けて『ジェダイの帰還』の製作期間中に作られた。

　同作は、デイヴィスの青年期のフィクション描写から始まる。重量挙げ選手やサッ
カーのゴールキーパーとしてのキャリアに挫折した青年が、『スター・ウォーズ』の初
期二作を見て、「この映画に出たい」と決意する。すぐにタレント・エージェントのマ
クスウェル・マーキュリー（ロイ・キニア）と面会したデイヴィスは、新しい『スター・
ウォーズ』映画のなかになら、役があると告げられる。

　　「イウォーク役をやりたいか？」とマーキュリー。
　　「イウォーク？」と聞き返すデイヴィス。「イウォークって何ですか？」
　　「さあね」と答えるマーキュリー。「でも、ギャラはいいし、僕も 10％もらえるんだ」。
　　（ベテラン実力派俳優であるキニアは、『ジェダイの帰還』のキャストではなかっ
　　　たが、この端役を演じるためだけに呼ばれた。）

　デイヴィスはマーキュリーからウィケットのコスチュームを受け取ると、すぐに着替
えて EMI エルストリー・スタジオに向かうが、現場では誰もイウォークのことを知ら
ない。デイヴィスは、共同プロデューサーのロバート・ワッツやハリソン・フォード、マー
ク・ハミル、キャリー・フィッシャー（光沢のあるビキニ姿で楽屋をうろうろしている）、
C-3PO、R2-D2、チューバッカ、ジャバ・ザ・ハット、ダース・ベイダーらとすれ違う。
EMI のシーンでは、リアリティとファンタジーの境界線が曖昧となる。映画のクルー
やスターたちは本人役を演じているが、アンソニー・ダニエルズやケニー・ベイカー、ピー
ター・メイヒュー、ジェレミー・ブロック（ボバ・フェット）、デイヴィッド・プラウズ
らは各キャラクターとして登場（そして演技）しているのだ。『リターン・オブ・ザ・イ

ウォーク』は、ダース・ベイダーを演じるデイヴィッド・プラウズの吹き替えなしの声（「イウォーク、戻ってこい！」と叫ぶ）が聞ける貴重な映像でもある。最後には、賢者ヨーダがデイヴィスに、イウォークについて教え、エンドアへの道のりを指南する（パンアメリカン航空で大西洋横断飛行をし、NASA のロケットで宇宙に飛ぶ立つというもの）。

　残念ながら、『リターン・オブ・ザ・イウォーク』は完成されず（もし完成されたとしたら、プラウズの声は差し替えられただろう）、公式にリリースされることもなかった。デイヴィスは、さまざまな SF イベントに登場した際に、同作の映像を見せてきた。作品の一部はテレビの特別番組で放映され、公式ウェブサイト「Starwars.com」にも投稿された。映画から抜粋された映像（ウィケットが第 2 デス・スターに乗ったボバ・フェットに脅かされるシーン）は、2004 年にリリースされたオリジナル 3 部作の DVD に、"隠れ"ボーナス特典として収録された。しかし、同短編映画の海賊版は広く出回り、さまざまなオンライン・サイトに投稿された。公式な完成版の公開は、長いこと延期されている。

　『リターン・オブ・ザ・イウォーク』は完成しなかったものの、後に公式なパロディが作られる布石となった。『スター・ウォーズ エピソード 2／クローンの攻撃』の製作中には、皆が大好きな宇宙メカのドロイドに関する 12 分のモキュメンタリー "R2-D2: Beneath the Dome" が撮影され、2001 年に公開された。レゴ・ブロックを基にし、劇場公開なしで DVD 発売された「レゴ（R）スター・ウォーズ」もまた、自社パロディである。 このほかの公式パロディとしてアニメ・シリーズ "Star Wars: Detours"（"スター・ウォーズの世界をコメディ視点で見たもの" と謳われた）も企画されたが、ディズニーがルーカスフィルムを買収した際に中止となった。

後期のパロディ

　『スター・ウォーズ』のパロディは 1990 年代を通して、映画やテレビに登場し続け、1999 年に新 3 部作がスタートすると、その流れは超高速となった。アマチュア・フィルムメイカーのケヴィン・ルビオによる 10 分の短編『トゥループス』は、『スター・ウォーズ』とリアリティ・テレビドラマ「全米警察 24 時 コップス」のパロディで、ストームトゥルーパーの日常を描いたものとされている。『トゥループス』は大人気となり、たくさんのファン映画を生むきっかけとなった。それらの多くは風刺的なものだった。そのうちの一つは、ジョー・ナスバウムが『スター・ウォーズ』とオスカー受賞作『恋におちたシェイクスピア』（98）をパロディ化した、8 分の短編映画『恋におちたジョージ・ルーカス』（99）で、ルーカスの幼少期のさまざまなできごとが、どのようにオリジナル 3 部作誕

生につながり、影響を与えたかということを描いたもの。最もウィットに富んだ愛すべき『スター・ウォーズ』パロディの一つともいえる同作は、いくつかのアワードを受賞し、ルーカス本人からも祝福のメッセージを受けた。29 分の『親指ウォーズ』(99) は、ブラック・ヘルメット・マンやバンヘッド姫といった指人形のキャラクターをフィーチャーしたもの。このほか、紹介し始めるとキリがないほどである。

「ファミリー・ガイ」や「ロボット・チキン」、「フィニアスとファーブ」、「サウスパーク」、「ピンキー&ブレイン」から「フレンズ」にいたるまで、さまざまなテレビアニメや実写番組のなかにも、『スター・ウォーズ』のパロディが見られる。「ロボット・チキン」のパロディでは、ルーカスが本人役として、『スター・ウォーズ』テーマのエピソード三話のうち第一話のプロモーション映像に登場した(精神科医の部屋のソファに座ったルーカスは、──ほかならぬ──"The Star Wars Holiday Special" によって感情的なトラウマを負ったと打ち明けた)。「ファミリー・ガイ」はさまざまなエピソードで、オリジナル3部作すべてに対する、不敬かつ痛快なパロディを披露した(2007 年の "Blue Harvest" で『新たなる希望』、2010 年の "Something, Something, Something, Dark Side" で『帝国の逆襲』、2011 年の "It's a Trap!" で『ジェダイの帰還』をパロディ化)。

パロディは映画やテレビ番組に限られたものではない。ミュージシャンのウィアード・アル・ヤンコビックは、ドン・マクリーンの代表曲「アメリカン・パイ」に乗せて、『ファントム・メナス』の風刺を歌った「ザ・サーガ・ビギンズ」(99) をヒットさせた("My, my, this here Anakin guy/May be Vader someday later/Now he's just a small fry…")。2001 年にトロントで開演した、カナダ人俳優チャールズ・ロスによるオフ・ブロードウェイ劇 "One Man Star Wars Trilogy" は、その後6年間にわたり、さまざまな都市を巡回して成功を収めた。ついには、お決まりのハードコアなポルノのパロディまで登場した。さらに、YouTube の "How It Should Have Ended" シリーズや予告編パロディの "Honest Trailers" シリーズなどのウェブサイト発の秀作から、インターネットに蔓延する種々さまざまな関連情報にいたるまで、オンライン上のパロディは、数え切れないほど存在する。2012 年までに、『スター・ウォーズ』のパロディは広告に使われるほど日常的なものとなり、フォルクスワーゲンのテレビ・コマーシャルでは、ダース・ベイダーの衣装を来た少年が、"フォース・パワー" を使って父親のパサートのエンジンをかける姿がフィーチャーされた。新たなる『スター・ウォーズ』映画とテレビシリーズの波がやってきた今、新しいパロディが登場する日も遠くはない。

こうした次世代パロディのなかに、『ハードウェア・ウォーズ』に匹敵するぐらい面白い作品が登場し、オズモンド・デュオが出てくる作品が作られないことを願うばかりだ。

第33章

I Am Altering the Deal

取引を変更したのだ

Remastering and Revising the Original Trilogy
オリジナル3部作のリマスター化と再公開

『スター・ウォーズ』誕生20周年を祝し、『スター・ウォーズ エピソード1／ファントム・メナス』（99）の公開を記念するため、ジョージ・ルーカスは、オリジナル3部作を劇場で再公開することを決めた。これはルーカスおなじみの手だった。1979年には『スター・ウォーズ エピソード5／帝国の逆襲』のプレミアを記念して、『スター・ウォーズ』を再公開し、1982年には『スター・ウォーズ エピソード6／ジェダイの帰還』公開に先立ち、前2作を再公開していたからだ。これら再公開に際して、ルーカスは映画にわずかな変更を加えていた。しかし、彼のなかにはさらに大きな計画があった──視覚効果によるフェイスリフトやサウンドと音楽のリタッチ、過去に削除された映像と新しく作られた映像の融合などを含む、オリジナル3部作の全面的な再構築だ。

数々のインタビューでルーカスは、当時存在していた『スター・ウォーズ』映画は、彼の芸術的ビジョンをすべて体現したものではないと主張していた。製作当時、そのビジョンを映画化する技術がまだ存在しておらず、予算が厳しかったからだという。1981年の「スターログ」誌のインタビューでルーカスは、『スター・ウォーズ』製作中に多くの妥協を強いられ、実際には彼が思い描いた世界の25%を実現したにすぎないと語っていた。その20年後、ルーカスは、どんなことでも実現できる技術力と財力を手にした。『スター・ウォーズ』の修正に1000万ドル（最初の映画製作費とほぼ同額）を出資するよう、フォックスを説得し、『帝国の逆襲』と『ジェダイの帰還』の修正においては、ルーカスフィルムが250万ドルずつつぎ込んだ。

彼はまた、新しい『スター・ウォーズ』の特別篇がオリジナル版を補強する役目を担うのではなく、差し替えるつもりであることを主張し、多くのファンを失望させた。米国映画撮影監督協会の会報誌のインタビューでは、「たった一つ（のバージョンの映画）しか存在しない」と語った。「映画というものは決して完成しない、放棄されるんだ。どこかの段階で、誰かが"もういいよ、これで完成だ"と言ったとたん、どんなに抵抗

しても映画から引き剥がされるんだ。本当はそんな構造であるべきではない。ときには、過去に戻り、映画に新たな手を入れる（ことができる）。私は『アメリカン・グラフィティ』でも『THX 1138』でもそうした……過去に戻り、映画を作り直すのは、スタジオではなく、監督の特権だと思っている」。

　もちろんルーカスは一度もファンに、彼らが愛する映画に手を加えてほしいかどうか聞いたことはなく、特別篇の産物は議論の対象となっている。伝統主義者であるファンは、なぜ映画が修正されなければならなかったのか理解できず、保守的思考の観客は、オリジナル版が特別篇とともに後世に残されるべきであると主張した。多くのファンは当初、ルーカスが本当に、たくさんの人々が深い思い入れを抱いている『スター・ウォーズ』映画のオリジナル版を消し去ろうとしているとは信じていなかった。反発が本当に噴き出したのは、映画が DVD でリリースされたときだった。（次章では、オリジナル版のホームビデオをめぐる悩ましい経緯を説明する）。

　こうした議論は別にして、特別篇は 1997 年初め、全米中、そして世界中の映画館を満員にした。各映画は約 1 カ月ずつ離して再公開された──1 月 31 日に『スター・ウォーズ』、2 月 27 日に『帝国の逆襲』、3 月 14 日に『ジェダイの帰還』というように。『ジェダイの帰還』の再公開は、前 2 作が多くの都市でいまだにチケット売上を稼いでいたため、予定より 1 週間先送りしてリリースされた。興収を稼いだ作品もあれば、そうでないものもあった。そして、ルーカスは 1997 年の特別篇が『スター・ウォーズ』映画のファイナル版だと主張したにもかかわらず、DVD と Blu-ray リリースに際して、さらなる変更を加えるなど、映画をいじくり回した。さらに、新 3 部作においても、DVD と Blu-ray リリースに際して変更を加えた。これまでにオリジナル 3 部作に加えられた重要な変更について、まとめてみたい。

初期の劇場再公開

　『スター・ウォーズ』はいくつかの都市で 1 年以上も上映されていたが、1978 年、1979 年、1981 年、1982 年に再公開された。オリジナル版からの変更の多くは些細なものだったが、1981 年に再公開されたバージョンには初めて、認識できる変更が加えられていた。最も劇的な変更は、映画のタイトルそのものだ。それまでの『スター・ウォーズ』というタイトルに初めて、『エピソード 4 ／新たなる希望』という副題が付き、オープニング・タイトル・クロールに表示された。これによって、第 1 作と『エピソード 5』という副題のついた『帝国の逆襲』の間に、確固たる継続性が生まれた。タイトルの

文字数が増えたことで、クロールが、オープニング音楽の早い段階から表示されるようになった。

　再公開に際して加えられた、このほかの多くの変更はサウンド効果に関するもので、台詞も少し変えられた。たとえば、ルークとベン、R2-D2 と C-3PO がモス・アイズリー・カンティーナに向かうとき、バー内の音楽が外に漏れ聞こえる。この音楽は、オリジナル版にはないものだ。R2-D2 とチューバッカの"会話"を増やすため、全編を通じてビープ音や唸り声が足されている（たとえば、カンティーナのなかでチューバッカは、2 人のストームトルーパーに唸っている）。ダース・ベイダーに襲われる反乱軍機のクラクションや、ミレニアム・ファルコンがハイパースペースを抜けたときのエンジン音、デス・スターがファルコンを牽引ビーム内に吸い込む際の振動音など、オリジナル版とは異なるサウンド効果も使われている。ファルコンと TIE ファイターの戦闘シーンや、クライマックスとなるデス・スターの攻撃シーンで使われているサウンド効果の多くも、改良または差し替えられた。

　いくつかの場面では、台詞の再吹き替えが行われた。C-3PO の「通信機を使えって？ 忘れてたよ（Use the comlink? Oh my, I forgot, I turned it off）」、ルークの「ただの向こう見ずだ（What good will it do us if he gets himself killed?）」という台詞のほか、賞金をファルコンに積むハンとルークの間で交わされる台詞などだ。おそらく最も明らかなのは、最後の戦闘シーンでルークが、「助けろ、ビッグス（Blast it, Biggs! Where are you?）」の代わりに、「助けろ、ウェッジ（Blast it, Wedge! Where are you?）」と言っている部分だろう。ルークの幼馴染であるビッグスの出演シーンの多くはポストプロダクション段階でカットされていたものの、この台詞差し替えにより、さらに影が薄くなった。同作はステレオ録音されたものの、1977 年の時点で、ステレオ音響装置を搭載していない多くの映画館では、モノラル・ミックス版として公開された。1981 年の再公開時には、ステレオ版のみの公開となった。

　『帝国の逆襲』にも、1982 年の再公開に際し、主にサウンド効果や台詞における目立たない修正を含む、わずかな変更が加えられた。たとえば、映画の終了間際における反乱軍艦隊のエスタブリッシング・ショットと、ランドの「ジャバと賞金稼ぎを見つけたら連絡する（When we find Jabba the Hutt and that bounty hunter we'll contact you）」という台詞はともに、削除された。『ジェダイの帰還』が、1997 年の特別篇発売前に、劇場で再公開されることはなかった。

特別篇

　1993 年にルーカスは、『スター・ウォーズ』の修正の可能性について、インダストリアル・ライト・アンド・マジック（ILM）のデニス・ミューレンと話し合いを始めた。ルーカスは、そのうち訪れる"スター・ウォーズ"フランチャイズ 20 周年（当時からしたら、4 年後だが）を、オリジナル 3 部作の再公開という形で祝いたかったのだ。その頃には映画のホームビデオ視聴化が進んでいたが、一部の視覚効果を改良し、場合によっては新旧の映像素材を足すことが、献身的なファンを喜ばせ、再度劇場に足を運ばせるだろう、という言い分だった。当初の計画では、第 1 作のみに手を加え、15 ～ 20 分の映像を修正するだけのはずだった。しかし、ルーカスは、『スター・ウォーズ』シリーズを"改良する"というアイデア、つまり、自身の本来の構想に完璧に沿うように、映画に変更を加えるという考えに憑りつかれた。プロジェクトは瞬く間に、広範囲かつ大きな野望を持ったものになった。

　ルーカスが、1997 年の特別篇用にオリジナル 3 部作に加えたすべての変更を網羅しようとしたら、1 冊の本になるほどだ。ここでは、最も劇的で議論の余地がある変更のみをあげている。ルーカスには、アーティスト、そしてプロデューサーとして、自身の作品にいかなる変更をも加える権利があることは明らかだが、観客にもまた、彼の変更を好んだり、拒否したりする権利があった。変更の多くは、オリジナル映画に存在した特別な視聴体験を高めるものではなかったのだ。

『スター・ウォーズ エピソード 4 ／新たなる希望』

　ルーカスは『スター・ウォーズ』において、視覚およびサウンド効果の多くを、当時の業界水準に合わせるべく改良した。たとえば、オルデランとデス・スターの破壊シーンは、特別篇においては、ずっと壮観なものになっている。もし、ルーカスの変更がそのレベルまでであったら、多くのファンは平然としていただろうが、彼はさらに手を加えた。タトゥイーンが舞台となるいくつかの場面では、新しいコンピューター・アニメのキャラクターが付け足された。R2-D2 と C-3PO を捜索するストームトルーパーは、デューバック（巨大トカゲのような生き物）に乗っている。特別篇に登場するモス・アイズリー宇宙港は、バンサやドロイド、エイリアン、帝国軍兵員たちで込み合う通りを見せる新しい映像により、ずっと広く、賑やかな場所として描かれている。こうした追加により、物語の進行ペースは遅くなり、タトゥイーンが侘しい田舎の惑星であるとい

1997 年の『スター・ウォーズ』特別篇公開に際して作られた宣伝写真を見ると、オリジナル映画のなかのモス・アイズリー宇宙港のシーンに CGI が追加されたことがわかる

う概念に反することにもなっている。事実、同惑星はいまや、とても混雑し、活気のある場所といえるため、ルークがそこでの生活に文句を言う理由がわからなくなってしまうほどだ。

　最も悪名高い変更と言えば、もちろん、モス・アイズリーの酒場でハン・ソロと賞金稼ぎのグリードが対決するシーンだ。グリードの武器が最初に火を噴くが、至近距離にもかかわらず、的を外す。これは、信じがたいだけでなく、見る者のハン・ソロへのイメージをも変えてしまうものだ。"スター・ウォーズ"シリーズの初期の小説の一つである"Han Solo at Star's End"のなかで、著書のブライアン・デイリーは、ハンに「俺は最初に撃つタイプなんだが」と言わせている。グリードが先に撃つという設定によって、冷酷な金目当ての雇われ者をやっつける瞬間が生ぬるくなり、キャラクターが違う

410

ものとなってしまう。同シーンの直後にはまた、ドッキング・ベイ 94 におけるハンとジャバ・ザ・ハット（デクラン・マルホランドが演じた人間バージョンは、CGI に差し替えられた）のやりとりを復活させるという、大きな変更がなされている。これは、『スター・ウォーズ』の特別篇用の変更のなかで、最も問題とされているものである。物語の勢いを弱めるばかりか、ハンが直前にグリードとかわした会話を、ハンとジャバが単に繰り返しているようにしか思えないのだ。明らかに、どちらか一つの場面があればよかった。

『スター・ウォーズ エピソード 5 ／帝国の逆襲』

　特別篇において、最もルーカスの変更の手が入らなかったのが、多くの人々がオリジナル 3 部作のなかの最高傑作と称する『帝国の逆襲』だ。実際に、変更の多くは些細なもので、スムーズかつ効果的になじみ、映画の一部の要素を向上させた。ここでも、視覚・聴覚効果の多くが改良され、いくつかの目立たない台詞が変更された。たとえば、ダース・ベイダーの緊急指令「シャトルを用意しろ（Bring my shuttle）」は、より自身に満ちた「スターデストロイヤーに私の到着の準備をさせろ（Alert the Star Destroyer to prepare for my arrival）」に変えられた。さらに、ダゴバで R2-D2 が沼地の怪物から吐き出されたときのルークの台詞「お前がマズくてよかったな（You're lucky you don't taste very good）」は、面白みに欠ける「吐き出されてよかったな（You were lucky to get out of there）」に変更された。新しく作られた映像のなかには、雪獣ワンパが洞窟のなかで死骸にかぶりつく（そして、このままではルークが次の餌食になってしまう）というものがある。特別篇に、映画をより暴力的で暗いものにするような変更を加えることは珍しかった。ほとんどの変更は、映画のトーンをよりソフトで明るいものにするものだったからだ。最後に、いくつかのベスピンのショットでは窓が追加されており、愛らしい背景が作り上げられた。これは、作品の映像美を高めるだけでなく、「雲のなかに浮いている都市なら、もっと窓があってもいいのでは？」というアーヴィン・カーシュナー監督の同作における不満の一つに応えるものでもあった。

『スター・ウォーズ エピソード 6 ／ジェダイの帰還』

　『ジェダイの帰還』において、特別篇用に加えられた変更は、『帝国の逆襲』の変更ほど効果的ではなかったが、『スター・ウォーズ』の修正ほど問題のあるものでもなかった。興味深いことに、ここでも、変更の多くは、惑星タトゥイーンの場面に加えられた。

怪物ランコアの穴に落された奴隷の女性ウーラ（フェミ・テイラー）の新映像、砂漠を歩くバンサの群れの新しいエスタブリッシュ・ショット、CGIの触手やくちばしにより、強さを増したサルラックの怪物などだ。視覚およびサウンド効果が改良されたことに加え、すべての変更のなかで最も露骨であったのは、ジョン・ウィリアムズの音楽における変更だった。ジャバの宮殿での音楽パフォーマンスにおいて、オリジナル版で使われたニューウェーブ調のシンセサイザー主導のダンス曲「ラプティ・ネック」が、より長く、ブルース調の「ジェダイ・ロック」という歌に差し替えられた。新しい楽曲には声が追加され、マックス・レボ・バンドに、CGキャラのエイリアン歌手（ジョー・ヤウザ）と8人の新メンバーが加わった。ボーカリストの唇のクローズアップを含む、いくつかの新しい映像も挿入された。

　第2デス・スターが破壊された後のフィナーレにおいても、クロージング曲が差し替えられた。オリジナル版の「イウォーク・セレブレーション」という音楽は、ウッド・ブロックとボーカルで構成された原始的な曲であり、ファンは「ヤブ・ナブ・ソング」と呼んでいた。差し替えられた新曲は「勝利のセレブレーション」というもので、パン・フルートのようなサウンドと、全く異なるボーカル（"ヤー・ヤー・ヤー"）とともに、より美しくアレンジされたニューエイジー調のメロディである。ファンの多くは「ジェダイ・ロック」より「ラプティ・ネック」を好んでいるが、迫力のある「勝利のセレブレーション」はオリジナル曲よりも、宇宙ドラマ巨編の結末に合っている。「イウォーク・セレブレーション」は米人形劇シリーズ「フラグルロック」のサウンドトラック挿入歌のようであったからだ。新しい「勝利のセレブレーション」は、ベスピンとタトゥイーン、これまでベールに包まれていた銀河帝国の中心となる惑星コルサントなど、銀河系中で沸き起こったセレブレーションの模様を映した追加映像を盛り上げた。

DVD と Blu-ray

　前述したとおり、2004年に特別篇のDVD、2011年にBlu-rayをリリースする際、ルーカスはオリジナル3部作に変更を加え続けた。いくつかの変更は完全に好みで加えられたものだが、多くの場合、こうした変更は、オリジナル3部作と新3部作をよりスムーズにつなぐためのものだった。繰り返すが、変更の多くは些細なものであり、おおむね、視覚およびサウンド効果や特別な台詞（例：『スター・ウォーズ』でサンド・ピープルを撃退するベン・ケノービのしわがれた叫びは、唸り声に替えられた）に関するものであった。

　しかし、DVD に加えられた一握りの修正は、注目に値する。『スター・ウォーズ』では、グリードとハンの銃撃シーンが再変更され、グリードとハンがほぼ同時に撃ち合うようになった（グリードの図が先だが）。『帝国の逆襲』では、皇帝（一瞬だけ、ホログラフィックのカメオ出演）が、『ジェダイの帰還』から皇帝役となり、新 3 部作にかけて出演し続けているイアン・マクダーミドによって演じられている。オリジナル版で俳優クライヴ・レヴィルが出ていたシーンは、『スター・ウォーズ エピソード 3 ／シスの復讐』（05）の製作中に撮影されたマクダーミドの映像に替えられた。同様に、オリジナル版でジェイソン・ウィングリーンが声を担当していたボバ・フェットの台詞は、『スター・ウォーズ エピソード 2 ／クローンの攻撃』（02）でジャンゴ・フェットとクローントルーパーを演じたテムエラ・モリソンの声に差し替えられた。

　『ジェダイの帰還』では最後の場面において、3 つの特筆すべき、または、見る人によっては悪名高き変更が加えられた。ダース・ベイダーがマスクをとる場面では、『クローンの攻撃』と『シスの復讐』でアナキン・スカイウォーカーを演じた俳優ヘイデン・クリステンセンの見かけにより近づけるよう、俳優セバスチャン・シャウの顔に、目の色の修正を含む美的な変化が加えられた。アナキンの亡霊が、こちらも幽霊のようなオビ＝ワンとヨーダとともにルークのもとに現れる場面では、シャウではなくクリステンセンが登場する。オビ＝ワンとヨーダはそれぞれ死を迎えたときと同じ姿であるが、アナキンはどういうわけか若く強く見える。そして最後に、惑星間でセレブレーションが行われる場面には、ナブーやアミダラ姫の故郷、ジャー・ジャー・ビンクスなどのショットが含まれた。「我々は自由だ！（We'sa free!）」という（ジャー・ジャーのような）グンガンの声も聞こえる。

　映画が Blu-ray デビューしたときには、また一連の些細な変更が加えられた。『スター・ウォーズ』のハンとグリードの場面には、再び変更が加えられ、2 人は同時に火を噴くことになった。そして、『ジェダイの帰還』では、イウォークのまぶたが CGI 化され、瞬きすることができるようになった。ルーカスは、2012 年にルーカスフィルムをディズニーに売る前に、『スター・ウォーズ』映画 6 本すべてを、今度は 3-D で再公開する計画を発表していた。しかし、シリーズ 7 ～ 9 作目の製作に着手するというディズニーの決定によって、その試みは遅れている。いつか、オリジナル 3 部作が 3-D で再公開されるとしたら、善かれ悪しかれ、新たに一連の微調整や挿入がなされるのだろう。

第 34 章

We Would Be Honored if You Would Join Us
こちらに加わる気があれば歓迎するぞ

Star Wars Home Viewing
「スター・ウォーズ」ホーム鑑賞

その昔、ホームビデオや Netflix、ケーブルテレビといったものは存在しなかった。今となっては思い出すことが、はたまた、30 歳未満の読者にとっては想像すること自体が難しいかもしれないが、映画を見るためには、映画館に行くか、テレビ放送を心待ちにするしかなかったのだ（映画によっては、劇場公開が終わってから 1 年以上たった頃、一晩のみ、コマーシャル付きでネットワーク局で放送された）。『スター・ウォーズ』は、こうした時代が終わりに近づいた頃に誕生したため、毎月、または毎週のように、大好きな映画を繰り返し見るために映画館に通うことができないファンたちは、ゴーストライターのアラン・ディーン・フォスターが書いた小説版や、マーベル・コミックスによるコミック版、ビューマスターの立体映像ほか、景気よく製造された様々な商品を楽しむほかなかった。私の一番のお気に入りであった 1977 年の録音アルバム「ザ・ストーリー・オブ・スター・ウォーズ」は、映画の台詞や音響効果、楽曲とともに、ロスコー・リー・ブラウンが物語をナレーションする簡略版であった。見開きジャケットのなかには、映画の場面を切り取ったカラー写真に溢れた 16 ページの冊子が付いていた。また、20 世紀フォックス・レコーズが 8 チャンネルテープ、カセット、外部テープといったフォーマットで発売した「ザ・ストーリー・オブ・スター・ウォーズ」も大ヒットし、"スター・ウォーズ"にまつわるすべてのものに対する人々の欲望の大きさを証明していた。

こうした商品は人気を博したが、ファンが本当に欲していたのは、映画そのものだった。言うまでもなく、映画商品が発売されると爆発的なヒットとなった。同書を執筆している時点で、"スター・ウォーズ"フランチャイズが様々なフォーマットにおけるホームビデオ販売とレンタルから得た売上は、38 億ドルにも上る。一方で、多くのハードコア・ファンが、特に DVD の登場以降、ルーカスフィルムに失望させられたと感じていることも事実なのだ。

8 ミリ & 16 ミリ映画

　1930 年代以降、映画ファンは劇場映画を家で見るために、8 ミリや 16 ミリに変換された映画作品を購入することができるようになった。しかし、熱烈な収集家グループを除いては、それらを実際に購入する人はほとんどいなかった。理由は、長編映画をあえて購入できないように価格設定したかのように超高価であったこと（1 つ数百ドルもする）、また、部屋や倉庫をホームシアターに改装したり、映画プロジェクターやスクリーンを設置するために費用がかかることなどであった。こうしたなか、1940 年代後半には、キャッスル・フィルムスやケン・フィルムスといった会社が、人気映画を 8 ミリと 16 ミリに簡易化したものを、より安価に売るマーケティングに成功した。これら

ビデオテープが登場する以前、『スター・ウォーズ』を家で鑑賞したいファンたちは、映画の台詞や音響効果、ジョン・ウィリアムズの交響曲とともに物語を聴くことができる録音アルバム「スター・ウォーズ ストーリー」のような商品を楽しんでいた
Photography by Preston Hewis/East Bank Images

は、映画を8分や12分の尺に編集し、より安価な8ミリ、または後のスーパー8プロジェクターで上映できる"ダイジェスト版"であった。ジャンルとしては、ホラーやSF映画のダイジェスト版が特に人気を博したが、コメディやアニメーションもよく売れた。

1977年、ケン・フィルムスが初めて、『スター・ウォーズ』のダイジェスト版を発売した。フィルムはわずか200フィート（約8分の尺）の長さで、白黒・無声、カラー・無声、カラー・有声というバージョンが5.97～22.88ドル（インフレを考慮すると23～88ドル）で販売された。ダイジェスト版には、デス・スターからの逃避シーンと、ミレニアム・ファルコンとTIEタイガーの乱闘シーンが収録された。玩具メーカーのケナー社は、この8ミリのダイジェスト版を、青いプラスティックの"ムービー・ビューワー"として販売。小さな穴を覗き込み、手回しで映画を進めるというものだ。これらの商品は、『スター・ウォーズ』を家で見るための最初のフォーマットであったといえる。

最初のダイジェスト版が飛ぶように売れたため、ケン・フィルムスはすぐに、より尺

『スター・ウォーズ』は、映画から最長16分の映像を収録できるとして、ケン・フィルムスから発売された8ミリとスーパー8の"ダイジェスト版"で、初めてホーム鑑賞が可能となった。1977年後半に発売された最初のエディションには、8分の映像だけが含まれていた。白黒・無声の最も安価なチョイスだったが、5.97ドル（インフレを考慮すると23ドル）であった

の長い２本のダイジェスト版のカラー・無声バージョンを、54.95 ドル（今日の 211 ドル相当）で発売した。１本目は、映画のオープニングシーンと惑星タトゥイーンでの初期シーンから始まり、突然、デス・スターに拘束されたレイア姫の救出と TIE ファイターの乱闘シーン（８分のダイジェスト版を再利用したもの）に切り替わるものだった。２本目は 17 分の尺で、酒場とデス・スターの破壊シーンが収録された。ケン・フィルムスは後に、ともに 17 分尺である『スター・ウォーズ エピソード５／帝国の逆襲』のスーパー８ダイジェスト版を２本、発売した。このときには、映画のシーンと同じ順序で収録されたため、両方を見れば、映画の 34 分バージョンが楽しめる仕組みになっていた。

　『スター・ウォーズ エピソード６／ジェダイの帰還』については、スーパー８でダイジェスト版が作られることはなかった。その頃までには、新しいフォーマットが登場し、高価な８ミリ・ダイジェストが過去のものとなりかけていたのだ。何社かは、非常にハイエンドでニッチな市場で、収集家用のスーパー８商品を作り続けた。1989 年、英国のデラン・フィルム・サービス社は、『スター・ウォーズ』全編を、初期のスーパー８のアナモルフィック・ワイドスクリーン・カラー・ステレオ＆サウンド版でリリースした。これは、同作の８ミリ映画コレクターたちにとっての聖杯であり続けている。英国のクラシック・ホーム・シネマ社も 1990 年代後半に、『帝国の逆襲』で同様のリリースを行った。これらのリリースは、並外れた映像とサウンドのクオリティを誇り、未変更のオリジナル版を収録していたことから、高く評価されている。オリジナリティの存在は、やがて継続的な物議の対象となるのだ。

ベータマックスと VHS

　1975 年春、ソニーによる最初のベータマックス・ホームビデオ・システムが発売された。１年後、JVC による最初のビデオ・ホームシステム（VHS）録音機が市場にお披露目された。ハリウッド・スタジオの多くは、二社のフォーマット戦争から距離を置き、ベータマックスや VHS で自社映画のホームビデオ版を製造することを控えながら、消費者の反応を待っていた。ホームビデオ版が発売された最初の"スター・ウォーズ"作品は、舞台裏をまとめたドキュメンタリーとしてテレビ放送用に作られた「ザ・ストーリー・オブ・スター・ウォーズ」。1979 年にマグネティック・ビデオ社が、VHS とベータマックスの両方で発売したものだ。宝の山を逃すまいと動き始めた 20 世紀フォックスもついに、1982 年５月、『スター・ウォーズ』を VHS とベータで発売した。初期のホームビデオ・リリースらしく、テープはとても高価で（約 100 ドル）、主にビデオレン

タル店の事業者に販売された。しかし1984年になると、『スター・ウォーズ』は両フォーマットで再発売され、"セルスルー"用に40ドル以下に再値付けされた。この業界用語は、映画が初めて、個人の消費者向けに販売されたことを意味した（なかには、2年前に映画ショップに金を払い、映画を手にしたコアファンもいたのだが）。フォックスは、同時期に同じ価格で『帝国の逆襲』を販売し、1986年には『ジェダイの帰還』が発売された。より多くの人々がビデオカセット・プレーヤーを購入するにつれ、テープの値段は下がり続けた。

1992年、オリジナル3部作が初めて、VHSのボックスセットとして発売された（その頃にはベータマックスは葬られていた）。値段は49.99ドルで、ユーザーは"パン・スキャン"か、ビデオとしては初のレターボックス・ワイドスクリーン・フォーマット

1992年にリリースされたオリジナル3部作のVHSパッケージには、『スター・ウォーズ』映画のオリジナル版を自分のものにする最後のチャンス」と書かれたステッカーが貼られている

を選ぶことができた。3年後には、未編集のオリジナル版の3部作がビデオテープとして発売された。ビデオ・ボックスセットには、「『スター・ウォーズ』映画のオリジナル版を自分のものにする最後のチャンス」と書かれたステッカーが添えられていた。この時点で多くのファンは、ジョージ・ルーカスが『スター・ウォーズ』映画のオリジナル版を、彼が変更を加えた特別篇に差し替えようとしているのだと確信し始めた。（特別篇についての詳細は、前章参照）。

5年後、オリジナル3部作は再び（6年間で3度目）、特別篇として発売され、その後はずっと、同エディションのみで販売されており、多くのファンを仰天させている。1997年の特別篇はまた、オリジナル3部作にとって、最後のビデオテープ発売でもあった。1990年代に新3部作がリリースされた間は、個々の映画が別々に販売されていた。アニメーショ

ン・シリーズ「ドロイドの大冒険」と「イウォーク物語」から各 3 巻、テレビ映画「イ
ウォーク」シリーズ、4 本のドキュメンタリーを含む、無数の "スター・ウォーズ" 関
連商品も、VHS かベータマックス、または両フォーマットで発売された。"The Star
Wars Holiday Special" はいまだに、どのフォーマットにおいても、ホームビデオ・リリー
スされていない。

レーザーディスクとその他のフォーマット

　ハイエンドなオーディオ・ビデオ体験を望む映画ファンは、ビデオテープ時代にレー
ザーディスクに移行した。ディスクの片面は約 1 時間のオーディオ・ビデオ情報しか収
録できないため、上映途中でディスクをひっくり返さなければならないが、レーザーの
サウンドと映像のクオリティは VHS とベータに勝っていた。しかし、映画を 1 枚の両
面レーザーディスクに収録するためには、『スター・ウォーズ』(82 年にレーザーでリ
リース) の上映時間を 121 分から 118 分に、『帝国の逆襲』(82 年にレーザーでリリース)
を 124 分から 120 分に減らすため、時間圧縮 (わずかにスピードアップ) させる必要
があった。136 分の『ジェダイの帰還』は、1986 年にレーザーディスク 2 枚に全編を
収録した形で発売された。1989 年には、ワイドスクリーン版が発売となった。3 本は
1993、1995、1997 年に、3 部作としてまとめて発売された。「メイキング・オブ・スター・
ウォーズ」と、「イウォーク」のテレビ映画 2 本もレーザーで発売された。

　レーザーディスク版の多くは、日本やフランスをはじめ、レーザーが比較的普及し
ていた国々で製造された。米国では、レーザーはニッチな商品のままだった。2013 年、
それまで未発表であった『帝国の逆襲』からの 30 分ほどの NG シーン (主に惑星ダ
ゴバのシーンセットで撮影されたもの) が、1980 年にお披露目されたルーカスフィル
ムの映像編集システム「エディットドロイド」のデモ用に作られたレーザーディスクか
ら発見された。この究極にレアなディスクのコピーを eBay にて 699 ドルで購入したファ
ンが、すぐさま映像を YouTube に投稿。以来、この映像は、ルーカスフィルムによる
削除の試みにもかかわらず、インターネット中を駆け巡っている。

　チャンスを逃すことを警戒したフォックスもまた、『スター・ウォーズ』映画を下記
のような様々なフォーマットで発売した。

* 　キャパシタンス電子ディスク (CED): レコード盤のようにディスクを針で再生
　　する初期のアナログ・ビデオ・システム。1981 年に、VHS とベータのライバル

としてRCAによってお披露目されたが、空のCEDを買い、録画することが不可能であったこともあり、普及することはなかった。それでも、『スター・ウォーズ』は1982年にCEDでリリースされ、1984年に『帝国の逆襲』、1986年に『ジェダイの帰還』が続いた。『スター・ウォーズ』と『帝国の逆襲』のCED版は、レーザーのときと同様に時間圧縮されたバージョンだ。

＊　ビデオ・ディスク（VHD）：CEDの小型版ともいえるアナログ・ビデオ・ディスク。1981年にJVCによりお披露目され、最初に日本で販売された。『スター・ウォーズ』が1983年にVHDデビューし、1984年に『帝国の逆襲』、1986年に『ジェダイの帰還』が続いた。

＊　ビデオ・コンパクト・ディスク（VCD）：DVDの先駆けとなる初のデジタル・ホーム・ビデオ・プラットフォーム。マレーシアやシンガポールをはじめとするアジア市場で支持されたが、米国に浸透することはなかった。オリジナル3部作は、2000年に同フォーマットで発売され、海賊版も多く作られた。

DVDとBlu-ray

DVDでリリースされた最初の"スター・ウォーズ"映画は、新3部作のうち『スター・ウォーズ エピソード1／ファントム・メナス』(01年にDVDリリース)と『スター・ウォーズ エピソード2／クローンの攻撃』（02年にDVDリリース）で、後者はモキュメンタリー"R2-D2: Beneath the Dome"とともに発売された。2004年には、オリジナル3部作がフルスクリーンとノン・アナモルフィック＆ワイドスクリーンの両バージョンでDVDリリースされた。このDVDには、新しく微調整を入れ、変更された特別篇の映画が収録された。ルーカスは、映画が再発売されるたびに、あれこれいじくり回そうとしていたようだ。（前章で、こうした調整について詳しく説明している）。

2006年、ルーカスフィルムはファンからのプレッシャーに屈し、オリジナル3部作のDVDを、特別篇と、変更が加えられていないオリジナル版の両方収録する形で再発売した。しかし、オリジナル版は"ボーナス特典"として扱われ、特別篇と同等のケアや思い入れが感じられなかった。変更されたバージョンは輝かしい最先端のアナモルフィック・ワイドスクリーン用に変換されていたが、未変更のオリジナル・バージョンは粗いノン・アナモルフィック変換で、それ以前にリリースされたVHSからコピー

されただけのように見えた。ファンたちは非難の声を上げたが、これが、オリジナル 3 部作が未変更の形でリリースされた最後だった。このセットからオリジナル版を抜いて再パッケージ化されたものが、2008 年に再発売された。

　新 3 部作とオリジナル 3 部作はリマスター化され、新たに一連の変更が加えられた後、2011 年に Blu-ray の「スター・ウォーズ コンプリート・サーガ」セットの一部として発売された。ディズニーは、2013 年にルーカスフィルムを買収した後、同じマスター版を別々のセット（オリジナル 3 部作と新 3 部作に分けて）にして、Blu-ray と DVD で再発売した。2011 年と 2013 年には、オリジナル 3 部作が再び、再編集された形でのみ発売された。テレビ映画「イウォーク」や、テレビアニメーション・シリーズ「イウォーク物語」と「ドロイドの大冒険」の一部のエピソードを含む、そのほか多くの〝スター・ウォーズ〟商品もまた、DVD リリースされた。

　これらすべての流れから言えるのは、『スター・ウォーズ』映画が、高解像度映像のクオリティと THX ステレオ・サウンドを備え、適切な縦横比に合わせた手頃な価格で販売される条件が整った頃には、もはや、特別篇以前のオリジナル版で発売されることはなかったということだ。つまり、ファンたちは、聴覚・映像クオリティかコンテンツのどちらかを選ばなければならない。1977 年、1980 年、1983 年に、当時の観客たちが最初に謳歌した『スター・ウォーズ』体験を望むのであれば、低水準のクオリティで見るか、超法規的手段に出るしかないのだ。熱狂的なファンは、様々なソースから集めた映像を組み合わせ、オリジナル 3 部作の〝非特別篇〟を作り、インターネットに投稿している。しかし、これらのバージョンを作り、見るという行為は、少なくとも技術的には犯罪である。

　ディズニーがルーカスフィルムを買収したことで、劇場公開当時のオリジナル版が、公式にリマスター化されたアナモルフィックの高画質でリリースされることは考えられる。〝スター・ウォーズ〟ファンは 10 年以上にわたり、こうしたリリースを強く求めているし、ディズニーは、人々の望みを叶えることで知られている（『南部の唄』の例外を除いて）。しかし、今のところは、この話題について、公式な発表は何もされていない。何かしらの朗報があるまで、ファンは 2004 年リリースの DVD か、より古いビデオテープかスーパー 8 バージョンを大事にすべきである。幸運を祈り続けながら。

第35章

Medal Ceremony
メダル授与式

名誉と表彰が得たものと失ったもの

　映画賞の重要性と信頼性については、議論の余地がある。自分たちが好きな映画はほとんど受賞しないと嘆く者にとっては、なおさらだ。しかし、こうした年に一度のイベントは少なくとも、業界関係者や技術者、批評家、ファンなどに、映画がどのように評価されているのかを知る指標となる。『スター・ウォーズ』オリジナル3部作の場合、映画賞の記録は、これらの作品が映画業界関係者や多くの批評家に高く評価され、一般の観客にもサイエンス・フィクションのコアファンにも愛されたことの証明といえる。

　それは、アカデミー賞における『スター・ウォーズ』オリジナル3部作の歴史と、そのほかのサイエンス・フィクションやファンタジー、冒険アクション映画シリーズの歴史を比べれば明らかだ。『スター・ウォーズ』『帝国の逆襲』『ジェダイの帰還』の3本は、オスカーで計19ノミネーションを獲得し、8つの受賞に輝いた。007シリーズは23本あるものの（83年の『ネバーセイ・ネバーアゲイン』、67年の『007／カジノロワイヤル』を含めれば25本）、わずか10ノミネーション、4受賞となっている。『スター・トレック』シリーズ（12本）は、14ノミネーションで1受賞。『エイリアン』シリーズ（『エイリアンVSプレデター』シリーズ2本を含めて6本）は、10ノミネーションで3受賞。『ターミネーター』シリーズ（4本）は、『ターミネーター2』(91) が単独で6ノミネーション、4つの受賞を稼いだ。ジョージ・ルーカスが製作を務めた『インディ・ジョーンズ』シリーズ（4本）は、14ノミネーションで7受賞。唯一、『スター・ウォーズ』シリーズを上回る栄光となったのは、ピーター・ジャクソンによる『ロード・オブ・ザ・リング』3部作で、29ノミネーションを獲得し、2003年の『ロード・オブ・ザ・リング／王の帰還』の作品賞を含む16の受賞を果たした。こうした結果を見れば、オスカー投票権を持つアカデミー会員たちにとっては少なくとも、『スター・ウォーズ』オリジナル3部作が壮大な冒険ファンタジー映画製作における最高の例として君臨していることがわかる。

　さらに、オリジナル3部作が受賞を逃した主な映画賞（『帝国の逆襲』『ジェダイの

帰還』がノミネートすらされなかったものを含め）を振り返れば、同3作品がそのほか
の受賞作品やノミネート作品に匹敵するものであったことが明らかなのだ。

　オリジナル3部作と関連作品がノミネートや受賞に輝いた（または逃した）、アカデ
ミー賞を始めとする主要なアワードを振り返ってみたい。

『スター・ウォーズ』（77）

　多くの批評家やファンが、『帝国の逆襲』をより完成度の高い作品と位置付けるなか、
第1作の『スター・ウォーズ』は、（今のところ）シリーズ史上最も輝かしいアワード
実績を誇っている。

　アカデミー賞では、美術賞（美術のジョン・バリー、ノーマン・レイノルドとレスリー・
ディリー、舞台装飾のロジャー・クリスチャンの共同受賞）、衣装デザイン賞（ジョン・
モロ）、録音賞（ドン・マクドゥーガル、レイ・ウエスト、ボブ・ミンカー、デレク・ボール）、
編集賞（ポール・ハーシュ、マーシャ・ルーカス、リチャード・チュウ）、視覚効果賞（ロ
バート・ブララック、ジョン・ダイクストラ、リチャード・エドランド、グラント・マキュー
ン、ジョン・スティアーズ）、作曲賞（ジョン・ウィリアムズ）、音響編集賞（ベン・バー
ト）と7つのオスカーを受賞。しかし、作品賞、監督賞、脚本賞、助演男優賞（アレッ
ク・ギネス）という主要部門では受賞を逃した。特に、作品賞がウディ・アレンの『ア
ニー・ホール』に渡ったことは、アカデミー賞史上、最も大きな驚きとして語り継がれ
ている。『アニー・ホール』は、オスカー作品賞を受賞した作品群のなかで、最も興行
成績の低い作品の一つであり、興収3800万ドルの大部分は、オスカー受賞後に稼い
だものだ。アレンは監督賞に加え、共同執筆者のマーシャル・ブリックマンとともに脚
本賞も受賞した。助演男優賞は、ナチス時代を舞台としたフレッド・ジンネマン監督
によるドラマ映画『ジュリア』で、作家ダシール・ハメット役を演じたジェイソン・ロバー
ズに贈られた。ルーカスは、自身が貢献した編集においてクレジットを受けなかったため、
同作でオスカーを手にすることはなかった。

　主要部門での受賞は逃したものの、『スター・ウォーズ』のオスカーでの実績は、輝
かしい記録であり続けている。同作は、戦いに満ちたサイエンス・フィクション映画と
して初めて、作品賞にノミネートされたのだ。それまでのノミネート作品では、スタン
リー・キューブリック監督の政治風刺映画『博士の異常な愛情 または私は如何にして
心配するのを止めて水爆を愛するようになったか』（64）が一部の人々にサイエンス・
フィクションと位置付けられたり、これまたキューブリックが陰鬱な近未来を舞台に描

いた『時計じかけのオレンジ』(71) があったが、こちらは、基本的に社会派映画である。キューブリックによる不朽の名作『2001年宇宙の旅』(68) は、それ以前のすべてのサイエンス・フィクション作品と同様に、オスカーに絡むことはなかった。

　『スター・ウォーズ』は、ゴールデングローブ賞でも同様の結果を残した。ジョン・ウイリアムズが作曲賞を受賞したものの、ドラマ映画部門作品賞、監督賞、助演男優賞では受賞を逃したのだ。ドラマ映画部門の作品賞と監督賞は、ハーバート・ロス監督がバレエ界を舞台に人間ドラマを描いた『愛と喝采の日々』に贈られた。助演男優賞は、盲目となった6頭の馬について調査する精神科医の物語であるシドニー・ルメット監督の『エクウス』のピーター・ファースに贈られた。今思えば、『スター・ウォーズ』のゴー

1978年4月、第50回アカデミー賞授賞式のレッドカーペットに登場したマーク・ハミルとアンソニー・ダニエルズ（C-3PO）

ルデングローブ賞での敗北は、オスカーでの敗北より腹立たしいものである。『アニー・ホール』は、興行成績こそ振るわなかったものの、1970年代シネマを代表するクラシック作品として名を残し、70年代が誇る名監督のキャリアにおける最高傑作であったのだから。一方で、『愛と喝采の日々』と『エクウス』は、時代を超えて愛されることなく、今やほぼ忘れ去られている。

　英国のオスカーともいうべき英国アカデミー賞（BAFTA）でも、その流れは続いた。『スター・ウォーズ』は、作曲賞と録音賞を受賞したが、作品、衣装デザイン、編集、美術の各部門では受賞を逃した。作品賞は『ジュリア』、衣装デザイン賞は『ナイル殺人事件』、編集賞は『ミッドナイト・エクスプレス』、美術賞は『未知との遭遇』が受賞した。『新たなる希望』は、そのほかの海外の映画賞では好成績をあげ、日本の報知映画賞で最優秀外国語作品賞、ドイツではチケット売り上げに基づくゴールデン・

スクリーン賞を受賞した。

　一部の批評家からの反感はあったものの、『スター・ウォーズ』は、主要な批評家賞でも高評価を得た。ロサンゼルス映画批評家協会賞では、作品賞に加え、ジョン・ウィリアムズが作曲賞に輝いた。ナショナル・ボード・オブ・レビュー賞では、年間映画トップ 10 リストに名を連ねた。ユタ映画批評家協会賞では、作品賞、監督賞、助演男優賞（ギネス）を受賞した。同作はまた、幅広い支持を証明するかのように、ファンが選ぶピープルズ・チョイス・アワードにて映画賞に選ばれた。

　米監督組合（DGA）、米映画編集者協会（ACE）、米脚本家組合（WGA）、英映画撮影監督協会（BSC）といった様々な技術系協会もまた、同作をノミネートした。グラミー賞では、ウィリアムズが 3 つの賞を受賞。名誉ある最優秀賞は、フリートウッド・マックの大ヒットアルバム「噂」に贈られたが、交響曲が同部門にノミネートされること自体が異例のことであった。

　想像通り、『スター・ウォーズ』は、サイエンス・フィクション・ファンを対象とした賞はすべて制覇した。名誉あるヒューゴー賞では映像部門を制した。同賞は、毎年恒例の世界 SF 大会（ワールドコン）の来場者が選ぶもので、「サイエンス・フィクション」という言葉を創り上げた「アメージング・ストーリー」の編集者、ヒューゴー・ガーンズバックの冠がついた賞だ。1972 年から毎年恒例となった SF 映画アカデミーが選ぶサターン賞では、SF 映画賞、脚本賞、助演男優賞（ギネス）、作曲賞ほか様々な技術賞を含む 12 の受賞を果たした。撮影監督のギルバート・テイラーは、作品への貢献を称されて特別賞を受賞。プロジェクトへの否定的な態度や、ジョージ・ルーカスとの個人的なあつれきを考えると皮肉的なのだが。キャストのマーク・ハミル、ハリソン・フォード、キャリー・フィッシャー、ピーター・カッシングもまた、サターン賞にノミネートされた。通常、SF 文学以外の作品に栄誉を贈ることのない米 SF ファンタジー作家協会（Science Fiction Writers of America）もまた、『スター・ウォーズ』に特別なネビュラ賞を捧げた。

　前述のリストは、1977 〜 78 年にかけてのアワードシーズンに発表されたものだが、同作はその後、数十年にわたり、絶賛を浴び続ける。映画ファンや批評家に、自分が最も好きな映画やサイエンス・フィクション作品を問うと、『スター・ウォーズ』を一番か上位に位置付けることが多い。こうした称賛の包括的調査について書き始めると何ページにもわたってしまうが、特筆すべき 2 つの例を紹介しよう。1989 年、同作は米国議会図書館に永久保存されるフィルムを選択・保存するアメリカ国立フィルム登録簿によって、「文化的、歴史的、芸術的に重要な」映画と認められた。1997 年には、

アメリカン・フィルム・インスティチュートがアメリカ映画100周年を記念して始めた
「100年シリーズ（100 Years ... 100 Movies）」にて、アメリカ映画ベスト100のうち
15位にランクイン。AFI会員たちが10年後に再び投票を行ったところ、そのランキン
グは13位に上昇した。一つ上にはルーカスが影響を受けたというジョン・フォード監
督による西部劇『捜索者』（56）、一つ下にはアルフレッド・ヒッチコック監督の『サイコ』
（60）が名を連ねた。いずれの投票においても、サイエンス・フィクション映画としては、
最高の順位であった。

"The Star Wars Holiday Special"（78）

　"The Star Wars Holiday Special"（78）は、どの賞にも値するような作品ではなく、
実際、ノミネートも受賞もゼロだった。しかし、プロデューサーたちは制作中、その精
巧で高価なウーキーのツリーハウスのセットや、凝ったエイリアンのメイクが、エミー
賞の美術監督部門やメイクアップ部門でノミネーションを稼ぐと信じていた。蓋を開け
てみれば、作品にかかわった誰もが、その出来栄えに屈辱を抱き、同作品を完全に白
紙にしたかのように、エミー賞のノミネーション獲得に向けた宣伝活動は一切行われな
かった。結局、エミー賞では、リミテッドシリーズ／スペシャル部門の美術監督賞が、
禁酒法時代を舞台にアイルランド系移民一家の姿を描いたミニシリーズ「スタッズ・
ロニガン」に、メイクアップ賞が、ホワイトハウスで働くメイドたちの物語をミニシリー
ズ化した "Backstairs at the White House" に贈られた。皮肉なことに、"The Star
Wars Holiday Special" を制作したバラエティ番組のベテラン・プロデューサー、ゲ
イリー・スミスとドゥワイト・ヘミオンは、エミー賞のコメディ／バラエティ／音楽部
門を "Steve & Eydie Celebrate Irving Berlin" で制したのだった。

『スター・ウォーズ エピソード5／帝国の逆襲』（80）

　『スター・ウォーズ エピソード5／帝国の逆襲』はシリーズ最高傑作といわれている
が、そうした称賛の多くは後年になってから得たものだ。公開当時は、様々な要素が、
多くの批評家や一部のファンが同作の素晴らしさを存分に評価することを阻んでいた。
その一つが、ハリウッド関係者のなかに存在した続編に対する当時特有の偏見（第18
章を参照）であり、アカデミー会員たちへのアピールの機会を奪っていた。それまでに
オスカー作品賞にノミネートされた続編作品は、1974年の受賞作『ゴッドファーザー
PART II』のみであった（36年のノミネート作品『ブロードウェイ・メロディー』は

同じようなミュージカル作品4本のうちの2作目であったが、真の続編とはいえない）。今日までに、ハリウッドはだいぶ続編に寛容になってきたものの、これを執筆している2015年初期の時点で、オスカー作品賞にノミネートされた続編は、『ゴッドファーザー PART II』のほか、『ゴッドファーザー PART III』(90)、『ロード・オブ・ザ・リング／二つの塔』(02)、『ロード・オブ・ザ・リング／王の帰還』(03／2本目の受賞作)、『トイ・ストーリー3』(10)の計5本のみである。

　こうした事実は、"スター・ウォーズ"フランチャイズ史上、最も完成度の高い作品が、第53回アカデミー賞において、ひかえめな4ノミネーションにとどまり、主要部門に絡まなかった理由を説明している。ロナルド・レーガン元米大統領の暗殺未遂事件により、次の日に延期された授賞式において、『帝国の逆襲』は録音賞を受賞（グレッグ・ランデイカー、スティーヴ・マスロウ、ピーター・サットン、ビル・ヴァーニーの共同受賞）、視覚効果における特別業績賞を授与された（リチャード・エドランド、ブライアン・ジョンソン、デニス・ミューレン、ブルース・ニコルソンの共同受賞）。美術賞にもノミネートされたが、ロマン・ポランスキー監督による時代ドラマ『テス』に敗れ、作曲賞にノミネートされたジョン・ウィリアムズの交響曲は、マイケル・ゴアによる『フェーム』の曲に敗れた。作品賞と監督賞は、ロバート・レッドフォード監督の繊細な家族ドラマ『普通の人々』に贈られた。同年度のこのほかの作品賞候補は、『テス』、マーティン・スコセッシ監督の『レイジング・ブル』、デイヴィッド・リンチ監督の『エレファント・マン』、マイケル・アプデッド監督の『歌え！ロレッタ愛のために』であった。ルーカスは、自身の映画に敬意が払われなかったことに憤り、アカデミー賞を認定する映画技術科学協会の会員を座を退いた。

　ルーカスフィルムは、作品賞と監督賞、助演男優賞（フランク・オズ、アンソニー・ダニエルズ、デイヴィッド・プラウズとジェームズ・アール・ジョーンズ）のノミネーション獲得のためにキャンペーンを行っていた。米俳優組合（SAG）は、オズと、プラウズ＆ジョーンズのコンビはノミネート資格なしとした。パペットは俳優ではなく、一つの映画で一つの役を演じた二人の俳優がノミネートされることは認められないという判断だった。ダニエルズには資格があったものの、ノミネートされなかった。もしSAGの審査基準が違っていたら、3組のなかでノミネーションに最も近かったのはオズだろう。アカデミー賞では、助演男優賞は『普通の人々』のティモシー・ハットンに贈られた。そのほかの助演男優賞ノミニーは、『普通の人々』のジャド・ハーシュ、『パパ』のマイケル・オキーフ、『レイジング・ブル』のジョー・ペシ、"Melvin and Howard"のジェ

イソン・ロバーズであった。どれも素晴らしい演技であったが、ヨーダやダース・ベイダー、C-3PO ほど、ポップカルチャーにインパクトを残したキャラクターはいなかった。

　『帝国の逆襲』は、その他の主要なアワードでも不運に見舞われた。ゴールデングローブ賞では、ジョン・ウィリアムズの交響曲が唯一ノミネートされたものの、ドミニク・フロンティアによる『スタントマン』の音楽に敗れた。英国アカデミー賞では、ウィリアムズの曲が受賞したものの、美術賞、録音賞の受賞を逃した。グラミー賞では、ウィリアムズが二つのノミネーションを稼ぎ、映画・テレビサウンドトラック部門を制したものの、最優秀ポップ・インストゥルメンタル・パフォーマンス賞 は逃した。海外では、ドイツで興行成績を基に選ばれるゴールデン・スクリーン賞を受賞しただけだった。

　主要な批評家協会賞でも栄に浴すことはなかったが、意外なことに、米脚本家組合のみがノミネートを捧げた。こうしたなか、『帝国の逆襲』はピープルズ・チョイス・アワードで映画賞を受賞した。SF ファンに愛された。シリーズ二つ目となるヒューゴー賞も受賞した。サターン賞では、SF 映画賞、主演男優賞（ハミル）、監督賞（アーヴィン・カーシュナー）、特殊効果賞に輝き、助演男優賞（ビリー・ディー・ウィリアムズ）、脚本賞、音楽賞、衣装デザイン賞にもノミネートされた。サターン賞の監督賞争いで、キューブリック（ホラー映画賞の勝者『シャイニング』）、ブライアン・デ・パルマ（『殺しのドレス』）、ケン・ラッセル（『アルタード・ステーツ／未知への挑戦』）を制したカーシュナーの受賞は素晴らしい。

　『帝国の逆襲』がその後、右上がりの称賛を得ていったことを示す証拠として、2010年に米国議会図書館のアメリカ国立フィルム登録簿への登録がある。オリジナル３部作のうち２本が、数々の名作とともに、文化的、歴史的、芸術的に永久保存に値すると認められたのである。

『スター・ウォーズ エピソード６／ジェダイの帰還』(83)

　『スター・ウォーズ エピソード６／ジェダイの帰還』は世界的に、オリジナル３部作のなかで最も評価が低いとされているものの、『帝国の逆襲』と同程度の評価を得たうえに、いくつかのアワードではより高い評価を得た。

　『ジェダイの帰還』は、アカデミー賞で五つのノミネーションを稼ぎ（『帝国の逆襲』を一つ上回った）、再び、視覚効果における特別業績賞を受賞した（エドランド、ミューレン、ラルストン、ティペット）。しかし、美術賞、録音賞、音響効果編集賞（現在の音響編集賞）、作曲賞では受賞を逃した。1983 年のオスカー作品賞は、ジェームス・L・

ブルックス監督によるお涙ちょうだいもののコメディドラマ『愛と追憶の日々』に贈られた。その他の作品賞ノミニーは、『ジェダイの帰還』の脚本家であるローレンス・カスダンが監督、共同脚本を手がけた『再会の時』、ピーター・イェーツ監督の『ドレッサー』、フィリップ・カウフマン監督の『ライトスタッフ』、ブルース・ベレスフォード監督の『テンダー・マーシー』であった。

　英国アカデミー賞では、四つのノミネーション（『帝国の逆襲』は三つ）を獲得し、特殊視覚効果賞を受賞、メイクアップ＆ヘア賞、美術賞、録音賞で受賞を逃した。グラミー賞では、『帝国の逆襲』と同じく、ウィリアムズのサウンドトラックが最優秀オリジナル・アルバム賞／映画・テレビ部門にノミネートされた。ドイツのゴールデン・スクリーン賞でも、シリーズ三つ目となる受賞を獲得した。1984 年には、第 7 回ユース・イン・フィルム賞にて、最優秀ファミリー長編映画賞に選ばれた。

　ピープルズ・チョイス・アワードでは、それまでの"スター・ウォーズ"熱を引き継ぎ、映画賞を受賞。前 2 作同様、主なサイエンス・フィクション賞を制覇した。ヒューゴー賞では映像部門を制し、同アワード史上、最も栄誉ある映画シリーズとなる素晴らしい実績を残した。『スター・ウォーズ』オリジナル 3 部作の時代にヒューゴー賞を受賞したほかの作品は、『スーパーマン』（78）、『エイリアン』（79）、『レイダース／失われたアーク《聖櫃》』（81）、『ブレードランナー』（82）などであり、この時代の競争率の高さがうかがえる。ちなみに、『スター・ウォーズ』新 3 部作は、ヒューゴー賞に一度もノミネートされていない。サターン賞では、『ジェダイの帰還』は SF 映画賞、主演男優賞（ハミル）、衣装デザイン賞、メイクアップ賞、特殊効果賞を受賞したほか、主演女優賞（フィッシャー）、助演男優賞（ウィリアムズ）、監督賞、脚本賞、音楽賞にノミネートされた。

　おそらく、『ジェダイの帰還』もいつか、『帝国の逆襲』が得てきたような批評家たちの再評価を受けることになるのだろうが、まだその日は来ていない。第 21 章で述べた通り、オリジナル 3 部作のなかで、『ジェダイの帰還』だけがアメリカ国立フィルム登録簿に登録されていない。3 部作のうち 2 作だけが登録され、物語の最終章が漏れていることは不完全ともいえるため、いずれはこの見過ごしが正されるだろう。前 2 作と同レベルとまではいかないにしても、『ジェダイの帰還』がポップカルチャーに大きな影響を及ぼし、文化的、歴史的、芸術的な重要性を持つ映画であることには変わりないのだ。

テレビ映画「イウォーク」シリーズ（85-86）

　"スター・ウォーズ"のテレビ・プロジェクト第二弾は、第一弾よりも、だいぶ前進するものであった。「勇気のキャラバン」としても知られるテレビ映画「イウォーク・アドベンチャー」(84) は、プライムタイム・エミー賞の子ども番組賞にノミネート。第二次世界大戦で孤児となったドイツの黒人少年について描いたカート・ヴォネガット原作の PBS テレビシリーズ「アメリカン・プレイハウス」内のエピソード "Displaced Person" に敗れ、惜しくも受賞は逃した。エミー賞ではまた、ジョン・バーグ、ジョン・エリス、クリストファー・エヴァンズ、ハーレイ・ジェサップ、デニス・ミューレン、マイケル・バングラジオ、フィル・ティペットが視覚効果賞を共同受賞した。次作のテレビ映画「エンドア／魔空の妖精」(85) は、オリジナル作品よりもだいぶ野望に満ちたものであったが、エミー賞にノミネートされることはなかった。同年度のプライムタイム・エミー賞の子ども番組賞は、作家ルーシー・モンド・モンゴメリの「赤毛のアン」をカナダが映画化した作品に贈られた。テレビアニメーション・シリーズ「ドロイドの大冒険」と「イウォーク物語」がアワードに恵まれることはなかった。

　こうした状況はありつつも、結局のところ"スター・ウォーズ"は、映画的価値が議論され続けている（少なくとも、ある特定の批評家たちの間では）フランチャイズ・ブランドにしては、多くのトロフィーを得たといえるのだ。

第36章

Always in Motion Is the Future
未来は常に動いているのじゃ

出演者のその後

　1977年、この銀河系に『スター・ウォーズ』が解き放たれたとき、映画ファンに名が知れていた出演者は、アレック・ギネスとピーター・カッシングのみだった。夏が終わるころには、マーク・ハミルとハリソン・フォード、キャリー・フィッシャーが、地球上で最も有名な3人となり、彼ら自身のキャリアと人生が永遠に軌道に乗ることになった。ダース・ベイダーとC-3PO、R2-D2、そしてチューバッカももちろん、世界中で有名になったが、その象徴的なコスチュームの下でパフォーマンスをしていた俳優たちについて知る観客はほとんどいなかった。彼らの匿名性はルーカスフィルムによって管理されていたのだが、デイヴィッド・プラウズとアンソニー・ダニエルズ、ケニー・ベイカー、ピーター・メイヒューは、"スター・ウォーズ"との関わりを、様々な形で魅力的なチャンスへと進化させていった。"スター・ウォーズ"は必然的に、ギネスとカッシングの人生にも大きな影響を及ぼした。

マーク・ハミル

　『スター・ウォーズ』のスターたちは当初、ルーク・スカイウォーカーやハン・ソロ、レイア姫といったキャラクターのイメージから脱することに苦労していた（第11章参照）。特に、悲惨な自動車事故で顔面再建手術を受けたマーク・ハミル（第8章参照）には、より厳しい試練が待ち受けていた。『スター・ウォーズ』以降にオファーされた役柄のほとんどは、ルーク・スカイウォーカーのような爽やかな顔のタイプであったが、ハミルにはもはや、自身をスターダムに押し上げた同役のような若さ溢れる輝きはなかった。こうした事情にもかかわらず、ハミルにとって『スター・ウォーズ』以外で最高となる主役は、この困難な時期に生まれた。サミュエル・フラー監督が渾身の想いを込めて第二次世界大戦を描き、リー・マーヴィン、ロバート・キャラダインも出演した『最前線物語』（80）の若い兵士、グリフ役だ。公開当時は興行が振るわなかっ

た同作は、ユナイテッド・アーティスツにより 113 分にカットされたが、2004 年にワーナー・ブラザースが、フラー監督による 162 分のオリジナル・バージョンを公開した際に、批評家たちから再評価を得た。同作の主な魅力は、躊躇しながら殺人を繰り返すなかで、ナチス強制収容所の恐ろしさを知る兵士を演じた、ハミルの繊細かつ幅のあるパフォーマンスだったのだ。

　ハミルは『ジェダイの帰還』の後、数年は『風の惑星／スリップストリーム』(89／ゲイリー・カーツ製作)、"Midnight Ride" (90)、『EX ／エグザイル』(93)といった低予算の SF やホラー、アクション映画の主役と、「新・世にも不思議なアメージング・ストーリー」(86)、リバイバル版「新・ヒッチコック劇場」(87)、2 話で極悪なトリックスター役に扮した「超音ヒーロー ザ・フラッシュ」(91) などのテレビ番組へのゲスト出演を交互に行った。熱心なコミックブック収集家でもあるハミルに新境地が開けたのは、テレビアニメ・シリーズ「バットマン」(92–94) でジョーカーの声を演じたときだ。その後、多くのアニメーション版“バッ

アニメーション・シリーズ「バットマン」のジョーカーとして素晴らしいパフォーマンスを見せたマーク・ハミルは、アクション・フィギュアになるほどの二つ目の人気キャラクターを作り上げたといえる。ハミルは同役で、需要ある声優としての第二のキャリアを開花させた
Photography by Preston Hewis/East Bank Images

トマン”のテレビシリーズや映画でも同役の声を担当している。ハミルが演じる極悪でありながら子どもじみたジョーカーは密かなセンセーションとなり、声優としての仕事の依頼が殺到した。コミックブック・ファンの間ではいまだに、シーザー・ロメロとジャック・ニコルソン、ヒース・レジャー、そしてハミルのなかで、誰が最高のジョーカーであるかという議論がされている。

すでに声優として多くの作品に出演していたものの、ハミルの声優としてのキャリアは突然、超高速モードに突入する。数々のアニメーション・プロジェクトの声優として、素晴らしい才能と演技の幅を証明したが、その活躍はアニメーションだけにとどまらなかったのだ。最も魅力的なプロジェクトの一つは、受賞歴のあるビデオゲーム・シリーズ「ウィングコマンダー」(90–04)で主役のマーヴェリック・ブレアの声を担当したことだ。ハミルの契約には、小説シリーズやテレビアニメーション・シリーズ（96）、長編実写映画（99）にまで発展したフランチャイズの利益分配が含まれていた。"スター・ウォーズ"と"ウィングコマンダー"という二つのシリーズからの収入と、その他の報酬により、ハミルは、役を選び、高いギャラを要求することができる存在となった。俳優のウィル・ウィトン（彼も多くの声の出演歴あり）は、2004年にシアトルで開催されたエメラルド・シティ・コミコンでの私との会話のなかで、土曜朝に放送されるアニメーションの世界では、「マーク・ハミルでもない限り」、すべての声優が組合レベルの報酬で働くのだと語っていた。

とはいえ、ハミルが"スター・ウォーズ"から遠ざかることはなく、ときにはコンベンションや同シリーズの公式イベントに出席している。テレビ・アニメシリーズ「スター・ウォーズ／クローン・ウォーズ」(14)の最終シーズンでは、極悪なダース・ベインの声を演じた。『スター・ウォーズ エピソード7／フォースの覚醒』でも、ハリソン・フォードやキャリー・フィッシャーと共演し、彼の俳優歴のなかで最も有名なスカイウォーカー役を演じている。ハミルの長年の妻は、『スター・ウォーズ』と『スター・ウォーズ エピソード5／帝国の逆襲』の製作の間に結婚したマリールゥ。夫妻には、ネイサン（『帝国の逆襲』製作中に誕生）、グリフィン（83年生まれ）、チェルシー（88年生まれ）という3人の子どもがいる。

ハリソン・フォード

オリジナル3部作がすべて公開された頃には、ハリソン・フォードは大スターとしての地位を確立していた。ハン・ソロ役はもちろん、『レイダース／失われたアーク《聖櫃》』(81)と『ブレードランナー』(82)に主演したからだ。さらに3本（今のところ）の『インディ・ジョーンズ』映画シリーズ、トム・クランシーの小説から生まれたジャック・ライアン役を務めた『パトリオット・ゲーム』(92)と『今そこにある危機』(94)を含む多くのアクション大作にも出演した。往年のハンサム顔に、穏やかながらもカリスマ性のある映画俳優としての存在感を持つフォードは、ハリウッド黄金期の映画俳優に

ハリソン・フォードは、『レイダース／失われたアーク《聖櫃》』とその続編におけるインディ・ジョーンズ役で、トップ俳優としての地位を確実なものとした。

匹敵するクオリティを備えた、同世代では希有な俳優の一人である。フォードは、今日のタイロン・パワーだ。しかし、フォードもパワーのように、威勢のいい主演男優というイメージを脱し、一人の俳優としての評価を得ることに苦労した。

　とはいえ、フォードの出演歴と役柄は、俳優としての能力が向こう見ずなアクション役に限られたものではないことを証明している。フォードは、よい脚本と出会えたときには、繊細さと技術、説得力を要する複雑で難解な役柄に挑んでいった。唯一、アカデミー賞ノミネーションを獲得したピーター・ウィアー監督の『刑事ジョン・ブック 目撃者』(85) のなかでは、殺人を目撃したアーミッシュの少年を守ろうと格闘する刑事ジョン・ブックを演じた。ブックは、アーミッシュの家族と生活するなかで、自分の人生観に疑問を持ち、夫を亡くした少年の母（ケリー・マクギリス）と一時的なロマンスに落ちる。フォードは、その見事で繊細なパフォーマンスで、英国アカデミー賞の主演男優賞を受賞したが、オスカーでは、ウィリアム・ハート（『蜘蛛女のキス』）に届した。同じくウィアー監督の『モスキート・コースト』(86) では、家族を南米のジャングルに移住させ、悲惨な結果を生む偏執性の発明家として、とても印象的な演技を見せた。

ロマン・ポランスキー監督のスリラー『フランティック』(88) では、空港で他人のスーツケースをピックアップしたことにより、国際的なスパイ行為に巻き込まれる外科医を好演し、マイク・ニコルズ監督の『ワーキング・ガール』(88) では、隠れていたコメディ・センスを発揮した。アラン・J・パクラ監督によるひねりのある裁判スリラー『推定無罪』(90) では、殺人の罪を着せられる地方検事役を熱演。ニコルズ監督の『心の旅』(91) では、有能だが冷酷な弁護士が、ある事件をきっかけに記憶喪失になるが、記憶が戻るにつれ、自分の過去の人間性に愕然としていくという役どころに挑んだ。アンドリュー・デイヴィス監督の『逃亡者』(93) では、妻殺しの罪を着せられ、真犯人を見つけるべく逃亡する医師リチャード・キンブル役として、二度目のオスカー・ノミネーションに値する演技を披露したものの、ノミネートは逃した。同作からは、キンブルを追う連邦保安官補サム・ジェラードを演じたトミー・リー・ジョーンズがオスカーを受賞した。ジョーンズは助演男優賞を受賞したが、実質、二人とも主演であった。

　フォードは、『帝国の逆襲』が完成してまもなく、最初の妻メアリー・マーカットと離婚。1983 年から 2004 年まで、脚本家のメリッサ・マシスンと結婚生活を送った。離婚後は、女優キャリスタ・フロックハートと長い交際を経て、2010 年に結婚。フォードは、マーカットとの間に二人（ベンジャミンとウィラード）、マシスンと間に二人（マルコムとジョージア）の子どもを授かり、現在は、フロックハートが養子に迎えた息子リアムの父親でもある。孫は三人。また、様々な自然・環境保護団体の看板的な支持者であり、環境保護団体「コンサーベーション・インターナショナル」の副委員長も務めている。

キャリー・フィッシャー

　キャリー・フィッシャーは、『スター・ウォーズ エピソード 6／ジェダイの帰還』の撮影が終了する頃、映画の仕事に幻滅していた。とはいうものの、ウディ・アレン監督の『ハンナとその姉妹』(86)、ロブ・ライナー監督の『恋人たちの予感』(89) などで脇役を演じ、様々なテレビ・シリーズにもゲスト出演し続けた。『スター・ウォーズ』以降の出演作の多くでは、レイア姫役には見られなかったコメディ・センスを花開かせた。しかし、フィッシャーは映画出演以外の形で、重要なキャリアを築くことになる。

　『ジェダイの帰還』の製作中に作家になることを誓ったフィッシャーは、1987 年にデビュー小説を出版。半自伝的な「崖っぷちからのはがき」は "The New York Times（ニューヨーク・タイムズ）" 紙のベストセラー・リストに名を連ね、1990 年には続編「ピンクにお手あげ」が出版された。この 2 冊の間には、「崖っぷちからのはがき」の映画版『ハ

リウッドにくちづけ』の脚本を執筆。同作は、マイク・ニコルズが監督を務め、メリル・ストリープとシャーリー・マクレーンが主演した。その後の小説には、"Delusions of Grandma"（93）、"Hollywood Moms"（01）、"The Best Awful There Is"（04）がある。彼女はさらに、1997 年、2002 年、2007 年のアカデミー賞授賞式放送のための台本を含む、10 本の脚本を執筆した。

　フィッシャーは双極性障害と診断された後、禁酒に成功し、2006 年、それらの試練をネタとした快活で面白い一人芝居"Wishful Drinking"をロサンゼルスのゲフィン・プレイハウスでお披露目した。芝居は大ヒットし、2010 年までいくつもの劇場で再公演が行われた（ブロードウェイでの短期公演を含む）。2008 年には、同芝居をもとにした本が出版された（表紙には、マティーニ・グラスを持ったレイア姫が、酔っぱらって気絶している姿が描かれている）。芝居の模様は 2010 年に撮影され、HBO で放送された。フィッシャーは、"Wishful Drinking"のオーディオブック版でグラミー賞にもノミネート。2012 年には、2 冊目のベストセラー回顧録"Shockaholic"を発表した（表紙には、目隠しをしたレイア姫が途方に暮れているような姿が描かれている）。

　フィッシャーは、"Wishful Drinking"と"Shockaholic"のプロモーションとして様々なテレビ出演や雑誌インタビューを行った際、アルコールから処方箋薬などへの中毒や精神障害、激動の恋愛遍歴にいたるまでの過去を赤裸々に語った。シンガー・ソング・ライターのポール・サイモンとは、1977 年から別れと復縁を繰り返した。1983 年 8 月から 84 年 7 月までは、サイモンと結婚していた。サイモンとの離婚後、フィッシャーはキャスティング・エージェントのブライアン・ロードと長く交際した。二人の間には 1992 年、娘のビリーが誕生したが、ロードは後にフィッシャーのもとを去り、男性と交際した。フィッシャーは"VANITY FAIR（ヴァニティ・フェア）"誌のインタビューで、政治ロビイストのグレッグ・スティーヴンスが彼女の家で、鎮痛薬のオキシコンチンの過剰摂取により死亡した後、2005 年に少しの間だけ、再び麻薬に手を染めたことを明かした。フィッシャーが綴った作品は、こうした出来事やその他の個人的な難局に対する経験から生まれた、鋭敏な理性と感情的な率直さに溢れている。

ビリー・ディー・ウィリアムズ

　ビリー・ディー・ウィリアムズのキャリアは、彼が『帝国の逆襲』からキャストに加わったからか、はたまた、ランド・カルリジアンが脇役のままであり続けたからか、"スター・ウォーズ"によって実質的に変わることはなかった。ハミルやフォード、フィッ

シャー、そしてギネスとも異なり、彼が映画のなかで演じた分身のように、観客に強烈な印象を残さなかったのだ。ランド役がウィリアムズを有名にしたことは事実だが、新しいチャンスを生むものでもなく、それまでの実績を汚すものでもなかった。『ジェダイの帰還』の後、ウィリアムズは、ハリウッドで最も人気があり頼れるアフリカ系アメリカ人の主役俳優の一人としてのキャリアに戻った。残念なことに、それはハリウッドで最も人気があり頼れる主役俳優の一人というのとは、意味合いが違った（その状況は今も変わっていない）。1980年代後半、50才代になると、プライムタイムのメロドラマ「ダイナスティ」への出演をはじめとする、多くの脇役やテレビの仕事を受けるようになった。また、ティム・バートン監督の『バットマン』(89)では、熱血の地方検事ハーヴェイ・デント役として印象に残る演技を見せた。ウィリアムズは、『フォースの覚醒』のキャストに名を連ねてはいない。"Star Wars: Rebels"(14)をはじめとする"スター・ウォーズ"のビデオゲームやアニメーションでは、声の出演をした。ウィリアムズには3度の結婚歴があり、1972年以来、現在の妻、テルコ・ナガミとともにいる。1973年には娘のハナコが誕生した。熟練したファインアーティストでもあるウィリアムズの絵画は、スミソニアン協会やナショナル・ポートレート・ギャラリー、ショーンバーグ美術館ほか、米国内の様々なギャラリーや美術館に展示された。

デイヴィッド・プラウズ

　デイヴィッド・プラウズと"スター・ウォーズ"の間には、いまだに深い溝がある。プラウズは、ダース・ベイダー役がもたらした注目とチャンスを謳歌したものの、いまだに、自分の声がジェームズ・アール・ジョーンズの声に替えられたことへの怒りと、そのほかの主観的な不満によって、はらわたを煮えくり返らせている。ファンにサインをするときには、挑戦的に「デイヴィッド・プラウズこそがダース・ベイダーだ」と書く。『帝国の逆襲』を製作中の1979年の時点ですでに、プラウズは宣伝担当者のアラン・アーノルドに、「契約は不条理なものだった。私を犠牲にして、ダース・ベイダーの匿名性を守ろうとする組織的な動きがあるように見える。だが、彼を演じたのは私であり……どうしてもクレジットを得る覚悟だ」と話していた。

　ルーカスフィルムの重役たちは故意的に、"スター・ウォーズ"キャラクターの衣装を着たパフォーマーたちの存在を目立たないようにさせ、さらには、初期のプレスリリースに、C-3POとR2-D2が本物のロボットであるかのように綴っていた。その論理は、残酷なほどにシンプルである。ダース・ベイダーやドロイド、チューバッカを演じてい

る俳優名を明かさなければ、安価に再雇用したり、必要に応じて代役を立てることもできる。ハリウッドのチャイニーズ・シアター前での足形刻印式や「VOGUE」誌の写真撮影など、1970 年代に行われた多くの宣伝イベントには、ほかの俳優がダースベイダーのコスチュームを着て登場した。挑戦的になったブラウズは、自身の宣伝係を雇い、米国やヨーロッパの SF コンベンションで講演やサイン会を行い始めた。ブラウズが新作の詳細を漏らす傾向にあったこともあり、こうしたイベントに出演料を得て登場するブラウズとルーカスフィルムの重役たちの間の溝は、ますます深まった（第 17・20 章参照）。

　いずれにしても、『ジェダイの帰還』以来、ブラウズは、コンベンションやその他の"スター・ウォーズ"関連プロジェクトによって経済的に支えられた。2011 年に発行されたロンドンの"The Daily Telegraph（デイリー・テレグラフ）"紙には、「いまや私は、SF コンベンションに登場してファンと直接会ったり、サインを売るなどの活動で、快適な生活を送っている」「自分のウェブサイトから直筆サインや写真を販売する小さなビジネスも行っている」と語っていた。『ジェダイの帰還』以降にブラウズが出演した映画は、自身として登場したドキュメンタリーなど、わずか 11 本。そのドキュメンタリーの一つである『ピープル VS ジョージ・ルーカス』(10) によって、ブラウズは"スター・ウォーズ"関連のすべての公式イベントや、ルーカスフィルムが協賛するイベントへ立ち入り禁止となった。ブラウズは後に、毎年多数のインタビューに答えていたため、それらの発言がルーカスをバッシングするドキュメンタリーとしてまとめられるとは思ってもみなかったと不満を述べた。2011 年に回顧録"Straight from the Force's Mouth"を出版した際に語ったものだ。その 1 年後、ディズニーが『エピソード 7』の製作を発表した際には、自分が出演しないことを知り、ダース・ベイダーを演じた過去の映画から印税を受け取っていないと（これが初めてではないが）声高に愚痴をこぼした（ブラウズは、ほかの何人かのキャストたちとは異なり、一度も利益分配を得たことがない）。この愚痴は、ブラウズと"スター・ウォーズ"の愛憎関係が永遠に続くことを決定づけたといえる。

アンソニー・ダニエルズ

　アンソニー・ダニエルズの C-3PO 役としての仕事は、ひそかに家内工業化していった。オリジナル 3 部作時代には、テレビ特番「ザ・メイキング・オブ・スター・ウォーズ」のナレーションを務め、「マペット・ショー」（ハミルとともに）、「セサミストリー

ト 」、"The Donnie and Marie Show" に出演し、ハミルやフォード、フィッシャーとともに悲運の "The Star Wars Holiday Special" にも登場、禁煙を訴える公共広告を制作し、オリジナル3部作の BBC ラジオ版でパフォーマンスを行った。以来、ダニエルズはほぼ休みなしに働いている。C-3PO として、アニメーション・シリーズ「スター・ウォーズ ドロイドの大冒険」(85)、ディズニー・ワールドのアトラクション「スター・ツアーズ」(86–10)、映画の新3部作、アニメーション・シリーズ「スター・ウォーズ クローン対戦」、そしてレゴ・バージョンのアニメーション「レゴ・スター・ウォーズ／ヨーダ・クロニクル」ほか、様々なビデオゲームや宣伝プロジェクトに出演

宣伝写真で、分身である C-3PO とポーズをとる俳優アンソニー・ダニエルズ。すべての "スター・ウォーズ" 映画における C-3PO 役に加え、様々なテレビ番組、アニメーション、ドキュメンタリー、そのほかの場所で声のパフォーマンスを行っている

した。『フォースの覚醒』にも C-3PO として登場している。彼はまた、"Star Wars: Underworld" と仮タイトルがつけられた実写テレビシリーズへの出演にも合意していた。同作については 2005 年に発表されたものの、ディズニーがルーカスフィルムを買収し、『エピソード7』を製作すると決定した際に中止された。ダニエルズは、ヘレン・ミレン主演の犯罪ドラマ「第一容疑者」(95) をはじめとする様々なイギリスのテレビ番組に、C-3PO ではない多数の役柄で出演する時間も捻出した。私生活では女優のクリスティン・サヴィッジと結婚し、息子に恵まれている。

ケニー・ベイカー

　ケニー・ベイカーは、アンソニー・ダニエルズと同様、これまでに製作された "スター・ウォーズ" 映画シリーズすべてに出演しており、第7作となる『フォースの覚醒』にも出演している。彼の過去の出演作には、『フラッシュ・ゴードン』(80)、『バンデット Q』(81)、『アマデウス』(84)、『ラビリンス／魔王の迷宮』(86)、『ウィロー』(88) をはじめとする映画やテレビ作品がある。プラウズやピーター・メイヒューと同様に、ベイカーは映

画出演の合間に SF コンベンションやそのほかの特別イベントに登場し、快適な生活を送っている。キャバレーでパフォーマンスを行ってきたジャック・パーヴィスとのコンビ「ミニ・トーンズ」が解散してしばらくは、スタンダップ・コメディアンとして活動を行っていた。2009 年には、自伝 "From Tiny Acorns: The Kenny Baker Story" を自費出版。ベイカーは 1970 年に、同じく小人症のアイリーンと結婚し、1993 年に彼女が亡くなるまでともに生きた。夫妻の間には、小人症ではない二人の子どもがいる。

ピーター・メイヒュー

　1977 年に『スター・ウォーズ』が公開されたとき、ピーター・メイヒューはまだ両親と実家に住んでいた。同作の成功は彼に、一人暮らしに必要な資金だけでなく、引っ越しをする動機も与えた。ファンたちがチューバッカのサインをもらうべく、日夜構わず実家のドアを叩いたからだ。『スター・ウォーズ』と『帝国の逆襲』の間、メイヒューはロンドン郊外のメイデイ病院の用務係としての仕事を再開した。しかし、『ジェダイの帰還』の後は、数々の SF コンベンションのおかげで、チューバッカとしての活動がライフワークとなった。『ジェダイの帰還』以降に出演した 33 本の映画のうち、7 本はチューバッカとしてクレジットされている。彼は、『スター・ウォーズ エピソード 3 ／シスの復讐』（05）のなかの愛すべきウーキー族、「スター・ツアーズ」アトラクションの出演者、"Late Show with David Letterman"（05）のトップ 10 プレゼンターとして活躍したほか、「glee ／グリー 踊る合唱部 !?」（11）の 1 話にも出演。最新作『フォースの覚醒』にも出演している。オリジナル 3 部作以降に出演した 24 本の多くは、これから公開予定の映画 "Standing in the Stars: The Peter Mayhew Story" を含む様々なドキュメンタリーやテレビ番組で、チューバッカについて語る彼自身としての出演である。メイヒューはまた、自伝的グラフィック小説 "Growing Up Giant" と児童書 "My Favorite Giant"（ともに 2013）も執筆した。その類まれなる高身長（220 センチメートル）は、マルファン症候群という遺伝性疾患によるものだが、10 代のときに治癒に成功した。2013 年には、両膝の代替手術を受けた。2005 年に米国市民となり、現在はテキサス州に住んでいる。彼が立ち上げた非営利団体、ピーター・メイヒュー基金は、メイク・ア・ウィッシュ財団や子どもたちのためのがん基金（Children's Cancer Fund）とともに、難病に苦しむ子どもたちを支援している。

アレック・ギネス

アレック・ギネスは、『スター・ウォーズ』の驚異的な成功に困惑し、ときに動揺したが（第11章を参照）、経済的な自立と、より念入りに役選びをできる地位を手に入れた。こうした経緯と健康不調により、『ジェダイの帰還』以降の出演作は8本にとどまったが、そのうちの3本は素晴らしいものであった。デイヴィッド・リーン監督の『インドへの道』（84）では、エキセントリックなインド人哲学者ゴッドボールを好演、グレアム・グリーンの小説を原作としたBBCドラマ"Monsignor Quixote"（85）では主役を演じ、英国テレビ・アカデミー賞（British Academy of Television Award）にノミネートされた。チャールズ・ディケンズの小説を映画化した『リトル・ドリット』（88）では、ウィリアム・ドリット役でアカデミー賞にノミネート。同作は、上映時間6時間という凄まじい長さが語り継がれている。2000年8月5日、ギネスは肝臓がんにより、86歳でこの世を去った。62年間連れ添った妻で女優のメルーラ・サラマンもその2カ月後、がんで亡くなった。夫妻には、1940年に生まれた息子のマシューがいる。

ピーター・カッシング

『スター・ウォーズ』が公開になったとき、ピーター・カッシングのキャリアは、ギネスのキャリア以上に終わりに近づいていた。体調を崩し、1971年に妻ヘレンが亡くなって以来、精神的にも打ちのめされていた。カッシングは自伝のなかで、妻が亡くなった夜に自殺を考え、彼女のいない人生が無に感じたことを明かしている。1972年の英「ラジオ・タイムズ」のインタビューでは、「時間は果てしなく長く、孤独は耐えられないほどで、愛するヘレンと自分がいつかまた一緒になれると信じる気持ちだけが、自分を生かしている」「ヘレンのもとに行くことが、私の唯一の望みだ」と語っている。カッシングは、『スター・ウォーズ』から、成功に応じた報酬ではなく、固定給を得ることを選んだため、ギネスのように予期せぬ利益を得ることはなかった。その代わり、1978年から86年にかけて、"Son of Hitler"（78）をはじめとする低予算ドラマや、カメオ出演した『トップ・シークレット』（84）など14本の映画やテレビシリーズに粘り強く出演した。唯一輝かしいパフォーマンスを見せた作品と言えば、往年の怪奇スター仲間、ヴィンセント・プライス、クリストファー・リー、ジョン・キャラダインと共演した格調高いホラー映画『魔人館』（83）だ。カッシングは1982年に前立腺がんと診断されるが、手術を拒否。病により、1987年に映画俳優をリタイアするも、ファインアート

の水彩画を描き、販売するという第二のキャリアを続けた。また、自身が文と絵を手が
けた風変わりな子ども用絵本"The Bois Saga"は、彼が亡くなる直前に出版された。
1994 年 8 月 11 日、カッシングはついに愛するヘレンの元へ旅立った。82 歳だった。

第 37 章

Oh, He's Not Dead. Not Yet.

死んでいないよ、まだね

　1983年の秋は、ジョージ・ルーカスの人生において、最も実り多き季節になるはず
だった。歴史的偉業ともいえる『スター・ウォーズ』オリジナル3部作を完成した後、
妻と養子に迎えた2歳の娘アマンダとともに静かな家族生活を送り、スカイウォーカー・
ランチで、フィルムメイカーたちの避難所の完成を見守るつもりだった。しかし、すべ
ては思い通りにならなかった。『スター・ウォーズ エピソード6／ジェダイの帰還』は
大ヒットとなったものの、第1作の『スター・ウォーズ』の爆発的な売り上げに追い付
くことができず、オリジナル3部作に対する辛辣な批評を引き出すことになってしまっ
た。(第21章参照)。さらに、ルーカスは私生活で、より大きな問題を抱えていた。『ジェ
ダイの帰還』のポスト・プロダクション中に、妻マーシア・ルーカスから、ほかの男性
と恋に落ち、離婚をしたいと伝えられたのだ。感情的に打ちのめされたルーカスにとっ
ては、映画を完成させることが精いっぱいだった。2人の結婚の破綻は、ルーカスフィ
ルムと"スター・ウォーズ"フランチャイズの未来に深刻な影響を及ぼした。

　第1作『スター・ウォーズ』の製作中から、仕事中毒の夫との長い別居に耐えてき
たマーシアは、ジョージが英国で『ジェダイの帰還』の撮影をしていたときに、アーティ
ストのトム・ロドリゲスと出会った。マーシアより10歳年下のロドリゲスは、スカイウォー
カー・ランチのルーカスフィルム本社に、精巧なステンドグラス・ドームを設置するプ
ロジェクトを統括していた。1983年6月、『ジェダイの帰還』プレミアのわずか数週間
後、ジョージとマーシアはルーカスフィルムのスタッフ会議に出席し、衝撃を受ける従
業員たちを前に、手を取り合いながら、15年の結婚生活にピリオドを打つことを伝え
た。ルーカス元夫妻は、会社の共同所有者でもあった。新しい報告書やそのほかの情
報によれば、マーシアはその後の調停で、最低3500万ドル、おそらく5000万ドルほ
どの離婚金を受け取ったと見られている。当初、ジョージとマーシアは、娘アマンダの
親権を共有することに同意したが、1985年にマーシアとロドリゲスとの間に娘エイミー

が誕生した1年後、ジョージがアマンダの親権を持つこととなった（マーシアとロドリゲスは1988年に結婚したが、2年の別居を経て、95年に離婚した）。

スティーヴン・スピルバーグは、1999年にインタビュー番組「60ミニッツ」のなかで、ルーカスが離婚によって“粉々になった”と語った。ルーカスは仕事時間を減らし、自分の権限を信頼できる仲間たちに任せるようになり、娘の育児に多くの時間を捧げた。シングル・ファーザーのルーカスはまた、1988年生まれのもう一人の娘ケイティと1993年生まれの息子ジェットを養子に迎えた。1984年からは、歌手のリンダ・ロンシュタットと長い交際をするが、1980年代後半に破局した。ルーカスは後に、ロンシュタットとの結婚を望んだが、彼女のほうはそうではなかったと説明した。

創始者ルーカスの私的な優先順位に変化が起きたこととは別に、離婚はルーカスフィルムに、もう一つの直接的な影響を及ぼした——ルーカスはもはや、『スター・ウォーズ』映画を自己資金で製作するための私産を持っていなかったのだ。彼自身の手でシリーズを復活させるために十分な富を再び築くまでには、10年以上の月日を要した。幸運なことに、その間にCGI技術が飛躍的に進展し、ルーカスが思い描く宇宙を、より低コストで実現できるようになっていた。なにより、ルーカスは、再び『スター・ウォーズ』映画製作という苛酷な旅に乗り出すための、感情的な準備を整えることができたのだ。

スカイウォーカー・ランチは、ルーカスが当初思い描いていたようなインディペンデント映画製作の拠点になることはなかった。最先端施設のレンタル費用は高額で、小規模なフィルムメイカーたちには手が出ないものだった。同地で作られた映画の多くは、『スター・ウォーズ』のような、視覚および聴覚効果を駆使した高予算のメジャー・スタジオ大作だった。スカイウォーカー・ランチの施設は、これらの大作を作るためにデザインされていたのだ。

こうしたさまざまなことを乗り越えながらも、ルーカスは映画を作り続けた。『スター・ウォーズ』シリーズがヒットした直後でさえ、個人的で型破りな映画を作ることについて話した。1981年には、米SF映画雑誌「スターログ」に、「きわめて実験的な映画を作る予定だ。劇場用の映画ではないようなものをね」と語っている。実際に、こうした映画を製作するにはいたらなかった。その代わり、『スター・ウォーズ』新3部作を監督するまでの1978〜97年の間に公開された、『スター・ウォーズ』シリーズ以外の6本の長編映画と1本のテレビ・シリーズのクリエイティブ・リーダーとして活躍した。さらに12本の映画のエグゼクティブ・プロデューサーも務めた（ときにはクレジットなしで）。こうした作品の多くは、友人や親交の深いフィルムメイカー仲間たちによる

ものだ。ルーカスによる『スター・ウォーズ』以外のプロジェクトには、娯楽大作や失敗作、その間に位置付けられるあらゆるタイプの作品があった。それらの多くは、それぞれの理由で注目に値するものである。

『アメリカン・グラフィティ２』（79）

　ジョージ・ルーカスは、『アメリカン・グラフィティ２』を作るつもりがなかった。オリジナル版である『アメリカン・グラフィティ』のエンドクレジットでは、主要キャラクターの運命を明かし、続編への余白を残していなかった。しかし、『アメリカン・グラフィティ』が大ヒットすると、ユニバーサル・ピクチャーズは続編をリクエストした。同スタジオの重役たちから、彼の参加の有無にかかわらず、続編制作に乗り出すと告げられると、ルーカスは降参した。自分なしで続編が作られることは、何よりも避けたかったのだ。

　オリジナル版でカート・ヘンダーソンを演じ、『グッバイガール』(77)の演技でオスカーを受賞したばかりであったリチャード・ドレイファスが続編への出演を断ると、プロジェクトは深刻な打撃を受けた。オリジナル版でおなじみの、感情的に複雑なキャラクターが不在となるのだ。ロン・ハワード、シンディ・ウィリアムズ、チャールズ・マーティン・スミス、マッケンジー・フィリップス、ポール・ル・マットら、オリジナル版の残りのキャストは出演に合意したが、ハワードとウィリアムズ、フィリップスは、それぞれが出演するテレビシリーズ（順に「ハッピーデイズ」、「ラバーン＆シャーリー」、"One Day at a Time"）の夏休み中に２～３週間だけ、撮影が可能になるという状態だった。ルーカスとともにオリジナル版を執筆した友人のウィラード・ハイクとグロリア・カッツも、ロマンティック・コメディ映画『フレンチ・グラフィティ』(79)の企画開発に忙しく、都合が合わなかった。そのためルーカスは、こちらも南カリフォルニア大学(USC)の元クラスメイトであった脚本家・監督のビル・ノートンに監督を依頼し、ハワード・カザンジャンをプロデューサーにつけた。キャストのスケジュール上の制約から、ノートンはわずか44日で撮影を終わらせなければならなかった。

　オリジナル版『アメリカン・グラフィティ』は、1962年のある一晩の出来事を描いていたが、続編は、1964～67年までの大晦日を舞台とした4つの物語を描いた。それぞれの物語は、異なるフィルム・ストック（16ミリを含む）と縦横比（スプリット・スクリーン含む）を使い、独特なビジュアル・スタイルで撮影された。1964年の物語の冒頭でわずかな時間をともにした主人公たちの人生に、ベトナム戦争がもたらした

影響を破片的に映し出そうとしたのだ。しかし、断片的な映像はかえって、ノートンによる散漫で不完全な脚本を強調してしまった。同脚本はまとまりがないだけでなく、快活でフィールグッドなオリジナル版と比べて、構成要素が重苦しくつまらない。オリジナル版では奇妙ながら愛すべき存在であったキャラクターたちは、薄っぺらく、気に障る。ジョークの多くは不発に終わる。作品中に溢れるロック音楽ですら、感情的な高揚を演出できていない。 今にして思えば、同作の独創的な構造と明確な芸術的野心は、コメディよりもドラマ向きであったのだ。

　『アメリカン・グラフィティ2』は、観客からも無視された。興行収入はわずか800万ドル（オリジナル版は1億4000万ドル）にとどまり、レビューは散々たるものだった。「ヴァラエティ」誌の批評家であったデイル・ポロックは、「過去5年間で最も革新的かつ野心的な作品の一つだが、成功からはほど遠い」とし、寛大な失敗作と位置づけた。"New York Times（ニューヨーク・タイムズ）"紙のジャネット・マスリンは、さらに厳しく、「『アメリカン・グラフィティ2』は、ひどく見当違いな作品で、オリジナル版の楽しい思い出がかき消されるようだ」と酷評した。

『インディ・ジョーンズ』シリーズ

　ルーカスは1975年、インディ・スミスという名の向こう見ずな考古学者の冒険を描くことを思いつき、脚本家・監督のフィリップ・カウフマンとともに、土台となる物語のコンセプトについて討議した。物語のなかに、失われたアーク（聖櫃）を盛り込むことを提案したのはカウフマンだった。二人は脚本を仕上げる前に袂を分かち、ルーカスは『スター・ウォーズ』の製作、カウフマンはクリント・イーストウッド主演のウエスタン映画『アウトロー』(76)の監督業に取り組んだ。しかし、イーストウッドはすぐにカウフマンを解雇し、自身が監督の座に就いた。

　2年後、『スター・ウォーズ』が公開されると、ジョージとマーシア・ルーカスはスティーヴン・スピルバーグとエイミー・アーヴィングとともにハワイに休暇に出かけた。ビーチでくつろぎながら、ジェームズ・ボンド映画を作りたいと言うスピルバーグ。そんな彼にルーカスは、さらにいい企画があると持ちかけた。インディ・スミスの話だ。その瞬間、ルーカス&スピルバーグのコラボレーションが生まれ、映画史上、最も成功したフランチャイズの一つに発展した。『インディ・ジョーンズ』シリーズの企画開発は、『スター・ウォーズ』シリーズと同じぐらい興奮するもので、それだけで本を一冊書けるほどだ（「インディ・ジョーンズFAQ」？）。

快活でスリリングな展開が続く『レイダース／失われたアーク《聖櫃》』(81) が、シリーズの方向性を決めた。『レイダース』は3億89万ドルを稼ぎ、熱烈なレビューを集め、アカデミー賞8部門にノミネートを果たし（うち4部門で受賞）、ハリソン・フォードをメジャー・スターに押し上げ、ルーカスフィルムが『スター・ウォーズ』だけでは終わらないことを証明した。ルーカスとスピルバーグがともに、私生活におけるパートナーとの別れに苦しむなかで生まれた『インディ・ジョーンズ／魔宮の伝説』(84) は、卑劣さを感じさせるものがあり、一部のファンと多くの批評家を不快にさせた。興収は3億3300万ドルであったが、批評はまちまちであった。ジョーンズの父としてショーン・コネリー（ジェームズ・ボンド役でも知られる）が登場した『インディ・ジョーンズ／最後の聖戦』(89) は、『レイダース』の魅力ともいえる温和な魂を持った物語に立ち返り、興収4億7400万ドルを稼ぎ、ファンと批評家たちの恩寵を取り戻した。

"インディ・ジョーンズ"フランチャイズのなかで、ルーカス個人が最も思い入れを込めたであろう作品が、実は最も成功しなかった。テレビシリーズ「インディ・ジョーンズ／若き日の大冒険」である。世界史の人物と出来事を併合させた同テレビ作品は、ルーカスが教育的な要素を持つ番組として考案し、高予算をかけて制作された。コリー・キャリアー（8〜10歳のジョーンズ）とショーン・パトリック・フラナリー（16〜21歳のジョーンズ）が演じた若いインディが、考古学者として世界中を旅する父に同伴し、各場所で冒険をするというストーリー。ABCにて2シーズン（92–93）が放映されたが、低視聴率と膨大な制作費が原因で打ち切りとなった。1994〜96年にはファミリー・チャンネルが、同シリーズを引き継ぐ形で4本のテレビ映画を放映した。ルーカスは同プロジェクトに没頭し、70話分のコンセプト要旨（そのうち制作されたのは28話）と、ジョーンズの人生の詳細な物語を執筆した。シーンの一部をクレジットなしで監督したこともあった。「インディ・ジョーンズ／若き日の大冒険」は、ルーカスが映画製作の現場に戻るモチベーションとなったようだ。ファミリー・チャンネルで最後のテレビ映画が放映される頃には、ルーカスは監督業に戻る決意をし、『スター・ウォーズ』新3部作に取り組み始めていた。

『ハワード・ザ・ダック／暗黒魔王の陰謀』（86）

1974年の『アメリカン・グラフィティ』の大ブレイクから、『スター・ウォーズ』オリジナル3部作と『インディ・ジョーンズ』シリーズの初期2作（81と84）が公開されるまでの10年間、ジョージ・ルーカスは神の手を持っていた。ときに観客自身が自

覚する前に、彼らが何を欲しているのか
を感じ取ることができるようだった。す
ぐさま忘れ去られた『アメリカン・グラ
フィティ2』（彼自身も製作を望んでいな
かった）のみが、唯一の失敗だったのだ。
そこへ登場したのが『ハワード・ザ・ダッ
ク／暗黒魔王の陰謀』だ。

　ルーカスは同作の原案者であったが、
『スター・ウォーズ』シリーズや『インディ・
ジョーンズ』シリーズ、後に紹介する『ウィ
ロー』と比べ、クリエイティブ面でのかか
わりは薄かった。脚本執筆にも映画編
集にも、あまりかかわっていなかったの
だ。とはいえ、この風変わりなマーベル・
コミックスの作品を映画化しようと言い
出したのは彼自身であり、監督のウィラー
ド・ハイクと脚本を担当したグロリア・
カッツが長編アニメーション映画化を主
張したにもかかわらず、製作総指揮とし
て、実写映画化するよう推し進めた。彼

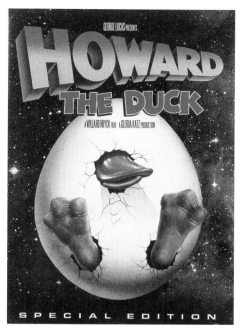

『ハワード・ザ・ダック／暗黒魔王の陰謀』を劇場公開しよう
としたジョージ・ルーカス（と ILM）の無謀さを物語るように、
映画のオリジナル・ポスターや宣伝写真、スペシャル版 DVD
の表紙ですら、主役のハワードが顔を見せることはなかった

はまた、積極的に映画の宣伝を行い、タイトル表示前に挿入されるクレジットも獲得
していた（"ジョージ・ルーカス・プレゼンツ……"）。

　ルーカスは 1970 年代半ばに、「ハワード・ザ・ダック」の映画化を提案し、ハイクとカッ
ツが脚本草稿を執筆した。しかし、企画は数年間、保留にされ、ルーカスとハイク、カッ
ツが企画を再開したときには、すべてのタイミングが悪かった。脚本家のスティーヴ・
ガーバーと作家のヴァル・メイリックが 1973 年に原案を手がけた「ハワード・ザ・ダッ
ク」は、マーベルが当時の反体制的な "コミックス（comix）" に最も近づいた作品と
いえる。破壊的で馬鹿げたガーバーの物語は、社会風刺とスーパーヒーロー・パロディ、
不条理主義のシュールレアリスムが混ざったものであった。登場キャラクターは急激
に人気者となり、短期間ながら新聞の連載漫画（77-78）にもなったが、すぐに衰えた。
メインストリームに少しだけ逃避した反体制文化のような同作は、1980 年代半ばのレー

ガン政権にどっぷりつかったアメリカにおいては場違いに見えた。しかし、1986年という時代が、『ハワード・ザ・ダック』映画には遅すぎたというのであれば、信憑性のある実写版のキャラクターを作り出す技術が存在していなかった点で、早すぎたともいえるだろう。インダストリアル・ライト・アンド・マジック（ILM）のクリーチャー・ショップは、フィル・ティペットの監督下で、パペットやゴム製の着ぐるみを操ることに最善を尽くしたが、説得力のある解決策は生まれなかった。同作のそのほかの視覚効果もまた、通常のILM基準を下回るものだった。そして、ハイクとカッツが共同執筆した脚本はさらに最悪だった。的外れで、感覚が鈍く、ほぼ脈絡のないもので、ガーバーの物語の魅力的な部分を完全に欠いていた。いくつかの物語の要素、特に、ハワードと彼の人間の彼女ビバリー（リー・トンプソン）とのあからさまにセクシュアルな関係は、家族に優しいルーカスフィルム・ブランドにフィットするものではなかった。映画はトンプソン、ジェフリー・ジョーンズ、ティム・ロビンスによる生き生きとしたパフォーマンスと、ベン・バートによる一流サウンド・デザインを誇るものであったが、ボックスオフィスを賑わせることはなかった。

　製作費3000万ドルの『ハワード・ザ・ダック』は、わずか1600万ドルの興収に終わった。観客は困惑し、批評家は映画と、突然色褪せたゴールデンボーイ、ルーカスを散々に酷評した。ルーカス支持者であるジーン・シスケルですら、"The Chicago Tribun（シカゴ・トリビューン）"紙のレビューのなかで、「この馬鹿げた映画は誰のために作られたのだ？」と疑問を呈した。『ハワード・ザ・ダック』は、瞬く間にハリウッド史上最も悪名高い失敗作としての評価を得てしまった（無理もない）。しかし、皮肉なことに、致命的な失敗作はまた、駄作過ぎて愛着が湧く映画、というカテゴリーの新しいファン層を生み出した。これらのファンによって、同作は思いもよらぬカルト人気を誇るようになったのだ。

『ウィロー』（88）

　『スター・ウォーズ』オリジナル3部作の後に、ルーカスが最も意欲的に取り組んだ作品が『ウィロー』だった。ファンタジー巨編を実写映画化できるということを証明するために、自ら伝説作りとフランチャイズ作りを目指した意識的な試みだ。"ネルウィン族"の小さな人であるウィロー・ウフグッド（ワーウィック・デイヴィス）が拾った人間の赤ちゃんを、意地悪な魔女であるバウモーダ女王が死の標的とすると、ウィローは赤ちゃんの命を守るための危険な冒険に繰り出す。旅の途中、優れた剣士（ヴァル・

『ウィロー』を三つ目の娯楽映画シリーズにしようと試みたジョージ・ルーカス。写真左から、ロン・ハワード監督、子役のドーン・ダウニング、ルーカス、ワーウィック・デイヴィス

キルマー)、魅惑された魔女（パトリシア・ヘイズ）、一組の小柄な"ブラウニーズ"（ケヴィン・ポラックとリック・オーヴァートン）、バウモーダの娘（ジョアンヌ・ウォーリー）といった仲間が集まる。ウィローたちは力を合わせ、バウモーダ女王の冷酷な軍隊と、トロルや火を吐く双頭の怪物といった巨大な犬のような獣たちの摩訶不思議な脅威に立ち向かう。

　『ウィロー』は、『スター・ウォーズ』シリーズ2作目、3作目や『インディ・ジョーンズ』シリーズとほぼ同様の方法で映画化された作品でもある。ルーカスがオリジナルの物語を生み出し、映画の監督（ロン・ハワード）と脚本家（ボブ・ドルマン）とともに肉付けして脚本にした。『アメリカン・グラフィティ』に出演して以降、ハワードは『スプラッシュ』（84）、『コクーン』（85）などの映画をヒットさせ、興収を稼げる監督としての地位を確立していた。ドルマンはカナダのテレビ番組脚本家として、「SCTV」（81-84）で有名であった。21世紀フォックスでルーカスの推進派であったアラン・ラッド・Jr. が、新しく雇われた MGM にて、『ウィロー』の企画にゴーサインを出した。『ウィロー』は、英国ボーハムウッドの EMI エルストリー・スタジオと、ウェールズやニュージー

ランドのロケ地で撮影された。小さなスターのワーウィック・デイヴィスは、『ジェダイの帰還』と「イウォーク」のテレビ映画ででウィケット役を演じたことでも知られていた。

主役のデイヴィスの親しみやすいパフォーマンスや、エイドリアン・ビドルの劇的な撮影技術をはじめ、『ウィロー』にも素晴らしい点はあった。しかし、ドルマンの散漫な脚本は、ペースも理屈も欠いていた。機械的かつ視覚的な効果の限界と、当時はまだ初歩的であった CGI は、重要なシーンを際立たせることができていなかった（魔女を倒すクライマックスの決闘シーンなど）。興行成績ではそこそこの結果を出したものの（予算 3500 万ドルを 2200 万ドルほど上回る興収）、『ウィロー』は、ルーカスやラッド、MGM が期待したような続編につながるヒットになることはなかった。『ハリーポッター』シリーズ（01–11）、『ロード・オブ・ザ・リング』シリーズ（01–03）といった映画史上初の真のファンタジー巨編が作られるまでには、それから 13 年（そして CGI の進歩）がかかった。『ウィロー』の批評はまちまちで、批評家の多くは製作価値と視覚効果を称えたが、貧弱な脚本を嘆いていた。同作はまた、アカデミー賞で視覚効果賞、音響編集賞にノミネートされたが、ともにもうひとつの ILM 作品『ロジャー・ラビット』に敗れた。『ウィロー』でホームランを狙ったルーカスは、一塁にとどまることとなった。

『笑撃生放送！ ラジオ殺人事件』（94）

1973 年の『アメリカン・グラフィティ』の飛躍的な成功の後、ルーカスはよく、次に取り組みたい 2 つのプロジェクトについて語っていた。ひとつは、"Flash Gordon" のスタイルのような宇宙ドラマ、もうひとつは、ローレル＆ハーディやアボット＆コステロのような古典的な映画コメディアンの伝統を引くドタバタ喜劇だ。ルーカスは 1974 年の "Film Quarterly（フィルム・クォータリー）" 誌のインタビューで、「人々が廊下を転がっていくような、とてもまぬけなコメディは、長いこと作られていない」と話した。「作るのがとても難しいから、誰もやらないんだ。でも、挑戦だよ。山を登るみたいなね」。または、一歩間違えれば、崖から落ちるみたいな……。

ルーカスは、『アメリカン・グラフィティ』を執筆中に、ラジオ黄金期を舞台とした殺人ミステリー喜劇についてのラフ・アイデアを考え始めた。『笑撃生放送！ ラジオ殺人事件』のストーリーは一部、クラシック・コメディ "Who Done It?"（42）から着想を得ていた。同作のなかで、バド・アボットとルー・コステロは、彼らが（ソーダ水売場の売り子として）働くラジオ局での連続殺人事件を解決しようとするも、期せずして主要容疑者となってしまう意欲的なラジオ作家たちを演じている。『ラジオ殺人事件』

は、一人のラジオ作家が、自身が働くラジオ局での連続殺人事件を解決しようとするも、容疑者になってしまうというもの。ルーカスは 1973 年に企画書を書き、友人のウィラード・ハイクとグロリア・カッツが翌年、脚本の第一草稿を執筆した。しかし、『スター・ウォーズ』と『インディ・ジョーンズ』両シリーズの出現で、『ラジオ殺人事件』は保留となった。スティーヴ・マーティンとシンディ・ウィリアムズが 1979 年に主役として声をかけられたが、企画は再び遅れた。最終的に 1993 年 10 月に、英コメディアンのメル・スミス監督により製作がスタートするまでに、脚本は何回も書き換えられた。ルーカスは同作を、サブレとして知られる彼の新しい最先端編集システムの試運転をするために活用することに決めた。

　『ラジオ殺人事件』のミステリーの筋書きは、楽曲と、ラジオ局でライブ放送されているという設定の"おざなりな"(すなわち、パロディの)ラジオ番組が織り合わさったものであった。当時、HBO のコメディ・シリーズ "Dream On"(90–96) の主役であったブライアン・ベンベンと、映画『妹の恋人』(93) に共同主演したばかりのメアリー・スチュアート・マスターソンが主役となり、クリストファー・ロイド、ジェフリー・タンバー、ネッド・ビーティ、マイケル・ラーナー、マイケル・マッキーン、ロバート・クライン、コービン・バーンセン、ボブキャット・ゴールドスウェイト、ハーヴェイ・コーマンといったおなじみのキャラクターがキャストに揃った。このほか、ローズマリー・クルーニー、ジョージ・バーンズ、ビリー・バーティらバラエティ豊かなパフォーマーたちが、ラジオ出演者としてカメオ登場している。大勢のゲスト・スターたちの出演は一部、サブレ編集システムによって可能となった。撮影時間にセットに来られなかった俳優たちのシーンを、メル・スミス監督がつなぎ合わせたのだ。

　『ラジオ殺人事件』は、1940 年代のドタバタ喜劇映画の幅広いコメディ・スタイル(ときどき発せられる陳腐なジョークも含め)を真似るという点では、とてもよくできている。ところが残念なことに、同作はドタバタ喜劇ではなく、1930 年代に流行した、キャラクターありきで、繊細な言葉遊びに頼る傾向にある、より洗練された軽快なテンポの喜劇映画のリバイバルとして宣伝されてしまった。『ラジオ殺人事件』には、繊細さも洗練性もなく、小規模でスラップスティックなコメディ集団「キーストン・コップス」のようであった。同作はまた、ラジオ黄金期を舞台としたウディ・アレンによる、愉快な『ラジオ・デイズ』(87) と比較されたことで、さらに評価を落とした。『ラジオ殺人事件』にも称えるべき瞬間はあるものの、そうした瞬間を引き延ばしすぎで、結果的に飽きさせてしまう。アボット&コステロのコメディ劇は通常、80 分程度で終わるが、『ラ

ジオ殺人事件』は2時間近くも続くのだ。

同作は、ルーカスフィルムにとって最低の興行失敗作となった。つましい予算1500万ドルで作られたが、わずか130万ドルの興収に終わった。844館で上映され、公開初週に約90万ドルを稼いだ後、2週目には当時としては記録的な78%の収入減少となったのだ。その後、すぐに劇場から姿を消した。批評家は酷評した。「TIME」誌のリチャード・シッケルは同作を「全面的な大失敗」とした。「ヴァラエティ」紙のブライアン・ローリーは、『ラジオ殺人事件』を『ハワード・ザ・ダック／暗黒魔王の陰謀』と同等と位置付けた。"New York Times（ニューヨーク・タイムズ）"紙のキャリン・ジェームスは、「ジョージ・ルーカスでさえ過ちを犯すわけで、『ラジオ殺人事件』は彼の大ぼらの一つである」と綴った。

友人たちとの映画製作

自身が製作総指揮として執筆、または共同執筆した作品に加え、ジョージ・ルーカスは、彼の勢力——そしてときに金——を駆使して、友人やフィルムメイカー仲間たちのプロジェクトの映画化をサポートした。こうしたプロジェクトにおける彼自身の参加度は、作品によってまちまちだ。

1979年、ルーカスとフランシス・フォード・コッポラは、20世紀フォックスの重役たちに、ルーカスが崇拝する黒澤明監督によるサムライ大作『影武者』（80）の完成資金を出資し、米国で配給するよう説得した。同作は予算オーバーとなっており、日本の東宝スタジオは映画を完成させるために必要な出資をすることができなかった。同作は壮大なスケールで製作されており、圧巻の戦闘シーンには、5000人の衣装を着たエキストラが雇われた。黒澤作品のなかでも最も美しい美術と撮影技術を誇り、アカデミー賞で美術賞と外国語映画賞にノミネートされた。また、1980年に最も興行収入を稼いだ日本映画でもあった。

1年後、ルーカスは脚本家のローレンス・カスダンが自身の脚本を映画化し、監督デビューを飾ったネオ・ノワール調のスリラー『白いドレスの女』（81）の製作を後押しした。同作は、フォックスの元制作部門トップ（そして『スター・ウォーズ』推進者）であったアラン・ラッド・Jr. が設立したラッド・カンパニーによる初期のプロデュース作品の一つであった。ルーカスは製作総指揮を務めることに同意し、予算オーバーした際には25万ドルまでの費用を個人的に出資することを申し出た。しかし、エロティックなスリラーが家族に優しいルーカスフィルムのブランドに適さないと考えたルーカス

は、自身がクレジットされることを拒否した。カスダンが予算内（900 万ドル）で製作した同作は、2400 万ドル以上を稼ぐ予想外の大ヒットとなり、熱狂的なレビューを獲得した。

　アニメーション・ファンタジー映画“Twice Upon a Time”（83）は、ルーカスがスカイウォーカー・ランチを作る際のインスピレーションとなったスタジオ（改装した納屋にある）を持つ、北カリフォルニア出身のインディペンデント・フィルムメイカー、ジョン・コーティが発案した企画だ。ルーカスは、コーティ（彼はこの後まもなく、「イウォーク・アドベンチャー」を監督）がラッド・カンパニーと配給契約を結ぶ後押しをした。切り絵と静止画像を駆使してアニメーション化された“Twice Upon a Time”は、夢を作り出す任務を持つ、二つのライバル派閥の紛争を描くもの。フリヴォリ（Frivoli）は楽しい夢を作り出すが、マークワークス（Murkworks）の住人たちは悪夢を作り出すのだ。同作は、ルーカスフィルムのロゴが付いた初のアニメーション映画であったが、ほとんど知られることはなかった。米国のみで限定公開され、すぐに劇場から引き上げられ、最終的に再編集された形で（まったく違う台詞回しで）、ケーブルテレビとホームビデオでリリースされた。

　ルーカスが南カリフォルニア大学に入学することを後押しした撮影監督で、ときに監督も務めるハスケル・ウェクスラーは、サンディーの民族解放戦線の政府に対する戦いのなかで、ニカラグアでコントラの反乱軍を救う任務を負ったアメリカ系ベトナム人退役軍人についての低予算映画『ラティノ』（85）を製作した。主役のアメリカ人（ロバート・ベルトラン）はニカラグア人のジャーナリストと恋に落ちた後、寝返る。政治色の濃い『ラティノ』の興行成績への期待は、同作公開直後にイラン・コントラ疑惑（レーガン政権がイランへの武器売却代金の一部をニカラグアの反政府ゲリラへの支援金にしていたのではないかという疑惑）が勃発した瞬間に立ち消えた。

　“Mishima: A Life in Four Chapters”（85）は、監督・脚本家のポール・シュレイダーによる日米合作映画だ。ルーカスとコッポラは、シュレイダーがワーナー・ブラザースから 500 万ドルという製作予算の半額出資を受けるよう後押しし、東宝が残りの製作費を出資した。野心的で型破りな日本人作家、三島由紀夫についての映画で、伝記的な幕あいと三島による三つの文学作品を合わせたものだ。型破りで、故意に難解に作られている部分もある“Mishima”は、公開時にまちまちな評価を受けたが、その後、批評家や知的思考を持つ人々から支持されるようになった。2008 年に同作は、クライテリオン・コレクションより、DVD リリースされた。

ルーカスは、ジム・ヘンソンが、デイヴィッド・ボウイとジェニファー・コネリー、ジム・ヘンソンのマペットたちを主役に描いた風変わりなミュージカル冒険ファンタジー映画『ラビリンス／魔王の迷宮』(86) を支援した。ヘンソンは、『ダーククリスタル』(82／ゲイリー・カーツが製作) でコンビを組んだイラストレーターのブライアン・フラウドとともに、同プロジェクトを始めた。しかし二人は、実現性のある脚本を開発するのに苦労した。ルーカスは、ヘンソンが脚本を改訂するプロセスを助けた脚本家の一人だ。後にルーカスは、同作の編集においても大きな役割を果たす。「私がファーストカットを行い、それからジョージがファイナルカットまで持っていく膨大な作業を行った」と、ヘンソンは「スターログ」誌に語った。日本からインスピレーションを受けた衣装と映像をたたえた『ラビリンス』は、歌舞伎版の『オズの魔法使』のようだ。コネリーが、邪悪な小鬼のボス（ボウイ）の手中から弟を救おうとするティーンネイジャーの少女を演じている。2500万ドル予算で製作された同作は、米国ではわずか1200万ドルという興行不振に終わったが、海外で健闘し、最終的に利益を得た。批評はまちまちだったが、熱烈なカルト・ファンを生み出した。このような作品は、ほかに類を見ない。

　ルーカスは、ゴッドフリー・レジオ監督の実験映画のファンであり、『コヤニスカッツィ』(82) の続編で、『ナコイカッツィ』(02) の前編にあたる、"カッツィ" 3部作の中間の『ポワカッツィ』(88) をサポートした。台詞はなく、作曲家フィリップ・グラスの電子音楽に乗せて作られた『ポワカッツィ』は、ブラジルとアフリカの貧困層の人々の生活における、現代文化の侵略と"発展"を描いた。ほかの"カッツィ"映画と同様に、同作もアートハウス系映画として成功し、後に、クライテリオン・コレクションよりDVDリリースされた。"Mishima" と『ポワカッツィ』へのルーカスフィルムの参加は、ルーカスが常に口にしていた"実験的"映画製作に、最も近づいたケースである。

　ルーカスは、自動車開発者プレストン・タッカー（ジェフ・ブリッジス）の実話に基づいて、巧みに製作された感傷的な伝記映画『タッカー』(88) に出資することにより、コッポラに、『アメリカン・グラフィティ』製作のアシスタント業の借りを返した。コッポラは、1970年代初期から同作製作を願っていたが、プロジェクトに着手し始めた頃には、コッポラ所有の映画スタジオ、アメリカン・ゾエトロープは財政難に陥っていた。同じく自動車業界の一匹オオカミであるタッカーを敬愛していたルーカスは、製作総指揮に名乗りをあげ、コッポラが当初プロジェクトを拒絶していたパラマウント・ピクチャーズとの契約に漕ぎつける後押しをした。映画は、興収わずか1900万ドルという不発に終わったが、概ね好意的な批評を集め、1980年代におけるコッポラの最も娯楽性の高

い映画の一つであり続けている。

　ルーカスはスティーヴン・スピルバーグとともに、ドン・ブルース監督による恐竜アニメーション映画『リトルフットの大冒険 ～謎の恐竜大陸～』(88) を後押しした。元ディズニーのアニメーターであったブルースは、いってみれば「バンビ」の先史時代バージョンともいえる、おしゃべりする恐竜を主役としたアイデアをルーカスとスピルバーグに売ったのだ。母をティラノザウルスに殺された、リトルフットという名の小さなアパトサウルスが、身寄りのない四人の恐竜の子どもたちとともに恐竜大陸を探す冒険に出るのだ。そこには、安全な生活があると信じて。予算 1200 万ドルで製作された『リトルフットの大冒険』は、8200 万ドルを稼ぐ大ヒットとなり、劇場公開なしでホームビデオ化された 13 本の続編と 1 本のテレビシリーズ、玩具、ビデオゲーム、そのほかの商品へと発展した。ルーカスとスピルバーグ、ブルースは、こうした後のビジネスにクリエイティブ面でかかわることはなかった。『リトルフットの大冒険』は、同年に公開されたディズニーの『オリバー ／ニューヨーク子猫ものがたり』より興収を稼ぎ、おおむね、良好なレビューを獲得した。

左からジム・ヘンソン、デイヴィッド・ボウイ、ジョージ・ルーカスは、ミュージカルファンタジー『ラビリンス／魔王の迷宮』のために、比類ない才能を終結させた

ルーカスは、『スター・ウォーズ エピソード１／ファントム・メナス』(99) で、本格的な映画製作に復帰した。新３部作を完成させ、アニメーション・シリーズ「スター・ウォーズ／クローン・ウォーズ」を統括した後、スピルバーグと再びタッグを組み、『インディ・ジョーンズ』シリーズ４作目となる『インディ・ジョーンズ／クリスタル・スカルの王国』(08) を製作、タスキーギー・エアマンと呼ばれる米軍初の黒人パイロットチームを描いた第二次世界大戦ドラマ映画『レッド・テイルズ』を製作した。彼は同作で、製作、共同脚本、再撮影の監督を担当した。

　2006 年、『スター・ウォーズ』新３部作を完成させた後、ルーカスは、当時ドリームワークス・アニメーションのチェアマンであったメロディ・ホブソンと交際を始めた。２人は 2013 年６月 22 日に結婚し、同年８月に代理出産にて娘エベレストが誕生した。ルーカスの３人の年上の子どもたちは皆、新３部作にカメオ出演している。アマンダは、プロの総合格闘家である。ケイティは、テレビ・アニメーション・シリーズ「スター・ウォーズ／クローン・ウォーズ」と「スター・ウォーズ 反乱者たち」で脚本を手がけた。

　ルーカスは、2012 年にルーカスフィルムをディズニーに売却した後、引退すると話し、"New York Times" 紙に、「映画ビジネス、会社、この業界にまつわるすべてのことから身を引く」と語った。彼は引退の理由として、自身が変更を加えたオリジナル３部作の特別篇に対するファンからのバッシング、新３部作に対する否定的な評価をあげた。「ひっきりなしに誰かに怒鳴られ、最悪の人間だと言われるような状況で、これ以上、(『スター・ウォーズ』映画を) 作りたいと思うわけがないだろう？」。

　しかし、引退をほのめかしたにもかかわらず、2015 年１月に、ルーカスは自身にとって初のアニメーション長編映画をリリースした。『ストレンジ・マジック』という妖精と小鬼にまつわるファンタジーで、シェイクスピアの「夏の夜の夢」を下敷きにしており、『アメリカン・グラフィティ』のようなロック・サウンドトラック調の作品である。ルーカスが原案、製作総指揮を務め、ゲイリー・ライドストロムがメガホンをとった。ルーカスは「WIRED」誌に、「『スター・ウォーズ』が 12 歳の少年に向けた作品だとしたら、『ストレンジ・マジック』は 12 歳の少女のための作品だ」と語った。しかし。同作が『スター・ウォーズ』のようなビジネスを生み出すことはなかった。『ストレンジ・マジック』は酷評され、観客を魅了することができなかった。

　いつか、現在 70 歳のルーカスが本当に引退する日が来るとしたら、映画界は、たゆまぬクリエイティブ魂を持った真の空想家を失うことになるだろう。

第38章

The Force Will Be with You, Always
フォースとともにあらんことを

2002年のファンタジー映画『サラマンダー』は、火を噴く竜が長い眠りから解き放たれたことにより、人類が原始的状態に戻される——洞窟で身を寄せ合い、何とか生きながらえている——世界を描いた作品だ。評価はまちまちで、興行は不振に終わった（予算6000万ドルに対し、全世界での興収はわずか8200万ドル）が、ある素晴らしい場面があった：

生存者たちの地下バンカー。キャンドルが灯された舞台の上で、リーダーのクイン（クリスチャン・ベール）と仲間のクリーディ（ジェラルド・バトラー）が、子どもたちを楽しませるために余興をしている。侍のような衣装を来た二人の男たちは、ペイントされた木刀（一つは赤で、もう一つは青）で闘い合う。

> クイン：「『手を取り合って、この紛争を終わらせよう』と黒い騎士は言った」
> クリーディ：「『手など取り合うものか。お前は私の父を殺したんだ！』と白い騎士」
> クイン：「黒い騎士が光るマスクの隙間からじっと見つめ、僕らのヒーローの心に永遠に焼き付く言葉を発した。『"私が"お前の父なのだ』」
> 子どもたちは驚いて息を呑み、そして、大興奮する。
> その後、子どもの一人が尋ねる。「ミスター・クイン、それはあなたの作り話？」

この場面は核心を突いていた。もし、なんらかの災難——核による大惨事、隕石落下、世界的規模の流行病、または竜の攻撃など——が起きて、映画やテレビ、ビデオゲーム、インターネット、そのほかの現代メディアをすべて失ったとしたら、人々はキャンプファイヤーを囲んで物語を語る慣習に戻るだろう。そこで語り継がれる物語は、伝説のヒーローと悪者の闘いといった、人々が最も親しみを持ち、大切にしているものであるはずだ。"スター・ウォーズ"がこうした物語の一つになることは、自然な流れなのだ。

　おとぎ話やわらべ歌のように、はたまた、ロビン・フッドの物語か 20 世紀に生まれたターザンやスーパーマンの伝説のように、『スター・ウォーズ』は我々多くの意識のなかに深く染み込んでいる。ただこの地球に生きているだけで、人々は徐々にその物語を吸収し、自分たちの世界観の一部としてきたのだ。1999 年にロジャー・イーバートが『スター・ウォーズ』の回顧レビューのなかで綴ったように、「我々の想像力に入植してきたジョージ・ルーカスの宇宙大作に抗い、単なる一つの映画として片づけることは難しい。なぜなら、それは完全に我々の記憶のなかに刻み込まれているのだから」。

　だからといって、"スター・ウォーズ"ブランドが永遠に人気を博し、富をもたらすものであるとは限らない。実際、同フランチャイズには一度、休閑期があったのだ。

　1970 年代後半、"スター・ウォーズ"は一部の反対者を除き、世界中の人々に愛されていたといっても過言ではない。ほとんど万人を魅了しているようだった。これは計画的なものだった。2005 年、「PBS ニュースアワー」に出演した"The Washington Post（ワシントン・ポスト）"紙の映画評論家スティーヴン・ハンターは、「『スター・ウォーズ』映画は、ある特定のニッチな観客を魅了し、彼らが、そのほかの観客と争うように仕向けたり、彼らに、そのほかの観客に対する優越感を持たせたりする代わりに、……昔のクラシック映画（のように）、万人を魅了しようとしたのだ」と分析していた。「その結果、残念ながら普段はあまり話題を持っていない私のような男や鼻ピアスをしている若者たちといった、つまらない人間にも楽しめる映画になった」。

　しかし、『スター・ウォーズ エピソード 6 ／ジェダイの帰還』（83）の公開後、同シリーズは輝きを失い、多くのファンが"スター・ウォーズ"を完全に満足できる物語と位置付けられなくなってしまった。新作を渇望するファンを満足させようと作られた、わずか 2 本の「イウォーク」テレビ映画と、短期間で打ち切られた土曜朝のアニメシリーズ（第 26 章参照）のあとに訪れた長い休閑期に、同シリーズへの人々の関心は薄れた。1987 年、「オフィシャル・スター・ウォーズ・ファンクラブ」はショップを閉店した。"スター・ウォーズ"関連小説やコミック本の出版は停止され、アクション・フィギュアを始めとするコレクタブル商品の売上は急落した。1989 年、米国議会図書館が第 1 作『スター・ウォーズ』をアメリカ国立フィルム登録簿に加えたとき、その栄光は追贈的なものと捉えられた。『スター・ウォーズ』映画は懐かしく思い出されながらも、現在進行形ではなく過去形のものとされていたのだ。

　1991 年にティモシー・ザーンのベストセラー小説「帝国の後継者」が出版されると、人々はエクスパンデッド・ユニバース（拡張世界）を迎え入れ、あらゆる"スター・ウォー

ズ"商品が爆発的に売れるようになり、瀕死状態のフランチャイズは息を吹き返した。1990年代を通して、"スター・ウォーズ"は再びポップカルチャーの潮流に乗ったのだ。待ち焦がれた新3部作によって、同フランチャイズが1970年代後半に達成したほぼ全世界的な人気を取り戻すことを、業界関係者は予測し、ファンは期待した。しかし、そうはならなかった。新3部作は賛否両論を生むものだったのだ。

　『スター・ウォーズ エピソード1／ファントム・メナス』(99)、『スター・ウォーズ エピソード2／クローンの攻撃』(02)、『スター・ウォーズ エピソード3／シスの復讐』(05)の新3部作はすべて、興行的に成功し、関連商品も爆発的に売れた。『ファントム・メナス』は全世界で10億ドル以上を稼ぎ、額面上（インフレ調整なしで）、同シリーズ最高となる興行成績を上げた。それ以来、"スター・ウォーズ"ブームはあちこちで猛威を振るっている（スーパーマーケットに行けば必ずといっていいほど、"スター・ウォーズ"関連のお菓子やグッズを目にする）。すべての『スター・ウォーズ』映画には称賛に値する要素や魅力的な場面があり、新3部作にも献身的な支持者が存在する。優秀な文化評論家のカミール・パーリアは、2012年の著書"Glittering Images"のなかで、『シスの復讐』がエジプトのネフェルトアリ王妃の墓やギリシャのアクロポリスと同等の天才的作品であると述べている。彼女はまた、ジョージ・ルーカスを「この時代における最高のアーティスト」と断言した。

　しかし、大部分の批評家と多くのファンたちは、『ファントム・メナス』と新3部作の残りの2本に大きく失望した。ほぼ間違いなく、『クローンの攻撃』は同フランチャイズの評判を高めるどころか、傷つけたといえる。オリジナル3部作はほぼ非の打ちどころがなかったが（第10・18・21・24章参照）、同シリーズ固有の弱点は新3部作のなかで大幅に誇張された。脚本家と俳優指導者としてのルーカスの短所が、痛々しいほどに露呈したのだ。しかし、新3部作の最大の問題は、パラダイム・シフトとなる「わしがお前の父親なのだ」というレベルの種明かしの欠陥によって、映画が不毛なものに思えてしまうことだ。まるでJ・R・R・トールキンの「シルマリルの物語」のように、ただ生い立ちを説明しているだけなのだから。オリジナル3部作を見ているときに（または、「ホビットの冒険」や「指輪物語」を読んでいるときに）、ダラダラと続く前置きを飛ばしたとしても、重要な要素は伝わってくる。反対にルーカスが生い立ちを説明したことで、それ以前の映画が持つ謎やパワーが激減してしまうのだ（ミディ＝クロリアンって一体？）。

　正直なところ、長年のファンの多くは、新3部作に当惑した。奇妙なことだが、これ

『スター・ウォーズ エピソード1／ファントム・メナス』は、ファンは賛否両論に分かれ、批評家からは不評だったものの、額面上はシリーズ史上最高の興行収入を稼いだ。全世界の興行収入は 10 億ドルを超えた。写真左から、クワイ＝ガン・ジン（リーアム・ニーソン）、オビ＝ワン・ケノービ（ユアン・マクレガー）、若かりし頃のアナキン・スカイウォーカー（ジェイク・ロイド）

らの作品に裏切られた気分なのだ。ライターのブライアン・ショウはウェブ・エッセイのなかで、新3部作を"擁護"しつつも、多少誇張しながら、『ファントム・メナス』が「ルーカスによる新作が我々の幼少期の想い出を台無しにしたかどうかという、活発かつマニアックな議論を多発させた……驚くほど高い比率の『スター・ウォーズ』ファンたち

が、1999 年から 2005 年にかけて制作された新 3 部作をクズだと思っている」と綴った。新 3 部作の公開はソーシャルメディアの急成長と並行しており、いまや、あり得ない規模のサーバー・スペースが、新 3 部作を非難するブログやコラム、"Mr. Plinkett Reviews" や "What if Star Wars Was Good?" といった YouTube の人気（そして娯楽性の高い）ビデオを含むファン映像で溢れている。

　そして今、『スター・ウォーズ エピソード 7 ／フォースの覚醒』から始まる『スター・ウォーズ』映画の新たな波が、熱狂的な関心を集めている。新 3 部作に落胆したファンは、新たなる 3 部作によって、フランチャイズが失った尊敬の念を取り戻すことを願っている。新アニメーション・シリーズ「スター・ウォーズ 反乱者たち」は、過去に制作された "スター・ウォーズ" アニメのなかで最も出来がよく、期待感を煽る。同著を執筆している時点（2015 年初め）では、新作に関する情報はほとんど公開されていない。『フォースの覚醒』がどれほど素晴らしいのか、駄作なのか、称賛に値するのか、酷評されるべきなのか、そして、過去の『スター・ウォーズ』映画と比べて、どのランクに位置付けられるのかを語る術はない。『ジェダイの帰還』よりはマシか？少なくとも、『ファントム・メナス』以上では？または、（恐ろしいことに）それ以下……？

　新たなる 3 部作がどのようなものになるにしろ、これまでの作品とは違ったものになるだろう。2015 年初め、ジョージ・ルーカスがウェブサイト "CINEMABLEND（シネマ・ブレンド）" に語ったところによると、ディズニーによるルーカスフィルムの買収契約のなかには、新たなる 3 部作におけるルーカスのオリジナル・コンセプトも含まれていたが、「ディズニーは、そのとおりには作らないという結論に達した。そして、自分たちで作り上げたんだ」。

　新たなる 3 部作や、ほかの新しい "スター・ウォーズ" プロジェクトが成功すれば、自然に同フランチャイズ・ブランドを活気づけることになるだろう。しかし、たとえ失敗しても、オリジナル 3 部作の継続的なパワーと文化的関連性が色褪せることはない。新しい『スター・ウォーズ』映画が冷笑に値する出来栄えであったとしたら、批評家たちは便乗して、オリジナル 3 部作を回顧的に振り返るだろう。それでもいい。現時点で批評家に支持されているのは、オリジナル 3 部作なのだから。もし、すべてが大失敗となり（少なくとも理論上は可能性あり）、"スター・ウォーズ" 商品の売上が激減したとしたら、ディズニーはフランチャイズを買収したことを悔やむかもしれない。

　同シリーズの興行成績や批評家による評価、経済力は不安定であるかもしれないが、"スター・ウォーズ" という文化遺産は不滅だ。新 3 部作が批評家に批判され、コア・ファ

『スター・ウォーズ エピソード7／フォースの覚醒』には、オリジナル版のヒーローたちが集結する。左から、ルーク・スカイウォーカー（マーク・ハミル）、レイア姫（キャリー・フィッシャー）、チューバッカ（ピーター・メイヒュー）、ハン・ソロ（ハリソン・フォード）

ンの間で議論の対象となっているとしても、“スター・ウォーズ”の伝説が人々の潜在意識から消えることはない。いまだに、キャラクターの名前やあらすじの要素、オリジナル3部作からの台詞が、何の説明もなしに、普段の会話や雑誌の記事、政治的スピーチのなかに引用されている。映画を見たことのない（よほどの意識的な努力が必要だったはずだ）人々でさえ、たいてい、ダース・ベイダーやヨーダを認識することができ、ベイダーがルーク・スカイウォーカーの父親であることを知っている。2002年には、オックスフォード英語辞典の完全版に「ジェダイ」、「フォース」、「ダークサイド」という用

語が加えられた。"スター・ウォーズ"が、文学的な専門語を生み出したのだ。

　ほかの偉大な神話と同様に、"スター・ウォーズ"は全米および世界中の大学の研究対象となっている。ニューヨーク大学のジョーン・ブルトン・コネリー教授は、著書 "Star Wars: The Legacy Revealed"のなかで、「今から100年後には、誰かがここに座って"スター・ウォーズ"の影響力について語っているだろう。そして、現代の大学にホメロス研究のクラスがあるように、彼らは"スター・ウォーズ"のなかに、我々が今日見ているものとは異なるものを発見するのだろう」と綴っている。しかし、最も重要なことは、今から100年後の観客もやはり、『スター・ウォーズ』(おそらく、ルーカス・ファミリーが承認したホログラフィック・スペシャル・エディションにて)を見て、我々のように感嘆し、スリルを味わい、感銘を受けるのだろうということだ。『スター・ウォーズ』ファンである映画監督のケヴィン・スミスはCNNに、「(『スター・ウォーズ』は)悪い奴らといい奴らの闘いであり、誰でもそういう物語を見たいものなんだ」と語った。「そういう物語はいつの時代も飽きられたり、色褪せたりすることはない」。

　1980年代後半と1990年代前半、玩具メーカーのケナー社は、アクション・フィギュアの売上不振を克服するためのスローガンを立ち上げた。「"スター・ウォーズ"は永遠だ！」。この広告は真実だったのだ。

参考文献　書籍・DVD、Blu-ray、CD・Website

書籍

「ジョージ・ルーカス」ジョン・バクスター (1999)

「侵略の惑星」アラン・ディーン・フォスター (1978)

「スカイウォーキング 完全版—ジョージ・ルーカス伝」デール・ポロック (1983)

「スター・ウォーズ—暗黒の艦隊」ティモシイ・ザーン (1992)

「スター・ウォーズ—最後の指令」ティモシイ・ザーン (1993)

「スター・ウォーズ最新科学読本」ジーン・カヴェロス (2000)

「スター・ウォーズシャドウズ・オブ・ジ・エンパイア〈帝国の影〉」
　　　　スティーヴ・ペリー (1996)

「スター・ウォーズ 帝国の後継者」ティモシイ・ザーン (1991)

「スター・ウォーズはいかにして宇宙を征服したのか」クリス・テイラー (2014)

「メイキング・オブ・スター・ウォーズ‐映画誕生の知られざる舞台裏‐」
　　　　ジョナサン・W・リンズナー (2007)

"A Positively Final Appearance" Alec Guinness (2001)

"Film History: An Introduction, Third Edition"
　　　David Bordwell and Kristin Thompson (2010)

"George Lucas Interviews" Sally Kline 編 (1999)

"Glittering Images: A Journey Through Art from Egypt to Star Wars"
　　　Camille Paglia (2013)

"Han Solo and the Lost Legacy" Brian Daley (1980)

"Han Solo at Star's End" Brian Daley (1979)

"Han Solo's Revenge" Brian Daley (1979)

"Lando Calrissian and the Flamewind of Oseon" L. Neil Smith (1983)

"Lando Calrissian and the Mindharp of Sharu" L. Neil Smith (1983)

"Lando Calrissian and the Starcave of ThonBoka" L. Neil Smith (1983)

"Mad About Star Wars: Thirty Years of Classic Parodie"
　　 Jonathan Bresman（2007）
"Once Upon a Galaxy: A Journal of the Making of The Empire Strikes Back"
　　 Alan Arnold（1980）
"Saint Paul at the Movies: The Apostle's Dialogue with American Culture"
　　 Robert Jewett（1993）
"Star Trek FAQ: Everything Left to Know About the First Voyages of the
　　 Starship Enterprise" Mark Clark（2012）
"Star Wars Omnibus: A Long Time Ago, Vol. 1"
　　 Roy Thomas and Archie Goodwin 編（2010）
"Star Wars Omnibus: A Long Time Ago, Vol. 2"
　　 Roy Thomas and Archie Goodwin 編（2010）
"Star Wars Omnibus: A Long Time Ago, Vol. 3"
　　 Roy Thomas and Archie Goodwin 編（2011）
"Star Wars Omnibus: A Long Time Ago, Vol. 4"
　　 Roy Thomas and Archie Goodwin 編（2011）
"Star Wars Omnibus: A Long Time Ago, Vol. 5"
　　 Roy Thomas and Archie Goodwin 編（2012）
"Star Wars Omnibus: Shadows of the Empire" Randy Stradley 編（2010）
"Star Wars: From Concept to Collectibles" Stephen J. Sansweet（1992）
"Star Wars: The Annotated Screenplays" Laurent Bouzereau（1997）
"Star Wars: The Ultimate Action Figure Collection" Stephen J. Sansweet（2012）
"The Making of Return of the Jedi" John Phillip Peecher 編（1983）
"The Making of Return of the Jedi" J. W. Rinzler（2013）
"The Making of The Empire Strikes Back" J. W. Rinzler（2010）
"The Movie Brats: How the Film Generation Took Over Hollywood"
　　 Linda Miels and Michael Pye（1979）
"The Secret History of Star Wars: The Art of Storytelling and the Making of a
　　 Modern Epic" Michael Kaminsky（2008）
"Wishful Drinking" Carrie Fisher（2008）

DVD、Blu-ray、CD

2001: A Space Odyssey. Warner DVD, 2011. ／『2001 年宇宙の旅』

Adventures of Indiana Jones, The. Paramount DVD, 2003. ／
『アドベンチャーズ・オブ・インディ・ジョーンズ　コンプリート DVD コレクション』

Adventures of Young Indiana Jones, The, Volume One—The Early Years.
Paramount DVD, 2007. ／「インディ・ジョーンズ／若き日の大冒険」

Adventures of Young Indiana Jones, The, Volume Three—The Years of Change.
Paramount DVD, 2008. ／「インディ・ジョーンズ／若き日の大冒険」

Adventures of Young Indiana Jones, The, Volume Two—The War Years.
Paramount DVD, 2007. ／「インディ・ジョーンズ／若き日の大冒険」

Air Force. Warner DVD, 2007. ／『空軍 ／ エア・フォース 』

American Graffiti. Universal DVD, 2011. ／『アメリカン・グラフィティ』

Battle Beyond the Stars. Shout! Factory DVD, 2011. ／『宇宙の七人』

Battle of the Stars. DVD, Private copy.

Black Hole, The. Disney DVD, 2004. ／『ブラックホール』

Body Heat. Warner Blu-ray, 2014. ／『白いドレスの女』

Christmas in the Stars. RSO Records, 1980. ／「スター・ウォーズ・クリスマス」

Dam Busters, The. Anchor Bay DVD, 2005. ／『暁の出撃』

Flash Gordon Serials Collection. Image DVD, 1996. ／『フラッシュ・ゴードン』

Galaxina. Mill Creek DVD, 2011. ／『禁断のアンドロイド　ギャラクシーナ』

Good, the Bad, and the Ugly, The. MGM DVD, 2007. ／『続 夕陽のガンマン』

H. G. Wells' The Shape of Things to Come. Blue Underground DVD, 2004.

Hidden Fortress, The. Criterion DVD, 2001. ／『隠し砦の三悪人』

Howard the Duck. Universal DVD, 2009. ／『ハワード・ザ・ダック』

Indiana Jones and the Kingdom of the Crystal Skull. Paramount DVD, 2008. ／
『インディ・ジョーンズ／クリスタル・スカルの王国』

Kagemusha. Criterion DVD, 2008. ／『影武者』

Labyrinth. Sony DVD, 1999. ／『ラビリンス 魔王の迷宮』

Land Before Time, The. Universal, 2003. ／『リトルフット』

Magnificent Seven, The. MGM DVD, 2001. ／『荒野の七人』

Message from Space. Shout! Factory DVD, 2013.／『宇宙からのメッセージ』

Mishima: A Life in Four Chapters. Criterion DVD, 2008.／
　『ミシマ：ア・ライフ・イン・フォー・チャプターズ』

More American Graffiti. Universal DVD, 2003.／『アメリカン・グラフィティ2』

Naked Space. DVD, Private copy.／『レスリー・ニールセンの裸の宇宙銃を持つ男』

Powaqqatsi: Life in Transformation. MGM DVD, 2002.／『ポワカッツィ』

Radioland Murders. Universal DVD, 2006.／『笑撃生放送！ラジオ殺人事件』

Return of the Ewok. DVD, Private copy.

Sanjuro. Criterion DVD, 2007.／『椿三十郎』

Saturn 3. DVD, Private copy.／『スペース・サタン』

Searchers, The. Warner DVD, 2007.／『捜索者』

Seventh Voyage of Sinbad, The. Sony DVD, 2008.／『シンバッド 7 回目の航海 』

Spaceballs. Twentieth Century Fox DVD, 2000.／『スペースボール』

Star Odyssey. DVD, Private copy.

Star Wars (original 1977 version). 16mm print, Private copy.／
　『スター・ウォーズ (1977 年オリジナルバージョン) 』

Star Wars and Other Galactic Funk. Mercury Records (Rhino Reissue), 1999.／
　「スター・ウォーズ 〜銀河系ファンクの世界」

Star Wars Animated Adventures: Droids. Twentieth Century Fox DVD, 2004.／
　「スター・ウォーズ ドロイドの大冒険」

Star Wars Animated Adventures: Ewoks. Twentieth Century Fox DVD, 2004.／
　「スター・ウォーズ イウォーク物語」

Star Wars Episode I: The Phantom Menace. Twentieth Century Fox DVD, 2000.
　／『スター・ウォーズ エピソード 1 ファントム・メナス』

Star Wars Episode II: Attack of the Clones. Twentieth Century Fox DVD, 2002.
　／『スター・ウォーズ エピソード 2 クローンの攻撃』

Star Wars Episode III: Revenge of the Sith. Twentieth Century Fox DVD, 2005.
　／『スター・ウォーズ エピソード 3 シスの復讐』

Star Wars Ewok Adventures. Twentieth Century Fox DVD, 2004.／『スター・
　ウォーズ イウォーク・アドベンチャー 』

Star Wars Holiday Special. DVD, Private copy.

Star Wars Trilogy. Twentieth Century Fox Blu-ray, 2013. ／
　　『スター・ウォーズ トリロジー』Blu-ray

Star Wars Trilogy. Twentieth Century Fox DVD, 2004. ／
　　『スター・ウォーズ トリロジー』DVD

Star Wars Trilogy. Twentieth Century Fox VHS, 1995. ／
　　『スター・ウォーズ トリロジー』VHS

Starcrash. Shout! Factory DVD, 2010. ／『スタークラッシュ』

Story of Star Wars, The. 20th Century-Fox Records, 1977. ／
　　「スター・ウォーズ ストーリー」

THX 1138. Universal DVD, 2004. ／「THX 1138」

Tucker: The Man and His Dream. Paramount DVD, 2000. ／『タッカー』

Twice Upon a Time. DVD, Private copy.

War of the Planets. DVD, Private copy. ／
　　『スペース・ウルフ キャプテン・ハミルトン』

War of the Robots, DVD, Private copy. ／『リアクター』

Willow. Twentieth Century Fox Blu-ray/DVD, 2013. ／『ウィロー』

Yojimbo. Criterion DVD, 2007. ／『用心棒』

Websites

http://anthonydaniels.com/index.html

http://blogs.indiewire.com/theplaylist/wedge-antilles-actor-dennis-lawson-says-star-wars-episode-vii-would-have-bored-him-he-passed-on-returning-20140512

http://collider.com/jj-abrams-lawrence-kasdan-star-wars-episode-7-writing/

http://content.time.com/time/magazine/article/0,9171,921233,00.html

http://entertainment.time.com/2012/05/25/happy-35th-anniversary-star-wars/

http://motherboard.vice.com/blog/in-1980-the-star-wars-casts-emempireem-hotline-broke-att

http://news.harvard.edu/gazette/story/2013/09/seeing-light-in-a-new-way/

http://ratzenberger.com/

http://starwars.wikia.com/wiki/Main_Page

http://starwarsinterviews1.blogspot.com/2010/01/howard-kazanjian-interview.html

http://staticmultimedia.com/content/film/features/feature_1115643931

http://statisticbrain.com/star-wars-total-franchise-revenue/

http://variety.com/2014/biz/news/significant-star-wars-presence-planned-for-disney-theme-parks-1201276296/

http://whatculture.com/film/52-reasons-why-star-wars-might-just-be-the-greatest-film-of-all-time.php

http://www.airspacemag.com/daily-planet/100-million-planets-our-galaxy-may-harbor-complex-life-180951598/?no-ist

http://www.baylor.edu/content/services/document.php/33304.pdf

http://www.brainpickings.org/index.php/2014/05/30/star-wars-influences-mashup/

http://www.brianonstarwars.com/2014/05/star-wars-prequels-are-just-as-good.html

http://www.canada.com/ottawacitizen/news/story.html?id=c782db39-0f36-4ad1-bdf2-27a115ecb422

http://www.cnn.com/2007/SHOWBIZ/Movies/05/23/star.wars.30/

http://www.comicbookresources.com/?page=article&old=1&id=186

http://www.complex.com/style/2014/05/star-wars-in-fashion

http://www.darthvader-starwars.com/index.htm

http://www.denofgeek.com/movies/star-wars/26133/richard-marquand-interview-return-of-the-jedi-star-wars

http://www.ejumpcut.org/archive/onlinessays/JC18folder/starWars2.html

http://www.emmytvlegends.org/interviews/people/rick-baker

http://www.forbes.com/sites/judebrennan/2014/05/01/the-man-who-green-lit-star-wars-the-most-important-movie-mogul-youve-never-heard-of/

http://www.harrisinteractive.com/NewsRoom/HarrisPolls/tabid/447/ctl/ReadCustom%20Default/mid/1508/ArticleId/1353/Default.aspx

http://www.historytoday.com/peter-kramer/ronald-reagan-and-star-wars

http://www.ifr.org/industrial-robots/statistics/

http://www.ign.com/articles/2002/11/11/an-interview-with-gary-kurtz

http://www.imdb.com/

http://www.in70mm.com/news/2003/star_wars/

http://www.kennercollector.com/kenner-history/

http://www.kennybaker.co.uk/

http://www.movieguide.org/news-articles/hollywood-demographics-2.html

http://www.moviemistakes.com/

http://www.nationalcathedral.org/about/darthVader.shtml

http://www.npr.org/2013/07/16/202368713/use-the-books-fans-star-wars-franchise-thrives-in-print

http://www.npr.org/templates/story/story.php?storyId=4661664

http://www.nydailynews.com/entertainment/tv-movies/george-lucas-irvin-kershner-empire-strikes-back-director-mentor-article-1.450774#ixzz3AlhVtl00

http://www.nytimes.com/2012/01/22/magazine/george-lucas-red-tails.html?ref=global-home&_r=0

http://www.petermayhew.com/

http://www.physics.org/article-questions.asp?id=59

http://www.rogerebert.com/scanners/how-star-wars-changed-the-world-as-we-knew-it

http://www.salon.com/2007/04/12/castaneda/

http://www.starpulse.com/Celebrity/Dennis_Muren-spb3526991/Biography/

http://www.starwars.com/

http://www.starwarsholidayspecial.com/

http://www.telegraph.co.uk/finance/personalfinance/fameandfortune/8784832/Stars-Wars-actor-Dave-Prowse-aka-Darth-Vader-talks-money.html

http://www.theasc.com/magazine/starwars/articles/sped/uni/pg1.htm

http://www.theasc.com/magazine/starwars/articles/starwars/mm/index.htm

http://www.theatlantic.com/entertainment/archive/2011/09/why-the-first-star-wars-is-still-the-best-star-wars/245128/

http://www.thedigitalbits.com/columns/history-legacy– showmanship/remembering-return-of-the-jedi-30th

http://www.the-numbers.com/

http://www.theraider.net/features/interviews/alan_ladd.php

http://www.theworldsbestever.com/2013/04/03/the-force-of-fur/

http://www.tvparty.com/70starwars.html

http://www.vanityfair.com/magazine/2008/12/star_wars_special200812

http://www.vanityfair.com/online/oscars/2010/10/irvin-kershner

http://www.washingtonpost.com/blogs/post-politics/wp/2013/01/12/white-house-rejects-death-star-petittion/

http://www.wired.com/2015/01/george-lucas-strange-magic/

http://www.youtube.com/watch?v=2F7Wwew8X4Y

http://www.youtube.com/watch?v=RuNQ9pA6avw

https://archive.org/details/starlogmagazine

https://ca.movies.yahoo.com/person/john-dykstra/biography.html

https://www.youtube.com/

https://www.youtube.com/watch?v=8B4meZDKLQg

索引 (50音順)

【さ】

【た】

【英】

2016 年 5 月 1 日　初版第 1 刷発行

著者	マーク・クラーク
訳者	石橋朋子（P6 ～ P207）　鈴木淨（P208 ～ P381）　町田雪（P382 ～ P467）
発行人	清水勝之
編集人	青木眞弥
編集	株式会社アヴァンティ・プラス
ブックデザイン	梅津由子
デザイン補助	久美雪
発行所	株式会社キネマ旬報社

〒 107-8563 東京都港区赤坂 4 - 9 -17 赤坂第一ビル
TEL. 03-6439-6487（編集）　03-6439-6462（販売）　FAX. 03-6439-6490
http://www.kinejun.com

印刷・製本	シナノ印刷株式会社

Japanese translation rights arranged with Robert Lecker Agency, Inc. through Japan UNI Agency, Inc.
©Kinema Junposha Co.,Ltd. 2016 Printed in Japan
ISBN 978-4-87376-442-9